心の進化を語ろう

比較認知科学からの人間探究

松沢哲郎……編

岩波書店

はじめに

　チンパンジーを通して見えてきた「人間とは何か」についての探究の物語である。アイと名づけたチンパンジーをパートナーにした研究を1977年11月10日に始めた。その日，推定1歳のチンパンジーの女の子と京都大学霊長類研究所で初めて出会った。この42年間にわたる研究の最新の成果を一書にまとめてお届けしたい。

　アイが水先案内人となり，チンパンジーから見た世界を研究してきた。アフリカに行って野生チンパンジーの道具使用の研究も始めた。アイが22歳半のときに息子のアユムを産み，親子の成長や仲間とのかかわりをかたわらで見守る暮らしを続けてきた。「比較認知科学」と呼ぶ学問分野である。幸い，多くの俊秀がこうした新しい学問を日々さらに広く前へと進めてくれている。わたし自身もフィールドに出て，キンシコウやニホンザルの研究を始め，野生のウマへと関心を広げている。

　本書の特徴を3つ挙げる。

　第1に，野外での観察や実験室での検証といった事実に基づく探究だ。人間をそれ以外の動物と比較することで見えてくる「心の進化」が研究目標である。目では直接見えない心という存在になんとか肉薄しようという試みだが，目ではっきりと確認できる科学的事実を積み上げてきた。つごうの良い証拠だけを断片的につなげたアームチェアでの思弁ではない。実際に現場に足を運び，手を動かし，自分たちの目で見て耳で聴いて検証した事実をもとに考察した。

　第2に，たくさんの種類の動物が研究対象になっている。チンパンジーだけでなく，ボノボ，ゴリラ，オランウータン，ニホンザル。イルカやコアラやウマや，さらにはハトやカラスも出てくる。人間からみて最も近い存在はチンパンジーだ。21世紀の初めに双方の全ゲノムが解読され，その塩基配列の98.8%まで同じだとわかった。どこが同じで何が違うか。チンパンジーを研究することでチンパンジーのことが深くわかるが，それと同時に人間のこともおのずと見えてくる。さらにほかの動物も研究してみよう。チンパンジーをいわば架け橋として，「比較認知科学」の対象動物が広がりをみせた。

　第3に，たくさんの著者の多様な視点を重ねている。認知科学だけでも野外観察から実験研究まで，アイトラッカーからドローンまで最新の機器を駆使した研究だ。ゲノム科学，神経科学，内分泌研究，といった視点も加えながら「人間とは何か」を探ってきた。

　著者は54人。それぞれがチンパンジーやその他の動物たちの研究を通じて人間を理解しようとしている。本書の背景は岩波書店の月刊誌『科学』の連載である。「ちびっこチンパンジー」(第1～90回)，「ちびっこチンパンジーと仲間たち」(第91～200回)，「ちびっこチンパンジーから広がる世界」(第201回～)と連載の題名を変えつつ2001年から継続している。スキー・ジャンプでいえば最長不倒距離のような長期連載をめざしている。連載第1回から100回を中核として『人間とは何か——チンパンジー研究から見えてきたこと』(岩波書店，2010年)という一書を編んだ。本書はその姉妹書である。構成は，第1部で比較認知科学の道のりを紹介し，第2部には連載第101回から200回を発表順に，第3部には「分かちあう心の進化」と題して組まれた，最新成果を網羅した『科学』2018年11月号の特集記事を収録した。さまざまな研究者による論考を通じて，「比較認知科学」と呼ぶ人間探究の試みをぜひ賞味して

いただきたい。

　100篇を超える科学エッセイである本書はどこから読んでもかまわない。科学論文の解説では，論考の末尾に原典を明記した。だから高校生や大学生や初学者の科学入門書としても最適だろう。読んでおもしろい，見て楽しい，そして心に深く残るものがある。そうした本づくりを心掛けた。研究は日本学術振興会の科学研究費の助成を受けた。特別推進研究(07102010，12002009，16002001，20002001，24000001，16H06283)である。チンパンジーたちの日々の暮らしに配慮して，高さ15mのタワーがあり木々の繁茂した屋外運動場と，それをすっぽり覆うような大きなケージを設置して，それらを回廊でつなげた環境を用意した。これは文部科学省の最先端研究基盤事業(WISH)による整備だ。こうした支援があってこその研究であり，審査にあたった関係諸機関に深く感謝したい。なお研究と並行して，野生のための環境保全と飼育下での動物福祉を推進する「アフリカ・アジアに生きる大型類人猿を支援する集い(SAGA)」を，保護活動家や動物園人や一般市民のみなさまと継続している。さらに，日本に暮らす大型類人猿の情報ネットワークのデータベース作成(GAIN)をおこない，京都大学霊長類学・ワイルドライフサイエンス・リーディング大学院(PWS)で大学院教育をおこなっている。

　研究成果はHPでも発信しているので，動画や写真や原著論文をぜひ参照されたい。HPは平田加奈子さんの作品である。

　アイのHP：http://langint.pri.kyoto-u.ac.jp/ai/

　末尾ながら，本書の作成にあたっては，『科学』連載を担当してくださった猿山直美さん，田中太郎さん，そして本書担当者である自然科学書編集部の彦田孝輔さんのご尽力があった。記して深く感謝したい。

2019年11月，京都にて
松沢哲郎

執筆者一覧(2019年10月1日現在)

阿形清和　基礎生物学研究所所長
足立幾磨　京都大学霊長類研究所准教授
伊谷原一　京都大学野生動物研究センター教授／日本モンキーセンター動物園長
市野悦子　京都大学霊長類研究所教務補佐員
井上漱太　京都大学大学院理学研究科博士後期課程(野生動物研究センター)
伊村知子　日本女子大学人間社会学部准教授
岩原真利　環境省北海道地方環境事務所羽幌自然保護官事務所希少種保護増殖等専門員
打越万喜子　京都大学霊長類研究所特定研究員／日本モンキーセンター動物園部副部長
鵜殿俊史　京都大学野生動物研究センター特任研究員(三和化学研究所)／熊本サンクチュアリ獣医師
落合知美　市民ZOOネットワーク理事
高潔(ガオ・ジエ)　京都大学大学院理学研究科博士後期課程(霊長類研究所)
兼子峰明　理化学研究所脳神経科学研究センター研究員
狩野文浩　京都大学高等研究院特定准教授
カルロス・ペレイラ　仏国パリ第3大学応用言語学部准教授
川上文人　中部大学人文学部講師
川口ゆり　京都大学大学院理学研究科博士後期課程(霊長類研究所)
熊崎清則　元京都大学霊長類研究所技術職員
クリストファー・マーチン　米国インディアナポリス動物園リサーチ・サイエンティスト
郷康広　自然科学研究機構生命創成探究センター特任准教授
齋藤亜矢　京都造形芸術大学文明哲学研究所准教授
酒井朋子　放射線医学総合研究所脳機能イメージング研究部研究員
櫻庭陽子　京都市動物園生き物・学び・研究センター研究推進嘱託員
佐藤侑太郎　京都大学大学院理学研究科博士後期課程(野生動物研究センター)
佐藤義明　名古屋市緑政土木局主事／元京都大学大学院理学研究科博士後期課程(霊長類研究所)
七五三木環　京都大学大学院アジア・アフリカ地域研究研究科修士課程
鈴木樹理　京都大学霊長類研究所准教授
高島友子　京都大学霊長類研究所教務補佐員
瀧山拓哉　野村総合研究所／元京都大学大学院理学研究科修士課程(霊長類研究所)
竹下秀子　追手門学院大学心理学部教授
田中正之　京都市動物園生き物・学び・研究センター長／京都大学野生動物研究センター特任教授
寺本研　元京都大学野生動物研究センター特任研究員(三和化学研究所)／熊本サンクチュアリ飼育員
友永雅己　京都大学霊長類研究所教授／日本モンキーセンター学術部長
ドラ・ビロ　英国オックスフォード大学動物学部教授
野上悦子　京都大学野生動物研究センター技術職員
服部裕子　京都大学霊長類研究所助教
早川卓志　北海道大学大学院地球環境科学研究院助教
林美里　京都大学霊長類研究所助教／日本モンキーセンター事務局長
平栗明実　中部大学創発学術院研究補佐員(霊長類研究所)
平田聡　京都大学野生動物研究センター教授・副センター長／熊本サンクチュアリ所長
廣澤麻里　京都大学野生動物研究センター特定研究員／日本モンキーセンター飼育員
藤澤道子　京都大学東南アジア地域研究研究所連携准教授／京都大学霊長類研究所寄附研究部門教員
藤山秋佐夫　国立遺伝学研究所特任教授
前田典彦　京都大学霊長類研究所技術専門職員
松沢哲郎　京都大学高等研究院特別教授／霊長類研究所兼任教授／中部大学創発学術院特別招聘教授／日本モンキーセンター所長
村松明穂　京都大学高等研究院研究員
森村成樹　京都大学野生動物研究センター特定准教授／熊本サンクチュアリ副所長
山極寿一　京都大学総長／日本モンキーセンター博物館長
山梨裕美　京都市動物園生き物・学び・研究センター主席研究員
山本真也　京都大学高等研究院准教授
ユリラ　京都大学野生動物研究センター特定助教
横山実玖歩　京都大学大学院理学研究科修士課程(霊長類研究所)
リングホーファー萌奈美　京都大学高等研究院特定助教
レナータ・メンドンサ　京都大学高等研究院研究員
綿貫宏史朗　環境省自然環境局野生生物課希少種保全推進室保護増殖係長／市民ZOOネットワーク理事

目 次

はじめに
執筆者一覧

1 心の進化を探る──方法序説 1

比較認知科学への道のり　　松沢哲郎　2

2 ちびっこチンパンジーと仲間たち 13

1 レオのリハビリテーション　14
2 つられる視線　16
　──仲間の視線に敏感なチンパンジー
3 死を弔う意識の芽生え？　18
4 動物園でチンパンジーを観察しよう　20
5 真夏のチンパンジー　22
6 幸島探訪　24
7 コンゴ盆地の野生ボノボ　26
8 アジアの隣人──オランウータン　28
9 アユムとアキラ　30
10 「名前」の由来　32
11 野外実験のおもしろさ　34
12 オランウータンを森に帰す　36
13 チンパンジーのすむ森をつなぐ
　 緑の回廊──東屋方式の成功　38
14 ふたごのちびっこチンパンジー　40
15 世界に働きかける「わたし」　42
16 ボルネオの森から　44
17 見てまねる　46
18 野生マウンテンゴリラの国から　48
19 チンパンジー研究者から見たボノボ　50
20 アウトグループという発想　52
21 熊本サンクチュアリにようこそ　54
22 チンパンジーにも「黄色い声」!?　56
23 野生チンパンジーの出産　58
24 数字の記憶と加齢変化　60
25 同調する行動　62
26 ちびっこオランウータン　64
27 果実を分け合うボノボ　66
28 30年ぶりの空　68
　──医学感染実験チンパンジーがゼロになった
29 チンパンジー研究の新時代　70
　──WISH大型ケージ熊本1号機の稼動
30 植物園にすむクモザル　72
31 ヒトの脳はいかにして巨大化したか　74
　──チンパンジー胎児の比較発達研究
32 チンパンジーの誕生会2012　76
33 類人猿にも「中年の危機」がある？　78
34 ダナム・バレーにて　80
35 「緑の回廊」の野火を消し止めた　82
36 技を盗むチンパンジー　84
37 リズムに合わせて　86
　──キーボードをもちいたチンパンジーの同調行動実験
38 チンパンジーの視点から世界を見る　88
39 我が家のちびっことチンパンジー　90
40 まばたきはコミュニケーション　92
41 WISH大型ケージ　94
　──チンパンジー研究のパラダイムシフト
42 雲南省無量山の
　 クロカンムリテナガザル　96

43	チンパンジーの子どもと ゴリラの子ども　98	69	母親による子育て　150
44	霊長類学・ワイルドライフサイエンス・ リーディング大学院　100	70	ウマの目からの眺め　152
45	チンパンジーの毛から ストレスをはかる　102	71	カメルーンからギニアへ　154 ――狩猟採集民と野生チンパンジーの暮らしの比較
46	隙間から見た世界　104	72	霊長類学からポルトガルの 野生ウマ研究へ　156
47	イルカから見た世界， チンパンジーから見た世界　106	73	「緑の回廊」がつなぐ森と人　158
48	日本初のボノボ研究　108	74	サバンナ混交林にすむボノボ　160
49	雲南のキンシコウ　110	75	アマゾンの新世界ザル　162
50	ボッソウのチンパンジー　112 ――密猟とエボラ出血熱	76	チンパンジー・レオの10年　164
51	ものの順序と空間のふしぎな関係　114	77	チンパンジーの核家族の子育て　166 ――最初の2年間の記録
52	公益財団法人日本モンキーセンター　116 ――「自然への窓」としての動物園	78	ニホンザルの赤ちゃんの自発的微笑　168
53	ボノボの社会と認知研究　118	79	なぜリズムが「合う」のか？　170 ――ヒトとチンパンジーの比較から
54	レイコありがとう　120	80	日本モンキーセンター創立60周年　172
55	チンパンジーがチンパンジーを殺す　122 ――152例の報告から	81	他者の心を読む類人猿　174
56	ふたごのチンパンジーを育てる 母親たち　124	82	ニイニは見習いベッド職人　176
57	人間と類人猿の 子育ち・子育てについて考える　126	83	チンパンジーとヒトの じゃんけんの学習　178
58	絵に映し出される心　128	84	京都市動物園の チンパンジー・ゴリラ・マンドリル　180 ――毛づくろい，移動，出産前後の群れの行動
59	ウガンダとカンボジア　130 ――霊長類を広く見て，人間を深く知る	85	チンパンジーのダウン症　182
60	アユムたちの数の勉強　132 ――0から19までと基数の学習	86	障害があるチンパンジーの 福祉を考える　184
61	勉強するゴリラの子， 勉強しないチンパンジーの子　134	87	プチの最期――チンパンジーの脳死　186
62	チンパンジーに学ぶ ヒトの笑顔の意味　136	88	霊長類研究所50周年　188 ――過去，現在，そして未来
63	戦争と協力　138	89	野生ウマの社会　190 ――霊長類との比較から
64	カメラトラップ　140 ――チンパンジーを見守る"目"	90	ドローンを活用して "チンパンジーの森"を復元する　192
65	音楽の起源　142	91	チンパンジーは， 平均の大きさがわかるか？　194
66	ボノボとチンパンジーの アイ・コンタクト　144	92	チンパンジーが協力して課題解決　196 ――2人で数字を順番に答える
67	データベースから考える， チンパンジーの幸せな暮らし　146	93	ジェーン・グドールの コスモス国際賞受賞　198
68	フクロテナガザルの人工哺育児を 親元に戻す　148	94	チンパンジー親子トリオの ゲノム解析　200
		95	霊長類学者，宇宙と出会う　202
		96	推定年齢58歳で亡くなった

野生チンパンジー・ベルの生涯　　204
97　チンパンジーの毛から
　　ストレスをはかる——社会関係が大事　206
98　温泉に入るサルやカモシカ　　208
99　探検大学の誕生　　210
　　——ヒマラヤ初登頂，アフリカ初探検，
　　南極初越冬の60周年
100　ちびっこチンパンジーたちの18年　212

3　分かちあう心の進化——比較認知科学から見た人間　……………………215

1　人間を知る　216
　　——霊長類学からワイルドライフサイエンスへ
2　野生の認知科学をめざして　222
3　先端テクノロジーで
　　チンパンジーの心に迫る　228
4　チンパンジー・ボノボから見る
　　戦争と協力の進化　233
5　大型類人猿における物にかかわる
　　知性の発達　238
6　映画監督，模型職人，
　　大工に加えて研究者　243
7　スローロリスから見た世界　245
8　樹の上で進化した味覚　247
　　——北半球の霊長類，南半球のコアラ
9　ウマと人間　249
10　他者をおもいやる心の進化　251
11　顔の温度で調べる
　　チンパンジーの感情　254
12　社会性と音楽の進化　257
13　チンパンジーから見た質感の世界　259
14　インドネシアの
　　ワウワウテナガザルをたずねて　261
15　森を再生する試みから見た
　　人間とチンパンジー　263

　　出典一覧　265

1

心の進化を探る
方法序説

比較認知科学への道のり

松沢哲郎

1　山登りから学んだ

　1969年春，縁があって京都大学に入学した。文学部の哲学科である。その年に限って東京大学の入試がなかった。生まれは愛媛の松山だが，幼稚園・小中高と東京で育った。しかたがないので同級生の多くが京大に行った。もともと哲学の志望だった。哲学がいろいろな学問の源だと考えていた。せっかく京都にいくのだから，西田哲学でもしようかと思った。ただし「西田幾多郎＝善の研究」という程度の知識しかない。さて京大に行ったが東大と同じく学園封鎖されていて授業が無い。しかたがないので山岳部で山登りをしていた。「学部はどちらですか」「山岳部です」という生活だ。

　1973年，留年して5回生になるときに，当時未踏としては世界最高峰のカンチェンジュンガ西峰(別名ヤルンカン，8505m)に向かった。京大学士山岳会(AACK)の隊である(図1)。わたしが22歳で最年少隊員，隊長は最年長70歳の西堀栄三郎さんだった。日本初の南極越冬隊を指揮したことで有名な方だ。同期に今西錦司，桑原武夫さんがいる。今西・桑原・西堀は京都帝国大学旅行部(今の京大山岳部)の出身で，人文学や人類学や生態学の分野における京都学派の源流だといえる。そのひとつ下の世代の山岳部に，生態学の吉良竜夫，民族学の梅棹忠夫，照葉樹林文化論の中尾佐助，KJ法の川喜田二郎といった人たちがいた。

　京大山岳部の掲げるモットーはパイオニアワークだ。「初登頂の精神」と訳している。まだ誰も

図1―カンチェンジュンガには1973年と1984年の2度行った。2度目は日本山岳会の隊である。背景はジャヌー。

知らないところへ行く。誰も見ていないものを見る。誰も考えていないことを考える。そのために必要なのは「オールラウンド・アンド・コンプリート」だと言い慣わしていた。オールラウンドというのは「なんでもできる」。岩登りもするし，渓流を遡行し，稜線をたどる長い縦走もするし，山スキーもできるし，ピッケルとアイゼンで氷雪を登ることもできる。コンプリートというのは「完璧にする」という意味だ。事前に準備を入念に整え，必要なトレーニングを積み，現地の登山中におこる不意の事態にも的確に対処する。結果として，目標を達成したのち全員が無事に帰還する。

　ところでオールラウンドでコンプリートな人間などいないことは自明である。標語は，それを目指した日々を送りなさいといっているのだ。その日々の過ごし方を「ステップ・バイ・ステップ」と表現していた。一歩ずつである。デイ・バイ・デイ(一日ずつ)，ワン・バイ・ワン(ひとつずつ)と言

い換えても良い。また山岳部の仲間と過ごす日々なので，それはサイド・バイ・サイド(仲間とともに)だともいえる。仲間とともに日々すこしずつの努力を積み重ねて「オールラウンド・アンド・コンプリート」に近づく。それによって「パイオニアワーク」を成し遂げる。

当時，すでにエベレストをはじめ 8000 m を超える 14 座はすべて登頂されていた。しかし，カンチェンジュンガ西峰のような未踏の衛星峰や，頂上こそ踏まれているが未踏の稜線や岸壁があった。しかも山は高さだけではない。7000 m 台でも，グルラマンダータ，ナムチェバルワ，ガンケルプンツムといった未踏の美しい山々があった。学生時代に抱いていた人生の目標はそうした山々への初登頂だったといえる。

しかし 1973 年から翌 74 年にかけて，つまり 22-23 歳のころ，京大山岳部とその OB の団体である京大学士山岳会で 4 つの遭難があった。ネパール・ヒマラヤのヤルンカン，北アルプスの北又谷，北アルプスの槍ヶ岳の中岳西面，パキスタン・カラコルムの K12 峰である。そのうち 2 つは自分自身も深く関わる遭難だった。たくさんの岳友が山に逝って，生き残されている重みを学問が支えてくれた。

2 │ 哲学の第 3 の使命

入学してから遭難に到るまでの学部生の 5 年間，平均すると年間約 120 日を山行に費やしたことになる。残りの時間を京都で過ごし，授業にも出たが山のトレーニングをした。数少ない時間に出た授業のいくつかは胸に深く刻まれた。哲学科の主任教授は野田又夫先生だった。岩波新書に『デカルト』という著作[1]を残した方だ。哲学科哲学の講座は西田幾多郎―田邊元―田中美知太郎という系譜を継いでいる。その野田先生が，デカルトの著作に触れながら哲学入門の講義をしてくださった。

曰く，哲学には 2 つの使命があるという。第 1 は，「この世界はどうなっているか」を知ることだ。この世界の森羅万象を読み解く。つまり現代では数学，物理学，化学，生物学，さらには歴史や地理や言語やその他の人文社会科学がおこなっている。第 2 は，この世界がどうなっているかという理解についてそれはそれとして，「人間はいかにふるまうべきか」を考えることだという。つまり倫理学だ。

この世界を知り，いかにふるまうべきかを考える。それを自分なりに咀嚼するうちに，哲学には第 3 の使命があると思うようになった。この世界がどうであろうとも，この世界を見ているものは人間だ。野田先生の専門とする哲学者デカルトは，「エゴ・コギト，エルゴ・スム(我思う，ゆえに我あり)」といったそうだ。いろいろなものの存在を疑うことはできても，今ここでこうして思惟しているわたし自身の存在を疑うことはできない。それが哲学的な思惟の根源だ。ではその「わたしって誰？」「わたしって何？」だろう。それをすこしまわりくどく正確に表現すると「わたしはどうして，わたしが今こう考えているように，考えるのだろうか」，そう考えたのだ。学問のパイオニアワークを模索するなかで，デカルトのいう「我」そのものの理解が哲学の第 3 の使命だと思うようになった。

この世界を見ているのはわたしである。わたしたち人間は，その五感を通してしかこの世界の存在を理解できない。人間がどうふるまうべきか，それを考えているのはわたし自身であり，そこには人間という生き物のもつ進化的制約があるはずだ。人間という生き物の，見る，感じる，考える，つまり感覚や知覚や思考そのものを学問の対象にできると確信するようになった。

そうした発想の背景が 2 つある。第 1 は実験心理学である。学部生だった 1970 年前後に，色の残効に関するマッカロー効果や，ランダムドット(白黒の点でたらめな羅列)から図形の輪郭が浮き上がって見えるランダムドット・ステレオグラムの発見があった。卒論で研究した両眼視野闘争もおもしろい。眼科で使うハプロスコープという装置を使うと，左目と右目に別々の刺激を独立して与

えることができる。たとえば左目に縦線，右目に横線だ。ではそれを両目で見るとどうなるか。重なって十字が見えそうに思うがそうではない。実際には縦線だけが見える。そう思って見ていると横線になる。さらに見続けるとまた縦線になる。自分の意思とは関係なく，縦線と横線が数秒間を置いて自発的に交替する。幾何学的錯視もそうだが，物理的な世界と心理的な世界には「ずれ」がある。この世界は，そこにあるとおりには人間の目には見えない。人間はこの世界を主体的に見ている。わたしたちがいるから世界があるともいえる。

　両眼視と呼ばれる視覚の研究をしてすぐにわかったのは，目が外界を認識しているわけではなくて，脳が認識しているということだった[2]。目は世界に開かれた出窓に過ぎない。そこで，大学院では脳の研究に転じた。左右という両眼視の研究をしていたので，大脳の左右両半球の機能に着目した。ちょうどロジャー・スペリーらのスプリット・ブレイン(分離脳)の研究が出始めたころだ。のちに1981年，彼はこの研究でノーベル医学・生理学賞を受賞した。人間の脳の左右の形態はよく似ているが，じつは言語機能は左側半球に局在し，空間理解は右側が優れている。そうしたラテラリティー(左右差)の研究である。ちょうど大阪市立大学から平野俊二(ひらのとしつぐ)先生が京大に助教授として移ってこられたので，先生ひとり弟子ひとりでネズミの海馬や大脳皮質の記憶痕跡についての神経生理学的な研究を始めた。

　背景の第2は動物行動学である。1973年にコンラート・ローレンツ，ニコ・ティンバーゲン，カール・フォン・フリッシュの3人がノーベル医学・生理学賞を受賞した。100年を超えるノーベル賞の歴史で，行動学が光を浴びたのはその1度だけである。彼らが行動学(エソロジー)という学問を創った。『ソロモンの指環』[3]『人イヌにあう』[4]『攻撃』[5] といったローレンツの本や，ティンバーゲンの野外での行動実験や，フォン・フリッシュが読み解いたミツバチの8の字ダンスに心ひかれた。一言でいうと，人間だけではなくそ

図2—ユクスキュルの『生物から見た世界』(岩波文庫版)。

れ以外の動物のほうにこそ，わたしたちのまだ知らない多くの謎があるように思えた。

　とりわけ彼らの前の世代のヤーコプ・フォン・ユクスキュル(1864-1944)という生物学者・哲学者の著作に心ひかれた。『生物から見た世界』(日高敏隆・羽田節子訳)[6]である(図2)。同書を翻訳した日高先生がちょうど京大に赴任してこられたころだ。ユクスキュルは，環世界(かんせかい，Umwelt)という概念を提唱した。環境世界とも訳される。環世界を構成する知覚世界と作用世界というふたつの世界で動物はこの物理的世界とかかわっている。この同じ部屋にいるわたしとイヌとハエでは環世界が違う。普遍的な存在と思える時間や空間すなわち物理的世界，ユクスキュルのいう「環境」(Umgebung)も，動物にとってはそれぞれ独自のものとして知覚されている。動物の行動はそれぞれの種で異なる知覚と作用の結果であり，それぞれに特有の意味をもってこの世界が存在している。

　哲学の使命として「この世界はどうなっているか」「人間はいかにふるまうべきか」という2つの問いをつなぐ第3のものとして，そもそも「人間とは何か」すなわち「人間はどういう動物として進化してきたのか」を知る必要があると考えた。それが山を登りながらたどりついた自分にとっての学問の極北であり，学者としてめざすパイオニ

アワークだった。

3 霊長類研究所でサルの心の研究を始める

1976年12月1日に，京都大学霊長類研究所の心理研究部門の助手に採用された。当時まだ任期制は導入されていないので初めからテニュア(終身雇用)である。学部で人間の視知覚の研究をし，大学院でネズミの学習行動と脳内機構の解析をした。だから霊長類研究所ではサルを対象にして，行動を通じてその視覚世界の探究をしたい。公募の志望動機にそう書いた。大学院の博士課程の1年生，志望の動機を書いた時点で25歳だった。サルを対象にして行動を通じてその視覚世界を探究するという研究目標は，サルがチンパンジーに置き換わっただけで今も変わっていない。上司となったのは室伏靖子先生である。文学部の園原太郎先生が兼任の教授で京都におられて部門を創設し，助教授の室伏先生が実質を差配し，先任の助手として浅野俊夫先生と小嶋祥三先生がおられた。

室伏靖子先生は京大文学部哲学科心理学の先輩にあたるが，採用されるまで一面識もなかった。当時の室伏先生は，神経生理研究部門の久保田競先生に後押しされて，サルの分離脳の研究をしておられた。モンキーチェアに座ったサルの目の前に偏光レンズを2枚組み合わせて置く。2枚の角度を変えることで映像が透過したり阻止されたりする。左右のどちらの目に映像を送り込むかを任意に選択できる。人間でおこなわれた分離脳研究をサルで展開することで，学習行動における脳機能の左右差を調べようというものだ。慶應出身の浅野先生は日本におけるオペラント心理学の導入者である。PDP 8というDEC社のミニコンを駆使して，サルの弁別学習における強化スケジュールの効果の研究をしていた。早稲田出身の小嶋祥三先生は，ラットでの脳内自己刺激研究を基礎に，サルの遅延強化学習に関わる脳内機構の研究をしていた。一言でいうと，当時の心理研究部門に共通するテーマは学習と脳だった。

図3―山スキーにシールをつけて雪の斜面を登る。志賀高原でのこうした経験を基盤として，妙高高原笹ヶ峰の京大ヒュッテ付近の野生ニホンザルの四季の暮らしを追う野外調査プロジェクトを2018年から始めた。

「サルから見た世界」をわたしは研究として構想していたので，こうした先行研究には違和感があった。そもそも，モンキーチェアに終日座っているサルに同情を禁じ得ない。脳に電極を埋めて学習中の単一神経細胞の活動を記録するのも，さらに安楽死させて脳を切り出して切片を作って染色するのも，これは無理だと思った。大学院でネズミを対象に脳に電極を刺入し，ミクロトームで凍結切片を切り出して染色していたのだが，サルではそういう研究をしたくなかった。研究所でサルという生き物を日々まぢかに見るようになって，この生き物のまるごと全体の方が，たんに脳のはたらきだけを知るより重要だと思うようになったのである。赴任直後のフィールドワークも重要な契機だ。厳冬期の志賀高原(長野県)の野生ニホンザルの調査である。志賀A群は温泉につかるサルとして有名だ。餌付けされていないC群を対象に，サルを捕獲して形態計測し血液採取する。そのお手伝いなのだが，自由に雪の野山を歩き回る彼らの姿に魅せられた。山スキーにシールと呼ぶアザラシの皮でできた滑り止めを付けて岩菅山に登り，稜線の背後にある雪深い魚野川源流に暮らす未知の野生ニホンザルを追う生活である(図3)。

とはいえ心理研究部門という場所で，当時でいえば実験室での学習行動を研究することを期待さ

れていた。そこでコンピュータを駆使して弁別学習行動を形成し，その行動の般化過程から視知覚を探ることにした。具体的には，ニホンザルを対象にした，縞図形の傾きの弁別に「視野の異方性」があるという研究である。人間は垂直方向と水平方向に敏感だ。白黒の縞でできている縞図形がわずかに傾いただけでその違いを区別できる。ところが縞図形が45度とか135度に傾くと図形の傾きの変化の検出が悪くなる。要は，人間は地上性で鉛直方向に規定されてこの世界を見ているからだと解釈できる。それでは樹上を軽やかに渡るニホンザルではどうなのかを調べたかった。「視野の異方性」というような知覚現象をサルの研究に持ち込んだ最初の例だ。

学習行動そのものについても，食物を報酬にするという定型的な学習行動の研究に疑問があった。そこで文献を調べて出会ったのが「感覚性強化」という研究テーマだ。レバーを押せば食物が出る，というのが一般的なオペラント学習である。そのとき，レバーを押すと光がつく，ということでもレバーを押すようになる。レバーを押すというように，自分が何かをした結果としてこの世界が変わると，それだけでサルなどの動物にとって報酬になるのだ。そこで，レバーを押すと光が点灯する，レバーを押すと写真を見ることができる，そうした装置を作ってみた。当時の大学院生の藤田和生さん(のち京都大学教授)との共同研究である。どれだけ長い時間レバーを押すか，つまりどれだけ長く刺激の写真を見るかを測ることで，写真に対する好みが測れることを実証した[7]。

食物嫌悪条件付けという現象にも心ひかれた。学習行動の原理としては2つある。ひとつがバラス・スキナーの提案したオペラント条件付けで，もうひとつがイワン・パブロフの発見したレスポンデント条件付け，すなわち「条件反射」とか反射条件付けと呼ばれるものだ。パブロフのイヌの例でいえば，必ずベルの音(条件刺激)を聞かせてから餌(無条件刺激)を与える対提示を繰り返すと，ベルの音を聞いただけでイヌは唾液を分泌(無条件反応)するようになる。本来，ベルの音に唾液

図4―志賀A群の野生ニホンザルの子ども。写真提供：萩原敏夫。

を分泌させる力はない。イヌがベルの音と餌との関係を学習したからこそ唾液を分泌する。ここにおいて条件刺激と無条件刺激を「同時に」かつ「繰り返して提示する」ことが必須だが，ジョン・ガルシアはたった1回の対提示でパブロフ型の条件反射が味覚と不快感について成り立つことを示した。たとえばバニラ味の液体をネズミに飲ませる。それから数時間後でもかまわないが腹腔内にリチウム液を注射して不快感を引き起こす。そうすると，以後，バニラ味の液体を飲まなくなることを実証した。味覚と不快感は生得的に結びついているからだ。この食物嫌悪条件付けをニホンザルでしてみたが，同様の結果になる。当時の大学院生の長谷川芳典さん(のち岡山大学教授)との共同研究である。

この研究のユニークなところは，それを野生のニホンザルで実際に試してみたことにある。実験室での成果を野外で検証する野外実験だ。すでに下見をすませていた長野県地獄谷の志賀A群のサルを対象にした(図4)。現地の職員の方々が個体識別している。そこで，あかんぼうを除く全105個体について，まず食物の好みを調べた。アーモンド，マシュマロ，小豆，ピーナッツである。アーモンドは新奇な食べ物だが90%のサルが食べた。そこで，性と年齢の異なるサル10個体に狙いを定め，アーモンドを与えた後しばらくたってから捕獲して，うち実験群の7個体には腹腔内にリチウム液を注射してから群れに放した。体

に実害はないのだがリチウムを吸収すると嘔吐をともなうような不快感が生じる。結果，サルはたった1度の処置でアーモンドを忌避するようになった。3カ月後にテストしても忌避が続いていた。その一方で対照群3個体は捕獲して生理的食塩水を腹腔内に注射したが，サルたちはアーモンドを平気でぱくぱく食べて嫌悪を示さなかった[8]。

「視野の異方性」「感覚性強化」「食物嫌悪条件付け」という，チンパンジー研究が軌道に乗る以前のニホンザルを対象にした3つの研究テーマに共通するのは，学習という既存の研究パラダイムに対する異議申し立てだと思う。学習をとおして知覚・認知の研究をする，食物以外にも報酬がある，味覚―不快感という生得的な制約に目を向ける。そして実験研究を基礎にニホンザルを対象にした野外実験をおこなった。こうした試みには，その後に展開するチンパンジーの心の研究方法の萌芽が見て取れる。

4 アイ・プロジェクト
―― 比較認知科学の誕生

1977年11月10日，チンパンジーのアイが霊長類研究所にきた。当時1歳と推定された女の子である。初めての出会いを今も鮮明におぼえている。研究所の地下の一室の窓もない部屋だった。裸電球がぽろんとひとつ天井からぶら下がっていた。

室伏，浅野，小嶋，松沢という4人で構成する心理研究部門だったが，浅野先生は2年間米国カリフォルニア大学サンディエゴ校に実験的行動分析の研究のためにでかけていた。小嶋先生は2年間これから米国公衆衛生研究所（NIH）に神経生理学の研究のためにでかけようとしていた。つまり，室伏先生とわたしだけが残るという状況でチンパンジーの研究が始まろうとしていたのである。

チンパンジーの心の研究を日本でも始めようと決意したのは室伏先生だ。「チンパンジーの言語習得と脳内機構」というテーマで，文部科学省の科学研究費を取得した。その室伏先生から言われたことは，「どういう研究をしようと自由ですよ。だけど必ず言語とからめたテーマにしてくださいね」だった。科研費の研究である以上それは当然だろう。

プロジェクトの背景には久保田先生の主宰する神経生理研究部門があった。サルの分離脳の研究も，チンパンジーの言語習得研究も，時実利彦先生を創始者として久保田先生に引き継がれた霊長類研究所の主流のひとつとしての脳科学研究がある。久保田先生の強い示唆がなければ，チンパンジーの言語習得研究はなかっただろう。実際に，研究の場所は，研究所2階の久保田先生の居室の真向かいの2スパンの広さの神経生理部門の実験室だった。そこに，キーボードを備えたブース（室内実験室）と，PDP 12というコンピュータで作動する実験環境が整えられた。

コンピュータ制御の実験は心理研究部門がニホンザル研究で培ってきた手法だ。ただし，それまで紙テープリーダーや，カセットテープが入出力機器だったが，ここで初めてフロッピーディスクが登場した。またコンデンサーと抵抗とリレーで入出力回路を作っていたが，初めてIC（集積回路）というものが世に現れた。7400（NANDゲート）と呼ばれるような代物である。つまり電子的なテクノロジーの発展とチンパンジーの心の研究は最初から軌を一にしていた。それが日本の研究の強みであり特徴だったといえる。

「自由にしていいですよ」と言われて期するものが2つあった。第1は，「チンパンジーから見た世界」を研究することだ。これまで培ってきた知識と技術を基盤に，アイというチンパンジーが見ている世界をその学習行動から解析する。そうした新しい試みである。言語とのからみで知覚を調べるために，京大式図形文字を考案した。□や○や◇や波線等の9つの要素図形を組み合わせた幾何学図形の文字である。

第2は，そこで研究成果をあげ続けることである。アイに最初に品物の名前を教えた。それが

できたら色の名前を教えた。それができたら数字に進んだ。1から6までの数字を使いこなしたチンパンジーとして研究成果がネイチャーに掲載された[9]。成果がでたらすぐ次に、さらにその次にと、新しい研究を次々と用意して、人々が想像していなかったようなチンパンジーの知覚や認知機能を明らかにする。なぜなら、もし研究が一段落してしまうと、「…と脳内機構」という後段の脳研究が待ち構えているからだ。チンパンジーの脳に電極を絶対に刺したくない。リバーシブルな研究手法としての頭蓋外から局部的に冷却する手法も検討されていたが、それもしたくない。あとちょっと、あとちょっとと、先のばしにするためにこそ認知科学研究に精励する必要があった。その後、MRIやfNIRSなどの脳画像研究手法の登場もあって、技術の進歩とともに非侵襲で脳の研究ができるところへと時代が追いついてきた。

1991年に最初の著書である『チンパンジーから見た世界』（東京大学出版会の認知科学選書シリーズの一書）を上梓した[10]。それまで霊長類研究所のチンパンジーの言語習得と脳内機構の研究プロジェクトに名前はなかった。主要な被験者がアイだったので、新聞やテレビの報道でチンパンジー・アイが繰り返し報道されていた。欧米の研究でも、ワシューとかサラとかラナとかニムと呼ばれるチンパンジーたちが手話などを媒体とした研究に従事していた。名前を冠してラナ・プロジェクトとか呼ばれる。そこで、この本の出版をきっかけに「アイ・プロジェクト」と呼ぶことにした。後年アイ・プロジェクトと呼ばれるようになった研究の礎を作ったのは室伏先生であり、先生ご自身もこれをアイ・プロジェクトと呼ぶようになった。

もし1点だけアイ・プロジェクトの顕著な研究成果を挙げるとしたら、それは「記憶と言語のトレードオフ仮説」の提唱だといえるだろう。アイはアラビア数字をおぼえて数を表現できるようになったチンパンジーだ。そのアイに、マスキング課題と呼ばれる記憶課題を教えることに成功した。モニター画面に1から9までの数字のうち、たとえば2、3、5、8、9、というように5つの数字がでたらめな場所に出てくる。このままであればもちろん23589と順番に触ることができる。それを記憶の課題にした。一番小さな数字である2に触れると、3589という他の数字がすべて白い四角形に置き換わってしまう。そのときに、3があったところ、5があったところ、8が、9が、と小さいものから順番に白い四角形を触れれば正解だ。これができるためには、一瞬で、どの数字が画面のどこにあったかを記憶しないといけない。

後年、アイの息子のアユムたち3人の若いチンパンジーで同じ課題をしてみたら、こうした記憶はチンパンジーのほうが人間よりも優れていることがわかった。チンパンジーにはできるが人間にはできない、そうした認知課題を見つけたことになる。人間もかつてはチンパンジーと同様にこうした記憶能力をもっていた。それが進化の過程で失われる一方で、人間は言語能力を手に入れた、というのが「記憶と言語のトレードオフ仮説」の骨子である。YouTubeで「Matsuzawa」「Tradeoff」という2語を入れると24分間の英語の番組が出てくるのでぜひ参照されたい[11]。2018年12月に公開されて約10カ月が経過した時点で、1339万回のアクセスがある。

5 野外研究 ——研究方法の弁証法的発展

1985年から1987年にかけての2年間、サバティカルで海外にでかけた。ペンシルバニア大学のデイビッド・プレマック先生の研究室である。そこでチンパンジーのサラたちと過ごす静謐な研究の時間があった。チンパンジーが賢い動物であることはアイ・プロジェクトを通じてわかっていた。そこで生じた問いは、「その知性はチンパンジーの自然な暮らしのなかでどのように活かされているのだろうか」というものだった。霊長類研究所では杉山幸丸先生が野生チンパンジーの研究をなさっていた。そこで杉山先生からのお誘いもあってその調査地であるギニアのボッソウに出かけることにした。

図5—西アフリカ・ギニアのボッソウの野生チンパンジーの石器使用を観察する。餌付けはしない。人付けと呼ばれる方法で，観察者は木となり石となり風となって自然の中に溶け込む。チンパンジーたちがその存在を気にしなくなるのが目標だ。

図6—参与観察と呼ぶ手法でチンパンジーの親子を観察し認知実験をする。研究者と母親のあいだには長い時間をかけて醸成したきずながあり，子どもも自然と研究者に慣れる。

　1986年3月3日，西アフリカのギニアのニンバ山の山頂に到達した。標高1740 m，西アフリカのランドマークとなる山である。おそらく日本人として初登頂ということになる。ニンバ山は，ギニアとコートジボワールとリベリアの3国の国境に聳えている。ユネスコの指定する世界自然遺産の山だ。山頂から見ると，それまで見えていなかった東のコートジボワール側が見えた。黒々とした原生林が広がっている。その山頂で，ここを研究のフィールドにしようと決意した。

　ボッソウとニンバ山での野生チンパンジー研究を今も継続している[12]（図5）。毎年12月から1月にかけての乾季に行く。2014年にギニアではエボラ出血熱が流行して，約2万人の方が罹患して約1万人の方が亡くなった。それ以来，大晦日に登り始めて山中で一泊し，元旦の初日の出をニンバ山頂で拝んで人々の安寧を祈念するようになった。

　ボッソウのチンパンジーは，一組の石をハンマーと台にして硬いアブラヤシの種を叩き割って中の核を取り出して食べる。石器使用の学習の臨界期が4-5歳にある。利き手が100%決まっている。「教えない教育・見習う学習」と名付けたチンパンジー流の教育がある。

　最新の研究成果は，ニンバ山の野生チンパンジーがサワガニを食べているという発見だ。トラップカメラで180余例を記録解析して報告した。女性や子どものほうが男性よりも頻繁に採集する生活だとわかった。ナトリウムなどのミネラルや不飽和脂肪酸の摂取が目的のようだ。またボッソウの石器使用の野外実験場で1988年から撮りためた長期間のビデオ映像を利用して，AI（人工知能）の深層学習によって顔だけを自動的に切り出すことに成功した。約50時間の映像から約1000万枚の画像になった。これをAIが個体識別して，誰と誰が同じ場面で一緒にいるか，つまり誰と誰が親しいかという社会的ネットワークを解析した。これは野外研究にAIを利用した最初の例である。

　野外研究は実験研究と相照らす関係にある。アフリカの野生チンパンジーを見ることで，親子のきずなや仲間との暮らしの重要性に目が開かれた。そこで親子や仲間や社会に育まれる認知機能に焦点をあてた研究を構想して，出産計画を立てた群れづくりをおこなった。2000年にアイが息子のアユムを産み，クロエがクレオを，パンがパルを産んだ。そのときから3組の母子を対象にした「認知発達プロジェクト」が始まった[13]。実験者がチンパンジーたちの日々の暮らしに参加する「参与観察研究」という新しい研究手法の開発だ（図6）。実験室での研究をもとに，野外に研究の場を広げることで，また実験室での研究が一段と深化した例だといえるだろう。

　哲学にゲオルク・ヘーゲルが定式化した弁証法

図7―ウマの社会や親子関係の野外研究を始めた。野生でも遊牧のなかでも，ウマはゴリラと同様のワンメイルユニットを作ることがわかった（2019年7月，モンゴルのアルハンガイ県にて）。

という物の考え方がある。物の対立や矛盾を通して，その統一により一層高い境地に進むというものだ。正―反―合というダイナミズムで，正が反を契機として合という新たな段階に止揚される。それになぞらえていえば，比較認知科学における実験研究(正)と野外研究(反)を止揚することで，新たな段階(合)の総合的理解が生まれる。最近では「サル学からウマ学へ」ということでウマの研究を始めた[14](図7)。これも実験室と野外の双方で研究を展開している。そうしたウマ学そのものの展開もあるが，サル学(正)と対置するウマ学(反)を作ることで，哺乳類という枠組みから見た新たな人間像の探究(合)をしたいと考えている。哺乳類のなかで霊長類がどのように進化してきたか，そして霊長類のなかで人間はどのように進化してきたのかを問いたい。

6 まとめにかえて

「比較認知科学」という学問を標榜して約30年になる。認知科学は人間の心の科学的探究だ。比較は，比較行動学，比較生理学，比較解剖学，比較生態学と同様に，多様な種を比較することで多様性と原理の双方を理解しようとする生物学の王道といえる手法である。人間とそれ以外の生物種を比較することで初めて人間の本質がわかる。従来の心理学は200年以上の歴史があるが，認知科学は「人間の心の科学的研究」という意味を担って1970年代に定着した。そこで，認知科学の一分野だという意味を込めて，人間の心をそれ以外の動物との比較から理解するという意味で，比較認知科学(Comparative Cognitive Science)と名付けた。幸い周囲の人々がその呼称を使うようになって今は定着している。

本稿では，山登りを中心とする学生生活のなかから学問のパイオニアワークを見つけるまでの過程，そして初期の研究のようすを，当時の学問の知見やコンピュータの発展などの技術的な背景を踏まえて記述した。なお松本元・松沢哲郎の共著『ぼくたちはこうして学者になった』を岩波現代文庫として2019年に上梓した[15]。畏友であり，惜しくも先立たれた松本先生は，脳型コンピュータを構想し『愛は脳を活性化する』（岩波科学ライブラリー）という名著[16]を残された方だ。ここまで述べてきた比較認知科学という学問の成り立ちが，脳型コンピュータの開発と対比されつつ対話形式で語られている。参照していただければ幸いだ。

アイ・プロジェクトの成果は多岐にわたり，多くの論文や和英の著書としてすでに広く紹介されている。本書もそのひとつだがユニークなところは，わたしの若き同僚である数多くの研究者の視点から，さまざまな研究成果が物語られていることだろう。万華鏡のような世界から，ぜひ人間の心の進化的起源を探究する試みを鑑賞していただきたい。

文献
1―野田又夫: デカルト，岩波書店(1966)
2―松沢哲郎: 心理学研究，**48**, 112(1977)
3―コンラート・ローレンツ: ソロモンの指環――動物行動学入門，早川書房(文庫版1998，新装版2006)
4―コンラート・ローレンツ: 人イヌにあう，早川書房(2009)
5―コンラート・ローレンツ: 攻撃――悪の自然誌，みすず書房(1985)
6―ユクスキュル／クリサート: 生物から見た世界，岩波書店(2005)
7―松沢哲郎: 心理学評論，**24**, 220(1981)
8―T. Matsuzawa et al.: Behavioral and Neural Biology, **39**, 155 (1983)
9―T. Matsuzawa: Nature, **315**, 57(1985)

10——松沢哲郎: チンパンジーから見た世界, 東京大学出版会 (1991, 新装版 2008)
11——https://youtu.be/ktkjUjcZid0
12——T. Matsuzawa et al.: The chimpanzees in Bossou and Nimba. Springer(2011)
13——T. Matsuzawa et al.: Cognitive development in chimpanzees. Springer(2006)
14——松沢哲郎:「ウマ学」への展望, 生物の科学・遺伝, **73**, 222(2019)
15——松本元・松沢哲郎: ぼくたちはこうして学者になった, 岩波書店(2019)
16——松本元: 愛は脳を活性化する, 岩波書店(1996)

2

ちびっこチンパンジーと仲間たち

1 レオの リハビリテーション

友永雅己

レオを歩かせる

霊長類研究所には四肢不全麻痺から立ち直りつつあるレオというチンパンジーがいる[1]。そのレオが，彼自身とスタッフたちの努力により，よちよちと座り歩きをはじめるようになった。そこで，レオになんとかしてもっと自発的に歩いてもらおうと考え，新たなリハビリをはじめることにした。それは，研究所のほかのチンパンジーたちが日々おこなっている，コンピュータを使った認知課題を組み入れたものだ。

従来の実験装置の場合，課題用のタッチパネルの真下にごほうびが出てくる受け皿を設置している。しかし，レオのための装置では，タッチパネルと受け皿を離した。タッチパネルに出された問題に正解すると，背中越しに設置された受け皿にごほうびの食べ物が落ちてくる。その距離，およそ2m。元気なチンパンジーたちにとっては，どうということはない距離。でも，レオにとってははるか彼方といった感じだろう。それでも食いしん坊のレオは，がんばって歩いてくれるかもしれない。私たちはそう期待した。

歌を忘れたカナリア？

レオのために用意した認知課題は，比較的簡単なものだ。タッチパネルの画面に図形や写真が3〜4枚現れる。そのうちの1枚は，常にほかのものとは異なる。レオは「間違い探し」をすればいい。今年(2010年)で28歳になるレオだが，子どものころには，ほかのチンパンジーたちと同様コンピュータ課題に精を出していた。20年くらい前の話だ。だから，問題をはじめるためのスタートキーがタッチパネルに出現したら，すぐにでもそれに触って課題をはじめてくれるものと思っていた。しかし，私たちの期待はもろくも崩れ去った。

このリハビリの初日，広い居室の一角にあるベッドの上に座っていたレオを，対角に設置されたタッチパネルのところまで誘導した。よちよちとレオがやってくる。そこでいったんごほうびにピーナッツをあげたあと，画面をオンにして青い四角形のスタートキーを提示した。その瞬間，レオは少し身じろぎしたかと思うと，やおら体を反転させ，ベッドの方に戻って行ってしまった。

レオは歌を忘れたカナリアになってしまった？いや，忘れていたのはこっちの方だ。彼には臆病なところがあることを思い出した。

それでも，スタッフたちがなんとかタッチパネルの画面を触らせようと努力した。おかげで，まったく寄りつきもしなかったレオが，不承不承ながらタッチパネルのところにやって来るようになった。そこで，まずはじめは画面を触ればそれでOKというところからスタートすることにした。

レオは，私たちに促されておっかなびっくり画面に触れる，いや，パンチするといった感じだ。すると同時にチャイムが鳴り，背中越しに設置された給餌器が作動して，食物片を受け皿に落とす。その作動音や食べ物が落ちた音を聞き，受け皿に落ちた食べ物を見て，レオがそちらに向かってよちよちと歩き始めた。なんとか第一歩はクリアできた。あとは，画面を少しずつ明るくし，画面全体をおおっていた青い四角形の大きさを，徐々に小さくしていった。その四角形のところを触れば

いいのだということを，レオは即座に学んでくれた。レオは歌を忘れてはいなかった。

課題に挑む

次のステップは課題の学習だ。ある日から，スタートキーに触れたあとに，先に述べたような間違い探し課題を提示することにした。はじめにトライしてもらったのは，明るさの弁別だ。画面に現れた3枚の四角形のうち1枚は青，残り2枚は白。白よりも暗い青の四角形に触れればチャイムが鳴ってごほうびがもらえる。はじめのうちは，まったくでたらめにやっていたのだが，しばらくするとほとんど間違えなくなった。すごい，さすがはレオ。昔取った杵柄といったところか。

ところが，正解を重ねると面白い行動をとるようになってきた。次の問題が出るまでの間隔を5秒程度に設定すると，1回正解しても食べ物を取りに行かなくなってしまったのだ。ごほうびが何個か貯まるのを待ってから，よっこらしょ，と取りに行く。それではリハビリにならない。そこで，間隔をもっと延ばすことにした。20秒程度に設定すると，しぶしぶ毎回，取りに行ってくれるようになった。課題の方も，今ではいろいろな問題にチャレンジしてくれている。写真の見分け，色の弁別，数の大小の判断など。生徒としては，ほかの元気なチンパンジーと遜色がなくなってきた。

レオは大海をめざす，かも

2009年の11月頃に，この認知課題を取り入れたリハビリをはじめ，そろそろ半年になろうとしている。その間，レオも私たちも，試行錯誤を重ねてきた。当初，朝から夕方までいつでも課題をできるようにしていた。レオもがんばって挑戦してくれているので，こちらもどんどんやらせる。

図—コンピュータ課題に挑むレオ。撮影: 友永雅己。

でも，これが固まった彼の膝関節や足の親指に，想像以上の負担をかけているようだ。

この半年の間に，課題をやりたがらなくなることが何回かあった。そんなときはいつも，足をひねっていたり，親指の関節が腫れていたりしていた。歩くことで太ももの周りに筋肉はついてきたようだが，やりすぎはよくない。現在は，午前と午後の2時間ずつの2回のみコンピュータが起動するようにしている。ファンファーレが鳴り響いて課題のはじまりを告げると，レオは喜び勇んでタッチパネルまで歩みはじめる。

コンピュータの記録をみると，レオが解いた問題の数は，1万5000を超えている。タッチパネルから受け皿までの距離の往復は，約4 m。気がつけば，60 km以上も「歩いている」ことになる。研究所のある犬山市から木曾川を下っていくと，60 kmくらいで伊勢湾にたどりつく。レオはそれだけの距離を歩いてきたのだ。そして今日も，その先の大海をめざしてよちよちと歩き続けている。

文献
1—松沢哲郎編: 人間とは何か，岩波書店（2010）pp. 202〜205

2 つられる視線
——仲間の視線に敏感なチンパンジー

服部裕子

他者の視線につられる

たとえ相手が見知らぬ人であっても，ふと何かに視線を向けるようすを見て，思わず自分もその視線の先を追ってしまう。そうした経験は誰にでもあるのではないだろうか。わたしたちヒトには，なかば自動的に他者の目を検出し，その視線を追い，相手の見ているものと同じものを見る傾向がある。そうすることで，わたしたちは他者と注意を共有し，さらには対象物に対してもっている知識や考えも共有することができる。ヒトでは，この他者の視線につられる傾向は，およそ生後6カ月頃から見られるといわれている。

また，ヒト以外のさまざまな動物たちにもこうした傾向があると報告されている。実験の方法は非常にシンプルで，ヒトが左右どちらかを向いた際に，動物たちも同じ方を向くのかというものである。おおむね，ヒト以外でもチンパンジーをはじめとする多くの霊長類，ヤギ，カラスといった鳥類でもヒトの視線につられることが知られている。他者と同じものを見るということは，相手との情報のやり取りを円滑にするだけでなく，他者が見つけた迫り来る敵や，美味しい食べものを発見することにも役だつため，集団で生活する生き物にとってはとても有用だろう。

しかし，これまでの多くの研究は，相手によって視線のつられ具合が違うのかについてはあまり検討されてこなかった。集団で生活する動物にとっては，ほかの動物が何を見ているのかよりも，仲間が何を見ているのかの方がずっと重要ではないだろうか。また，その相手が自分に似ていれば，それだけ自分がほしいものや避けたいものをより早く見つけることができるだろう。

視線のつられ具合は相手によって違うのか
——アイ・トラッキングを用いた実験

そこでチンパンジー8人とヒト8人を対象に実験をおこなった。方法は，チンパンジーとヒトが同じ姿勢をとっている写真を提示し，被験者が写真の中のモデルの視線につられるのかを調べる，というものだ。視線の計測は，アイ・トラッキングという視線を追跡する装置を用いた。赤外線による角膜反射と網膜反射の差分から，視線の位置を計算することにより被験者がどこを見ているのかを特定するものだ[1]。今回の実験で刺激となった写真は，チンパンジーもしくはヒトのモデルが「正面を向いている」「どちらか一方の黒い湯飲みを見ている」もしくは「湯飲みに手を伸ばしている」というものだった(図1)。これらの写真を1枚ずつモニターに提示して，チンパンジーとヒトに自由に写真を見てもらい，その間の視線の動きをアイ・トラッキングによって測定した。

実験の結果，モデルが湯飲みを見ている写真を見た際に，チンパンジーはチンパンジーの視線にのみ，つられることがわかった(図2上段)。同じ姿勢をしていても，ヒトの視線につられることはなかった。このことから2つの新しい点が指摘できる。

1つは，チンパンジーは静止画でも視線がつられるということだ。今まで，チンパンジーをはじめとするヒト以外の動物は，静止画では視線はつ

られにくいと考えられていた。これまでの研究が動物の視線追従を証明できたのは，実験者の頭や腕などのダイナミックな動きを，刺激として用いてきたからだ。一方，そうしたダイナミックな動きのない静止画を用いた場合には，動物たちは積極的な視線追従を示さなかった。ところが今回の実験結果をみると，そうではないようだ。チンパンジーは動きの伴わない写真を見たときでも，チンパンジーの写真を見たばあいには，相手が注意を向けているものに視線がつられたのだ。

もう1つは，チンパンジーはたとえ同じ姿勢をとっていたとしても，別の動物の行為を同じように解釈するのは難しいのかもしれないという点だ。一方ヒトは，相手がチンパンジーだろうとヒトだろうと，同じように視線がつられていた（図2下段）。わたしたちは，同じ身振りをしていると，自然に同じことをしているように解釈してしまうが，もしかするとチンパンジーは違う見方をしているのかもしれない。

仲間の発する情報に対する感受性

なぜチンパンジーはチンパンジーの視線に，よりつられやすいのだろうか。チンパンジーを見たときとヒトを見たときで，チンパンジーの注視パターンには，ほかにどのような違いがあるのだろうか。そう思って，さらに分析してみると，チンパンジーはチンパンジーのモデルの顔を，ヒトの顔よりも長く見ていたことがわかった。

もしかすると，チンパンジーは「相手が何に注意を向けているか」に関する情報を，ヒトの顔よりも，チンパンジーの顔から，より多く抽出していたのかもしれない。では，チンパンジーはより

図1―実験に使われた刺激。

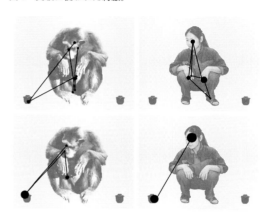

図2―チンパンジーの視線（上段），ヒトの視線（下段）の一例。注視点を円で，注視点の時間的な隣接を線で示す。長く停留した注視点ほど大きな円で描く。

親しい仲間だと，相手が何をしようとしているかに，もっと敏感に反応するのだろうか。また，一見するとわたしたちには何をしているところかわからない姿勢の写真でも，仲間のチンパンジーなら容易にその行為を解釈できるのだろうか。

アイ・トラッキングによって明らかになる，彼らのものの見方への興味は尽きない。

文献
1―松沢哲郎編: 人間とは何か, 岩波書店（2010）pp. 192～193

3 死を弔う意識の芽生え？

松沢哲郎／林 美里

チンパンジーの死体に対する行動を詳述した2つの姉妹論文が『カレント・バイオロジー』に掲載された。これを契機に，チンパンジーによる死児の世話について考えてみたい。

論文のうち1つはイギリスの心理学者アンダーソンらによる。タイトルはそのものずばり「チンパンジーの死生学」である[1]。動物園のチンパンジー4個体のうち，老齢の女性が亡くなった。その死に対する他のメンバーの行動を報告している。死を確かめるように体をゆする。死者のそばに寄り添って離れない。わめき騒ぐ。亡骸が運び出されたあと，しばらくのあいだその場所に近づかない。そうした行動について，人間が死者を弔う行動と対比されて記述されている。

もう1つは，われわれの国際研究チームが報告した，野生チンパンジーによる死児の世話についての観察報告である[2]。西アフリカのギニアのボッソウの研究だ。過去25年間に，子どものチンパンジーが亡くなった例が3件ある。ジョクロ，ジマト，ベベだ。その3件とも母親は，子どもがミイラになるまで持ち運んだ。青年や年寄りの死体を見つけた例は，同じ期間で3件ある。ンペイ，カイ，ボニである。おとなが亡くなっても，だれも持ち運んだりはしない。しかし2歳半までの子どもが亡くなると，母親は必ず持ち運んだ。

ジョクロ，ジマト，ベベを持ち運ぶ

1例目は1992年の1月だった。母親はジレで，亡くなったのは2歳半の娘のジョクロ。風邪をひいたようだ。徐々に弱って死ぬまでの16日間と，死後の27日間を松沢が観察した。帰国のため観察を打ち切ったとき，ジレはまだ遺体を持ち続けており，いつ手放したかはわからない。

2例目と3例目は，2003年11月から2004年1月にかけてである。呼吸器系の感染症が群れに蔓延して5人が亡くなった[3]。そのうちの2人が子どもだった。母親ジレがまた，息子を亡くした。1歳2カ月のジマトだ。死亡は11月末で68日間持ち運んだ。その1カ月後，若い母親ブアブアが2歳半の娘ベベを亡くした。死亡は12月30日と推定され19日間持ち運んだ(図)。この時期に調査をしていたわれわれのチームのハムル，クープス，ソウザ，ビロ，林，松沢の6人が，この2例の子どもの死にゆく過程と死後を観察した。2004年の初頭には，2人の母親チンパンジーがともに死児を背中に背負って歩く悲惨な姿を見たことになる。

3件に共通した点が3つある。①子どもが亡くなってもすぐには手放さず，最短で19日間(ベベ)，最長で68日間(ジマト)死体を持ち続けた。②母親は子どもを毛づくろいしたり，たかるハエを手で追い払ったりした。木の枝をうちわのように使って追い払った例もある。だいじに持ち運んだので腐っても壊れずミイラのようになった。③他のメンバーは遺体をとくに忌避したりはしなかった。子どもチンパンジーが死体を引きずって遊ぶようすが観察された。まるで生きているときと同じように，木のまわりをぐるぐるまわって追いかけっこをするようなしぐさだ。

母親ブアブアのふるまい

母親ジレは，ボッソウで一番多産なチンパンジーである。1976年に杉山幸丸が観察を開始してから現在までに，合計10人の子どもを産んだ。子どものジョクロやジマトをミイラになるまで持ったとしても，彼女に特異な行動かもしれない。興味深いのは母親ブアブアの例だ。

ブアブアが9歳のとき，仲間のチンパンジーがハイラックスというタヌキのような動物を捕まえてなぶり殺しにする事件があった。ボッソウのチンパンジーは「ベジタリアン」で，動物を殺しても基本的には食べない。もてあそぶだけだ。このとき，ブアブアはハイラックスの死骸を拾い上げてだいじに持ち歩いた。夜は樹上のベッドで胸に抱いて毛づくろいした。まるであかんぼうの世話をしているように見えた。翌日も死体を持っていたが，腐敗が進んだからか，昼過ぎに手放した。ぽとりと落として拾わなかった。つまりほぼ丸1日持ち歩いたことになる。

翌年，彼女は10歳で身ごもった。生まれてきた娘がベベだ。初産である。2歳半で亡くなった。亡骸はハイラックスのときとまったく同じように腐敗が進行する。とてつもない悪臭で，ハエがたかる。しかし，彼女のふるまいは明らかに違っており，子どもの亡骸をだいじに持ち運んだ。それは，まるで先輩ジレを見習うかのようだった。

死を弔う行動の進化的起源

人間以外の霊長類で，死児を持ち運ぶことは広く知られている。杉山らによる大分県高崎山のニホンザルの6000例を超える出産の観察のなかで，157例の死児の運搬が見られた。生まれてすぐに死んだ子は持ち運ばない。生まれて1日でもし

図——ベベの遺体を背中に乗せて運ぶ母親ブアブア。提供：京都大学霊長類研究所。

がみついていると，約10例に1例の割合で死児を運搬する。ただし盛夏では腐りやすく，そう長くは持っていない。こうした死児の運搬は目立つので，高崎山のユンデや宮崎県幸島のウツボという母親の事例は，くわしく観察されて写真も残っている。

ボッソウの事例は，3例が3例とも持ち運んだという点で特異だ。また，子どもが死ぬと乳が止まり，生理周期が戻る。尻がピンク色に腫れて，次の子どもをもつ準備が整う。そうした体の変化に抗するように持ち続けるという点で，意思のようなものを感じる。考えてみると，昨日まで一緒だった子を，死んだからといってすぐに手放す理由はない。ミイラになるまで持ち続けてもよいだろう。そういう文化なのかもしれない。愛着，それが死を弔う行動の起源なのかなと思う。

この光景を繰り返し見ないですみますように。いろいろな思いはあるが，それがボッソウの研究者たちに共通する素朴な願いでもある。

文献
1——J. R. Anderson et al.: Current Biology, **20**(8), R349(2010)
2——D. Biro et al.: Current Biology, **20**(8), R351(2010)
3——松沢哲郎編：人間とは何か，岩波書店(2010)pp. 68～69

4 動物園でチンパンジーを観察しよう

廣澤麻里／足立幾磨

2008年6月18日，名古屋市と京都大学が学術協定を結んだ。その連携のもと，筆者たちは名古屋市東山動植物園にすむチンパンジーの知性研究を推進するとともに，彼らの自然な行動と知性の展示に取り組んできた。これにより，動物園での研究と来園者への環境教育は着実に進んでいる。

自然な行動を見る

チンパンジーは半分地上，半分樹上で生活をする。食べ物を探し歩いて，熟した果実を木の上で食べたり，木の上にベッドをつくって寝たりする。彼らが本来の行動をとるためには，高くて複雑な形の構築物が不可欠だ。そこで，2008年11月，同園のチンパンジー屋外運動場に高さ11 mの「チンパンジータワー」を導入した(図1)。地上での平面的な動きに加え，縦への空間が生まれたことで，活動できるスペースも広くなった。見た目は無骨な鉄の構築物で，野生チンパンジーが暮らす緑豊かな熱帯雨林にはほど遠い。しかし，彼らにとって重要なのは，彼らが本来もっている行動を自由に実現可能な環境を得ることだ。これは，チンパンジーのためだけでなく，来園者にチンパンジーの本当の姿を伝えるうえでも重要である。

ディスプレイの場，逃げる場，隠れる場，風を感じる場と，いろいろな用途にタワーが利用されるのが観察された。ただ，チンパンジーがどれぐらいタワーを利用しているかを調べてみると，真夏と真冬は利用される頻度が少ないことがわかった。直射日光によって暑かったり，風が吹いて寒かったりするのだろう。実際，チンパンジーが生息するアフリカの赤道付近では，灼熱の太陽光も熱帯雨林の林床までは届かないので，森の中は涼しい。タワーが熱帯雨林と同じような機能を果たすように，タワーをつくって終わるのではなく，評価して，改善していく必要がある。

動物の知性を見る

つづいて，運動場の隣に2 m四方の実験ブースを導入した。このブースの来園者側2面は全面がガラスであり，来園者は間近にチンパンジーの様子を観察することが可能である(図2)。これが，チンパンジーの知性展示の舞台となる。大きく2つの方法で彼らの知性を展示している。

1つめは道具使用行動の展示だ。ガラスの壁に筒がついており，その中にジュースが入っている。細い筒なので，手を入れて飲むことはできない。すると，チンパンジーたちは運動場から枝を拾ってきて，それをジュースにひたしてはなめる行動を自発的におこなう。さらに，より飲みやすくなるように枝の先をかんで，ブラシ状になるように加工することもある。彼らは非常に器用にこうした道具使用をおこない，300 mLほどのジュースをわずか15分ほどで飲み干す。

2つめは，タッチパネルを使った認知実験の展示である。同園のチンパンジーたちも，霊長類研究所でアイやアユムたちがおこなってきた課題に取り組んでいる。複数の選択肢から見本と同じものを選ぶ「見本合わせ課題」や，1から9の数字を小さい順に選ぶ「数字系列課題」である。もちろんみんな，はじめはできない。それでもコツコツと学習を続けていくと，確実にできるようになる。今では，タッチパネルを触る4人のチンパ

図1—チンパンジータワー。

図2—数字系列課題を解くチンパンジーとそれを観察する来園者。

ンジー全員が、見本合わせ課題を習得している。さらに数字系列課題についても、正解できる数字の系列の長さが順調に伸びてきて、すでに9つの数字の系列を習得したチンパンジーもいる。ぜひ彼らの知性を来園者に実際に感じてもらいたい。

研究所での実験は結果しか伝えられることがなく、学ぶ過程はなかなか人目にふれることがない。しかし、同園では、はじめの練習の段階からすべて展示しているので、彼らが楽しみながら学習をしている様子を見ることができる。また、指導者の立ち合いが必要だった認知実験も、現在は霊長類研究所の学生、そして近隣大学の学部生だけでもおこなえるようになった。この取り組みは、学生にとっても学びの機会となっている。

動物園は野生のくらしへの窓

ここで見られるのは知性だけではない。ジュースの筒も、タッチパネルも、1つずつしかない。この楽しい場所をめぐって、かけひきがおこる。

たとえば群れの最優位男性であるリュウは、たいていほかのチンパンジーから実験に参加できる"席"を譲ってもらえる。しかし、いつもリュウが優先してできるとは限らない。気の強い年上の女性、ローリーは、簡単には席を譲らない。そうなると、リュウは課題を解いているローリーをくすぐって遊びに誘う。ローリーが誘いにのって席から離れると、リュウはするりと席につく。実に穏便に席を奪う。逆に、リュウが実験を譲ることもある。女性が発情しているときだ。性皮が腫脹し、お尻が顔と同じくらいの大きさに膨らんでピンク色に見える。この時期の女性に対して、リュウはとても寛容な態度をとる。交尾をしたいからだ。こうした個体間のやりとりからも、いきいきとしたチンパンジーの心が見えてくる。一つひとつの行動に理由がある。

来園者には、ぜひ足をとめてじっくりとチンパンジーを観察してもらいたい。チンパンジーという存在をより近くに感じることができると思う。そしてそれは、動物園の動物を通して、野生のくらしへ目を向けるきっかけにもなり、動物園のもつ種の保全という役割を果たすことにつながる。

5 真夏のチンパンジー

林 美里

チンパンジーのすむ環境

チンパンジーは赤道付近のアフリカにすんでいる。当然、暑さに強そうな印象がある。ところが、愛知県犬山市の京都大学霊長類研究所にくらすチンパンジーは「夏ばて」することがある。比較的すずしい勉強部屋まではやってくるものの、課題をはじめずに床や丸太の上に寝転んでいるだけのこともある。研究者の呼びかけでしぶしぶ重い腰をあげて、ようやく課題をはじめても、いつもなら喜んで食べる報酬のリンゴを食べようとしないチンパンジーもいる。全体的に食べ物の好みが変わったり、少量しか食べなくなってしまったりするチンパンジーもいる。

野生チンパンジーの長期調査地の1つである西アフリカ・ギニア共和国のボッソウでは、明確な雨季と乾季がある。年によって若干の違いもあるが、3〜10月頃は雨季、11〜2月頃までは雨の量が少ない乾季にあたる。ボッソウ村は内陸部にあって気温の日格差も大きい。とくに地面がむき出しで直射日光があたる村では、熱しやすく冷めやすい。村のはずれにある調査基地で気温をはかると、雨季には最低気温が23℃、最高気温が34℃ほどだが、乾季には最低気温が19℃に下がり最高気温は38℃ほどにまで上がる。乾季では、夜は寒くて上着をはおらなくてはいられないほどだが、昼間に村やサバンナですごすとじりじりした陽射しですぐ汗まみれになってしまう。

だが、森の中に入ると、日光が木々でさえぎられて熱しにくく冷めにくいので、まったくの別世界だ。竹元博幸さんのデータによると、森の中の最低気温は21℃前後で安定している[1]。最高気温は年間の平均が26℃で、雨季で23℃ほど、乾季でも29℃ほどだ。乾季の森の中に入ると、木漏れ日がさして、心地よい風が吹き、避暑地ですごしているようなさわやかさを感じることができる。さらに、チンパンジーがすごす木の上は、より快適な空間になっているようだ。比較的寒い雨季にはかってみると、地上から1.5mのところでは最高気温が23.9℃、最低湿度が92.5%だったが、地上から11mの樹上では、最高気温が25.5℃とあたたかく、最低湿度は77.5%とすごしやすくなっているそうだ。実際に、チンパンジーは、あたたかく乾いた時期には地上ですごす時間が長く、寒くて雨が多い時期には樹上ですごす時間が長いというように、環境に合わせて柔軟に行動を変化させていた。

寒い日のチンパンジー

霊長類研究所には、14人のチンパンジーがくらしている。アフリカの森とはまったく違う自然環境だが、チンパンジーはそれなりにうまく日本の環境にあわせて行動しているようだ。今では、日本で生まれ、日本で育ったチンパンジーも全体の半数の7人になった。アフリカにはない寒い冬の時期には、暖房が入った部屋の中でぬくぬくとすごしているチンパンジーが多い。どこの部屋のどの場所に暖房の風がよくきてあたたかいか、ということも知っていて、順位が高いものから優先して場所取りをすることもある。

ただし、雪が降った日は特別だ。白くなった世界を見にきたかのように、寒そうに震えながら、

しばらくタワーの上に座ってあたりを見回している。空から降ってくる雪を，少し嫌そうに口をゆがめて，白い息を吐きながら見上げていることもある。体が冷えてくると，そそくさと背中を丸めて歩いて部屋の中に帰っていく。寒いのに雪を口いっぱいに頰張ったり，氷などをあたたかい部屋の中にもっていって食べたり，と彼らなりに冬の贅沢を楽しんでいることもある。

暑さ厳しい犬山市で

春や秋のすごしやすい季節になると，屋外のタワーの上で思い思いの場所に座って，のんびりとすごしている姿がよく見られるようになる。パルがまだ小さかった頃に，桜の花びらが舞い散る中でくるくると体を回転させて，一人楽しそうに遊んでいたという目撃情報もあった。

残念なことに，すごしやすい時期というのはそれほど長くは続かない。犬山市は愛知県の北端の内陸部に位置していて，近くには日本一暑い町として知られる岐阜県多治見市があり，夏の暑さは非常に厳しい。真夏日が続くこともあり，最高気温が35℃をこえる日もある。隣のニホンザルの運動場からは，ときおりバシャーンと派手な水音があがる。ニホンザルは温泉に入ることが知られており，水を怖がらない。夏の暑さを吹き飛ばすように，子どもたちが水遊びに興じている。一方，チンパンジーは水に濡れるのを嫌がる。ニホンザルの運動場と同じように小川が流れているのに，手をつけることさえほとんどない。ただ，掃除用のホースから水をもらうのは大好きだ。夕ご飯のあとなどにホースから水を出して，格子のすきまから中に入れると，集まってきて我先にと水を飲む。器用に唇を伸ばして，水のしぶきが顔や体に

図―夏の暑い日に日陰で休むチンパンジー。手前：アキラ，奥：アユム。撮影：林美里。

はかからないように気をつけながら飲んでいる。

暑くなってくると，体がだるい，やる気が出ないというのは，ヒトもチンパンジーも同じようだ。ご飯が終わるとすぐに部屋の床に大の字になって寝たり，日陰で風通しがよいところをみつけて寝転んだりしている姿がしばしば見られる（図）。大事な勉強にもなかなか身が入らない。とくに，おとなたちに夏ばての傾向が強いようだ。勉強部屋に来ても，ごろごろしていて課題をしないお母さんの隣で，子どものほうはいつも通りまじめに課題に取り組むという，少し不思議な光景が見られる。

日本の暑さにも寒さにも負けず，チンパンジーたちにはこれからも健やかにくらしてほしい。チンパンジーたちが，四季を感じながら，仲間たちと楽しくすごせる環境づくりを続けていきたい。

文献
1―H. Takemoto: American Journal of Physical Anthropology, **124**, 81（2004）

6 幸島探訪

佐藤義明／林 美里

2010年3月30日の聖地訪問

「霊長類学者にとって幸島は聖地である」。宮崎県の日向灘に浮かぶ幸島を前に，外国人研究者マーシャントさんが興奮しながら口にした。日向灘に浮かぶといっても遠海の孤島ではなく，勝景の石波の砂浜からは目と鼻の先，時期によっては歩いて渡れるところにある。この島には「イモ洗い」という文化をもつニホンザルが住んでいる。

2010年，京都大学霊長類研究所は，国際連携により，ヒトの進化の霊長類的起源に関する学際的研究を推進することを目的に，海外から著名な研究者と若手の研究者を招聘した(日本学術振興会支援HOPE-GMプロジェクト)。その参加者のうち，霊長類の文化研究で名高いウィリアム・マグルーさんとリンダ・マーシャントさんのご夫妻と，7人の若手研究者に随伴し，3月30日，筆者(佐藤)は幸島を訪問することになった。

幸島のサルは，餌づけのために撒かれたサツマイモを海辺や潮だまりにもっていき，そこで洗って食べる。日本の霊長類学は，ここ幸島のサルを観察するところからはじまった。日本の霊長類学から個体識別にもとづく研究法が広まり，今では世界の霊長類研究の源流の1つに数えられている。また，動物に文化があるとは思われていなかった時代に，幸島のサルのイモ洗い行動をヒトの文化に準ずるものとして報告したのも，芽生えたばかりの日本の霊長類学だった[1]。この歴史的な幸島を，現在，霊長類の文化研究で名を馳せるご夫妻が来訪するのは，象徴的な出来事にちがいない。はじめの報告から56年がたったその日も，イモを受けとったサルたちのうち一部の個体は，当然のように水辺に向かい，イモを洗って頬張っていた(図1)。

2010年5月の再訪

若手研究者のアンナ・アルビアク・セラーノさんが，その2カ月後に幸島を再訪したとき，佐藤はまた随行した。野生のニホンザルを対象に心理学的な実験をおこなうためだ。

心理学的な実験では，あらかじめ装置を用意していくつかの実験場面を設定することで，対象となる動物の知性をより精細に調べることができる。野外にこのような実験操作を導入することは，野外での行動観察から得られた結果を補完すると同時に，飼育下の動物から得られた知見を補充する。ギニアのボッソウでも，野生チンパンジーを対象に野外実験がおこなわれている[1]。クロスジオマキザルやニューカレドニアガラスでも実施されている。しかし，ニホンザルで類似のことをおこなっている研究拠点はほとんどない。幸島のニホンザルでも，研究初期には都守淳夫と河合雅雄，本吉良治が心理学的な課題をおこなっており，イモ洗いを発明したメスザル「イモ」も，オトナになってこの実験に参加していた[2]。しかし，近年の幸島では，本格的な野外実験は今回がほとんど唯一である。

実験は大泊とよばれる砂浜でおこなった(図2)。モーターボートで浜に乗りつけると，すでにサルたちが待ちかまえていた。ふだん職員がボートでやってきて小麦を撒いているため，ボートの音が餌の合図となっているのだろう。相当数のサルが

図1―サツマイモを洗う幸島のニホンザル。幸島大泊，2010年3月30日。撮影：佐藤義明。

図2―心理学的な実験。1つの条件が終わり，次の条件に移るため，アンナさん(左)と鈴村さん(中)が装置の一部を交換している。被験者であるメスのニホンザル「アサ」(右)は近くで交換が終わるのを待っている。実験に成功すれば1回ごとにサツマイモ片を獲得できるため，自分の順番であることがわかるとこのように待っている。幸島大泊，2010年5月26日。撮影：佐藤義明。

いて，被験者の数としては十分である。しかし，そう簡単に実験をはじめられるわけではなかった。

まず，実験者には，個体識別ができない。同じ個体を新しい別の個体と見誤ってはならない。逆に誰を相手にしているのかがわかれば，その個体の年齢や性，順位などの情報が正確に利用できる。また，特定の個体をうまく実験装置まで誘導するのは難しい。順位の低い個体を被験者にしたくても，高順位の個体が実験装置に興味をもてば，目標の個体は装置に寄ってこられない。運よく目標の個体が1回だけ実験を受けられても，2回目以降を高順位の個体に妨害されるかもしれない。同じサルが規定の回数だけ実験を受けなければ，心理学的な実験のデータにはならないのだ。目標のサルだけが実験装置の前にいて，目標以外のサルは遠くにいるという虫のよい状況をつくる必要があった。そこで，個体識別と，ほかのサルを別の場所にひきつけておくといったことを，幸島観察所の冠地富士男さん，鈴村崇文さんに協力していただき，おかげで驚くほど首尾よく進んだ。

このように，実験をおこなうに際して個体数が確保できたり，個体識別やサルの誘導のために協力を仰げたりする以外に，幸島ならではの有利な点がある。それは，幸島観察所が8世代にわた

るニホンザルの観察をつづけており，基礎的な人口統計学的データが蓄積されてきた点である。個体の家系や順位などの社会的関係とその歴史が明らかになっているのだ。アンナさんが今回の実験を分析するうえでも，年齢や性，順位などの詳細な基礎的データがおおいに力を発揮したそうである。

実施前は，幸島という野外調査地で心理学的な実験が本当にうまくいくのか不安だったが，存外はかばかしかった。幸島では，ほかにもさまざまな実験ができるのではないか。たとえば，どうしてイモ洗いをするのかを調べる実験はどうだろう。

幸島のサルたちは，実験結果だけでなく，そういった将来への期待感も与えてくれた。まだいろいろと教わることは多そうである。

文献

1―松沢哲郎編：人間とは何か，岩波書店(2010) pp. 184～185, pp. 218～222

2―A. Tsumori et al.: Primates, **6**, 195 (1965)

7 コンゴ盆地の野生ボノボ

松沢哲郎／平田 聡／山本真也

2010年4月から霊長類研究所にボノボ(林原)研究部門ができた。ボノボの野外研究を背景に，ボノボの心の研究を開始する試みである。部門を構成する筆者ら3人で，まずは野生ボノボを見に行くことにした。チンパンジーとボノボの関係は，サピエンス人とネアンデルタール人の関係と同じだ。同属別種である。ボノボの研究が進めば，人間の本性の進化的起源の理解が進むだろう。

石ころがない

コンゴ民主共和国の首都キンシャサは人口約700万人。そこから約1000 km離れたジョルという街にチャーター機で飛ぶ。眼下には平たんな森が続いていた。日本の陸地面積の6倍ほどもあるコンゴ盆地。大蛇のようなコンゴ川4700 kmが曲がりくねっている。海辺から源頭部まで直線距離で2000 km，ただし最高点の標高が1000 mしかない。1 km行って標高が50 cm上がる程度だ。

ジョルからは自動車も通れない道なので，モーターバイクの後部座席に乗って行った。83 km，約3時間の旅である。民家やヤシの木などアフリカで見慣れた風景だが，どう眼を凝らして見ても石がない。岩も，小石でさえも見当たらなかった。路傍の石と言う。どこにでもある，つまらないもののたとえだが，その石がない。

通説によると，昔々，コンゴ盆地は巨大な湖だった。その湖底がせり上がって，北縁から流れ出したのがコンゴ川である。知識で知ってはいたが，実際に石がない世界を実感してみると，とても不思議な思いがした。雪がない，それはわかる。しかし，石がない。砂漠ではなく，ふつうに人びとが暮らしている世界に石がない。

野生ボノボの社会

調査基地のワンバ村周辺の森に1群27個体の野生ボノボがすんでいる。加納隆至さんらが開拓した調査地で，今は古市剛史・伊谷原一らに継がれ，30年を超える長期調査が続いている。未明にヘッドランプをつけて村を出立し，ボノボが起きだす朝6時半ころから，樹上のベッドをつくって寝る夕方5時半ころまで終日追跡した。

チンパンジーと比較して，最も顕著に違うのは隣の群れとの関係だ。チンパンジーでは敵対的で，けっして混じり合うことがない。互いになわばりをパトロールしている。声でも聞こえれば毛を逆立てて緊張し，出会えばケンカになる。殺し合いにまで発展する。しかしボノボでは，隣の群れのおとなの男性が，ワンバの群れの子どもと遊んでいた。隣の群れのメンバーが入り込んだまま，1週間ほど一緒に行動していた。

そうした関係を成り立たせているのが性行動だ。チンパンジーは，ケンカをしては仲直りをする。極端に単純化していえば，ボノボは，ケンカになりそうなとき，互いにセックスに持ち込む。女性同士が対面で抱き合って互いの性器をこすりつけるGGラビングと呼ばれるボノボ特有の行動が有名だ。隣の群れの男性が，群れに入り込んでふつうにセックスしていた。チンパンジーではありえない。

群れの中も，男性優位なチンパンジーの社会とは明らかに違う。端的な例が，枝を引きずる誇示

行動だ。チンパンジーの最優位の男性が，毛を逆立てて荒々しく枝を引きずって歩くと，女や子どもは逃げ惑う。ボノボでは，比較的若い男性がよく枝を引きずるディスプレイをする。しかし，すぐそばを通り過ぎても，おとなの女性は知らん顔だった。無視する。最優位の男性がいないわけではないが，ボノボでは一般に女性の存在感が高い。女性優位の社会といってよいものだった（図）。

野生ボノボの行動

音声コミュニケーションも興味深い。ピャアピャアピャアと聞こえる甲高い声で鳴き交わす。木の幹が地面近くでスカートのひだのように広がっているものがある。板根と呼ばれる。チンパンジーの男性はそれを足で蹴ったり，手で叩いて，ドドドンドンと太鼓のように音を出す。ボノボも同じだ。ただし，こうした音にチンパンジー以上に敏感だ。

追跡中にボノボの姿を見失うと，現地ガイドはマシェット（山刀）で板根を叩く。すると，ピャアピャアピャアと返事をするので居場所がわかる。どうも慣れることがないようで，何度やっても必ず返事をする。また，大きな枯れ枝がドサッと落ちても，上空の飛行機の音にも，同様に返事をしていた。

食物分配も興味深い。現地名ボリンゴという大きな果実の時期だった。東南アジアで見るドリアンのように，大きな種がいくつもあって，周りの果肉が甘い。1人では食べきれない量がある。この食物を，親子だけでなく，おとな同士でも持っていくのを許していた。しかも，何度も手を伸ば

図—ボノボの親子。母親ホシと1歳の息子ハチロー。

してくるのを許す。しかし分配は物にもよるようだ。現地名イッテレというウロコオリス（リスの仲間で，皮膜を広げて樹間を滑空する）の捕食があったが，これはだれにも渡そうとしなかった。貴重品はやすやすとは渡さないようだ。

最も興味深いのは，地中を掘る行動だ。ボノボのすむ森は大別すると，林床の乾いた森と，ずぶずぶの沼の森とに分かれる。乾いた森の地面を手で掘って，白い何かを取り出して食べていた。キノコだそうだ。沼地のものは明らかに種類が違う。小さくて黒い。これが何か，まだ分析結果が出ていない。おもしろいことに，このキノコないし根粒菌のようなものを食べながら，ときどき葉を食べていた。付け合わせなのかもしれない。

まだよく知られていないボノボの生態や行動をかいま見た旅だった。

謝辞：今回の旅にあたって，古市剛史，伊谷原一，竹元博幸，坂巻哲也の諸氏のお世話になった。特別推進研究，AS-HOPE，環境省研究費（D-1004）の支援を受けた。記して感謝したい。

8 アジアの隣人
──オランウータン

林 美里

マレーシアの森で

オランウータンは唯一アジアにすむ大型類人猿だ。マレーシア語でオランは「人」，ウータンは「森」を意味する。「森の人」は，インドネシアやマレーシアのボルネオ島に残された深い森の中にひっそりとくらしている。以前，ボルネオの森で野生のオランウータンを見たとき，その静かなくらしぶりに驚いた。アフリカにすむチンパンジーは，大きな集団をつくって動き回り，1日に何度か騒々しい大声をあげてけんかをすることもある。対照的に，物思いにふけっているかのようにさえ見える，ゆっくりとしたオランウータンのくらしぶりを見て，赤茶色のふさふさとした毛の奥にかくされた，彼らの心の中を探ってみたいと思った。

オランウータン島

筆者が初めてマレーシアのオランウータン島とよばれる施設を訪れたのは，今年（2010年）8月のことだった。オランウータン島は，すでにオランウータンが絶滅してしまったマレー半島にある。マレーシアの民間企業 EMKAY グループが，オランウータンを絶滅から守ることを目標とし，2000年に施設をつくり，観光客にも公開している。8人のおとなと2人の子どもがボルネオなどから集められ，2003年からは施設内で子どもが産まれるようになり，今では26人のオランウータンたちが施設でくらしている。今年6月から京都大学霊長類研究所は，最新の研究成果をふまえ，オランウータンたちのよりよい施設を実現するために助言と協力を開始した。

夜遅くにマレー半島のペラ州ブキットメラのリゾート地に到着し，翌朝ボートでオランウータン島に向かった。ボートが近づくと，木々の間に張られたロープを伝ってオランウータンが空中を移動している姿が見えてきた。このロープは霊長研のアドバイスに従って設置されたもので，オランウータンはちゃんと使ってくれているようだ。

船着場から奥に向かって，人がオランウータンの運動場の中に入るための観察通路がのびていた。緑におおわれたトンネルの中を進んでいくと，おとなのオランウータンたちがくらす運動場の一端を見ることができる。

建物があるほうに戻ると，1歳前の赤ちゃんのための保育室（ICU）をガラス越しに見ることができる。つぶらな瞳をした2人の赤ちゃんオランウータンがベッドの上に寝ていた。霊長研のほかの研究者の6月の訪問時には，赤ちゃんのお腹に電極を貼って，心電図などを常時モニターしていたそうだが，助言を聞いてやめてくれたようだ。部屋の中に入れてもらって遊びかけると，生後9カ月のヒロシという男の子が，うれしそうに満面の笑みをうかべながら，ベッドの上を転げまわってじゃれついてきた。くすぐったときなどに見られる笑顔は，チンパンジーと同じで口を丸くあけた表情だが，笑い声はチンパンジーよりはるかに控えめで，小さく消え入りそうだった。

ICUがある建物の前は，観察デッキになっていて，2歳半から9歳くらいまでの子どもたちがくらす運動場を見ることができる。この場所にはまだまだ改善の余地がありそうだ。自由に使える木の上の空間がほとんどなく，比較的せまくて地

肌がのぞく運動場に8人の子どもたちがくらしている。仲間同士でレスリングや追いかけっこをしたり，木の枝や落ちてきた木の実で遊んだり，電柵のコードにいたずらしたりと，自分たちでそれなりに遊び方を工夫している。それでも，近い将来ここに霊長研と同じようなタワーを立てて，高い空間を自由に使えるようにしたいと思った。

オランウータンの母子

観察デッキをすぎると，ICUを卒業した1歳から3歳くらいまでの小さな子どもたちがくらす部屋がある。小部屋が3つ，長く横に連なったような構造をしていて，週に何度か葉や果物がついたままの大きな枝をもってきて，それぞれの部屋の中に固定してある。天井からロープやハンモックなどもぶら下がっていて，なかなかすごしやすそうだ。数日，ガラス越しに遊んで子どもたちと仲よくなったあと，同じ部屋に入って積木やカップで遊ぶこともできた。オランウータンたちは，部屋に入ってきた新しい人に興味津々で，いたずらをしかけてくることもあったが，チンパンジーに比べるとおとなしく，動作も比較的ゆっくりしていてかわいらしい。

奥の飼育エリアでは，8月に産まれたばかりの赤ちゃんが，母親と一緒にすごしていた（図）。今までは，赤ちゃんの健康を維持することを大事にするあまり，少しでも赤ちゃんが体調をくずすと，母親から引き離してICUで人が獣医学的に管理して育てていたそうだ。しかし，霊長研の研究者からの助言を聞いて，母親が子どもを育てるという自然な行動を実現することができるようになった。

図—母親の胸に抱かれているオランウータンの赤ちゃん。
生後20日齢で新生児期にあたる。撮影：林美里。

母親のあたたかい胸に抱かれてすやすやと眠り，元気に母乳を飲む赤ちゃんの姿はとても幸せそうで，このまますくすくと母親のもとで育ってくれることを願わずにはいられなかった。9月に再び訪れたのだが，このときには母子ともに元気で，観察デッキの前の運動場で8人の子どもたちと一緒にすごしている姿を見ることができた。

オランウータンたちの未来

霊長研は，マレーシアの人たちと協力して，これからも施設の充実を実地で支援していく方針だ。母親が子どもを育て，より自然に近い環境の中でオランウータンたちを飼育することが当面の目標だ。オランウータン島からほど近い島を使って，森の中にオランウータンを放し，施設とはちがう野生に近い環境の中でもうまく生活できるかを調べる計画も進行中だ。

これからの道のりは長く，大変なこともあるだろう。それでも，進化の隣人であるオランウータンがこれからも生き続けていけるように，それぞれの立場から協力を続けることで，目の前のオランウータンたちが幸せにくらし，明るい未来を描けるように努力していきたい。

9 アユムとアキラ

林 美里

　アユムたちは2010年で10歳になった。『科学』の連載が始まって以来，3人のちびっこチンパンジーの成長に伴っておきたいろいろな出来事を報告してきた。たとえば，子どもたちの一番近くで一緒にいるのはだれか，ということに注目すると，生後1年ほどはずっと母親のそばにくっついている。1歳をすぎると，母親の血縁者や親しい友だちにも抱っこされる。1歳後半になると子ども同士の世界もどんどん広がっていく[1]。アユムの場合は，母親のアイの次に，子どもの世話好きなペンデーサという女性に抱っこされるようになった。その次にアユムを抱くようになったのが，父親にあたるアキラだった。2人が楽しそうに遊ぶ姿もよく見られた（図1）。

　母親の性周期の再開に伴う母子関係の変化[2]や，親離れ・子離れのようす[3]についても報告してきた。10歳になったチンパンジーは，ちょうど子どもとおとなの境目のような時期といえるだろう。おとなの歯がはえてきて，性成熟も迎えた。今回は，とくに男の子のアユムの成長と変化について，報告したい。

男同士のつきあい

　アユムは7歳8カ月のときに精通が確認された。その時期，父親のアキラの近くですごす時間が長くなった。野生のチンパンジーでは，性成熟を迎えた女性が近隣の群れにうつり，男性は出自の群れに残る。若い男性は下の弟妹の世話で忙しい母親のもとを離れ，おとなの男性たちの後ろにくっついて行動をともにする姿が見られるようになる。

　アユムも父親のアキラのそばで，おとなの男性としてのふるまいを学んでいるように見えた。このころはまだ，声もおとなに比べ高く，声量も小さい。アキラをまねて，ディスプレイという誇示行動をしようとしても，小さい体格と声のためたよりなく，まだまだ若造という雰囲気があった。

関係性の変化

　ところが，最近そんな2人の関係に変化があらわれた。2010年の8月，アユムが10歳3カ月のとき，騒々しい運動場を見にいくと，アキラの目の前でアユムが生意気にもディスプレイをしていた。それまでも，強くなった力を試すかのように，アユムがおとなの女性たちを叩いてなかせることはよくあったが，それとは少しようすがちがうようだ。騒ぎがおさまってしばらくたち，昼ご飯の時間にチンパンジーたちのところへ行った。アユムとアキラが同じ部屋に入って昼ご飯を食べることも多く，この日もアユムがいる部屋にアキラが入ってきた。いつもなら，入ってくるアキラにアユムが大きな声であいさつをして，その場が丸くおさまる。ところがこの日は，さっきの騒ぎのせいか，アキラがアユムを叩いた。もちろんアユムは大声でないて，向かいの部屋にいる母親のアイにいいつける。騒ぎがおさまると，結局は，アユムとアイが同じ部屋で食べることになった。

　この日から，アキラをリーダーとする群れのようすが変わってきた。アユムがアキラの目の前で，これみよがしにディスプレイをして大暴れする。アキラも負けずにディスプレイをするので，群れ全体が非常に騒がしくなった。直接けんかをして

互いに深い傷を負うところまではいかないが，かすり傷がたえない(図2)。

　群れのほかのメンバーも騒ぎの巻き添えをくらうことがあるので，アユムが唇をとがらせてディスプレイの準備をはじめると，群れ全体に緊張がはしる。ペンデーサは，少し前までは叩かれないようにアユムと距離をおいていることもあったが，最近ではアユムのなだめ役に徹している。何かあると，すぐそばに行って，毛づくろいをしてアユムを落ち着かせようとしているようだ。

母親のアイ

　アイは，女性だが昔から気が強い。幼なじみのアキラはそれをよく知っていて，アイにはなかなか逆らえない。へたにけんかをしようものなら，アイがほかの女性たちを引きつれて逆襲してくる。アユムは，その母親の強さを後ろ盾にしているようにも感じられる。アユムは体が大きくなったとはいえ，体格ではまだアキラのほうががっしりしていて大きい。力だけでぶつかれば，アキラのほうがまだ有利だろう。だが，アユムを攻撃すれば，母親のアイがだまっているはずがない。アキラにとっては何とももどかしい状況だろう。

　アイにとっても，今の状況は難しいようだ。騒ぎがおきると，おべっかを使うように，アキラのほうにむかってあいさつをしながら近づいていくこともある。あからさまにアユムの味方をすることはないが，騒ぐアユムをいさめるわけでもない。その場その場で状況を判断して，どのようにふるまうかを決めているようだ。

他者とともに暮らす

　アユムの挑戦からはじまって，群れの中のメンバーそれぞれの思惑が交錯して，事態が進んでい

図1―アキラの背中の上にのって遊ぶアユム(2歳直前)。撮影：林美里。

図2―騒ぎの最中のアユム(右端)，アイ(右から2番目)，アキラ(右から3番目)，ペンデーサ(左下)。アユムとアキラの体格差が小さくなった。撮影：林美里。

る。けんかをして互いに大きなけがをしないかという心配もあるが，おとなになっていくアユムの成長過程の1つの段階であることは確かだろう。アユムが，自分とアキラとの力関係を比較して，かつ母親の強さを考慮して，アキラへの挑戦をはじめたとすれば，それだけで大した判断力をもっていると考えることもできるだろう。

　ちびっこチンパンジーが，チンパンジーの社会の中でくらしているからこそ身につけることができる，他者との社会的なかかわりやその変化が，これからも観察できるだろう。アユムとアキラの関係はどうなっていくのか，今後も見守りたい。

文献
1―松沢哲郎編：人間とは何か，岩波書店(2010)pp. 28〜29, pp. 48〜49
2―同 pp. 60〜61, pp. 100〜101
3―同 pp. 62〜63, pp. 72〜73, pp. 150〜151

10 「名前」の由来

友永雅己

 2010年7月20日,女優の早乙女愛さんが亡くなった。筆者たち京都大学霊長類研究所の研究者たちは,少し感傷にふけってしまう訃報であった。というのも『愛と誠』という漫画に登場するヒロインでもある「早乙女愛」という名は,霊長研に暮らすチンパンジー・アイの名前の由来だったからだ。松沢哲郎著『チンパンジーから見た世界』[1]にもそうある。筆者がまだ中学生だったころの話だ。早乙女愛さんは享年51歳。早すぎる死といえるだろう。霊長研のアイは34歳,壮年期に入ったくらいだろうか。長生きしてくれることを祈らずにはいられない。

名前に由来あり

 チンパンジーやサルなどの動物に名前をつけるのは,とくに不思議なことではない。ただ,野生の個体に名前をつけ,個体識別をして研究を始めたのは日本の霊長類学者だ。今でもときどき,動物に名前をつけると「擬人化」の対象になってしまうので嫌がる専門家がいると聞く。しかし,名前をつけることによって,その個体はほかの誰でもないユニークな存在となる。そのような視点で観察し,日々接することで,彼らの個性がより明瞭に湧き上がってくる。

 日本の霊長類学者は,けっこうこだわって名前をつけることが多い。とくに家系で頭文字を統一することを好む。名前を見れば,その個体の家族の歴史が一目瞭然という仕組みだ。一方,動物園や水族館では,公募によって市民が命名することも多いようだ。たとえば2009年の4月に生まれた高知県立のいち動物公園のふたごのチンパンジーは,4月の誕生石と花にちなんで「ダイヤ」と「サクラ」と名づけられた。両親の名前は「ロビン」と「サンゴ」。サクラとは「サ」つながりだが,意識したものではないだろう。他方,名古屋港水族館で2007年7月に生まれたベルーガの子どもは誕生年と誕生月にちなみ「ナナ」と名づけられた。いい名前だ。でも,この子の水族館での個体番号は9。八の字マークが市章の名古屋市に暮らす「9番のナナちゃん」。少しややこしくもあるが,そんなことはおかまいなしにすくすくと成長している。

犬山の「家族」たち

 犬山の霊長研のチンパンジーは,母親の頭文字を子が受け継ぐというシステムになっている。たとえばアイの子どもはアユム,健やかに人生を歩んでほしい,との思いから名づけられた。このとき対抗馬として挙がっていたのが「アム」。「アイ・アム」という語呂だろうか。このアムはアユムの愛称として今でもみんな使っている。実は,アイはアユム出産の1年前に死産を経験している。その子の名は暫定的に「アトム」と名づけられていた。偶然だが,アユムのお父さんも,アトムのお父さんも,Aで始まる「アキラ」だ。

 アユムと同時期に生まれたクレオとパル,その名から推測できるように,それぞれの母親はクロエとパンだ。当初,クレオは暫定的に「チャオ(Ciao)」とよばれていた。しかし,暫定的な名前が独り歩きしてはまずい,とすぐにスタッフや学生たちでCで始まる名前を考えた。筆者はイタリア語で心を意味する「クオーレ(Cuore)」がいい

なと思ったのだが，当時おられた教授に，「クロエとクオレじゃ間違えやすい」といわれ断念したおぼえがある。残った候補はCleoとCoo，Cleoはクレオパトラからきている。クレオパトラの意味は「父（ファラオ）の栄光」。クレオには光り輝く未来が待っている（はずだ）。対抗馬のCooは景山民夫が恐竜の子どもを題材に描いた海洋冒険ファンタジー「遠い海から来たCOO」に由来しているのだろうか。いずれにせよ，この子はクレオと名づけられ，その愛称は「クーちゃん」となった。

P家の人びと

パル（Pal）はその名の通り，「友だち」という意味だ。母親のパンはプチの子どもで，お姉さんの名はポポ。まさにP家といってよい一大勢力を形成している。プチは2003年5月に三女を出産している。この子の名は「ピコ（pico）」。プチ（小さい）の子だけに，ナノより小さいピコ（＝10^{-12}）と名づけられた。ピコは，先天性の障害のため2歳という短い生涯だった[2]。

P家の人びとはよく似ている。とくに目が特徴的だ。図は，2002年と2008年に開かれた国際シンポジウムのポスターなどに用いた写真だ。P家の母親（プチ），娘（パン），孫（パル）の目がデザインされている。いずれ劣らぬ「いい目」だと思うが，ひいき目とのお叱りを受けるかもしれない。

名前をわがものに

これらの名前は，人間がこちらの都合でつけたものにすぎない。彼らにとっては意味のないものなのかもしれない。でも，はたしてそうだろうか。

かなり前に，霊長研のチンパンジーでこのこと

図―ポスターに使われたP家のチンパンジーたちの「目」。
上からプチ，パン，パル（1歳頃）。

を確かめる実験がおこなわれた。録音されたそれぞれの名前をスピーカから流したところ，呼ばれたチンパンジーだけがそっちを向くという頻度が高かったのだ。彼らにとっても，名前が名前として機能しているのかもしれない。ちびっこチンパンジーたちも，最近では，呼べば振り向いてくれるような気がする。成長の過程で名前をわがものにしたのだろう。でも，これらの名前は犬山のチンパンジーコミュニティの中で「共有」されているのだろうか。あるいは，それぞれが自分の名前のみをおぼえているだけなのだろうか。人間の社会では当たり前の「固有名」の共有。実は，チンパンジーではまったくわかっていないのだ。

文献
1―松沢哲郎: チンパンジーから見た世界，東京大学出版会（1991，新装版2008）
2―松沢哲郎編: 人間とは何か，岩波書店（2010）pp. 110～111

11 野外実験のおもしろさ

松沢哲郎／山本真也

野外実験という手法

野生チンパンジーの知性を，野外実験という手法で研究してきた。2011年にむかう今冬も，年末から年始にかけてのまる1カ月をギニアのボッソウで過ごした。26年目になる長期継続調査である。

ここの野生チンパンジーは多様な道具を使う。一組の石をハンマーと台にして，アブラヤシの種の硬い殻を叩き割り，中の核を取り出して食べる。木の幹の穴にたまった水を，葉を使ってすくい出して飲む。草の茎で作った釣り棒の先端を，サスライアリの行列につけて，軽くゆすってアリが群がったころあいを見計らって釣り上げて食べる。

野外実験場では，この3つの異なる道具使用を，同じひとつの場所で再現できる。チンパンジーがよく通りかかる場所に，ちょっとしたくふうをした。石と種を置いておく。木の幹に穴を開けてそこに水を張っておく。アブラヤシの赤い実をびっしりとつけた房を置いてサスライアリをおびき寄せる。こうすることで道具使用を引き出した。

野外実験の第1の利点は，道具使用の観察頻度が飛躍的に増大することだ。チンパンジーの群れを終日追っていても，道具を使う場面に偶然に出会うチャンスはきわめて低い。群れ全員の石器使用を見たいと思って数カ月をかけても，それは不可能に近い。ところが，野外実験なら，ただ待っているだけで1日平均2集団が来て，全員の道具使用の記録を数日間でとることができる。

第2の利点は，同じ場所で，チンパンジー各人の，3つの道具使用を同時比較できること。6歳の女の子のジョヤは，石器使用も，アリ釣りも，水飲みもできた。水飲み道具は自分で作る。3歳半の男の子のフランレは，石器使用ができかかっていた。アリ釣りには興味を示さない。水飲みは得意だが，主には誰かの使い捨てを再利用する。

第3の利点は，定点観測だ。毎年，同じ時期に，同じ場所で，同じように道具使用を観察記録している。1歳のとき，2歳のとき，3歳のとき，というように発達的な変化を追うことができる。去年のフランレは，石に載せた種を手で叩いていた。縦断的に追跡観察する「コホート調査」ができる。

野外実験の妙味

野外実験の利点は，実験的な操作がある程度可能という点にある。用意しておく石に数字をマークしておく。チンパンジーが使ったハンマーと台の石の番号を記録する。その後，石の配置をでたらめに戻しておく。次回，同じチンパンジーが来てどの石を使うか。けっこう好みがあることがわかった。どう配置しても必ず選ばれる石がある。あるいは，小ぶりな石を好む者がいる。

野外実験の妙味は，人知を超えたハプニングがあるという点だろう。大雨と大風の翌日，野外実験場にいってみると様子が一変していた。大枝がぽきっと折れて，実験場の端から端まで横たわっていた。これはもう排除することができない。あきらめた。そこにチンパンジーの一群れがきた。

森の中で，木が倒れ枝が落ちるのは，日常茶飯事なのだろう。とくにいぶかしげなようすはなかった。テュアという老練な男性は，ハンマーと台になる2つの石をもって，横倒しになった大枝

図—（左）大枝が倒れて雰囲気の変わった野外実験場のたたずまい。チンパンジーがやってきて，ヤシの種割りや，葉の水飲みや，棒を使ったアリ釣りを見せてくれる。約15 m離れたところに草のフェンスを作って，その陰からビデオでそれを撮影する。撮影：松沢哲郎。（右）ヤシの葉の冠を頭に載せる3歳半の男の子フランレ。母親がうしろから追いかけて取り上げようとした。撮影：松沢哲郎。

の上に座ってヤシの種割りを始めた。

　彼が倒木のうえで石器を使う場面はこれまで見たことがない。前日の大雨で濡れた地面を嫌ったのだと推察できた。倒木をプラットフォームに利用し，石の道具を事前に運ぶ。ついで種を拾い集めてきてそこで割る。偶然の産物のおかげで，チンパンジーが先を見通して，あらかじめ準備してから道具を使う様子がくっきりと見て取れた。

ヤシの葉の冠，思わぬできごと

　バンという森に「ビューロー」がある。ゲインという森に「サロン」を作った。2つの野外実験場の呼び名である。チンパンジーは，主として木の実の熟れ具合によって，この2つの森のあいだを行ったり来たりする。その通行の要衝に今年も野外実験場を設けた。合計33パーティー，延べ163人が来訪し，1274分間の道具使用行動をビデオ記録した。平均すると一度に約5人来て，39分間滞在した。

　実験室での実験では，ちょっとしたミスが新発見につながることがある。同様に，野外実験場でも意図しないきっかけがあって，「ヤシの葉の冠」という興味深い観察ができた。

　アブラヤシの房は重い。それを村から野外実験場まで頭に載せて運んできた助手が，運ぶときに使う頭のクッションを，その場に置き忘れた。オリンピックの月桂冠のようにくるりと輪を描いた，ヤシの若葉で作った冠である。

　そんなものが落ちているとは知らなかった。そこに一団のチンパンジーが通りかかった。大人たちは見向きもしない。しかし，フランレが目ざとく見つけた。興味深いことに，まずは冠を頭に載せた。人間のするしぐさをまねたのだろうか。それから，冠を胸にあててだいじに持ち歩いた。

　母親がやってきて，息子からその冠を取り上げようとした。「そんなものを持ってはダメ」ということなのだろうか。ところが息子は渡さない。すばやく逃げ回る。

　この行動の意味それ自体はさておき，新奇なものに対する興味の持ち方が大人と子どもでは違うことがわかった。母親が制止するという行動も引き出せた。野外実験場の利点は，さえぎるものがないので，行動の細部までがはっきりと見え，ビデオに記録できることだ。新しい野外実験の展開を予感させるエピソードだった。

12 オランウータンを森に帰す

林 美里

オランウータンを新しい場所へ

オランウータンはアジアにすむ大型類人猿だ（8「アジアの隣人——オランウータン」参照）。他の霊長類たちと同じく，森林破壊などのために生息地が減少し，絶滅が危惧されている。オランウータンを絶滅から守るために，いろいろな活動がおこなわれている。マレー半島にあるオランウータン島では，オランウータンの繁殖に成功し，また環境教育のため，彼らの姿を実際に見てもらう活動もしている。

さらに次の段階として，より自然の森に近い環境でオランウータンたちに生活してもらうことを考えた。最終的には，もともと彼らがくらしていたボルネオの森に帰すのが目標なのだが，そのためには豊かな森林の確保，地元の協力体制など事前に入念な準備が必要だ。そもそも，飼育されていたオランウータンが森で生きていくことができるのか。これを確かめるために，オランウータン島に程近い無人島へオランウータンを放して，その行動調査をおこなうことにした。

島での生活

3人のオランウータンがくらす舞台となるBJ島は，南北に細長い形をした5.6ヘクタールほどの島だ。島の南の端から研究者用のエリアがある北の端まで，歩いて15分ほどかかる。本来の森に比べれば狭いが，今までの施設に比べればずいぶん野生のくらしに近づくはずだ。3人のうち，おとなの男性アーリンと女性のニッキーは，幼い頃ボルネオの森でくらしていた。8歳になったばかりの女の子ソーニャは，オランウータン島で生まれ育った。年上の先輩たちから野生でくらしていくすべを学んでほしい，という願いをこめた。

飼育下では，決まった時間に人間が食べ物をもってきてくれる。広い空間で自由にのびのびすごすことはできないが，雨に濡れずに眠る場所が与えられて，食べ物の心配もしなくてよい。森の中では，自分で毎晩ベッドを作り，広い森の中で食べ物を探して移動しなければいけない。森の中で母親に育てられた場合には，母親が食べ物の手に入る場所や季節を覚えていて子どもをつれていってくれるし，ベッドの作り方も身近に見て学ぶことができる。成長して母親から独立する頃には，自分でしっかりと生活ができるようになっている。飼育下で育ったソーニャは，人間に育てられて，施設の中での生活しか知らない。はたしてうまく新しい環境に適応してくれるだろうか。

島にオランウータンを放す

2月15日，ついにオランウータンを島に放す日がやってきた。前日の夕方に短時間の麻酔をして，移動用のケージに入れられてBJ島にやってきたオランウータンが，集まった関係者や報道陣に囲まれて何事かと身構えている。まず，若いソーニャのケージの扉を開けた。ソーニャはするりとケージを出て，たくさんの人たちの間をすりぬけ，何度も立ち止まりながら少しずつ森の中に入っていった。次は，アーリンだ。ケージの扉が開けられると，すぐにすたすたと歩いていって，近くの木に登っていった。最後は，妊娠しているニッキーの番だ。ケージを出てゆっくりと歩き出し，

少し歩いては立ち止まり、あたりを見回しながら離れていった。集まった皆が大きな拍手をして、3人のオランウータンたちの門出を祝った。

野生のくらしを知っているアーリンとニッキーは、すぐに森のくらしになじんだ様子だった。アーリンは初日から若葉やヤシの葉の髄の部分を食べたり、樹上の巣を壊してシロアリを食べたりしていた。夕方になると木の枝を折り敷いて、ベッドを作る。とくに、アーリンの初めての夜のベッドは、存分に木の枝を使って大きくてとても豪華なものになった。ほぼ毎日のように降る夕立など、もちろん困ることもあるだろうが、野生のくらしを十分に楽しんでいるように見えた。

食べる物がない

施設生まれのソーニャは、初日のうちに島の南端に近いところまで移動した。ずいぶん遠くまで行って頼もしいな、と思っていたのだが、翌日の昼すぎに発見したときもほぼ同じ場所に留まっていた。大きな木の上で、枝のつけねのところにちょこんと座りこんでいる。10分ほど見ていると、木の幹を長い両手で抱きかかえるようにしてゆっくりと降りてきて、観察している人間のあとを追いかけはじめた(図)。ゆっくり歩いては立ち止まりながら、ずっと人間について歩いている。

おそらく、何もわからないまま突然森の中におきざりにされて一晩をすごし、自分の力では食べる物も見つけられずにいたのだろう。今までと同じように、人間は食べ物をくれるはずだと思っていたのだろう。ところが、人間の側は、あくまで観察をしているだけで、食べ物はもっていない。極度の空腹と環境の激変からくるストレスに耐え

図—人間のそばに座って、空腹を紛らわすようにツルの先端をかじるソーニャ。

かねたソーニャが、ついに筆者の足にかみついた。同じ頃、アーリンとニッキーも細々とした森での食事に耐えかねてか、電柵をのりこえて研究者用のエリアに侵入して食べ物を探そうとしていた。

たしかに果実が多い時期ではなかったこともあり、補助的に食べ物を与えることに決めた。研究者用のエリアの近くで与えると、飼育下での生活とあまり変わらなくなってしまう。森の中に果物や野菜などを分散させて置くことで、食べ物を探して森の中を移動する習慣を身につけてもらうことを考えた。オランウータンたちが森の環境になれて、植樹した果物の木も実をつけるようになれば、将来的には人間が与える食べ物の量を少しずつ減らして、野生に似た環境に近づけていけるだろう。ソーニャが、先輩のニッキーの近くで行動をともにしたり、アーリンが作ったベッドを修復して再利用したりする姿も観察されはじめている。

これからも現地の人々の協力のもとで、オランウータンの行動とその変化を見守っていきたい。彼らが森の中で幸せにくらせるようにするために、研究者として何ができるかを探っていきたい。

13 チンパンジーのすむ森をつなぐ緑の回廊
―― 東屋方式の成功

森村成樹

東屋方式の導入

ギニア共和国，ボッソウ村のチンパンジーが暮らす約 5 km² の森を，ニンバ山までつなげる幅 300 m，距離 4 km の植林計画が始まったのは 1997 年のことである[1]。チンパンジーの糞から取り出した種を育てた苗木をサバンナに植林した。チンパンジーの消化管を通過した種子は発芽率も高くなる。種子散布という生態系の仕組みを利用した方法だ。サバンナは日差しが強く乾燥するため，マニオク畑にして日陰を作ったり，「ヘキサチューブ」と呼ばれるポリプロピレンの筒で苗木を守ったりした。それでもサバンナで枯死する苗木は相当数あった。

そこで 2007 年，大橋岳さんの発案で，サバンナの強い日差しから苗木を守ることができるようにと東屋方式を導入した。通常，林床のような適度に光と湿気のある苗床で苗木を育て，丈が 50 cm 程に成長したらサバンナへ移植する。苗木が根付くまでのあいだ，苗床のときと同じように適度な日陰のある環境で生育できるようにしたいと考えた。竹を柱と梁にした高さ 1.8 m 程の棚を作り，天井をヤシの葉で覆う。そこへ苗木を移植すれば，竹やヤシが少しずつ朽ちてゆくあいだも日差しを遮り苗木を守る。

東屋 3 棟から試験を始め，効果を見守りながら徐々に増やした。現在は 27 地点になった。高い苗木は 4 m を超える。サバンナの真ん中でも苗木が生育できるようになったのだ。東屋の天井の高さにまで木が成長したら，朽ちて骨組みだけになった東屋を撤去する。根付き，ある程度成長した木はサバンナの環境に耐える。成長した木が日陰を作り，丈のまだ小さい苗木は木漏れ日でゆっくりと生育を続ける。今年 (2011 年) は，トヨタ財団の援助を受けて東屋を増設し，目標 2 万本の苗を植える。

野火とのたたかい

苗木の生育を脅かすものは，サバンナの乾燥や強い日差しだけではない。緑の回廊はこれまで幾度も野火に焼かれてきた。その経験から緑の回廊を取り囲むように幅 10 m，長さ 4 km の防火帯を設けている。2009 年 1 月，サバンナの野火が強風に煽られてこの防火帯を飛び越えた。化学樹脂製のヘキサチューブは熱に弱く簡単に燃えた。

そして今年 2 月 7 日，野火が緑の回廊を再び襲った。ボッソウでは通常，12 月から翌年の 4 月頃まで乾季が続き，降水は僅かである。当時も 1 月末に激しい雷雨が一晩降ったのみだった。いつものように朝 8 時に緑の回廊へ向かい，生育した苗木の周囲に生える草をひとりで刈りとっていた。そのときだった！

13 時 50 分。ふと見上げると東の方角に白い煙が見えた。回廊のすぐ脇だった。強い風が回廊に向かって吹いていた。しばらくして煙は薄くぼやけて野火の勢いが弱まった。14 時 30 分。「パチ，パチパチ」という音がこれまで以上に大きく聞こえ，真っ黒な煙が激しく立ち上った(図左)。草木の燃えた灰が降り始め，たくさんの鳥が激しく舞うように飛んだ。

野火を見るのは初めてだった。見張りの若者 2 名と野火の進路を確認することにした。よく見え

図―（左）火柱を上げながら緑の回廊を燃え進む野火。（右）野火は東屋の横まで来てサバンナを焼き尽くした。

る場所に到着した頃には，野火は回廊の内部に進入していた。急ぎ人手を集めた。その間にも炎は風に乗って緑の回廊を横切るように燃え進む。若者らと回廊を縦断する小道を歩いているときだった。「ここから火をつけて野火を消そう」と言って，ひとりが草むらに火のついたマッチを落とし始めた。小道から野火に向かっていくようにサバンナを焼いてしまえば，さらなる延焼は食い止められると考えたのだ。しかし風が強かった。「あっ」と思ったときには，立ちこめる煙の向こうで火柱が小道の両側から上がっていた。ついに集中して植林をしてきたサバンナに火が侵入した。17時，野火は緑の回廊を渡りきって鎮火し，見渡す限りの焼け野原となった。

苗を守り育てる東屋

翌8日，緑の回廊を歩いた。目測で緑の回廊の1/3が焼けた。2009年に野火を逃れたヘキサチューブも焼け爛れていた。一方，これまで手入れをしてきた27カ所の苗木を見て回ると，苗木は焼けていなかった。焼け焦げたサバンナも，苗木を植えたところだけは緑茂る木々が固まって生えており，海に浮かぶ島のように見えた。27カ所の植林を見終えたとき，昨日の野火で被害を受けた苗木はゼロだとわかった。少なくとも8カ所の植林地点が野火に囲まれたが，苗木の脇で延焼が止まっていた(図右)。

苗木が無事だった理由は草刈りだった。草を刈っていたために，苗木の周辺には燃えるものがほとんどなかったのだ。枯れた刈草はあっても，地面に横たわっていた。立ち枯れた草に火がつき風が吹けば高い炎を上げて延焼するが，少量の枯れ草が横に寝ていても風は上を通り過ぎ，火は強まることなくやがて鎮まるのだ。筆者らは1月中旬からずっと苗木周辺の草刈りを続けており，枯枝は撤去してあった。27カ所の植林は，どこも歩きやすく見通しがよかった。

今回の野火で，苗木を植えた場所そのものが防火帯と同じ役割を果たすことがわかった。防火帯の効果をある程度期待できても，距離が長いだけに見落としが出てくる。野火の侵入を完全に防ぐことはできない。一方，植樹した苗木周辺の草刈りならば日々の作業で十分だ。野火の発生を防ぐことはできなくても，野火から苗を守ることはできそうだ。手入れの行き届いた東屋を増やせば増やすほど緑の回廊は野火に強くなる。東屋から育った木々の成長を楽しみに見守ってゆきたい。

文献

1―松沢哲郎編：人間とは何か，岩波書店(2010)pp. 92～93, pp. 118～119

14 ふたごのちびっこチンパンジー

友永雅己

ダイヤとサクラ

2011年4月のある日。私は高知空港に近い香南市にある、高知県立のいち動物公園にいた。目の前にはたくさんの親子連れ。絹田俊和園長のごあいさつや、チンパンジー用特製ケーキのお披露目の後、そのケーキはチンパンジーの運動場に運ばれた。普段なら10時前には運動場に一群のチンパンジーが出てきて、あいさつを交わし、朝食を食べる。ところが、今日は少し様子が違う。出てきたのは大きな体のお母さんと、その背中にぴったりとしがみついたふたりのちびっこチンパンジー。そう、今日は、2年前にこの動物園で生まれ、すくすくと成長してきたふたごのチンパンジー、ダイヤとサクラの2歳の誕生日を祝うイベントの日だったのだ。お母さんのサンゴは、普段とは様子が違う人だかりに怖気づき、食べたくてしかたないにもかかわらず、ケーキの方には近寄らず、少し奥にあるやぐらの上の方にのそのそと登っていった。それを見たお客さんからは「あーあ」とか、「やっぱりなー」といった声とともに、陽気な笑い声があふれていた。これはこれでチンパンジーらしい誕生日会だ。

日本で初めて

慶應大学の安藤寿康さんによると、人間では一卵性のふたごの出現率は0.4%くらい、二卵性は0.6%だそうだ。では、チンパンジーではどうだろうか。実はあまりよくわかっていない。チンパンジー・サンクチュアリ・宇土(CSU, 2011年8月より熊本サンクチュアリ, 21「熊本サンクチュアリにようこそ」参照)の鵜殿俊史さんによると、CSUでの100の出産例のうち、ふたごは1例(一卵性)。この数字だけ見ると、人間での事例数とそう変わらない。でも、のいち動物公園の福守朗さんによれば、国内でのふたごチンパンジーの出産例は、CSUと今回ののいちを含めてもわずか6例。うち、今も生存しているのはこのCSUとのいちの2組だけだ。しかも、CSUで生まれ今は北九州市の到津の森公園で暮らしているキララとクララは人工哺育。サンゴというお母さんのもとですくすく育っているダイヤとサクラは、日本で初めて自然哺育に成功したふたごのチンパンジーなのだ。

まわりの援助

野生のチンパンジーでのふたごの生存例というのはほとんど聞いたことがない。有名なのはゴンベのゴールデンとグリッターというふたごくらいだ。目撃例が論文になるくらいで、それも、一度見失って次に母親を発見したときにはふたりの子どもはいなかった、といった切ないレポートだった。チンパンジーのお母さんにとって、子育てはひとりっ子でも大変なのだから、ふたり同時に育てていくのはほとんど不可能なのだろう。それは飼育下でも同じだ。そこで、のいち動物公園のスタッフたちは、サンゴ母さんの親友のおばちゃん、コユキを同居させることにした。これが功を奏した。ふたりのうちひとりの普段のお世話はこの近所のおばちゃんチンパンジーに任せ、授乳や長い距離の移動といった時だけ、サンゴはダイヤとサクラを同時に世話をする。そういう、ある意味「ずぼら」な子育てが、サンゴの育児ストレスを

和らげ，ダイヤとサクラは共倒れにならずに済んだのだろう。飼育スタッフのこの発想には頭が下がるばかりだ。やはり現場でチンパンジーをじっくり見てきた知恵がそうさせたのだろうし，それを認めた動物園もすごいと思う。

興味深いことに，チンパンジーでの母親以外の養育参加は，ほとんどが血縁個体に限られる。でも，今回の例では，血縁ではなく「友情」という別の関係がダイヤとサクラの成長を支えた。野生のチンパンジーでは，母親のいなくなった子どもチンパンジーを「養子」として育てる，という事例も多く報告されている。こういった視点からチンパンジーの社会を見つめてみると，また違った景色がたちあらわれてくるのかもしれない。

コミュニティで育ち，コミュニティが育てる

ダイヤとサクラ，実は二卵性だ。ダイヤが男の子で，サクラが女の子。確かによく顔を見ると少し違う（図）。この子たちの成長を研究し，記録し続けることは大変貴重な機会だ。来るべき将来，どこかの動物園で生まれるであろう一卵性のふたごのチンパンジーや，あるコミュニティで同時期に生まれた複数のひとりっ子との比較を通し，チンパンジーにとって「ふたご」であることの意味がよりはっきり見えてくるはずだ。研究者にとっては，まず遺伝の問題が視野に入ってくる。ゲノムが全く同じ一卵性，異なる時期に生まれたきょうだいしまいと同程度のゲノムの一致率を持つ二卵性，そしてそれよりも遺伝的には離れているふたりのひとりっ子。これらを比べることにより，心の成長におよぼす遺伝要因の検討を「進化」という観点から進めることができる。また，個性の発達も面白いテーマだ。二卵性のダイヤとサクラ

図—運動場に用意されたお誕生日グッズであそぶダイヤ（中）とサクラ（右）（たぶん），左はお母さんのサンゴ。撮影: 友永雅己。

にはすでに個性といってよい違いが見えつつある。ダイヤとサクラを比べると，あきらかにサクラの方が近所のおばちゃんに抱かれている時間が長い。ここ最近のお気に入りはチェリーさんだ。一方，ダイヤはサンゴの近くにいることが多い。でも最近は，あっちのおばさんと遊んだり，こっちのおばさんと遊んだり，さらには，お父さんのロビンともよく遊んでいる。子どもと遊んでいるときの男のチンパンジーは，どの群れの個体でもみんな同じだ。口元がだらんと開いて，これがあの威厳あるオスか，というくらいのデレデレぶり。子どもはコミュニティの潤滑油になるのだ。コミュニティのメンバー全員が遊び相手になったりして子どもを「育て」，そういったおとなたちの愛情を一身に浴びて子どもたちは「育つ」。平和で幸福な光景がここでもくりかえされている。

サクラに首ったけのチェリーは，実は，母親のサンゴとはあまり仲が良くない。これも驚きだ。「友情」に支えられていなくても他のおばちゃんを「信頼」する。サンゴの度量の広さなのか，それともこれこそがチンパンジーの底力なのか。今後の展開を見守っていきたい。

15 世界に働きかける「わたし」

友永雅己／兼子峰明

チンパンジーの自己認識

以前紹介した[1]トラックボールを用いた実験が論文となり公表された。記者会見もおこない，各種媒体でも取り上げられた。そこで，研究の内容や苦労話について，ふたたび紹介しようと思う。

これまでの「自己」に関する比較認知研究といえば，ほぼすべてが「自己鏡映像認知」を指していた[2]。鏡の前では，普段は見ることのできない身体部位に向かって探索する行動がチンパンジーをはじめとした大型類人猿では認められる。この反応のあるなしが，長い間，ヒト以外の動物における「自己認識」を調べる唯一の手段だった。その結果としてヒト以外では，大型類人猿，ハンドウイルカやシャチなどのイルカ類は，「自己鏡映像認知」ができることがわかってきた。近年ではこのリストにゾウが加わる可能性が示唆されている。

しかしながら，鏡に映った自分の映像に対する反応だけでは不十分であることも，多くの研究者は理解していた。「自己」ということばでくくることのできる認知システムは複雑であり，それをさらに詳細に調べるためのツールとしては，鏡にはあまりにも多くの要因がかかわりすぎている。とくに，次の2つの要因を分離する必要性があるかもしれない。1つは，鏡に映っている「容姿」という情報だ。たとえば，人間なら，自分の顔写真を見て即座に自分であるとわかるが，チンパンジーでそのような研究はまったくない。もう1つは，自分が外の世界に働きかけ，外の世界に変化をもたらしているのだという認識だ。風車に息を吹きかけてくるくる回るのは「自分が」息を吹きかけたからであって，何か別の理由によるのではない，という認識だ。このような感覚を「行為の主体感」という。この「自分がおこなっているのだ」という感覚があれば，TVゲームで「自分が」操作しているキャラクターの容姿が自分とまったく異なるものであっても，そのキャラクターを操っているのは自分だ，という感覚は容易に生起する。鏡では，この2つの要因を分離できない。

トラックボールを操るチンパンジー

そこで，トラックボールを用いた課題を考案した。トラックボールとは，ボールをころころと回すことによってモニター画面上のカーソルを操作する入力機器だ。これを使うことをまずチンパンジーに訓練した。ところが，これにはひと苦労もふた苦労もあった。それはそうだ。これまでずっと，タッチパネルつきモニターに触れることばかりやってきたチンパンジーたちだ。床近くに設置されたトラックボールなど見向きもしない。トラックボールの下に電球をセットして，明るく輝くようにしたところ，ようやく注意をそちらに向けてくれるようになった。だが，今度はボールしか見ない。一進一退しつつようやく，画面上のカーソルを見ながらトラックボールを操作することができるようになった（図）。しかし今度は，トラックボールを一方向にしか動かさない個体や，力任せにごろごろさせるだけの個体など，その扱い方に「個性」がにじみ出てきた。この装置を使って，「衝動性」や「新奇希求性」などの「個性」が測

れるのではないかとほんとうに思ったくらいだ。

導入の初めにはかなり苦労したが、実験に参加した3個体は、最終的には、画面上に提示された緑の標的に向かってカーソルを動かし、ぶつけて消すことができるようになった。次には、「行為の主体感」をテストするためのベースとなる弁別課題の訓練だ。自分が操作しているカーソルと同型のカーソルがもう一つ提示される。このダミーカーソルは直線的な反復運動をするだけだ。一定の時間、チンパンジーが自分のカーソルで緑の標的をつぶしていると、突然、白いカーソルが赤に変化し、そして静止する。これが「選択フェーズ」のサインだ。このフェーズにはいるとチンパンジーは2つの赤いカーソルのうち、自分が操作していたほうを直接指で触れることが要求される。正解ならばごほうびがもらえる。

動かしているのはこのわたしだ

ここまで訓練が完了したらテストに移行した。テストでは、ダミーカーソルは単純な動きではなく、記録しておいた過去の自分のカーソル操作を再現するようにした。第三者からはどちらがダミーかはほとんどわからない。しかし、自分でカーソルを動かしている者にとっては明白な課題のはずだ、もし、「行為の主体感」が成立しているのであれば。テストの結果、3個体とも7割を超す確率で自分が今動かしているカーソルを選択した。チンパンジーにも行為の主体感があるのだ。

この感覚を規定する要因は何だろうか。最も重要なのは、自分の行為によっておこるであろう変化の予測と、実際におきた変化の間の、比較照合だ。そこで、この照合過程をくずす操作を施してみた。カーソルの動きを少しだけ遅らせたり、移

図—トラックボールを操って丸いカーソルを操作するチンパンジー・ペンデーサ。撮影：兼子峰明。

動方向を135°ずらしたりすると、チンパンジーの成績は明らかに低下した。とくに方向をずらすとまったくできなくなった。さらに、前者の要因を完全に除去してみた。つまり、2つのカーソルが勝手に動いている、という状況だ（以前のテスト試行での動きを記録しておいて再現するという課題だ）。当然、成績は、自分が操作している場合よりも大きく低下した。でも興味深いことに、でたらめにまで落ちることはなかった。一方のカーソルはかつて緑の標的を消すべく動いていたものだ。このような動きの「目標」が存在するということが2つのカーソルを区別する手がかりとなっていた可能性もある。もしかすると、ここにヒトとチンパンジーの違いがあるかもしれない。現在、さらに研究を進めているところだ。

文献

研究の詳細は，次の論文に掲載。T. Kaneko & M. Tomonaga: Proceedings of the Royal Society Series B（2011），doi:10.1098/rspb.2011.0611
1—松沢哲郎編：人間とは何か，岩波書店（2010）pp. 194〜195
2—同 pp. 210〜211

16 ボルネオの森から

松沢哲郎

キナバル登頂

ボルネオのキナバル山4095mに登った。東南アジアの最高峰，世界自然遺産である。マレーシア・サバ州の州都コタキナバルに直行便がある。フライトの翌日，登山口の標高1866mまで車で送ってもらって，9時半に登り始めた。野生動物研究センターの幸島司郎教授とわたしと，日韓葡の大学院生1人ずつ，合計5人である。登山は，1日200人弱に限定され，ガイド同伴が義務付けられている。標高3273mのラバンラータ小屋に午後4時半に着く。雲海が眼下に広がっていた。

早めに午後7時消灯である。翌未明，午前2時起床。2時半出発。真っ暗な中，ヘッドランプを頼りに登る。正面に圧倒的な岸壁が聳え立っている。その岩の割れ目を右から回り込むように，絶妙なルートがついていた。

夜が白み始めるころ，急な岸壁を越えた。傾斜の緩い広大な岩の斜面が，延々と高みに続いている。標高4000m，きのうすでに軽い高山病の症状を呈していた学生の一人が音をあげた。気温は摂氏6度。頭痛がする，体が冷え切ってしまった，もう登れないという。濡れた岩肌をつかむ手袋が木綿製だったので，手が氷のようだ。人肌で温め，テルモスの温かいミルクを飲ませた。午前7時10分，全員登頂した。

10分間だけ滞在して，早々に下山した。10時，山小屋に戻った。食事をとって11時半に出発し，午後4時半に登山口に帰着した。実働2日間，7+14時間をかけて，約2200m登り，また下ってきたことになる。植生の垂直分布を実感できた。

翌日の午前中，マレーシアサバ大学の熱帯生物保全研究所でハミド教授らと研究の打ちあわせをした。午後にぽっかりと空いた時間で，コタキナバルからボートで15分ほどの近くの島に渡った。久しぶりのシュノーケリング。4mくらい潜ったので，4099mの標高差を楽しんだことになる。

ボルネオの森とオランウータン

4度目のボルネオである。最初の訪問は1999年だった。アフリカの森とチンパンジーしか知らなかった。ぜひ一度，ボルネオの森を見たい。野生のオランウータンを見たい。

ちょうど前年に，京都大学のユニークな教養教育である「少人数ポケットゼミナール（通称，ポケゼミ）」が始まっていた。大学に入学したばかりの1年生だけに受講資格がある。「チンパンジー学実習」というポケゼミで，選抜された5人の1年生が，霊長類研究所で1週間を過ごした。朝から晩までわたしのうしろをついて歩いて，チンパンジーの研究を見た。その後も淡い付き合いが続き，翌年，彼らを連れてボルネオに行くことにした。

東南アジアを調査地とする野外研究者に聞くと，異口同音にサバ州のダナムバレイを勧められた。ボルネオレインフォレストロッジに泊まって，熱帯林のエコツアーをした。客はほぼ全員が欧米人だった。野生オランウータンを見た。テナガザルもブタオザルもカニクイザルもいた。スカイウォークで高さ40mの樹冠部の散策を楽しんだ。

サバ州の熱帯林およそ100万ha（1万km²）は，サバ財団という半官半民の組織が管理している。東

図—(左)ダナムバレイの野生オランウータン(撮影: 松沢哲郎, 2011年3月)。(右)インバック峡谷付近で伐採した木を運び出すトラック(撮影: 松沢哲郎, 2011年6月)。

京都全体のほぼ5倍の面積である。森林を伐採して利益を上げつつ、一方でその保全にも熱心である。ダナムバレイは、最初の保護区として1980年代に確立した。

ダナムバレイでは、その後、幸島司郎さんの指導を受けた学生たちが野生オランウータンの調査を始めた。久世濃子、金森朝子、山崎彩夏さんらである。日本人によるオランウータン調査地としての評判を獲得しつつある。そこで2010年2月、京大野生動物研究センターが、サバ財団の許可を得てロッジのすぐ裏に調査小屋を建てた。わたしも開所式に参加し、2011年3月には1年後のようすを見に行った。サバ財団とのご縁が深まった。

インバック峡谷とマリアウ盆地

さて、サバ財団は、ダナムバレイに続くものとして、インバック峡谷とマリアウ盆地の森林の保護区化を進めている。この3者を合わせると、ゆうに1300 km^2 を超える広さだ。ボルネオに最後に残された熱帯林ということになる。サバ財団から、これらの保護区の学術調査の協力依頼があった。そこで、教員6名、ポスドク・大学院生が15名、総勢21名の国際隊を組織したのである。

念願のキナバル登頂を果たした後、すぐにインバック峡谷に向かった。フタバガキ科の大木が繁る熱帯林の姿は同じだが、ダナムバレイと比べると獣や鳥の姿が極端に少ない。人間による狩猟圧が高いのだろう。実際、インバック峡谷のシンボルである滝で泳いでいたら、釣り糸を見つけた。

インバックから自動車で1日7時間かけて、マリアウに新築された研修センターに移動した。マリアウ盆地は、ボルネオの「ロストワールド」と呼ばれている。太古の昔から、人間が住んだことのない土地である。空から見ると巨大なクレーターのような形をしている。峻険な外輪山が人間の侵入を阻んだのである。

きょう、外輪山を登って、マリアウ盆地の中に足を踏み入れた。外輪山の麓ではテナガザルの親子をみた。盆地の中には、ヒース林と呼ばれる幹の細い樹高の低い木が茂っている。土地がやせていて、食虫植物であるネペンテス属(ウツボカズラ)の水差しのような形の葉先が目に付く。アリなどの昆虫を捕まえて、栄養としているのだ。

その後、盆地の中のネペンテス小屋に着いて、この文章を書いた。衛星電話を利用して原稿を送る。ボルネオの森に夕闇が迫ってきた。あす、さらに盆地の奥地へと分け入ってゆく。

17 見てまねる

クリストファー・マーチン／ドラ・ビロ／松沢哲郎

他者のふるまいをまねる

　他者のふるまいを見てまねる能力について調べた。人間は，他者の行動をまねることで，自分の行動レパートリーを効率よく拡大している。見てまねることがなかったとしたら，行動のすべてを自分で発明し発見しなければならない。

　野生チンパンジーの石器使用を例にとろう。母親が片手でアブラヤシの種をひとつ取って台石にのせる。もう一方の手にもったハンマー石でその種を叩き割る。割れた種の中の核を取り出して食べる。ボッソウの野生チンパンジーに固有な文化だ。

　傍らでそのようすを子どもがじっと見ている。のぞきこんだあと，子どもはなんとか自分でも石と種を組み合わせて割ろうとする。ところが，じっと見ていたにもかかわらず，なかなかできない。台石にのせた種を手で叩いたり，石に石をのせたりする。わたしたち人間にとっては不思議な光景だ。あれほど熱心にみていて，なぜ同じことができないのだろう。

　人間がモデルをつとめ，チンパンジーが観察者になって，模倣の実験をしてみた[1]。結論からいうと，チンパンジーには見てまねることが一般にむずかしいことがわかった。

　しかし，どこまでならまねできて，何がむずかしいのか。本来ならば，人間ではなくてチンパンジーがモデルになった実験をしたい。チンパンジーのモデルを見たチンパンジーの観察者，という状況を考案した。

協力見本合わせ課題

　ひとつの部屋に2人のチンパンジーAとBがいて，2台のコンピュータモニターがある。Aがモデルの役をして，Bが観察者の役だとしよう。モデルのモニターに赤い四角形と緑の四角形が映し出される。モデルが赤に触る。すると，約2m離れたところにいた観察者の目の前のモニターに，赤い四角形と緑の四角形が映し出される。モデルが選んだのと同じ色を選べば正解だ。つまり，同じ色を選ぶという色の見本合わせ課題を，2人で協力する場面だ。

　この課題で一番のポイントは，どうやってモデルに特定の色を選ばせるかだ。モデルAのふるまいをなんとか実験者が自在に制御したい。そこで，故・伏見貴夫さんがニホンザルの学習場面で考案した「隠しモニター」という秀逸なアイデアを拝借した。

　チンパンジーAのモニターの下に，じつはAからは見えるがBからは見えない角度で，「隠しモニター」を置いた。そこには四角形がひとつだけ映し出される。それが赤であれば，チンパンジーAは自分のモニター上の赤と緑の四角形のうちの赤のほうを選ぶはずだ。実際，正解すればごほうびのリンゴのひとかけらがもらえる。

　つまり，見本合わせの正解だけを，実験者が隠しモニターに映し出す。それを見たモデルは，自分のモニターに映し出された色の中から同じものを選ぶ。モデルの行動を実験者が制御したのだ。そのうえで，モデルの行動を見て，観察者が同じものを選べるか否かを調べた。

色について，赤・緑・黄の3色を用意した。色を表す3文字も用意した。見本が文字の場合，赤という字をモデルが選んだとき，観察者が赤の字を選べば正解である。

アイとアユムの母子を対象にして，この協力見本合わせをした(図)。色と色を合わせる課題も，文字と文字を合わせる課題もきわめて簡単な課題であり，1人のチンパンジーが1台のモニターに向かってするのであればほぼ100%正解する。2人で協力して解く場合，モデルがどの色(文字)を選ぶか，観察者はしっかりと見てまねないと正解できない。

その結果，多少成績は低下したが，2人で協力して見本合わせ課題ができた。アイがモデルでアユムが観察者のときも，その逆でもできる。チンパンジーは，たしかに他者の行動を手掛かりにして，そのとおり見てまねられる。それを実験的に確証できた。

協力象徴見本合わせ課題

問題を少し複雑にしてみた。モニター画面上の2つの四角形のうち，モデルが赤い色の四角形を選んだとしよう。その途端に，観察者のモニターには2つの文字が映し出されるようにした。もちろん赤という文字を選べば正解である。「モデルが選んだ色は，赤ですよ」と，観察者が文字を使って表現する課題だ。

逆に，モデルが文字を選んで，それを見ていた観察者が色を選ぶ課題も用意した。「モデルが選んだ文字は，赤ですよ」と，観察者が実際の色四角形を選んで表現する課題だ。つまり，どちらの課題でも，観察者はモデルの行動を単純に見てまねるのではない。見て，解釈して，それを表現す

図—チンパンジーのアイがモデルとなって色を選び(左)，それを見ていた観察者のアユムが同じ色を選ぶ(右)，協力見本合わせ課題。

るのである。

色と文字を合わせる課題も，文字と色を合わせる課題も簡単ではないが，自分1人が1台のモニターに向かってする場合，アイもアユムも90%近く正解する。象徴見本合わせと呼ばれる課題だ。これを，モデルと観察者という2人で協力して解く，協力象徴見本合わせ課題にしたのだ。

結果は，アイはできたがアユムはできなかった。アイは，長年にわたって色と文字の関係をじゅうぶん勉強してきたからだろう。モデルのアユムが選んだ色を文字で表現できるし，選んだ文字を色で表現できる。つまり，他者の行動を，ただ見てまねるだけでなく，深く理解していることが確証できた。

他者の行動を見てまねる。他者の行動の意味を理解して表現する。そうした2人のチンパンジーのあいだに成り立つ社会的知性を，コンピュータ課題で解析する道が開けた。詳しくは原典を参照されたい[2]。

文献
1—明和政子著／松沢哲郎監修: なぜ「まね」をするのか, 河出書房新社(2004)
2—C. Martin, D. Biro & T. Matsuzawa: Animal Cognition(2011), doi:10.1007/s10071-011-0424-3

18 野生マウンテンゴリラの国から

松沢哲郎

ルワンダとジェノサイド

マウンテンゴリラを見にルワンダに行った。同行者は平田聡さん。これで2人とも，チンパンジー，ボノボ，ゴリラ，オランウータンと，ヒト科3属4種の大型類人猿すべてを野生で見たことになる。

四国と宮崎県をあわせたくらいの面積で，人口1100万人。人口密度が非常に高い。近年の発展は「アフリカの奇跡」と呼ばれている。しかし何と言っても，フツ族とツチ族の抗争とジェノサイド(大量虐殺)が記憶に新しい。

まず首都のジェノサイド博物館に行った。1994年4月10日に始まり，その後の3カ月で，約100万人のツチ族とそれに同情的なフツ族が殺害された。民族抗争に見えるが，要は植民地支配の影だと理解した。第一次世界大戦後にドイツからベルギーの支配下に入り，そこで個人識別カードが導入されて，フツ，ツチ，トゥワという3部族の峻別が始まったのだ。黒人に黒人を差別させて支配する植民地運営である。

博物館を出て，首都郊外ニャマタの虐殺記念教会を訪問した。約4000名のツチ族が避難した場所だ。手りゅう弾が投げ込まれ，銃弾が撃ち込まれ，生き残った者はマシェットと呼ばれる山刀や棍棒で撲殺された。周辺住民を合わせて犠牲者は1万800人にのぼるという。教会のベンチには，おびただしい数の衣服だけが置かれていた。レンガの壁に弾痕が残り，天井には貫通した穴が開いている。無数の頭骨と四肢骨が，隣地の地下に展示されていた。

虐殺という圧倒的な暴力に戦慄した。言葉がない。しかし，平穏な姿をした日常のほうにさらに深い恐怖をおぼえた。街ゆく人の多くが，その係累を亡くしているはずだ。街ゆく人のなかで，本人かその係累が人をあやしめた。わずか17年前，阪神淡路大震災と同じころの出来事なのに，何もなかったかのように見える。

ビルンガ火山群のマウンテンゴリラ

ビルンガ火山群の野生マウンテンゴリラを見た。ウガンダのブウィンディ国立公園とあわせて，720個体しか残っていない。

ゴリラツアーは，1日10パーティー，1パーティー8人に制限されている。1人1日1時間だけの観察で500ドルという高額である。現地スタッフがあらかじめ早朝から各群れを追っていて，ゴリラの居場所はわかっている。観光客は，鉄砲を携行したレンジャーと国立公園ガイドに付き添われ，彼らのいる場所をめざす。

第1日目は，火山群の中央に位置するサビーニョ山麓のサビーニョ群12人を見た。最初の出会いはブラックバック(背中の毛がまだ黒い若い男性)だった。竹に登って，しなった幹を寄せ集めてベッドを作っていた。群れは，1人のシルバーバック(背中の白くなったおとなの男性)を中心に4人の女性がいて，それぞれ子どもをもっていた。

第2日目は，最南端のカリシンビ山麓のスサ群32人を見た。48人いた大きな群れが2009年に2つに分裂したそうだ。シルバーバックが3人いる。この群れには2組のふたごがいた。ルブムという母親にはまだ生後3カ月のふたごが

図─(左)マウンテンゴリラの母親と3カ月のあかんぼう。(右)シルバーバックを毛づくろいする子どもたち。いずれも撮影:松沢哲郎。

付いていた。ゴリラの子どもは，もこもこの毛むくじゃら。前日同様，みな野生のセロリをむしゃむしゃ食べていた。

第3日目は，ビソケ山麓のクリャマ群14人を見た。ちょうど午前中の採食が終わって休んでいるところだった。立派な体格のシルバーバックが倒木の上に悠然としゃがみこみ，その横で，3人の子どもがくんずほぐれつ遊んでいた。チンパンジーでもよくするが，ぐるぐるまわって追いかける。やがて遊び飽きたのか，子どもたちはシルバーバックの毛づくろいを始めた。

ゴリラの家族を見て人間を思う

3日間を通して，マウンテンゴリラのすむ場所のようすは共通していた。人間の領域である耕地が，山裾からかなり高いところまでせりあがっている。畑の縁に高い石垣があり，そこから先が国立公園だ。ほどなく竹林になる。それを抜けると，ハゲニアと呼ばれる大木のある雲霧林だ。標高3000m近い。ところどころに緩傾斜の草地が広がり，セロリのような草本が生えている。

ゴリラの群れは家族そのものだ。大黒柱ともいえる，最も大きなシルバーバックという絶対的な父親がいて，そのまわりに安心して暮らす女子供がいる。チンパンジーを見慣れた目には，たいへん物静かに見える。ときおり「ンンー」という挨拶の声。けんかがない。大騒ぎをしない。道具を作らない，使わない。狩猟をしない。食物分配がない。群れ間での殺し合いもない。

人間の狂気に近いものをゴリラからは感じとれなかった。チンパンジーのほうが圧倒的に危ない雰囲気を漂わせている。人間はチンパンジーを殺すが，野生チンパンジーも人間の子を襲って殺すことがある。チンパンジーでは，血を見るほどのけんかをしては仲直り，それが日常茶飯事だ。

ゴリラ偵察の旅のあいだ雇っていた車の運転手は40歳台半ば，物静かな男性だった。最後に，昔のことを聞くと，案の定，27歳だった妻と父親を虐殺で亡くしていた。当時2歳の一人息子を育て上げた。

人間ほど残虐な生き物はいない。狂気のような暴力がある。一方で，宥和し，許す心がある。過去を忘れないことで今を生きる。今を未来につなげる。それはどこから来たのだろう。人間の「アウトグループ」(当該の外にいる者)としてのゴリラを見ながら，人間の由来について深く考えさせられた。

謝辞:ルワンダJICAの辻本温史・尚世さん夫妻に感謝します。

19 チンパンジー研究者から見たボノボ

林 美里

ボノボに会いたい

　チンパンジーを知っていても,「ボノボ」を知っている人はまだそれほど多くないだろう。日本の動物園にはボノボがいないし,写真を見てチンパンジーとボノボを見分けられるのは,かなりの玄人に限られる。チンパンジーとボノボは大河によって生息域が隔てられているものの,遺伝的には非常に近い類縁関係にある。しかし,彼らの行動や社会は,まったく違っているといわれる(7「コンゴ盆地の野生ボノボ」参照)。

　何がどう違うのか,実際に自分の目で確かめてみたい。そんな思いを胸に,コンゴ民主共和国のワンバ村を訪れた。夜明け前に村を出発して,ボノボがくらす森に入る。森の中の道筋にも果物が落ちていて,誰にも食べられないまま朽ちているものもある。もちろん季節による違いもあるだろうが,とても豊かな森が残っているようだ。そんな森の奥に,ようやくボノボの姿を発見した。

　チンパンジーを見慣れた目からは,かなり小柄な体格に見える。その分,手足がすらっとしているようだ。そして,体の動きが軽快だ。枝から枝に飛び移ったり,低い枝からぴょんと下に飛び降りたりする。声の高さも鳥のように甲高く,チンパンジーのどこか凄みのある太い声とは明らかに違う。写真に撮ってあとから見直すと,たしかにチンパンジーによく似ているのだが(図),かなり違いがあることに初日から驚いた。

ボノボのくらし

　数日たつと行動やくらしぶりの違いも見えてきた。チンパンジーのように男性がいばっていない。女性たちが子どもと一緒に木の上でくつろいでいるときに,男性たちが下のしげみの中で枝を引きずって大きな音をたてている。チンパンジーなら男性たちの力自慢や力比べがよく争いの火種にもなるので,女性たちも大きな声で騒ぎたてる。ところが,ボノボの女性は見向きもせず,下の男性の動きを完全に無視している。

　男性が,まだ木の上に残っている女性たちをきょろきょろと見回して動くのを待ち,移動するときも女性たちのあとを静かについていく。外見がチンパンジーと似ている分,不思議なものを目にしている感覚が大きい。チンパンジーの常識が,ボノボの社会ではまったく通用しないようだ。

　ボノボの親子を観察していて,ふと思った。チンパンジーでも,息子がいつまでたっても母親に頭が上がらないことはある。それが,他の女性たち全般に応用されて,男性が子どものころから,さらにおとなになっても女性たちの顔色をうかがって生活するとしたら,ボノボのような社会ができあがるのかもしれない。いずれにせよ,力ずくで物事を解決しようとする傾向が強いチンパンジーに比べて,ボノボのくらしぶりはじつに平和そうで見ていて心が安らぐ。

ボノボの研究

　筆者は以前に,飼育下のボノボを対象とした研究をしたことがある。動物園でヒトに育てられたボノボの子どもたちが,積木やカップなどのおもちゃでどのように遊ぶかを観察した。野生のチンパンジーは多くの道具を使うことが知られている

50

のに，野生のボノボでは道具使用の報告がほぼ皆無だ。しかし，飼育下で物の遊び方を調べてみると，チンパンジーとボノボはあまり変わらないようだった。どちらも，積木を高くつみあげたり，カップをかさねたりすることができる。知性の発達の道筋自体は，チンパンジーとボノボで似ているといえるだろう。その知性をそれぞれのくらす環境にあわせて発揮して，柔軟に使ううちに，その種に独特のパターンがうみだされていくのかもしれない。

森にくらす大型類人猿4種をすべて実際に見て，そのくらしや周りの環境を体感してきた。それぞれに違っておもしろいというのが第一印象だ。だが，違いをこえて，根底にヒトとつながる部分があるというのも，興味深い。ある日，ボノボの子どもが一人ですると木の下のほうに降りてきた。木の葉の間からこっちのほうをじっと見ている。見慣れない研究者たちがカメラをかまえている様子を，近くから見たかったのかもしれない。しばらくすると，その男の子は自分の顔の前にあった葉のついた小枝を折った。どうやら視界を邪魔していたようだったが，そこまでして見たいのか，と周りの研究者たちの笑いを誘っていた。観察する側と観察される側が入れ替わった瞬間だった。お互いに見つめあうと，どこか通じ合えたような気がする。これも，大型類人猿のフィールドワークのちょっとした楽しみの一つである。

考古学的にみると，かつて地球上にはもっと多様な類人猿の仲間（中新世ホミノイド）がくらしていたらしい。その中から小型類人猿のテナガザル類，大型類人猿のオランウータン，ゴリラ，ボノボ，チンパンジー，そしてヒトだけが，今も生き残っ

図―ボノボの母子。子どもの時期でも顔が黒っぽいのが，ボノボの特徴の一つ。

ている。多様な特徴をもった種が共存していたところから，数少ない生き残りが出て，さらにその中の一種であるヒトは，いまや他の種の生存をもおびやかしている。同じ種であるにもかかわらず，ヒト同士が争い，殺しあったりする。ボノボがくらすコンゴでも内戦の日々があり，多くの犠牲者が出た。しかし，今回の旅で出会ったヒトは皆おだやかで，なぜ内戦という惨事が起きたのか不思議に思った。部族間の不公平感から対立が生じ，復讐が新たな復讐をもたらしてしまったという側面もあっただろう。閉じた世界の中で現代のヒトだけを考えるのではなく，今生きている種を研究したり進化の歴史に目を向けたりすることで，多様性の中に自分たちの存在を位置づける広い視野をもつことが，平和なくらしを実現するために必要なのかもしれない。

謝辞：今回の渡航では古市剛史氏にお世話になった。特別推進研究ならびにアジア・アフリカ学術基盤形成事業の支援を受けた。記して感謝したい。

20 アウトグループという発想

松沢哲郎

ヒト科4属

「ヒト科ヒト属ヒト」という表現は，人間という特別な存在がいるかのような誤解をあたえる。実際には，ヒト科は4属だ。ヒト属，チンパンジー属，ゴリラ属，オランウータン属である。動物分類学上だけではない。日本の法令上もそうだ。種の保存法や動物愛護管理法の付表に「ヒト科チンパンジー属」と明記されている。

昨夏（2010年），チンパンジー属の同属別種であるボノボを見に行った。今夏，野生のマウンテンゴリラを見た。マレーシアのオランウータンも，今年は3回訪ねた。これまでチンパンジーだけを見続けてきたが，『想像するちから』[1]を上梓して研究に一区切りつけた。これからは，もう少し広い視野から「人間とは何か」という問いに向き合いたい。

旅をしているあいだに，「アウトグループ」という発想にたどり着いた。「当該の集団の外にいる者」という意味である。たとえていうと，外国に行くと日本のことがよくわかる，外国人を知ることで日本人とは何かがわかる。同様に，人間以外のものを深く知ることで，人間とは何かが見えてくる。そういう論理である。

「外部の参照枠」という性質に加えて，アウトグループという発想の要点は，その入れ子構造にある。ヒトのアウトグループとしてチンパンジー属がいる。その両者のアウトグループとしてゴリラを考える。ゴリラを見ることで，ヒトとチンパンジーの共通性が浮き彫りになるだろう。同様に，アジアに起源するオランウータンをアウトグループにすれば，アフリカに起源したヒトとチンパンジーとゴリラの共通性がわかる。

アウトグループという視点から見た社会

ためしに，アウトグループという発想からヒトの社会について考えてみた。親子関係のありかた，子育てについて比較してみよう。

まず野生オランウータンを見ると，ほぼ単独生活だ。女性も男性も，ひとりで暮らしている時間が圧倒的に長い。いつも一緒にいるのは母子だけだ。もちろん子どもの生物学上の父親はいるがめったに出会わない。男性は子育てに参加しない。

オランウータンとの対比でみると，ヒトもチンパンジーもゴリラも，集団生活を営んでいる。①複数の母子が集団の中にいる，②子どもの父親にあたる男性がいて子育てに参加する，というのが共通点だ。いわば父親がいて，母親とその子どものいる「家族」がある。

次に野生ゴリラを見ると，家族がすなわち群れそのものだ。シルバーバックと呼ばれる家父長的な父親がいる。複数のおとなの女性がまわりにいてそれぞれ子どもがいる。1つの家族がいつも一緒に行動している。隣の群れは別の家族である。

ゴリラとの対比でみると，ヒトもチンパンジーも家族とは呼べない大きな集団で生活していることが共通点だ。一緒に行動する者が，時に入れ替わり流動的に組み替えられる。

野生のチンパンジーとボノボをみると，両者に共通する社会のありかたがみえてくる。いつも一緒にいるのは母子だけだ。そのそばに別の母子がいる。複数の男性がいる。その男性たちは，子ど

図―（左）オランウータンの母子。（中）ゴリラの父子。（右）ボノボの群れ。

もから見れば，生物学上の父親か，あるいは祖父，兄，おじ，いとこにあたる。男性は生まれた群れに残り，女性は年頃になると群れを出て近隣の群れに移る。

チンパンジーとヒトの対比でみると，ヒトの社会の特徴が明確に見えてくる。

第1に，ヒトの男女は一夫一婦と呼べる強いきずなをもつ。共同して子育てする。核家族と呼べる親子のユニットがある。男女のきずなは，排卵を隠すことで維持されている。つまり，チンパンジー属は尻をピンク色に腫らせて排卵をアピールするが，ヒトの女性の排卵は外からは判別しにくい。伴侶たる女性を見守っていないと，男性は他者の子どもを育てることになりかねない。

第2に，ヒトでは祖父母も子育てに参加する。長い寿命をもち，もはや自分の子どもは育てない年齢になっても，孫の世代の世話をする。

第3に，ヒトには姻族というきずながある。夫の親族や，妻の親族である。血縁を超えて，おとなたちが子育てに参加する。それを拡張したかたちの地域コミュニティと呼べるものも，ヒトでは成立している。

チンパンジーとボノボの比較の重要性

これまで，ヒトとチンパンジーの2種の比較研究をしてきた。しかし，アウトグループという発想からすると，それではまだ不十分だ。ボノボとの比較が必要である。正確に言うと，チンパンジーとボノボを比較することで描き出される両者の共通祖先，それこそがヒトのアウトグループである。

明確な研究の目標が見えた。チンパンジーとボノボ，野外と実験室，この2×2の表の全体で描かれるものが，これからの研究対象になる。

チンパンジーは男性優位で，さまざまな道具を使い，隣り合う群れは敵対的だ。殺し合いにまで発展する。それに対してボノボは女性優位で，ほとんど道具を使わず，隣り合う群れは平和共存している。性行動を介して群れが融合しては分かれていく。

一見するとかなり対照的に見えるこの2つの生き物のくらしや心を，詳細に知る必要がある。親子関係や子育てについて考えたのと同様に，仲間関係，教育，知識，技術などについて思いを巡らしてみたい。

チンパンジー属の全体像を知ることで，その共通祖先に思いをはせる。ヒトのアウトグループを理解することで，「人間とは何か」という問いに，新たな答えが出せるだろう。

文献
1―松沢哲郎: 想像するちから，岩波書店（2011）

21 熊本サンクチュアリにようこそ

友永雅己

熊本の宇土半島の突端近く，有明の穏やかな海に面したところに日本のチンパンジーの15%が暮らす場所がある。1978年にできた三和化学研究所の熊本霊長類パークが，「チンパンジー・サンクチュアリ・宇土」として新たなスタートを切ったのが，2007年の4月[1]。それからもう4年半がたった。そして今年(2011年)の8月1日に，この地は，京都大学野生動物研究センター[2]の附属施設「熊本サンクチュアリ(KS)」としてさらに新しい一歩を踏み出すことになった。その歴史や経緯はすでに雑誌『科学』の連載「ちびっこチンパンジー」で幾度となく言及されている[1,2,3]。そこで，この機会に，少し違った視点でこの4年半を振り返ってみたい。

片道5時間の旅

私自身は，サンクチュアリに4年前に併設された寄附講座「福祉長寿研究部門」の併任教員として，本格的にこの地のチンパンジーたちと関わることになった。2007年8月のことだ。そのころから月1回を目標にして，愛知県の犬山市と熊本県の三角町(今は宇城市)の間を40回弱も往復した。朝の8時過ぎに自宅を出てサンクチュアリに着くのは1時前。約5時間，900kmを超える旅をこんなにも繰り返したのか。優に地球1周を超える距離である。我ながらよく飽きずにつづけられたものだと思う。その理由は，熊本という土地の魅力とサンクチュアリに暮らすチンパンジーたちの魅力に尽きる。宇土の町の定宿や飲み屋のおかみさんはいつも笑顔で私を迎えてくれるし，犬山に暮らす14人のチンパンジーとはまた

異なる表情を見せるサンクチュアリのチンパンジーたちも，彼らの経験してきた過酷な歴史とは裏腹に，いつも満面の笑顔(と大量の口に含んだ水)で私を迎えてくれる。

物覚えの悪い准教授

チンパンジー研究者とはいえ，わずか月に1回1泊2日数時間の滞在では50人を超えるチンパンジーの顔をすべて覚えるのは不可能だ(もしかしたら他の方には簡単なことなのかもしれないが)。この4年間，居室越しの対面場面を利用して細々と実験を続けてきたのだが，飼育員の森さんにお願いして各部屋にいるチンパンジーの名札を貼っておいてもらわないと全く個体識別ができなかった。したり顔で「ゴロウ!」などと呼んでいると，飼育員の野上さんに「先生，その子はシロウ!」などと叱られる始末だ。先日など，あるチンパンジーにひととおりあいさつやらグルーミングやらをしてもらった後で，「みょうにこの子は愛想がよくなったなあ」などと飼育員の方を振り返ってつぶやくと，「先生，そいつはベル!」と周りにいた全員に突っ込まれてしまった。ベルというのは私が共同研究をさせていただいている高知県立のいち動物公園(14「ふたごのちびっこチンパンジー」参照)から戻ってきた男のチンパンジーなのだが，その時まで本当にこいつがベルだとは気づかなかったのだ。研究者失格なのかもしれない。

出会いと別れ

このサンクチュアリでは，国内の他の動物園などの施設へとチンパンジーたちが引っ越していき，

図—2011年11月13日におこなわれた第14回SAGAシンポジウムの熊本サンクチュアリ見学ツアーの様子。

また向こうからもいろいろなチンパンジーがやってきた。さっきのベルもそうだが，印象に残っているのは，のいち動物公園からやってきたトーンとケニーだ。彼らは，さまざまな問題からチンパンジー集団に順応するのが苦手になっていた。しかし，ここでは，彼らを集団に合流させるためのさまざまな手だてが施された。その結果，彼らは全身傷だらけになりながらも，少しずつ男ばかりのグループに溶け込んでいった。彼らは今でも時々大小さまざまな問題を起こしてはいる。しかし，時間とスタッフたちの努力が必ず彼らの心を開いてくれるはずだ。一方で悲しい別れもある。この4年半の間に8人ものチンパンジーが永眠した。享年の平均は33歳。つい最近もイヨという名の女性が癌でなくなった。けっこう仲良くしてもらい顔もよく覚えていた数少ないチンパンジーだっただけにショックだった。

私が所長ですか？

チンパンジー・サンクチュアリ・宇土という一企業の施設からKSという京都大学の附属施設への移管は，日本のチンパンジー研究にとっても大きな転機となるはずだ。犬山に暮らす14人のチンパンジーとKSの51人のチンパンジー。日本全体の2割のチンパンジーが京都大学に所属することになったのだ。運営指針にあるように，KSは「野生動物に関する教育研究をおこない，地球社会の調和ある共存に貢献する」という野生動物研究センターの目的の「実践のための最重要の中核的教育研究拠点」であり，「絶滅の危惧される野生動物を対象とした基礎研究を通じて，その自然の生息地でのくらしを守り，飼育下での健康と長寿をはかるとともに，人間の本性についての理解を深める研究をおこなう」ことが求められている。そのために，あえて名称から「チンパンジー」の文字をはずしている。そのKSの所長にこの8月から不肖このわたしが就任することになった。月一で訪熊することには変わりないのだが，これまでとは違って，運営の隅々まで目配りしなくてはいけない。その重責に髪の毛も抜ける思いである。ただ幸いなことに，先人たちの想像を絶する努力とスタッフたちの日々の努力に支えられてKSは順調に船出した。今後は，国際交流も含め多くの研究者が快適に研究でき，チンパンジー飼育担当者などの研修にも開かれる施設にしていきたい。そして，チンパンジーにとっても素晴らしい施設になるよう努力しよう。

熊本サンクチュアリにようこそ。

文献
1—松沢哲郎編: 人間とは何か，岩波書店(2010) pp. 154〜155
2—同 pp. 168〜169
3—同 pp. 196〜197

22 チンパンジーにも「黄色い声」!?

足立幾磨

声の高さを色であらわす

「黄色い声」という表現が日本語にある。また，スペイン語には「voces blancas（白い声）」，ドイツ語には「dunkler Ton（暗い声）」という表現がある。このように，声に対して色を表す言葉で修飾することは文化を超えて広くみられる。また面白いことに，その多くが声の高さを形容するものである。こうした表現があることからもわかるように，我々ヒトは，高い音には明るい色を，低い音には暗い色を結びつける傾向がある。こうした対応関係は，自然界に実在するわけではない。それにもかかわらず，多くの人が同じように感じることはとても興味深い。このような本来はつながりのない情報間に対応づけを見いだすような知覚様式を共感覚的知覚と呼ぶ。

共感覚的知覚はなぜ獲得されたか

なぜヒトはこのような共感覚的知覚を獲得したのであろうか？　実はまだその答えはわかっておらず，大別して2つの仮説が議論されている。1つめは，共感覚的知覚は言語との相互作用により共進化してきた知覚様式であるとする仮説である。言語を操るためには，目で見た情報を音韻情報に変換する必要がある。この仮説では，こうした変換の繰り返しが視聴覚情報を統合した「イメージ」の構築を促し，このイメージが特定の視聴覚情報間の対応づけの基盤となると考えられている。

もう1つの仮説は，言語とは関係なく，異なる情報を処理する脳領域間に神経結合があるために共感覚的知覚が生じるとするものである。ヒトの脳は，誕生時には各領域の機能分化が不完全な状態である。たとえば，視聴覚情報に共通するような属性については，どちらか一方の情報しかなくても，視聴覚野両方においてその属性を処理する部位が同時に活動してしまう。その結果，これらの部位間に神経結合が形成され，脳の機能分化後も，特定の視覚情報と聴覚情報の間に対応づけが生じると考えられる。

チンパンジーは共感覚的知覚をもつか？

共感覚的知覚は言語を必要とするのであろうか？　この問いは，上記2つの仮説を考えるうえで非常に重要な問いである。この問いに答えるには，言語をもたない動物が共感覚的知覚をもつかを調べる必要がある。そこで著者たちは，現存する種の中で遺伝的に最もヒトに近く，また色の見え方や音の聞こえ方がヒトと類似しているチンパンジーが，音の高さと明るさの間の共感覚的知覚をもつかを分析した。

手続きには見本合わせ課題を用いた（図）。訓練では視覚刺激のみを用いた。まず，青色の丸が呈示され，被験体（チンパンジーまたはヒト）がこの丸を触ると丸が消えて試行が始まる。200ミリ秒の遅延時間のあと3つの四角が呈示された。1つは小さい四角で，白色か黒色のどちらかが200ミリ秒のみ呈示され，その後は2つの大きな四角のみが画面に残った。この大きな四角は白色と黒色であり，被験体が答えを選ぶ選択肢であった。被験体は一瞬呈示された小さい四角の色と同じ色の大きな四角を触ることで報酬を得ることができた。

被験体がこの課題を習得したのちにテストに移った。テストでは，被験体が青色の丸を触った直後から選択肢を選ぶまでの間，高音あるいは低音の音刺激が再生された。もし，被験体が高音を聞いた際には明るい色を，低音を聞いた際には暗い色を想起するような共感覚的知覚をもつのであれば，高音を聞いた後に白色が，あるいは低音を聞いた際に黒色が正解となる試行時（一致試行）において，その逆の組み合わせの試行時（不一致試行）よりも成績がよくなると考えられる。実際，ヒトを対象に同じ実験をおこなったが，ヒトの成績はこの仮説に沿うものであった。具体的には，一致条件時の方が不一致条件時よりも反応時間が早く成績がよかった。一方のチンパンジーは，反応時間では一致試行・不一致試行の間に差が見られなかったものの，不一致試行時に一致試行時よりも誤答率が高くなった。つまり，チンパンジーもまた一致試行において不一致試行よりもよい成績を示したのである。

音韻言語進化のストーリーと今後の展開

進化の隣人チンパンジーも，ヒトと同様に音の高さと明るさの間に対応づけをおこなっており，共感覚的知覚が必ずしも言語を必要とするわけではないことがわかった。しかし，これはただちにヒトのもつ共感覚的知覚に対して言語の寄与がまったくなかった，という結論を導くものではない。ヒトの共感覚的知覚は，音の高低と空間的な位置の高低，音の種類と形，あるいは音の大きさと物体の大きさ等，他にも数多く存在する。これらの共感覚的知覚も言語を必要としないかどうかについては，今後の研究が待たれる。

著者は，ヒトの共感覚的知覚は2段階のステップを経て獲得されたのではないかと考えている。すなわち，第1段階として，今回示したような

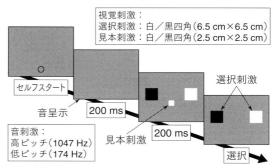

図―見本合わせ課題における各試行の流れ。ただし，訓練時には音刺激は呈示されなかった。

言語を必要としない共感覚的知覚がヒトとチンパンジーの共通祖先の段階ですでに存在していた。これは，脳内の直接的な神経結合によってもたらされるものだと考えられる。その後，第2段階として，言語との共進化が始まる。つまり，第1段階で獲得された特定の結びつきやすさが，物体への音韻ラベル付与を促進した。このような音韻ラベル生成および，他者とそのラベルを介したコミュニケーションを繰り返していくなかで，複数の感覚情報等を統合したイメージの形成が促され，そのイメージが二次的にさまざまな共感覚的知覚の基盤となった。この仮説を検証するためには，ヒトとその他の動物のもつ共感覚的知覚の同異を明らかにする必要がある。また，多様な種を対象に分析することで，神経結合による共感覚的知覚が進化の過程のいつごろ獲得されたのかを調べることも重要であろう。こうした一連の研究を進めることで，今後ヒトの言語の進化の道筋がより明らかになると期待される。

なお英文の研究報告が出版されたので参照されたい。

文献
V. U. Ludwig, I. Adachi & T. Matsuzawa: PNAS, **108**, 20661 (2011), doi:10.1073/pnas.1112605108

23 野生チンパンジーの出産

藤澤道子／松沢哲郎

あっという間の出産

2011年11月4日の午前9時20分，ギニアのボッソウの野生チンパンジーの出産を，藤澤とガイドのジル・ドレが目撃した。飼育下の出産は，平田らによって詳細に報告されている[1]が，野生での目撃例はきわめて少ない。ボッソウでは，過去36年間の調査で2例目だ。

母親はファンレ14歳（1997年10月生まれ）。人間でいうと20歳くらいだろう。すでに息子が1人いる。フランレ4歳（2007年9月生まれ）である。ファンレの母のファナ推定55歳（1956年生まれ）も健在だ。つまり，年齢順にいうと，祖母，母親，その息子，そして生まれてくる赤ん坊，というのが，今回登場する主なチンパンジーたちである。母親の妊娠はすでにわかっていた。生理周期が止まったので，少量の尿を採取し，人間と同じキットを使って判定したのだった。

出産当日。いつものように朝6時半に調査基地を出て森に入り，祖母，母親，息子の3個体を見つけた。チンパンジーの遊動域の中心の，バン山の頂上に近いところだ。ただ，母親のファンレだけは，樹上のベッドからなかなか出てこない。

結局，いつもより2時間以上も朝寝坊して，8時にファンレがようやくベッドを出た。3個体はそれぞれに移動して，大きなイチジクの木にやってきた。祖母と息子はすぐさま登って，果実を食べ始める。しかし，ファンレは近くの木の枝に横になった。

20分間ほど横たわった後，やおら起き上がった。そして，手近な枝を折りしいてベッドを作った。昼間のベッドは簡単なものが多い。しかし，このときは夕方に寝るときと同様に立派なベッドを丁寧に作った。

さらに20分間ほど，何度か姿勢を変えた。

……あっという間のできごとだった。出産の姿勢はよく見えなかった。「フー」と聞こえる，フートと呼ばれる高い小さな声を発したかと思うと，ファンレはすでに，腹に赤ん坊を抱えていた。

まわりのチンパンジーたち

ファンレの発した声を聞きつけ，イチジクを食べていた祖母のファナが急いで木を下りてきて，近くの枝からファンレのようすを見守った。たまたま同じ木で採食中だったベル（推定52歳）という老齢女性もまた，ようすを見に下りてきた。

4歳の息子フランレは，同じベッドにまでやってきて，赤ん坊のようすをのぞきこんだ。産んだばかりのファンレは手を差し伸ばして，この息子もベッドに迎え入れた。

その後，ファンレは立ち上がり身体を少し揺さぶった。胎盤を出していたのだろう。そしてその胎盤を食べ始めた。祖母のファナ，老齢のベルは，さらに近くまでやってきてそれを見つめる。同じベッドの中にいた4歳の息子は，食べるようすを至近距離からのぞき込んだ。

哺乳類には，胎盤を食べる種が多い。これには諸説がある。捕食者が血液の匂いを嗅ぎつけないように食べてしまうのだともいわれる。あるいは，胎盤は栄養に富んでいるからだともいう。胎盤は，子宮収縮・止血・乳汁分泌促進作用のあるオキシトシンなど，ホルモンも豊富に含んでいる。他に

も，胎盤を食べることで母子の絆が強くなる，出産により肉食傾向になるなど，さまざまな理由や効果が指摘されている．今回は，母親が胎盤を食べ始めると，他のチンパンジーが集まってきた．胎盤食は，栄養学的な意味や母子の絆だけではなく，群れの絆の形成にもかかわりがあるのかもしれない．

胎盤を食べ終えたころ，母親ファンレの兄にあたるフォアフ(31歳)がきた．群れのリーダー格である．するとファンレは赤ん坊とともにベッドを出て，木を下りて彼に挨拶した．ゴッゴッゴッと聞こえるパントグラントという声である．その場にいたチンパンジーたちが，皆，この生まれたばかりの赤ん坊を見に集まってきた．

フォアフが立ち去ると，ファンレは再びベッドに戻って長い時間休んだ．翌日も，ほとんどの時間をベッドで過ごした．胸にしがみついた赤ん坊に片手を添えて，もう一方の手で臍の緒を，翌日の夕方まで持ち歩いていた．

ガイドたちは，いつものように相談して，この新生児に名前をつけた．ファンワ，現地のマノン語で「勇気づける」という意味だ．しばらく後に，ようやく男児だと判明した．

母親と祖母の役割分担

チンパンジーの女性は一般的に，適齢期になると，生まれた群れを出て他の群れに嫁入りする．ボッソウでは，これまですべての女性が，産む前に移籍するか，1人を産んでその子が小さいうちに群れを出た．ファンレは，生まれた群れの中で2人目を産んだ最初の例である．

4歳の息子フランレは，これまで，母親ファンレと祖母ファナの愛情を独り占めして育ってきた．ファンレにも抱かれるし，ファナの背中に乗って移動することもある．ボッソウの老齢女性には

図―生後2カ月弱のファンワ．母親のファンレは，木のうろにたまった雨水を，木の葉を使って飲んでいる．右手はつるをつかんでいて，右足で赤ん坊の背中を支えている．撮影：ジル・ドレ，2011年12月25日．

「おばあさん」という社会的役割があるのかもしれない[2](11「野外実験のおもしろさ」も参照)．ファナはファンレを産んだ後，14年間も子どもを産んでいない．尻がはれる性周期はまだ見られるが，産む役割は終えているのかもしれない．

ファンワが生まれて，ファンレは赤ん坊にかかりきりになった．最初の日こそ，上の子フランレは，母親に対してヒステリックに泣く，背中に乗る，といった行動を示した．弟妹が生まれたときの，よく知られた行動だ．しかし，祖母のファナがいるからか，母親への執着は薄かった．ファンレは赤ん坊の世話に専念し，ファナが上の孫の面倒をみる．そういう分業が始まった．

なお英文の研究報告が出版されたので参照されたい[3]．

文献
1―S. Hirata et al.: Biology Letters, **7**, 686(2011)
2―松沢哲郎編：人間とは何か，岩波書店(2010)pp. 206～207, pp. 212～213
3―M. Fujisawa, K. J. Hockings, A. G. Soumah & T. Matsuzawa: Primates, **57**, 175(2016)

24 数字の記憶と加齢変化

村松明穂／松沢哲郎

数字の勉強を続ける

2000年，アイとアユムたち3組のチンパンジー親子が誕生した。今年(2012年)，子どもたちはみな12歳になる。ずっと成長を見続けてきたなかで，記憶課題での加齢変化を捉えることができた。最近の実験の様子をご紹介したい。

毎朝9時，アイとアユムの勉強は，アラビア数字の系列学習課題から始まる。数字の順序について勉強する課題だ。アユムたち3人の子どもは4歳から数字の勉強を始めた。今や親子3組いずれも，1から9までの数字の順序について理解している。そこで，さらに系列を延長し，1から19までの順序を勉強する。画面に出てくる数字の個数が増えると，まちがいも多くなる。目の前の数字の個数が増えると，それを順番に押していくこと自体が大きな負担になるようだ。

こうした数字の順序についての知識を利用して，「マスキング課題」と呼ぶ記憶課題を，川合伸幸と松沢が考案した[1]。1〜9のなかからランダムに選びだされた数字が，タッチパネルの画面に現れる。数字を小さい順に正しく押すことができれば正解だが，一番小さい数字を押すと他の数字が白い四角形に変わってしまう。つまり，それまでに他の数字とそれぞれの位置を記憶できているかというテストだ。この課題でテストすると，チンパンジーの子どもは画面に示された数字を一瞬で記憶できることがわかった。

そこで2005年に井上紗奈と松沢が新たにとりいれたのが，「時間制限課題」だ[2]。この課題では，一定のごく短い呈示時間のあと，画面に現れた数字が自動的に白い四角形に変わってしまう。正答するには，画面に現れた数字と位置を，短時間で正確に記憶しなければならない。1〜9のなかからランダムに5つの数字が選びだされたときの課題の成績を，アイ(チンパンジーのおとな)とアユム(チンパンジーの子ども)で比較した。

5年前と今の成績を比較する

アユム6歳，アイ31歳のときにおこなった時間制限課題では，呈示時間は650, 450, 210ミリ秒の3条件だった[3]。人間のおとながこの課題にとりくむと，呈示時間が短くなればなるほど成績(正答率)が下がっていく。アイも同じように下がった。ところがアユムは，呈示時間の長さに関係なく高い正答率を示した。そして，チンパンジーの子どもの成績が，チンパンジーのおとなよりも高いこともわかった。この結果から，時間制限課題の成績は加齢の影響を受けるのではないか，と考えられた。

加齢変化を確認するために，井上・松沢の研究から5年後，同じ課題を使って，11歳になったアユムと36歳になったアイの成績を比較した。今回は，呈示時間に100, 60ミリ秒の2条件を加えて，5条件にした。5年前と同じように，アユムの成績はアイよりも高かった。ただし，今回のアユムの成績は，5年前のアユムの成績より少し低くなっていた。さらに，呈示時間が短くなるにつれて成績が下がった。そして，アイの成績も，5年前に比べると全体的に低くなっていた。数字系列の勉強と記憶課題のテストを5年間続けていたが，成績は下がった。

図―(左)数字系列課題にとりくむアユム。(右)時間制限課題にとりくむアユム。

　以上をまとめると，今回，若者アユムの成績は，おとなであるアイよりも依然高かったものの，5年という歳月をへて，アユムとアイそれぞれの成績は下がっていた。アユムの成績は，5年前には呈示時間に関係なく高い正答率を示していたのに，現在では，アイや人間のおとなのように，呈示時間が短くなると成績も下がるかたちに変わっていた。これらのことから，やはり，チンパンジーにも加齢による記憶能力の衰えがあると考えられる。

人間で記憶の加齢変化をみる

　それでは，人間の場合はどうだろうか。同じ課題にとりくんだ人間の参加者の成績を，平均26歳と平均62歳のグループに分けて比較した。呈示時間が短くなるにつれて成績が下がる，というところは，若いグループにも，年齢の高いグループにも共通していた。しかし，650ミリ秒から60ミリ秒までのそれぞれの呈示時間での成績は，どれも若いグループのほうが高かった。つまり，チンパンジーの若者とおとなの比較と同様の結果になった。この時間制限課題においては人間も，加齢の影響を受けるのだと考えられる。

　ただし，一口に加齢の影響といっても，たくさんの原因が重なっているだろう。まずは，短時間で記憶し，その記憶を利用する能力そのものの変化が考えられる。アユムの成績のこの5年間での低下は，主にこの原因で説明できそうだ。また，この課題の210ミリ秒以下の条件では，目を動かさずに一瞬で画面全体を把握する必要がある。視野にかかわる能力も成績に関係するだろう。アイや人間の60代のグループの成績については，記憶能力に加えて，こうした視力の問題も考えられそうだ。瞬間的な反射能力，運動能力の問題もあるかもしれない。

　時間制限課題を切り口に，チンパンジーとヒトの成長・加齢について調べられそうだ。アユムは6歳からの5年間で，子どもから若者へと成長した。アイとアユムの，そしてほかの2組の親子の，加齢による変化をこれからも調べていきたい。そして，次の世代のチンパンジーの子どもたちとも比較していきたいと考えている。

文献
1―N. Kawai & T. Matsuzawa: Nature, **403**, 39 (2000)
2―S. Inoue & T. Matsuzawa: Current Biology, **17**, R1004 (2007)
3―松沢哲郎編: 人間とは何か, 岩波書店 (2010) pp. 162～163

25 同調する行動

ユ リラ／友永雅己

動きがシンクロする

日々のチンパンジーの行動を見ていると、ときどき複数の個体の行動がシンクロする（同調する）という場面に出くわすことがある。たとえば、騒ぎ声のコーラス、あるいは子どもたちの遊びの同調、さらには、飼育者に合わせて体を左右にゆする遊びなどなど。こういったチンパンジーの行動の同調は、どのように、そしてなぜ起きるのだろうか。また、それは彼らの社会の中で、どのような意味を持っているのだろうか。辞書で「同調」という単語の意味を調べてみると、「意見などを合わせること」、「波長を合わせること」などが出てくる。私たちが興味を持っているテーマは、後者の意味に近い。

私たち人間において最も有名な行動の同調の例は、群衆の拍手だ。コンサートなどでの聴衆の称賛の拍手が突如として同調すること、そしてこのような同調は現れては消えることが知られている。このような報告は、ほかにも数多く知られている。さらに最近では、同調行動の研究対象は人間にとどまらず、ヒト以外の霊長類やイルカなどを対象にした比較認知科学的研究もなされつつある。さまざまな種における同調行動を調べることで、このような行動が生まれてきた進化的意味を探ることが可能だ。特に、先述のように、同調行動の持つ社会的意味を探る研究にスポットライトが当たりつつある。

私たち人間では、自分の動きに同調する他者に対して好意的な態度が増すことがわかっている。たとえば、ペアの二人が手のひらを同じタイミングに合わせ、リズミカルに音を出しながら歌うような遊びはさまざまな地域で見られる。これなどは、同調行動が親和性を高めている好例だろう。また、逆に仲のよいペアの間では行動が同調しやすいということも報告されている。行動の同調と社会的な絆の間には、切っても切れない関係があるようだ。

実験室で探る同調行動

チンパンジーでの行動の同調は、日常的な観察の中でエピソード的に報告されることが多い。しかしそういった日常場面だけでなく、実験室におけるコンピュータ課題を実施しているチンパンジー2個体が、お互いの行動を同調させるということがあるのだろうか。実はこのような研究はほとんどなされていない。そこで私たちは、実験室に設置されている2台のタッチパネルモニターを連動させて、タッピング課題を用いた同調実験をおこなうことにした。課題は非常に簡単で、モニターに提示される左右2つのキー（リンゴの絵）を交互に押す（タッピングする）という反復的な運動をさせる。実験に参加したチンパンジーはまず、連続したタッピングが安定して30回以上続けられるまで個別訓練をうけた。その後テストとして、2個体が横並びに設置されたモニターの前に座って、同時にタッピング課題をおこなった（図）。この時、それぞれのタッピングに対して「ピッ」という短い電子音が鳴り、お互いのタッピング音が横から聞こえてくるようにした。

図—母子のチンパンジーが同時にタッピング課題をおこなっている様子。右はお母さんのパン，左は娘のパル（当時11歳）。タッチスクリーンの左右に提示されるリンゴの絵を押すと電子音が鳴る。撮影：ユ リラ。

同調する人間，しづらいチンパンジー？

　まず，このような条件のもとで人間同士での実験をおこなってみた。その結果，互いのタッピングのタイミングが同調してくる現象がはっきりと確認できた。チンパンジーでの結果と直接比較が可能なように，参加者には言語教示を一切あたえていない。それにもかかわらず，人間では自発的あるいは非意図的な同調行動が起きるのだ。では，チンパンジーではどうだろうか。タッピング課題の訓練を受けた3組の母子チンパンジーがテストに参加した。実験中は，訓練の時と変わらずにそれぞれ一心不乱にタッピングをおこなっていた。得られた結果を分析してみて，驚いた。タッピングのタイミングの同調がほとんど起きない。ひとりひとり独立でおこなったタッピングの行動データから想定される，お互いに無関係の条件でのタッピングのタイミングの結果と，まったくと言っていいほど差が出ないのだ。これはもしかすると，隣から漏れ聞こえるタッピング音では同調するのに不十分だったからかもしれない。そこで私たちは，自分のモニターのスピーカから相手のタッピング音が再生されるよう装置を改造して実験をおこなった。これによって，相手のタッピングにもっと注意が向くかもしれないと期待したのだ。でも，結果は変わらなかった。しかし，結果をより細かく見てみると，相手のタッピングを完全に無視しているわけではないようだ。タッピングの速度やタッピングのばらつきが明らかに変化した個体もいたからだ。他個体の行動になんらかのかたちで引き込まれているのだろう。

　この結果をもたらした理由はいったいなんだろうか。そもそもチンパンジーは，人間とは違って行動の同調が起きにくいのだろうか。しかしこの結論は時期尚早だ。単にチンパンジーにとって，電子音は行動を同調させるのには十分な情報ではないのかもしれない。では，たとえばお互いの行動が視覚的にはっきり見える対面場面下で実験すると，より行動の同調が起きるのだろうか。これを確認したうえで，「同調」という現象が持つ社会的な意味についてもっと考えていきたい。

　なお関連する英文の研究報告2編が出版されたので参照されたい。

文献
L. Yu & M. Tomonaga: Scientific Reports, **5**, 10218（2015）
L. Yu & M. Tomonaga: Primates, **57**, 181（2016）

26 ちびっこオランウータン

林 美里

マレー半島のオランウータン

オランウータンは、東南アジアのボルネオ(カリマンタン)とスマトラという限られた地域にのみ生き残っている大型類人猿だ。マレー半島からはすでにオランウータンは絶滅しているが、環境教育の窓口にもなる動物園などの施設で飼育されている。マレー半島の中ほどにオランウータン島という施設があり、27人のオランウータンたちがくらしている。その中の4人は、実際にはオランウータン島の近くにある、BJ島という小島にすんでいる。

施設でくらしていたオランウータンが森の中で生きていけるのかを調べるため、2011年2月にBJ島に3人のオランウータンを移住させることにした(12「オランウータンを森に帰す」参照)。最終的には、彼らがすんでいた森にかえすことを目標にしていて、その準備のためのモニタリングの段階にある。

BJ島のオランウータンたちの1年

オランウータンたちが森の中でくらすようになって1年がすぎた。BJ島でのくらしをオランウータンたちは気に入ってくれただろうか。島には十分な数の果物のなる木がないので、毎日2回、人間が果物を森の中にもっていってオランウータンたちに与えている。そのほかには、積極的に人間が何かをすることはなく、森の中での彼らの行動を観察するようにしている。夜になるとそれぞれが樹上で枝を折り敷いたベッドで眠りにつく。

3人の中で一番若かったソーニャという女の子は、はじめは森の中での生活に困ることも多かったようだが、1年後にみにいったときには、大きな木の皮をひろってきて、その上に座ってみたり、寝ころんでみたり、上にかぶったりと長い時間1人で遊んでいた。森での生活を楽しんでくれているようで、うれしく思った。アーリンという野生由来の男性は、はじめの頃も今もあまり変わらずに、マイペースで森の中を動き回っていて、野生に近いくらしを謳歌しているようだ。

オランウータンたちがBJ島にくらすようになってから1カ月ほどたった頃、妊娠していたニッキーというオランウータンが子どもを産んだ。ウィリアムと名づけられた男の子は、1歳になってしっかりと母親のもとで育っている。今回は、このBJ島にくらすニッキーとウィリアム、オランウータン島にくらすナフシアとリポーという2組の母子に注目してお話ししたい。

母親と一緒にすごす

ちびっこオランウータンが育っていくうえで大切なのは何だろう。もちろん、身体的に健康であることは大前提だ。しかし、母親と一緒に幼い時期をすごすことは、子どもにとって幸せなことで、成長して独り立ちしたあとの心理的安定にもつながるだろう。チンパンジーと同様、オランウータンも50歳以上の長い寿命をもつ。人間が母親代わりになって育てても、とくに男の子の場合には体が大きくなって力も強くなるので、いずれ人間とは離れてくらさなくてはいけなくなる。人間に育てられた子どもは、オランウータンとしての自然な生き方を教えられる機会もなく、ほかの親の

図—(左)オランウータン島にくらすナフシアと子どものリボー。(右)母親のニッキーに食べ物をねだるウィリアム。いずれも撮影：林美里。

ないオランウータンたちとの不自然なくらしを強いられることになってしまう。野生のオランウータンは，母子のペア以外は基本的に1人でくらしているので，飼育下で同じような年齢の子どもたちが集団でくらすこと自体が少し変わっている。

ナフシアは，オランウータン島ではじめて子育てに挑戦した母親になった。はじめは子どもをかばって小さいケージの中でも動きが少なく，食欲もあまりないようだったが，幸い母子ともに大きく体調をくずすことなく，子どものリボーも1歳半になった。今は，外の広々とした運動場で母子がのんびりすごしている姿をみることができる。野生チンパンジーの若い母親でもたまにみられるように，子どもを抱かずに後頭部のあたりにのせて運ぶこともあるが，初の子育てにしては上出来といえるだろう(図左)。

ニッキーはBJ島の森の中で，子育てに挑戦することになった。子どもが産まれて間もない頃は，子どもがお腹をすかせて乳首を探していても，うまく抱き直して飲ませてあげることができなかった。子どもが1歳になった今では，母親の食べているものに手をのばしたり口をつけたりしているが，ニッキーはそれを邪険にすることもなく，おだやかな母子のかかわりをみることができる(図右)。

オランウータン母子の1年をみて

1年のちびっこオランウータンたちの成長をみて，改めて母子の絆の重要性を実感した。子どもが母親のもとで安心して，のびのびと育っているように感じられる。体の大きさなどを人間に育てられた子どもと比べれば，見劣りがするだろう。それでも母子が一緒にくらすことで，子どもの成長を通して母親としての行動も変わっていく。長い養育期間を母子が密接にかかわりあいながらすごすことが，母にも子にもよい学びの機会となっている。今までは母親代わりの人間が教えるしかなかった木登りのしかたも，母親の姿をみている子どもたちはごく自然に身につけ，高い木の上でも母親から少し離れて動き回り，ちびっこなりの冒険に挑戦している。これからの彼らの成長がとても楽しみだ。

27 果実を分け合うボノボ

山本真也

ボノボのすむ森へ

どこまでも続く深い森の上をチャーター機で飛んだ。この森にボノボがいる。野生ボノボの生活を観察するため，コンゴ民主共和国ワンバ村に向かった。

これまで，チンパンジーを対象に利他行動の研究をしてきた。チンパンジーでの実験結果をもとにヒトとの共通点・相違点を明らかにし，利他性の進化を議論してきた。しかし，この研究には抜け落ちている視点がある。ヒトとの比較対象にチンパンジーしか見ていないからだ。チンパンジー同様ヒトにもっとも近縁な種であるボノボのことがわからない限り，片手落ちであると言わざるを得ない。そういうわけで，野生ボノボが唯一生息するコンゴの熱帯雨林にまで足を踏み入れることになった。

おかっぱ頭にスレンダーな身体，耳を突く甲高い声。チンパンジーとの違いは一目瞭然だった(7「コンゴ盆地の野生ボノボ」，19「チンパンジー研究者から見たボノボ」参照)。社会関係も明らかにチンパンジーと違う。まず，ケンカが少ない。そして，オスとメスの性差が小さい。これは大きさなどの見た目だけでなく，攻撃性といった行動にも表れている。しょっちゅうディスプレイをしては騒ぎを起こすチンパンジーを見てきた私には，ボノボのオスは存在感が薄かった。

ボリンゴ分配

ボノボはチンパンジーと違って，メスが集団の中心にいる。このことは食物分配でより顕著になった。チンパンジーでは，狩猟によって得た動物の肉が個体間で分配されることが知られている。たいていの場合おとなのオスが肉を所持し，周りに集まってくる個体に分配される。ボノボの食物分配がこれと大きく異なるのは，果実が頻繁に分配されたことと，分配の中心にいるのがおとなのメスだったことだ。ボリンゴというラグビーボールほどの大きさの果実(図左)が実る季節には，計72日間の観察で合計166例もの食物分配がみられた(図右)。そして，そのうちの156例ではおとなのメスが果実の所有者になっていた。

ボリンゴの実を見つけたメスは，ピャーピャーとうれしそうな声を上げる。するとそこに他のメスや若い個体が寄ってくる。顔を数cmの距離に近付けてのぞきこむ子もいるが，見ているだけで分けてもらえることはまずない。手を差し出して所有者の手や口から小片をおすそ分けしてもらう形で分配は起こる。分配するといっても積極的に与えるのではなく，相手が取っていくのを許すという消極的なものだ。この点ではボノボもチンパンジーも共通している。しかし，野生チンパンジーの肉分配では，肉の周りに興奮の渦ができ，ギャーギャーと大騒ぎの中を肉を引きちぎられるようにして渡っていくことが多いという。それに対しボノボでは，ボリンゴをめぐって実際のケンカになったことは一度もなかった。もらい手が少し大きなかたまりを取りすぎて緊張が生まれても，ホカホカと呼ばれるボノボ特有の性器こすり合わせ行動で解決してしまう。非常に穏やかな分配だ。

さらに驚いたのは，異なる集団の個体間で分配がみられたことだ。運よく集団間の出会いを観察

図―（左）ボノボが分け合って食べるボリンゴの果実。（右）平和的なボリンゴ分配。

する機会にも恵まれたが，そのときカメカケ群の個体とイヨンジ群の個体の間でボリンゴが分配されるのを4例観察することができた。隣接群とは敵対的関係にあり，時には集団間で殺し合いの戦争に発展することもあるチンパンジーではまず考えられない。「平和的なボノボ」を再認識した事例である。

なぜ食べ物を分け合うのか

食物分配は利他行動の典型例であり，人類進化の上で非常に重要な役割を果たしたと考えられている。これまで，食物分配の進化については主にチンパンジーの肉分配をもとに考察されてきた。相手からの圧力に負けてしかたなく渡しているといった説明や，好きなメスと交尾をするためにプレゼントとして渡しているといった仮説が有名だ。しかし，ボノボでは平和的な分配がなされるし，メス間の分配では交尾を目的とした分配仮説は成り立たない。また，果実の分配・被分配者を分析すると，与える個体は与えるばかり，もらう個体はもらうばかりで，果実の受け渡しだけみても互恵的な関係にはなっていなかった。

どうもボノボの果実分配には異なるメカニズムが働いている可能性がある。興味深い事例があった。高順位のナウというメスがビンボという直径40 cmほどの巨大な実を食べていたときのことだ。周りには低順位の若いメスたちが集まって分けてもらっている。このとき，ナウは足で持っていた実を4 m下の地面に落としてしまった。しかし，すぐにはだれも取りに行かない。ナウからもらっていた若いメスたちは，ナウの手元に残った少しのビンボをねだったり，近くで食べていた別のメスにもらいに行ったりした。落ちた実が不味かったわけではない。しばらくするとユキというメスが地上に落ちた実を拾って登ってきた。すると，またその実をめぐって分配が始まるのだった。

食べ物自体が目的というよりも，食べ物を介した社会関係構築が重要な意味を持っているのかもしれない。チンパンジーでは狩猟によって得た貴重な肉が分配される。しかしボノボの果実分配は，豊かな森で独力でも手に入れることのできる果実をあえて分けあって食べるという点で，チンパンジーの肉分配とは違った様相をみせる。チンパンジーの肉分配が男性を中心とした狩猟社会に対応しているとすると，ボノボの果実分配は，女性中心の採集社会における分配を説明するモデルになりえるかもしれない。黒く小柄な進化の隣人を見ながら，私たちの遠い祖先の生活に想いを馳せるフィールドワークだった。

なお英文の研究報告が出版されたので参照されたい。

謝辞：本調査では，古市剛史氏はじめ多くのワンバ研究者のお世話になった。特別推進研究・AS-HOPE・ITP-HOPEの支援を受けた。記して感謝したい。

文献
S. Yamamoto: Behaviour, **152**, 335 (2015)

28 30年ぶりの空
——医学感染実験チンパンジーがゼロになった

平田 聡／鵜殿俊史／友永雅己／松沢哲郎

終止符

2012年5月15日，ひとつの歴史に終止符が打たれた。チンパンジーの医学感染実験の歴史である。キャンディーという名の女性と，ムサシとショウボウの2人の男性。3人のチンパンジーがこの日，民間の医学研究施設から，京都大学野生動物研究センター熊本サンクチュアリに移籍してきた。これで，国内に136人いた医学感染実験チンパンジーがゼロになった。

ブルーシートで覆われたトラックに乗って彼らは運ばれてきた。それぞれ個別の運搬ケージに入っている。ブルーシートの下から，「キャーキャーキャー」と泣き続ける声が聞こえた。ショウボウの声だった。ブルーシートを取り，運搬ケージをトラックから降ろした。ケージの前面にはベニヤ板が張られている。中の様子はまだ見えない。泣き続ける声だけが響いた。ケージを飼育室に運び入れ，ベニヤ板を取り外した。格子越しにショウボウの顔が見えた。まだ泣き続けている。続いてムサシとキャンディーもそれぞれ室内に運び入れた。ショウボウに比べれば静かにしていたが，ただ茫然自失していたのかもしれない。

3人とも，そのまま運搬用ケージで一夜を過ごしてもらった。見たところ，健康状態に問題はなさそうだった。少し落ち着いた後，夕食として出した食事をよく食べていた。

ケージの中で30年

なぜ彼らは医学研究施設にいたのか。それは，日本がチンパンジーを対象としたウィルス感染実験をしていたからである。厚生省がB型肝炎ワクチン開発研究班を立ち上げ，大学医学部などいくつかの組織が1970～80年代に実験用チンパンジーをアフリカから輸入した。輸入元は主にシエラレオネである。1986年までに約150人が輸入され，ウィルス感染実験の対象となった。主に1歳前後の幼いチンパンジーたちだ。輸入後は，公的研究機関や民間製薬会社で飼育された。

ムサシ，ショウボウ，キャンディーも，そうした経過をたどったチンパンジーである。ムサシは1980年，ショウボウとキャンディーは1983年に，シエラレオネから輸入された。健康な子どもに肝炎ウィルスを接種し，小さなケージで飼育した。縦横奥行きがそれぞれ1～1.5 mしかない。天井と左右の壁はスチール板で，前面は格子。それが彼らに与えられた空間である。約30年間，ずっとこのケージの中で暮らしていた。ウィルス感染実験だからだ。ケージが置かれた施設は厳密に管理され，気密性が保たれた。日の光はいっさいあたらない。肌は雪のように白かった。

1998年の時点で，3つの医学研究施設に，合計136人の医学感染実験チンパンジーがいた。肝炎研究に加えて，ES細胞の樹立や，遺伝子治療などの研究も始まろうとしていた。そうした感染実験，あるいは不可逆的ダメージを与える侵襲実験を停止させようと，研究者や動物園関係者が集まって組織を作った。SAGA（アフリカ・アジアに生きる大型類人猿を支援する集い）である。長年の努力があって，2006年秋に医学感染実験そのものは停止した。宇土の医学研究施設はチンパンジーたちに余生を幸福に暮らしてもらうためのサンクチュ

アリに生まれ変わった。2011年8月1日に京都大学に移管され，「熊本サンクチュアリ」という名称のもと新たなスタートを切った[1]（21「熊本サンクチュアリにようこそ」も参照）。

こうして，ムサシ，ショウボウ，キャンディーが，医学研究施設に取り残された最後のチンパンジーとなった。この3人を，より幸せな環境で過ごさせたい。当該施設の飼育関係者や有志の研究者が，解決のために動いた。幸い，会社の側の理解と支援もあって，熊本サンクチュアリへの移籍が実現した。

空の下で仲間とともに

3人のチンパンジーたちは，移籍した翌日，ケージから出てそれぞれ少し広い個室に移動した。歩いたり，登ったり，降りたり。ただし筋力が衰えていて，そうしたことさえままならなかった。

2012年5月21日，キャンディーを屋外運動場に出した。日本に来た日から数えて，ほぼ30年ぶりに空を眺めた。彼女は，屋外へのドアをすんなりくぐって2mほど探索した。そしてすぐまた部屋に戻った。しばらくためらい，やがて再び屋外に出てきた。そこで，地面に生えたイチゴの茎や葉でネストを作った。野生チンパンジーは，木の枝葉や草本を集めて，寝床となるネストを作る。キャンディーはその行動を忘れていなかった。

ムサシとショウボウは，6月5日，2人で順に，1つの屋外運動場に出た。屋外に出るのも，自分以外のチンパンジーと一緒の空間で過ごすのも，アフリカを旅立って以来初めて，これもほぼ30年ぶりとなる。彼ら2人の関係は，必ずしもしっくりとはいかなかった。ムサシが泣きながらショウボウを追いかけ，逃げていたショウボウが瞬間的に反撃すると，それ以来2人は距離を置いた。

図—仲良くなったジョージ（左）とショウボウ（右）。

これまでずっと，小さなケージで1人だけで暮らしてきたのだから，仲間との付き合いができなくても不思議はない。

そこで，熊本サンクチュアリの先輩チンパンジーたちとの顔合わせを始めた。顔合わせの最初，ショウボウは，先輩シロウに取っ組み合いのけんかを仕掛けた。シロウは臆さなかった。ペニスを立てて友好的な身振りを示し続けた。ついにショウボウが態度を変えシロウとひしと抱きあった。それから，別の先輩である温和なジョージと笑って遊び始めた（図）。

フーホー，フーホー，ファオー。パントフートと呼ばれる，チンパンジー特有の自信に満ちた声だ。最初は泣いているだけだったショウボウも，立派なパントフートをするようになった。青空の下で仲間と過ごす。自然本来の姿にできるだけ近い暮らしができるよう，これからも彼らを見守っていきたい。

文献

N. Morimura et al.: American Journal of Primatology, **73**, 226 (2011)

1—松沢哲郎編: 人間とは何か, 岩波書店(2010) pp. 154〜155, pp. 168〜169, pp. 196〜197

29 チンパンジー研究の新時代
──WISH大型ケージ熊本1号機の稼動
平田 聡／森村成樹／友永雅己／松沢哲郎

新しい研究空間の完成

　熊本サンクチュアリに，比較認知科学実験用大型ケージが完成した(図左)。チンパンジーの日々の暮らしの場であり，そして巨大なテストケージである。既設の建物の屋上に，広さ100 m²弱，高さ4.5 mの新たな空間が2つ建築された。眼下に有明海，島原湾を望み，海の向こうには普賢岳を眺めることができる。

　この空間の中で，複数のチンパンジーたちが日常を過ごし，上下左右に広く動き回ることができる。それがそのまま研究の場になる。コンピュータで制御するタッチパネルを備えるなど，研究するための工夫が施されている。

　新機軸は大きく3つ挙げられる。第1は，日常を過ごす空間なので，1日24時間すべてが研究の時間になるということである。第2は，日々の暮らしの中から認知研究を構想する点だ。従来のチンパンジー認知研究では，日常を過ごす空間と研究用の部屋が別々にあり，特定の個体を研究部屋に呼び入れるというやり方をとってきた。新しい大型ケージによる研究では，日常生活に根差した行動を研究対象とすることができる。第3は，集団全体が研究の対象であるということである。複数のチンパンジーの相互交渉を見ることを通して，彼らの社会を解明したい。

　さて，熊本サンクチュアリに新設された大型ケージで最初に暮らすことになったのは，コテツ，ベルという名の2人の男性と，サイ，クミコ，リナ，ノノの4人の女性，あわせて6人のチンパンジーたちである。

サイ39歳と初めてのタッチパネル

　早速，タッチパネルを使った研究を始めてみた。トラブルを避けるため，さしあたっては女性陣だけがいる時間帯にタッチパネルを稼働させてみた。課題は簡単だ。画面上に出てくる大きな赤い丸を触ればよい。赤丸を触ると，小さく切ったリンゴがごほうびとして出てくる。リナやクミコは順調にこなした。ふたりとも，タッチパネル自体を触る課題の経験が過去にあったからだろう。

　さて，最年長39歳のサイは，目下のところ苦戦中である(図右)。人間で言えば60歳に近い。生まれてこのかた，タッチパネルというものに触ったことがない。最初の2日間は，装置を近くから眺めるだけだった。研究開始から3日目に，ようやくタッチパネルの前に陣取った。しかしどうも，タッチパネルを触るのが怖いらしい。画面に手を伸ばしかけるが，触る直前に手を引っ込めてしまう。6日目，ついにサイが画面に触った。ただし，触る位置が決まっていて，いつも画面の左下だ。

　研究開始から11日目，ようやくサイが，触る位置を少し変えるようになった。画面の左下を触ってリンゴ片が出てこなければ，少し違う場所を触ってみるようになった。しかし赤丸の位置に応じて対応する，というまでには至っていない。

　サイは，アフリカ生まれの39歳。生まれてこのかた，タッチパネルなど見たこともない。初めて見る装置に戸惑っても当然だろう。幼いころからタッチパネルの経験を積んで育ったチンパンジーたちと同じようにはいかない。

図―(左)WISH 大型ケージ熊本1号機の外観。(右)タッチパネルにのぞむチンパンジー。写真中央がサイ。

多様な姿の理解へ

ひるがえって人間のことを考えてみよう。現代日本で，パソコンやスマートフォンを操作することはもはや日常となった。しかし，たとえばここにアフリカ・コンゴの森で暮らす人が来たら，さぞや驚くことだろう。電気も水道もない村で育ち，パソコンやスマートフォンの存在すら知らない人々である。すんなりと現代日本の生活に溶け込めるとは考えにくい。

逆に，日本で育った大人がコンゴの森に入ったら，樹海のような森の中で戸惑うだけだろう。現地の人々は，広大な森の中で自分の居場所を把握し，草木に残されたほんの少しの痕跡から動物の動きを読み取ることができる。日本人も，幼いころからそこで育てば同様の能力を身につけるに違いないが，大人になってからでは難しい。

現代の日本人だけを理解しても，人間全体を理解したことにはならない。多様な環境で多様な暮らしがあることに目を向けることが必要だ。チンパンジーでも同じである。暮らす環境によって違いがあり，新生児から老年期までの発達加齢によっても変化が生じる。

年配のチンパンジーを相手にタッチパネルを使った研究をするわれわれ研究者が間違っていた，と言いたいわけではない。物事を測るとき，共通のものさしが必要だ。タッチパネル課題は，その共通のものさしのひとつである。同じものさしで測るからこそ，違いが明確に見えてくる。肝心なのは，ひとつのものさしで測っただけでは全体の姿は描けない，ということである。物事の多様な側面を，いろいろな尺度で測る必要があるだろう。タッチパネル課題をひとつの足がかりにして，チンパンジーの1日すべて，日常すべて，集団すべてを対象とした研究へとつなげてゆきたい。

新しい装置にチンパンジーが戸惑うことから始まった熊本サンクチュアリの大型ケージでの研究。この先にどんな展望が開けるか，われわれ研究者の力量が試されているといえよう。熊本サンクチュアリの53人の個性豊かなチンパンジー。彼らが見せる多様な姿。その中に垣間見える真実を追求したい。

謝辞：日本学術振興会最先端研究基盤事業「心の先端研究のための連携拠点(WISH)構築」，霊長類研究所特別経費プロジェクト「人間の進化」の支援を受けた。

30 植物園にすむクモザル

松沢哲郎

フロリダのアニマルキングダム

2012年8月初旬，アメリカのフロリダのオーランドで，アメリカ心理学会が開催された。ディズニーワールドの場所である。そこには，アニマルキングダムという動物園が1998年に開設されている。世評が高いので，この機会に見に行った。そこで働いているレイティー博士が案内してくれた。入場者は1日あたり約2万人だそうだ。中央にシンボルツリーのバオバブの木がある。もちろん作り物だ。本物は倍ほど背が高い。

アフリカ・サファリが人気だ。次々と来るトラックに人々が乗り込む。カバ，ワニ，サイがいて，サバンナを模した場所にはキリンやゾウ，シマウマ，ライオンがいる。ゴリラもいた。檻やケージというものがいっさい人目につかない。

アフリカの隣は東南アジアで，寺院を模した場所にテナガザルがいた。その隣は，ヒマラヤの雪男を探検するという設定で，ジェットコースターがある。要は，動物園と遊園地がひとつながりで，動物園でいえば「それらしい雰囲気」を味わうということだ。しかし，見ていてせつなくなった。

まず，本来の自然とまったく違う。たとえばケニアのナイロビ空港から車で30分も走れば，国立公園がある。遠くにビルが林立しており，飛行機も離着陸するが，そこは紛れもなくアフリカのサバンナである。人手は加わっていない。キリンが遠くを闊歩し，草むらにライオンの姿がかすかに見える。ダチョウが悠然と歩き，シマウマやトムソンガゼルに近づける。サバンナの草が育む豊かな自然がそこにある。このアニマルキングダムは，そのような場所とはまったく違う。

さらに，ここの動物たちは，人目には触れないものの，夜は獣舎に入れられてしまう。狭い場所で，動物たちは長く不自由な生活を強いられる。

絶滅の危機に瀕している野生動物が，娯楽産業の商売に使われている。開園後14年が経過し，動物たちも徐々に高齢化しているそうだ。野生の生息地から隔離しているので，次世代をうまく育成することもできない。

カンクンの植物園

8月後半，メキシコのユカタン半島の保養地カンクンで，国際霊長類学会が開催された。学会の後，主催者のマルチネス教授が，車で30分のところにある植物園に連れて行ってくれた。メキシコの高名な植物学者が作ったもので，広さ68 ha，高速道路と川と民家に囲まれた緑地帯。ユカタン半島の本来の熱帯林に人手が加えられている。

車を降りた途端，野生のクモザルの一群に出会った。哺乳類は一般に母系の社会を作る。霊長類も例外ではない。ニホンザルのように祖母－母－娘が群れに残り，男性は年頃になると群れを出て，ハナレザルとかヒトリザルと呼ばれる。チンパンジーは例外的に父系で，女性が群れを出ていく。じつは系統的に遠い新世界ザルのクモザルも，父系社会を作ることで有名だ。初めて実際の群れを見ていてワクワクしてきた。

ここは，本来の自然そのままである。クモザルたちは餌付けされていない。人馴れもしていない。好奇心旺盛な若者が樹上から降りてきてこちらをのぞく。子どもを背負った母親は逆に離れていっ

た。森の奥のほうに500mほど歩くと，別の一団に出会った。一群れが複数の小集団に分かれている。この「分裂凝集する集団」というのもチンパンジー社会の特徴なのだが，クモザルもそうなのだ。植物園の人によると，ここには1群33個体がいるそうだ。

そしてここでは，植物園が動物園になっている利点を発見することができた。クモザルは房状に実った果実を食べていた。ふと目を下ろすと，その木の学名がプレートに書いてある。どの木にいるか，何の実を食べているか，一目瞭然だ。クモザルを見上げる足元を，大きな野生のイグアナがゆったりと通り過ぎて行った。

フィールドミュージアム

動物園を遊園地と一緒にしたアニマルキングダム。動物と植物を一緒に展示したカンクンの植物園。自然のまるごと全体を示しつつ，動物の生態を知るという意味で，後者が圧倒的に優れていると思った。フィールドミュージアム(野外博物館)ということばが頭をよぎる。動物と植物を切り分けず，ともに暮らしているそのままの姿を見せる。

日本の霊長類学の成果は，そうしたものを実践してきたことだろう。一般の方にもなじみの深い，行きやすい場所でいえば，南の屋久島だ。飛行機や船で島に着く。そこから30分もいけば，野生のサルやシカがいて，樹齢数千年というヤクスギが生えている。世界自然遺産の島である。

霊長類学の発祥地である宮崎県の幸島もすばらしい。沖合300mほどにある無人島だ。京都大

図—カンクンの植物園に暮らす動物たち。(左)クモザルの若者。(右)イグアナ。いずれも撮影: 松沢哲郎。

学野生動物研究センターの職員が対岸の施設に常駐している。1948年から60余年間にわたってサルたちの暮らしを記録し続けてきた。釣り人が訪れるので，渡船業者に頼めば島に渡れる。亜熱帯の植生とサルのいる天然記念物の島である。

仙台から石巻を越え，牡鹿半島の先にある金華山もすばらしい。これも沖合の無人島だが，定期船がある。大きな神社があって，参詣の人が絶えない。山道をたどると必ずニホンジカに出会う。運がよければ野生のサルにも出会う。

北から南まで，細長い日本列島の各地の自然の植生を見ながら，野生動物たちの暮らしを垣間見ることができる。彼らは自由な意思で，行きたい場所に行き，食べたいものを食べ，好きな場所で寝ている。

いわゆる動物園に欠けているのは，こうした基本的自由だと思う。カンクンの植物園のクモザルを見ながら，野生ニホンザルの姿やギニアの野生チンパンジー，そして動物の飼育や展示のあり方に思いをはせた。

31 ヒトの脳はいかにして巨大化したか
―― チンパンジー胎児の比較発達研究

平田 聡／酒井朋子／竹下秀子

ヒトは大きな脳をもつ

　人類の脳の大きさは，ホモ（*Homo*）属の登場以降，急速に拡大してきた。とくに大脳は，他の霊長類に比べて，飛びぬけて大きく発達している。ヒトを特徴づける高次な認知機能は，こうした巨大な脳に支えられている。

　ヒトはいかにして大きな脳をもつようになったのか。その手がかりを得るために，チンパンジーの胎児期の脳の成長を調べる研究をおこなった。えられた結果をヒトでの知見と比較することで，脳の発達の進化を推定する。脳の巨大化を，その「進化」と「発達」の双方から眺める試みである。

　赤ちゃんとして生まれてきた時点で，チンパンジーとヒトの脳の大きさは異なる。チンパンジーの新生児の脳容積は約150ccである一方，ヒトの新生児の場合は約400ccだ。こうした違いがいつどのように生じているのか，これまでまったくわかっていなかった。ヒト以外の霊長類の赤ちゃんの母体内での発達変化を調べた研究がほとんどなかったからである。

　林原類人猿研究センターで2007年末から2008年初めに妊娠したチンパンジー2個体を対象に，超音波画像診断装置を使って胎児の様子を観察した（図1）。超音波画像診断装置は，人間の産婦人科で妊婦・胎児の検査に一般的に使われるもので，同じ機械をチンパンジーにも適用できる。同センターの研究員とチンパンジーとの間に築かれた信頼関係にもとづいて，リラックスした状態でチンパンジー妊婦に研究に臨んでもらうことができた。出産直前まで繰り返し計測をおこない，得られた胎児画像から，脳の大きさを測定してみた。

チンパンジー胎児の脳成長
―― 加速と停滞

　推定受胎日を起点として数えた胎齢9週ころから，胎児の様子を画像として捉えることができるようになった（図2）。そして，胎齢15週前後から，脳の大きさに関して信頼できる測定値が得られるようになった。ヒトの場合も，過去の研究で胎齢16週から脳容積の測定がおこなわれている。チンパンジー胎児の場合，胎齢16週での胎児の脳の容積は約16ccだった。ヒト胎児の同時期では平均33.6ccである。この時点でチンパンジー胎児の脳の容積はヒトの約半分ということになる。

　その後しばらく，チンパンジー胎児の脳容積は加速度的に成長した。胎齢16週での脳容積の成長速度は推定約6cc/週である。1週間で6ccの増大があったということだ。これが胎齢20週を過ぎるころには10cc/週を超える成長速度になった。ヒトの場合も，この時期は脳容積が加速度的に成長する。つまり，チンパンジーでもヒトでも，胎齢20週頃までは，加速度的に成長するというパターンは共通だった。

　しかし，妊娠中期にあたる胎齢20週〜25週ころに，大きな違いが現れた。チンパンジー胎児の脳容積の成長速度が，そこで頭打ちになるのである。つまり，成長の加速が妊娠中期に止まる。一方，ヒトの場合は，妊娠後期まで脳容積の加速度的な成長が続くことが明らかになっている。

　チンパンジーの妊娠期間はおよそ33週〜34週

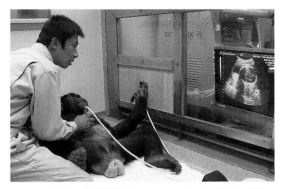

図1—超音波画像診断装置によるチンパンジー胎児の撮像。
提供: 林原類人猿研究センター。

であり，ヒトの妊娠期間は平均38週である。ヒトの妊娠期間がチンパンジーより約1カ月長いということや身体全体の成長パターンが違うことも，出生時の赤ちゃんの脳容積の違いの一因であろうことを補足しておきたい。ヒトの赤ちゃんは身体そのものが大きく生まれるのだ。

ヒトの脳の巨大化は胎児期から

ヒトは出産直前まで加速度的に脳を増大させ，チンパンジーの場合は妊娠中期にすでに加速を止める。言い換えれば，ヒトの脳の巨大化は胎児期からすでに始まっているといえる。胎児期の後期まで脳容積の成長が加速し続けるという発達様式は，ヒトの祖先がチンパンジーとの共通祖先から分かれた後，ヒトの系統で独自に獲得した特徴であることが示唆される。

すると そこから，次の疑問がわいてくる。なぜチンパンジーは妊娠中期に脳容積の成長の加速が止まるのに，ヒトでは妊娠後期まで加速が続くの

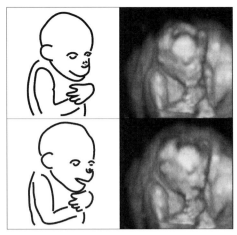

図2—チンパンジー・ミサキの胎児。胎齢13週齢。左列のイラストは，右列の写真を筆者(平田)がトレースしたもの。

だろうか。

ヒトの胎児の研究から，妊娠中期以降に，脳内の神経回路網形成のためのさまざまな現象が起こることが知られている。軸索やサブプレートの形成，シナプス結合，グリア細胞増殖などである。こうした現象と，脳成長の加速度的増大とが関連している可能性がある。

われわれの研究をきっかけに，ヒトの脳の巨大化の進化的理解に関するさらなる研究の発展があることを期待したい。ヒトのヒトらしさを探るには，出生後だけでなく胎児期にも目を向けることが重要だと言えるだろう。

文献
T. Sakai et al.: Current Biology, **22**, R791 (2012)

32 チンパンジーの誕生会 2012

林 美里

うまれたときにはかわいいちびっこチンパンジーだった3人も，2012年で12歳になった。人間でいえば18歳くらいで，もうほとんどおとなの仲間入りだ。それでも，下に弟妹がいないので，まだまだ母親との関係は強い。集団から離れて個別の勉強部屋に移動するときには，今でもほとんど母子が一緒にやってくる。

母親と子どもの食物を介したかかわりには，人間とチンパンジーの間で大きな違いがあることがわかっている[1]。人の母親では，子どもに食物を与えたり，口元にまで運んで食べさせてあげたりすることがよくある。しかし，チンパンジーの場合には，子どもが積極的にねだらないと母親が食べているものをもらうことはできない。母親が自発的に子どもへと渡すのは，果物の芯や種などのカスだけだ。とくに，ほぼおとなと変わらないくらいまで成長したチンパンジーが，母親から食物をわけてもらうことはむずかしい。

野生チンパンジーは，木になる果物などを食べることが多い。子どもは母親が食べている姿を至近距離からじっとのぞきこむ。食べてみたければ，同じように熟した実を近くの枝から自分で探してきてかじってみればいい。そうすることが長い目で見れば，子どもの自主性を伸ばし，自力で森の中でくらす術を学ぶことにつながるのだろう。

9歳のときの誕生会については，以前ご紹介した[2]。例年，子どもたちの誕生日に，果物のプレゼントを贈っていただいている。今年は，全員に小玉スイカを丸ごとあげた。少しずつおとなになるちびっこチンパンジーと母親との間の交渉は，やはり少しずつ変化している。

アユムの誕生会

3年前の誕生会で，アユムは不可解な行動を見せた。母親のアイにはくぐれないすきまを通って，隣の部屋に置かれたスイカの大きなかたまりを手に入れたところまではよかった。そのあと，何を思ったかそれを扉のむこうで待つアイに手渡したのだ。アユムは残された小さなかけらと，あとでアイからもらった皮の部分を食べただけだった。

去年の誕生会では，どちらが先に果物がある部屋に行くかで親子げんかがはじまった。結局，アイがメロンとマンゴーを独占して，アユムはマンゴーの種のまわりにうっすら残った果肉を食べただけ。アイはメロンの皮まで残さず食べてしまい，アユムはその様子をうらやましそうに見つめていた（図左）。

今年はどうだろう。アユムは見事に小玉スイカを手に入れるのに成功した。遅れて部屋に入ってきたアイが手をのばしても，背中をむけてしっかりとガードしている（図右）。しばらく粘っていたアイも，諦めたのかアユムから離れたところに座って，少し不満気な顔でアユムを見たりしていた。去年までの，母親がメインとなってしまう誕生会から一転して，ようやく「アユムの誕生会」という雰囲気になった。これも成長のあかしだろう。

クレオの誕生会

母親のクロエにべったりだが，食べ物に目がないクレオはどうだろう。3年前も去年も，母親がスイカを豪快に食べる姿をそばでじっと見て，母親が残す皮をかじっているだけだった。今回のク

図—(左)去年は,母親がメロンを食べる様子をうらやましそうに見つめるだけだったアユム。撮影:櫻庭陽子。(右)迫ってくる母親のアイに背中をむけて,手に持ったスイカを守るアユム。母子の体格差もほとんどなくなった。撮影:山梨裕美。

レオは,母親が持っているスイカに顔を近づけた。あいさつするときなどに出すグラントという声をかすかに発しながら,ゆっくりとスイカに顔を近づけていく。母親の様子を見つつ,ようやく少しだけ赤い身の部分を口に含んだ。やがてそれも諦めて,ひたすら母親が食べたあとの皮を回収して食べている。母親も少しくらい赤い部分を残してあげればよいのに,きれいに赤い部分をこそげとってから子どもに渡す。

人間の親子ではとても想像できないことが,チンパンジーの世界ではふつうに起こる。それでも,今年は母親とかけひきしながら,クレオもちょっとは赤い部分をもらうことができた。子どもの成長にともなった変化が見られるのがおもしろい。

パルの誕生会

おっとり親子のパンとパルではどうだろう。母親のパンは夏ばて気味。娘のパルは相変わらずおてんばで,体重が母親を上回るほど大きくなった。

スイカを隣の部屋に置くと,母子ともに興奮して声をあげている。ところが,隣の部屋への扉をあけても,なかなかパルはくぐろうとしない。かなり大きく扉をあけると,ようやくパルがくぐってきた。うれしそうに声をあげてスイカにかぶりついた。しばらくしてパンも扉をくぐってやってきた。大き目のかけらを手に入れて,天井近くにのぼってゆっくり食べ始めた。

パルは,まだ赤い部分がたくさん残っているのに,途中からは皮に近い部分だけを歯でけずりとるように食べ始めた。だんだんおなかがいっぱいになって,甘い部分より多少味のうすい部分のほうが口にあったのだろうか。さらに,丸い大きなかたまりをひっくり返して上から手で押さえつけたりして遊びながら食べるようになった。母親のパンも赤い部分がなくなるまで食べると,残った皮を近くの格子にはさんで,それ以上スイカを手に入れようとはしなかった。

パンとパルは,もともとスイカが大好物というわけではない。それも影響しているのだろうが,クレオたちが見たら驚くだろう贅沢な食べかたに,親子ごとの性格の違いをまざまざと感じた。

子どもたちの成長とともに

毎年一回のイベントで,子どもたちの成長と,母親との関係性の変化が見てとれる。子どもたちもおとなになり,次の世代の誕生など大きな出来事がこれから先に待ち構えているだろう。彼らと生活をともにすることで,お互いに成長しながら彼らの日々のくらしを支えていきたいと思う。

文献
1—松沢哲郎編:人間とは何か,岩波書店(2010)pp. 18〜19, pp. 72〜73
2—同 pp. 200〜201

33 類人猿にも「中年の危機」がある？

松沢哲郎

質問紙法で個性を測る

類人猿でも，人間と同様に中年の時期に幸福度が下がる，という調査結果がでた。対象は，チンパンジー336個体，オランウータン172個体，合計508個体である。年齢は2歳から50歳台までにおよび，日米など5カ国の動物園等65施設で飼育されている。霊長類研究所や熊本サンクチュアリのチンパンジーも対象になった。

彼らをよく知る人々，すなわち日々の飼育にたずさわる人々に，彼らの個性の評定をしてもらった。今回の調査対象とした質問は4項目，「積極的か消極的か」，「社交的か否か」，「目的を達成できるかどうか」，そして「もし彼らだったとしたら自分は幸せと思うか」。用意された設問について答える，心理学で「質問紙法」と呼ばれる方法だ。

第三者からみての回答ということもあり，各個体について，飼育者2人が評定した。1〜7の7段階だ。各項目について点数の高い，つまり積極的で，社交的で，目的を達成できて，傍から見て幸せそうに見えるものを「幸福」と定義し，平均が50で標準偏差が10になるようにして求めた偏差値を「幸福度」とした。

横軸に年齢をとり，縦軸に幸福度をとると，U字型のグラフになった。つまり，幸福度は子どもたちと年寄りで高く，中年のところで低い。最低値になるのは30歳頃だった。

初潮や初産，第3大臼歯（親しらず）の萌出で比較すると，類人猿の年齢を1.5倍した年齢がヒトとほぼ釣り合う。つまり，人間でいえば45歳ころに幸福度が最低になる。幸福度が40を下回るのは類人猿が25〜35歳ころで，人間でいえば30歳台末〜50歳台初めの中年期にあたる。

中年の危機

この調査結果を，人間で知られている中年の危機(ミッドライフ・クライシス)とからめて報告した。「中年ブルー」ともよばれる現象だ。中年になると，満たされない思いがつのり，気持ちが沈み込みがちだ。

人生これでよかったのだろうか，もっと違う生き方があったのではないか。若いころの夢が実現しない。住宅や教育のローンが重くのしかかる。気がつけば髪に白いものが混じり始めた。だめかもしれない。やる気が失せた。そうして満たされず沈み込む一方で，急にオートバイを乗り回したり，ギターをかきならしはじめたりする。人生をやり直したいと思う，やり直そうとする。

そんな思いは中年の時期に顕著だ。その時期を過ぎると，比較的穏やかな気分になる。まあ，これでいいか。しかたがない。それはそれ，これはこれ。あきらめる。忘れる。いわゆる老境に入る。

なぜ中年の危機があるのか。これまでは，社会的・経済的要因によると考えられてきた。社会的な責任が増す。あるいは逆に高い地位につけず，社会的に恵まれなかったり，経済的に苦しかったりする。その結果として，気分が落ち込むのだと。

今回の結果は，そうした従来の解釈に一石を投じた。中年の危機は，人間と類人猿に共通している以上，生物学的要因があるはずだというのだ。類人猿には，経済的な問題や，現代の人間が直面するような社会的責任はない。ましてや動物園で

飼育されているので，一生，食住は安泰だ。年齢による待遇の違いもない。そんな彼らでも，やはり中年になると幸福度が下がる。そうであれば，中年の危機には加齢による生物学的要因があり，ホルモン分泌などの生理学的な変化がその基盤になっていると考えられる。

問題点と3つの収穫

類人猿の幸福度の調査結果と，それにもとづく中年の危機という考察からなる論文が公表された。いくつもの疑問や疑義があるだろう。

そもそも，類人猿の幸福度を人間が評定することは妥当なのだろうか。どこでやっても，評定者を変えても同じ結果が再現され，データの信頼性はある。しかし，信頼性と妥当性は別のものだ。「幸福」ということばからわれわれが想起するものを実際に測れているかどうか。

また今回の調査は，個体の加齢に伴う経時的な変化を追っているわけではない。したがって，たとえば中年の時期に幸福度が下がった個体が早死にし，幸福度の高い個体だけが老齢まで生き延びた結果がU字型のカーブとしてあらわれた，といった可能性も否定できない。

問題は多々あるが，3つの点で収穫があった。第1に，異分野との交流から成果がえられた。これまでは，性格の基盤となる遺伝的多型に研究の目が向けられていた。それが今回は，経済学や人間行動の研究者との共同作業の中で，「中年の危機」という発想が生まれた。これはすでに公表されていた資料を，別の視点で解析した成果だ。

第2に，個体発達のなかで問題にされてこなかった「中年」という時期に光があたった。胎児期，周産期，乳児期，幼児期そして思春期。そこまでは，アユムたち3人のチンパンジーの認知発達研究で追ってきた。一方で，ボッソウの野生

図—ポポ30歳。はたして中年の危機なのだろうか。撮影：松沢哲郎。

チンパンジーを対象に，「おばあさん」という社会的役割の出現や老齢についても考察してきた。しかし，中年の時期は，ぽっかりと空いていたのである。

第3に，幸福を世に問うた。真にそれが測れたかどうかはともかく，比較認知科学の研究が，人間の幸福そのものを射程に入れ，国内外の多くのメディアがこの論文を取り上げた。それは，ひとえに問いそのものが重要だったからだろう。中年の危機に生物学的要因があるとしてそれが具体的に何なのか，今後の研究が待たれる。

謝辞：本論のもととなった論文は，アレキサンダー・ワイス（英国エジンバラ大学）を第一著者，ジェイムス・キング（米国アリゾナ大学），村山美穂（京都大学野生動物研究センター），松沢哲郎，アンドリュー・オズワルド（英国ワーウィック大学）を共著者として，2012年11月19日発行の米国科学アカデミー紀要（PNAS）に掲載された。日本での調査には，類人猿の戸籍簿といえるGAIN（大型類人猿情報ネットワーク）を活用した。

文献

A. Weiss et al.: PNAS, **109**, 19949 (2012), doi:10.1073/pnas.1212592109

34　ダナム・バレーにて

友永雅己

はじめての野生類人猿

　2010年から今年(2012年)までの3年間，11月から12月にかけて，ボルネオ島のダナム・バレー自然保護区に，学生たちとともに野生オランウータンの観察実習に出かけた。

　実を言うと，チンパンジーの認知機能の研究に手を染めてから28年，一度も野生の類人猿を生で見たことはなかった。今の若い研究者からするとありえない経歴である。だから，今回の3回におよぶ野生オランウータン観察実習は，私にとってはじめてのフィールド仕事であり，はじめての野生類人猿との出会いだったのだ。

　ダナム・バレーは，ボルネオ島のマレーシア・サバ州に位置している。日本からは州都のコタキナバルまで直行便で5～6時間。そこから最寄りのラハダトゥまではプロペラ機で小一時間。ラハダトゥより先は車に揺られて約3時間。長旅ではあるが，これでもアフリカに行くのに比べれば楽だろう。

　機上，ラハダトゥに近づくと，窓の外にはきれいな緑の木が生い茂っているのが見えてくる。ああ，これがジャングルというものか，と思ってよくよく見ていると，実はそれがすべてアブラヤシの木であることがわかる。見渡す限りの緑はほとんどすべてプランテーション農場だ。話には聞いていたが，実際に目の当たりにすると，言葉を失う。

　車に乗ってアブラヤシ農場の中をひたすら突き進んでいくと，チェックポイントが見えてくる。ここを過ぎると保護区だ。気がつくと，周りの木々もその姿を変えている。30mを超えようかという木があちこちにそびえている。また，道端にころがっている大きな糞は，一度もその姿は見なかったが，アジアゾウのものらしい。

邂　逅

　1年目の訪問の時には，夕方前に宿泊先のロッジに着いた。このロッジは，トレッキングなどをパッケージ化したダナム・バレーのエコツーリズムの拠点となっている。

　まずは，ロッジの周りの森を散策した。コタキナバルのまとわりつくような暑さは，森の中では感じられない。しかし，私たちが訪れた11月から12月というのは本格的な雨季の始まりの時期だ。当然，森の中の湿度は想像を絶するものだった。ちょっと歩くだけで汗をかき，その汗が全く乾かない。速乾性のシャツが必需品だ。

　時間もないのでひととおり歩いてロッジに帰る途中，ロッジの目と鼻の先の木の上で，男性のオランウータンといきなり遭遇した。あわててカメラを向けたが，興奮のあまりブレてしまって何が何やらわからない。あきらめて，この目にじっくり焼きつけることにした。ひとりでゆったりと果実を黙々と食べている，アブという名のオランウータン。ひとしきり食い散らかすと，木の下に集まっている人間を尻目に，悠々と森の奥へと消えていった。突然現れ，そして消えていく。これが野生のオランウータンだ。

　熱帯雨林初心者にとっては，見るもの聞くものがすべて新鮮だった。突然のスコール，長靴の中にまで入ってくるヒル，姿は見えないもののあち

らこちらから聞こえてくる鳥や虫の声。地面の感触も，アスファルトの上を歩く時とは比べものにならないほど心地よい（よくすべってころびそうにはなったが）。3回目の訪問となった今年でさえ，この感動は消えることはなかった。動物園では全く体験することのできない世界だ。

オランウータンとは何者か

この3回にわたる訪問は，野生のオランウータンを観察することそのものが目的であった。だから，毎回，とくに何かテーマを決めて観察していたというわけではない。しかし，野生のオランウータンを研究するということのむずかしさは，ガイドをしてくれた京大野生動物研究センターの久世濃子さん（2019年現在国立科学博物館）や金森朝子さんの様子を見ているとよくわかる。森の中をさまよいながら，30 mを超そうかという木の樹冠部にかすかに揺らめく赤い物体を見つけるや否や，瞬時に個体識別をし，行動の観察を始める。でも，オランウータンは2時間も昼寝していたかと思うと，のそのそとさらに高い木の方へと移動していく。地上で暮らす私たちには想像もつかない世界が，樹上には広がっているのだろうか。こういった遭遇を繰り返しながらデータを蓄積していく。私などは，樹冠部に居座るオランウータンを見上げ続けると，5分もしないうちに四十肩と首が悲鳴を上げるというのに。

野生のオランウータンを見続けて抱いた感想は，その「距離感」につきる。見渡す限りの木々の中で，たったひとり（あるいは母子一組）しかオランウータンはいない（図）。私たちの目の前に現れるといっても，それははるか数十m先の木の上だ。赤いかたまりがもごもご動いて消え去るということ

図—樹皮を食べるオランウータン母子。撮影: 山本英実，2012年。

もよくあった。

しかし，この距離感を埋めて余りある存在感にいつも圧倒される。双眼鏡をのぞくと，向こうもこちらを睥睨している。金森さんたちに聞くと，彼らは，ずっと離れたところにいる「お隣さん」の存在の影響を明らかに受けて行動しているらしい。彼らは孤独ではないのだ。

その背後にある心の働きとは，いったいどのようなものだろうか。オランウータンは思ったほど音声コミュニケーションをしない。彼らは，はるか先にいる相手をどうやって認識し，「適切に」距離を保っているのだろう。実のところ，野生下での彼らの社会的な認知のありようはほとんどわかっていないのだ。

動物園などで見るのとは全く違った姿を見せてくれたダナム・バレーのオランウータンたち。あらためて，彼らはいったい何者なのかという興味がふつふつとわいてくる。

付記：ここで報告した野生オランウータン観察実習は，京都大学霊長類研究所／日本学術振興会のAS-HOPE事業の支援を受けた。

35 「緑の回廊」の野火を消し止めた

松沢哲郎

目の前で野火が起きた

　年末年始をアフリカで過ごした。毎年この時期に，ギニアのボッソウの野生チンパンジーの調査をしている。アフリカは蒸し暑いように思われがちだが，乾季の森は涼しい。気温は22〜28℃くらいだ。湿度が低いので，すっと汗がひく。シャツ1枚でちょうどいい。

　ボッソウには1群れ12個体の野生チンパンジーがいる。東に位置するニンバ山は世界自然遺産で，広大な森にたくさんのチンパンジーがいる。ボッソウとニンバのあいだはサバンナだ。ところどころに灌木があり，丈の高い草が一面に生えている。それが乾季は枯草になる。

　このサバンナを切り開いて木を植える活動をしてきた。ボッソウとニンバを隔てる約4kmのあいだに緑の回廊を作る。2012年12月31日，年の終わりをその視察にあてた。トヨタのランドクルーザーで見て回る。午後2時に回廊を訪れた時は何もなかった。午後4時にもう一度見回ったとき，サバンナの北のほうに野火の気配を感じた。北の空にうっすらと煙があがっている。

　「遠いからだいじょうぶ」と，回廊の見回り役のブナが言った。

　でも，煙ったような臭いが漂う。そのうち，パチパチとはぜるような音も聞こえてきた。だいじょうぶじゃない。そう遠くない。しかも近づいてきている。突然，目の前で火の手が上がった。枯草が燃え，みるみるうちに炎が燃え広がる。ゴオーというような音がする。空に高々と煙が立ち上り，気がつくと多くの鳥が飛びかっている。サバンナの茂みに巣をかける習性をもつ鳥たちだ。

水を使わない消火活動

　一行は運転手のピエールを含めて6人だった。目の前に広がる炎に圧倒された（図左）。丈の高い枯草なので，燃え上がった炎の高さは目視で5mを超えていた。後ずさるしかない。気がつくと，火勢は一様ではない。草なので，燃えるのも早いが比較的すぐに燃え尽きる。また微妙な風の動きで，燃え盛ったり落ち着いたりしている。しかしサバンナなので水がない。どうやって消し止めたらよいのだろう。

　ブナが先頭に立って炎に立ち向かった。火を叩いて消すのだ。サバンナの灌木の太い枝を折りとって棒にして，これで火を叩く。燃えている枯草をなぎ倒す。枯草ごと地面に叩き伏せると，すこし火勢が収まる。火を向こうに押しやる感じだ。そういえば，江戸の火消が，建物を打ち壊す道具をもっていたなと思い出した。

　少し火が弱まったら，葉がたくさんついた枝を束ねて大きな箒のような形にして，これで火を抑え込む。バサッ，バサッ，と上から叩いておいて，最後に叩きつけたまま地面に押しつけると，けっこう消える。衣服を水で濡らして炎を抑え込む，という消火法のことを思い出した。空気が遮断されて消えるのだろう。

　しかし，目の前の火を退治したと思ったら，すこし離れたところでまだ火のはぜる音がする。一カ所だけではないことがわかった。頃合いをみて，運転手とアメリカ人の大学生メガンを村に帰した。救援を求めに行かせたのである。

図—（左）緑の回廊の野火。（右）消防団。

　車の通る道が防火帯の役割も担っている。まずは道の片側だけに火が留まるように枯草をなぎ倒した。道の反対側では，植樹用の幼木の苗床を作っていた。約4000本の苗木だ。火はすぐそこまで迫ったが，なんとか食い止めることができた。

　そうこうするうちに，車に乗って応援が駆けつけてきた。チンパンジー調査の現地助手たちだ。俄然，盛り上がった。

　「やっちまえー」と口々に叫んで火に立ち向かう。

　「死ね，死ね」といって棒で叩く。

　ちょっと背筋の凍る思いがした。現地のマノン人たちは，昔は首狩り族だったそうだ。

野火の原因

　どこから火は始まったのだろう。たぶん，遠くの野焼きが原因だと思う。首都のコナクリからボッソウまで約1000kmの旅の途中，野焼きの風景をよく目にする。枯草に火を入れる。燃えると白い灰が残る。それが地味となって，根元から新しい草が生えてくる。放牧している牛や羊がその草をはむ。

　緑の回廊を作っているサバンナは，ニンバ山の西側を南北に延びている。遠く北のほうでは，牛の牧畜がおこなわれている。野焼き自体を止めることはできない。そこで，緑の回廊には草をなぎ払った幅15mの防火帯も設けてある。おそらく，それを越えて火の粉が風に乗ってきたのだろう。

　これまでもたびたびそうした延焼があった。燃え尽きたサバンナに立ち尽くした日のことを思い出す。地面がぶすぶすと燃えて燠が残り，靴底から熱が伝わってきた。

　今回がこれまでと違うのは，目の前で火の手が上がったことだ。そして，その火を皆の力で消し止めることができた。野火の一部始終を体験した。検証してみると，植樹して歳を経た部分はこんもりとした林になっていて，すべてだいじょうぶだった。周囲の枯草が燃えただけだ。時計を見ると午後6時。2時間の消火活動だった。

　車にぎゅうぎゅうづめになって村に帰った。アフリカの夕陽は大きい。オレンジ色の日輪がゆっくりと山の端に落ちていく。残照を背景にヤシの木が垂直にすっくと立って，こんもりとした頂上の葉の塊が黒いシルエットになっている。いろいろなことがあった，年の終わりのできごとだった。

36　技を盗むチンパンジー

山本真也

技の伝承

　伝統工芸の職人は師匠のそばに張りつき，匠の技を伝承していく。教わるのではない。職人の世界では，技はじっと見て覚えるものである。これはチンパンジーの世界でも同様のようだ。チンパンジーも，他のチンパンジーの道具使用の技法を見て学ぶことがわかってきた。これは，ヒト社会に特徴的な文化の発展につながる能力である。

　集団固有の行動を伝承していく「文化」はヒト以外にもみられている。宮崎県幸島のニホンザルは，砂のついたイモを海水で洗って食べるという行動を文化として定着させている。よりヒトに近いチンパンジーともなると，さまざまな道具を使いこなし，そのレパートリーが集団ごとに違っていることが知られている。このような行動や道具のレパートリーが世代を越えて伝わることが近年実証されてきた。しかし，同じ道具を使っていても，使い方が同じとは限らない。野生チンパンジーの世界では，枝を使って地面のアリを釣り上げて食べる際，ふたつの技法が知られている。ひとつは，短い枝を片手で操り，枝に上ってきたアリを直接口で取って食べる方法。もうひとつは，長い枝を用い，枝についた多数のアリをもう一方の手でしごきとって口に運ぶ方法である。このような技法が個体間で伝播するのかどうか，ヒト以外の動物にかんしては意見がわかれていた。

　そこで，チンパンジー9人にひとりずつストローを与えて，使い方を調べてみることにした。すると，4人はストローを使ってジュースを吸って飲んだが，残りの5人はストローの先についたジュースをちびちび舐める方法をとった(図1)。どちらも同じ対象(ジュース)に対して，同じ道具(ストロー)を使って，まったく同じ場所(直径1cmの穴)でおこなわれる行動である。しかし，明らかに効率が違う。吸えば50 ccのジュースを30秒以内で飲み干すことができるのに対して，舐める方法だと10分かかっても20 ccが限界だった。舐めていた5人のチンパンジーは，なかなかジュースが飲めないもどかしさで私に八つ当たりすることもあったが，1日10分の試行を5日間続けても，吸う技法を自分で見つけ出すことはできなかった。

効率を上げる

　次に，この舐める5人をひとりずつ，吸うモデル個体とペアにして様子を見た。これまで舐める技法をみせていたアユム・パル・プチの3人は，すぐモデルの技法が違うことに気づいたようだ。顔を横にくっつけるようにしてモデルのジュース吸いを観察した(図2)。そして，パルはモデルを観察した最初の日のうちに，アユム・プチもそれぞれ2日目・3日目には吸う技法へと変化させた。ほかの2人，パンとマリはモデルの子と相性があまりよくなかったようだ。モデルを間近で観察することはなく，モデルがいるとジュースの容器にもあまり近づかなくなった。しかし，透明なパネルを隔てて隣の部屋から観察できるようにする，あるいは仲のよい私がストローを使って吸う行動を目の前で見せるようにすると，2人もちゃんとジュースを吸って飲めるようになった。

　5人とも，より効率のよい技法を他者から見て学んだことになる。おもしろいことに，吸うこと

ができるモデル個体は，ほかのチンパンジーの舐める方法にまったく興味を示さなかった。また，舐めていた5人も，一度吸う行動を覚えると舐める行動をみせなくなった。効率の悪い方からよい方へ，技法の変化には方向性がみられるようだ。

テクノロジーの進化的基盤

優れた技を盗むという能力は，文化が発展する原動力となる可能性を秘めている。ヒトの社会では，集団の行動レパートリーを基に新しい行動・技法が編み出され，その中でよりよいものが選択され個体間に伝播することで新しい文化が定着する。さらにこれをベースに次の文化が生み出されるというように，文化が累積的に発展する。ヒトはこのようにして，通常の遺伝子進化とは比較にならないスピードで行動を変容させ，テクノロジーを発展させてきた。これを累積文化進化と呼ぶが，これまでヒトに特有のものと考えられてきた。

しかし今回の研究は，チンパンジーにも少なくともその認知的基盤がみられることを示している。さらに，筆者らがおこなった野生チンパンジーの研究からは，集団の常習的な道具使用行動である「地上でのアリ釣り」から新たな「樹上でのアリ釣り」を若い個体が創出し，さらに樹上アリの特性にあわせて道具の長さを改良したことが示唆された。残念ながら他の個体がこの行動をするところは確認されなかったが，少なくともチンパンジーにも累積文化進化の基盤はみられるようだ。

このような基盤がなければ，現代のテクノロジーどころか，人類そのものがこの地球上に存在しえなかったかもしれない。技を磨き，よりよいものを伝えあって道具使用を改善させていくという

図1—ストローを使う技法。写真のアユムは，このあとストローを引き出して，先についたジュースを舐めた。

図2—吸う技法をみせるペンデーサ（右）を間近で観察するアユム。

能力は，サバンナという厳しい環境にヒトの祖先が出ていくようになって初めて実用の役に立ったのではないだろうか。「できる」ということと「する」ということは別物なのだ。食べ物に恵まれた森でのんびり暮らすチンパンジーにも，さまざまな可能性が秘められているのかもしれない。

参考文献（以下の共著論文をもとにしました）
S.Yamamoto et al.: PLoS ONE, **8**, e55768（2013）
S.Yamamoto et al.: American Journal of Primatology, **70**, 699（2008）

37 リズムに合わせて
——キーボードをもちいたチンパンジーの同調行動実験

服部裕子

同調行動でつながる私たち

「アルプス一万尺小槍の上でアルペン踊りをさあ踊りましょ……」二人一組になって一緒に手遊びをしながら歌う「アルプス一万尺」。小さいころに遊んだおぼえがある方も多いのではないだろうか。リズムに合わせ，向かいあわせになった相手と同じように動く。それを何度も繰り返す。それだけなのだがとても楽しい。声を合わせ，動きを合わせることで相手と仲良くなることを幼いころから経験する。

食べ物を収穫した喜びをわかちあう。一緒になって士気を高めあう。みんなで何かを強く信じる。そうしたときに，大勢で音楽に合わせて踊り，歌う。実際に，相手と行動を同期させると，親近感が増したり，相手への協力が高まったりするという研究報告がある。また，親しい友達や好意を抱く人には，無意識に会話や身振りのリズムを合わせてしまうということも知られている。

こうした能力をわたしたち人間はどうして手に入れたのだろうか。チンパンジーも，さまざまな音や身振りで仲間とコミュニケーションをとりあう。たとえば，誰かと出会ったときには「オッオッオッ」というパントグラントと言われる声をだして挨拶をする。自分の存在を周りに誇示するときには木の幹などを叩いて，太鼓のような大きな音を出す。ドラミングと呼ばれる行動だ。では彼らは，人間が歌ったり踊ったりするように，何かのリズムに同調するのだろうか。

チンパンジーは「リズムに乗る」ことができるか

音のリズムに乗るのかを調べるため，電子キーボードを使って実験した。これまで動物の研究に楽器が使われたことはほとんどない。しかし音楽に関係した能力を調べるには，楽器を使うのが理想的だと思った。どのキーを叩けばいいのかを伝えるために，光ナビゲーション機能のついた電子キーボードを使うことにした。叩いてほしいキーを順番に光らせるのだ。

訓練では，まずキーボードの真ん中にある「ソ」のキーが赤く光る。それを叩くと課題が始まる。下のドと上のドを交互に叩く課題である。つまり，「ソ」を叩くとすぐに下の「ド」のキーが光る。それを叩くと，これも瞬時に，上の「ド」のキーが光る。そのまま，下の「ド」と上の「ド」が交互に光るしくみになっている。ド・ド・ド・ド……と30回叩けば正解音が鳴ってリンゴがもらえる(図)。

速く叩こうが，ゆっくり叩こうが，まったく関係ない。光のナビゲーションは，すぐに切り替わるが，チンパンジーは自分のペースで，好きなように叩けばよい。

さて，そこでテストをする。課題とは関係なく，メトロノームのようにリズム音を聞かせるのだ。タ・タ・タ・タ・タ……と一定の間隔で，音が聞こえる。チンパンジーは，このリズム音に注意を払う必要はまったくない。とにかく30回キーを叩くとリンゴがもらえる。

こうした課題を人間でやってみると，課題とは

関係のないはずの音を聞いても，自然にその音のリズムに自分の動きを合わせてしまう。はたして同じことがチンパンジーでもおこるのだろうか。

調べた結果，アイは，自分のテンポよりも少し遅いリズムを聞いたときに，確かにその音の規則的なリズムに合わせてキーを叩くことがわかった。リズムが不規則な場合には，音とキー叩きのタイミングが合うことはなかった。つまり，アイが少し遅いリズムに同調していたのは，それぞれの音を聞いたからではない。一定間隔で時をきざむリズムに「乗って」いたと確認できた。

動きを合わせると，心が合わさる

人間には，生まれたときから相手の動きを「まねる」能力がある。相手が口を開けると自分も口を開ける。「べー」と舌を出すと，自分も舌を出す。新生児模倣といわれる現象だ。そうした行動が，なぜ進化してきたかを考えてみよう。

繰り返し動きを合わせる。同調する。そうした行動の結果を考えてみると，お互いが同時に同じ動きをすることで，動きだけでなく心まで合ってくるのではないだろうか。リズムに合わせることで，そうした同調行動を大勢が一緒におこなうことができる。

霊長類に限らず多くの哺乳類は，相手とのつながりを求めるときに，体をこすり合わせたり，グルーミングしたりする。直接相手に触れるという手段である。たしかに，ぬくもりや感触を肌で感じることは，精神的にも相手を近しい存在として感じることにつながるだろう。しかし，こうした肌と肌の触れ合いは，一度に大勢を相手にするこ

図―同調実験にとりくむアイ。

とはできない。また，相手の数が増えると労力もかかる。

その一方で，リズムに合わせて同調するのならば，みんなでできる。一緒に歌をうたい，ともに踊る。それをとおして大勢が一度に心を合わせることができる。声や体の動きといった，離れていても伝えられる情報を使って，わたしたちは一度にみんなでつながることができるのだ。

生き残るために，動物たちはそれぞれくふうをしてきた。体を大きくしたり，鋭い牙をもったり，敏感なひげをもったりした。わたしたち人間が進化の過程で発達させてきた「武器」は，互いの動きを合わせることだったのではないだろうか。同調することで，大勢の人々のあいだに，心の強いつながりが生まれる。

文献
Y. Hattori, M. Tomonaga & T. Matsuzawa: Scientific Reports, **3**, 1556（2013）, doi:10.1038/srep01566

38 チンパンジーの視点から世界を見る

狩野文浩／友永雅己

ウェアラブル・アイ・トラッカー

　ヒト以外の動物はどのように世界を見ているのだろうか？　私たちが見る世界と，彼らが見る世界はどのように異なるのだろうか？　この疑問に迫ることを可能にした，最新テクノロジーを活用した研究を紹介する。

　私たちの研究グループは，頭部装着型の視線計測装置，すなわちウェアラブル・アイ・トラッカーをチンパンジーに応用することに初めて成功した(図左)。この装置には，小型軽量のカメラが3つついている。1つは目の前の方を向いていて，視点画像を記録する。別の2つは逆に両目の側に向いていて，目の動きを記録する。目の動きから，見ている方向を計算して，視点画像の上に見ている場所を表示する仕組みだ(図右)。装置を頭にかぶったヒトやチンパンジーが今どこを見ているか，リアルタイムに記録することができる。

　なお，装置をむりやり装着するわけではない。倫理的な観点から，チンパンジーにストレスを与えないように，装置を改造したり，実験時間を短くしたりして，くふうした。それが苦労した点でもあるし，やりがいのある作業でもあった。装置はチンパンジーの頭の上にしっかりと固定するが，あまりきつくは留めない。だから，チンパンジーが気に入らなければ，自ら取り外すことができる。これは少し危ない賭けだ。決して安くはない装置を，投げ捨てられてしまう可能性もあった！

　これまでも大型のデスク型の視線計測装置はあった。ただ，机上に据え置くデスク型ではその装置の前から動けない。しかし，それを軽量化した装着型なら自由に動き回れる。日常的に環境に働きかけ，働きかけられるなかで，どのように視線を向けているのか調べることができる。たとえば運転中や球技運動中の視線を計測するために使われている装置だ。

　私たちはこの装置をチンパンジーに応用した。視線の相違を調べることによって，ヒトのユニーク性やチンパンジーとの類似性がわかる。ヒトの知覚や注意の進化的基盤に迫ることができると期待される。

　従来の心理研究のように特定の実験課題をチンパンジーに課すのではない。チンパンジーの日常的な視点をとらえる試みだ。つまり，彼らに「何ができるか」というよりも，彼らが「何をするのか」という問いであり，自発的に見ている世界に迫ることができる。

チンパンジーの視点から見ると

　この装置を用いておこなった最初の研究[1]では，チンパンジー(パン，28歳)が日常的に研究者や飼育者とかかわるなかで，どこを見ているのかを定量化した。まず実験者がチンパンジーと一緒に小部屋に入り，視線装置を頭に装着した。

　もうひとりの実験者が小部屋の外で，カメラの角度などの確認・調整をした。次に，外界の特定の場所にチンパンジーの注意を惹きつける。数カ所でそれをおこなうことで，実際の視線と記録される視線の位置調整(キャリブレーション)をした。

　調整が終わると，実験場面を作って視線の記録に移った。実験場面ではまず，実験の「協力者」がドアの陰から姿を現しチンパンジーに挨拶した。

図―アイ・トラッカーを装着するチンパンジーのパン(左)と，アイ・トラッカーがとらえた眼球の画像と頭の上からの視点画像(右)。十字は目が見ている場所を示す。

協力者はいろいろで，飼育者，研究者，チンパンジーにとって見知らぬ人，などでテストしてみた。

協力者が姿を現すと，チンパンジーは体を揺らしたり，パントグラントと呼ばれる特有の声を上げたりして挨拶を返した。その後しばらくして，協力者はチンパンジーがいつも研究者としているジェスチャー真似ゲームをおこなった。たとえば，協力者が自分の頭を手で叩くと，チンパンジーもそれを見て自分の頭を叩く。

実験からわかったことを要約する。第1に，チンパンジーは視線の向け方を，時と場合に応じて柔軟に変化させた。たとえば，実験協力者が現れた直後は，協力者の顔と足を交互に見た。ゲームが始まると，その手がかりである顔や手を見た。また，ゲームが始まる前は，ゲームで使う果物のごほうびをほとんど見なかったのだが，ゲームが始まるとすぐに頻繁に見始めた。これらの結果は，チンパンジーが状況の変化をすばやく読み取ることを示している。

第2に，普段のつきあいに応じて，協力者に視線を向ける度合いが違った。なじみの研究者がいつものように実験室に入ってくる場合はあまり視線を向けなかった。なじみの研究者でも，普段はその実験室に入ってこないような人であれば，より頻繁に視線を向けた。当然予測されることだが，見知らぬ人が実験室に入ってきた場合には，一番頻繁に視線を人に向けた。

第3に，装着型でチンパンジーが示した視線パターンの多くの特徴は，デスク型の視線計測装置をもちいた先行研究の結果とよく一致していた。頭部装着型の視線計測装置には，その方法でしか調べられない多くのことがある。ただしやはり計測に手間がかかる。デスク型のようなより簡便な方法で得た結果をこれからも研究に使ううえで，裏づけとなる証拠を装着型から得たことになる。

研究の発展

この最初の研究では，1個体のチンパンジーを対象とした。当然，科学的信頼性のために，将来的に個体数を増やす必要がある。現在は2個体のチンパンジーが参加に協力してくれている。今後の研究の方向性は大きく2つある。1つは，チンパンジーとヒトの目の動き，すなわち情報の取得のしかたが日常場面でどのように異なるのかを調べること。もう1つは，チンパンジーが他者と実際にふれあう場面を設定して，どのように駆け引きするか，他者の動きをどう予測するかを調べることだ。

紹介した研究は，米科学誌 PLOS ONE に掲載され，無料公開されている。ご覧いただきたい。

文献
1―F. Kano & M. Tomonaga: PLoS ONE, **8**, e59785 (2013)

39 我が家のちびっことチンパンジー

林 美里

2013年1月28日に女児を出産した。初めてのヒトの子育てに奮闘中だ。今までチンパンジーやオランウータンの子育てを見てきたが、やはり実践となると勝手が違う。周囲の人々の理解と協力があって、産休があける生後2カ月から職場に復帰している。そろそろ生後3カ月というころに、我が家のちびっこをチンパンジーたちにお披露目することにした。産休があけて久しぶりに筆者と再会した場面では、チンパンジーたちはいたって普通だった。アフリカなどへ調査に行けば、3カ月くらい顔を見ないこともあるので、しばらく見なかったな、という感じなのだろう。筆者としてはいささか拍子抜けだったが、新顔の赤ちゃんの場合にはどうだろう。

初めての出会い

4月25日の朝、透明パネル越しにチンパンジーのすごす場所が見える勉強スペースに、赤ちゃんをつれていった。まず、気づいたのはアイだった。見やすいようにパネルに近づいてしゃがむと、アイはすぐ近くまでやってきてじっと赤ちゃんをのぞきこむ。赤ちゃんのほうもとくに怖がる様子もなく、じっとアイのことを見つめている。アイは、珍しい来客のことを知らせるように、あいさつのパントフートの声をあげた。よほど気になるようで、少し視点を変えて横のほうから見てみたり、足が見えないかと下の方からのぞきこんだりしている。まさに「目がくぎづけ」という見方だった。やがて、赤ちゃんのほうが座った状態でいることにあきてしまって、泣き出した。アイは赤ちゃんが泣いている様子もじっと見ていた。

泣いていても、抱いて歩けばたいてい機嫌が直るので、隣のグループが見えるほうに移動した。少し離れた場所に座っていたクロエがこちらに気づいた。立ち上がって、左右に体をゆすっている。毛も逆立って興奮している。相手が普通の見学者なら、このあとパネルに跳び蹴りをしてくるような勢いだ。クロエの隣に座っていたプチも、そんなクロエの様子を見てこちらに気づいたようだ。二人で連れ立って、興奮した様子でパネルに近づいてきた（図左）。おもしろいことに、クロエはいつものように跳び蹴りもしないし、パネルを叩いて威嚇することもしない。ただ近づいてきて赤ちゃんを見ている。プチもクロエの隣にやってきて、二人で顔を並べてじっと見つめている。ポポも近づいてきた。天井にとりつけられたロープの上から、少し距離をおいてながめている。赤ちゃんを泣きやませようと立ち上がると、プチも立ち上がって中腰になって見ていた。

プチは、以前、幼い子どもを亡くしたことがある。真剣に見るときのくせで、少し唇の端が上にひかれて、微笑しているような表情を浮かべながら赤ちゃんをながめている。やさしい目をしているようにも見える。ついこちらは、亡くした子のことを思い出しているのではないかと感じてしまう。プチは、赤ちゃんが泣いている様子もやさしい顔でながめていた。

再度、場所を変えると、アキラがいた。群れ全体が騒がしいこともあって、落ち着かない様子で体を揺らしていて、こちらを見る余裕はなさそうだ。最初の位置に戻ると、再びアイが待っていた。群れの騒ぎも気にしながら、ちらちらと赤ちゃん

図—（左）赤ちゃんをみつけて興奮した様子のプチ（左）とクロエ（右）。
（右）口をあけて，あいさつをするアイ。いずれも撮影：WRC/ANC 中村美穂。

を見ている。おてんば娘のパルも近づいてきた。一度は素通りしたが，すぐに戻ってきて立ち上がり，体を揺らして，パネルを軽く叩きながら見ている。少し離れたところで，パンもこちらに気づいたようで，一瞬表情を変えたが，すぐには近寄ってこない。アイが離れた隙を見て近寄ってきて，口をあけてあいさつしてくれたが，赤ちゃんには注目していないようだ。パンはちょうど性皮がはれて発情していた。パンは，かつて妊娠中の筆者にも，はれた尻を触れと要求していた。筆者が赤ちゃんを抱いていても，まるで目に入っていないようだ。パルもすぐ興味を失ったようで去っていった。

場所を変えると，アキラが立ち上がって体を揺らしながら近づいてきた。毛が逆立って興奮している。しばらく前を離れて，また戻ってきて，赤ちゃんにも筆者にも口をあけてあいさつの表情をしている。でもまだ興奮は収まらないようだ。またすぐにどこかへ行ってしまった。

さっきクロエやプチがいた場所に戻ると，近くにゴンが座っていた。さっきは騒いでいたので，今ようやく気づいたようだ。ゆっくりと近づいてきた。泣いている赤ちゃんをやさしい目でみつめている。泣き続けているので，これで初めてのチンパンジーとの出会いは終わりにした。全部で15分ほどの滞在だった。

2度目の出会い

約1カ月後の5月23日，再び赤ちゃんをつれてチンパンジーのところを訪問した。おもしろいことに，ゴンはちらっと見ただけで，あとは普通にしている。ボボは少しパネルを叩いて見ていた。プチも近寄ってきて見ているが，前回ほど食い入るように見ることはなかった。どうやら，もうこの子のことは知っているという反応のようだ。ところが，アイとアキラはまだ赤ちゃんに興味を持ち続けているようだった。アイもアキラもあいさつをしてくれて（図右），そのあともじっと見ている。赤ちゃんの足が見えるように抱いてみると，二人とも腹這いになって，足を動かしている様子をじっと見ていた。

おとなの見学者とは違う対応をしたり，興味深そうに長い時間見つめたり，足を見たがったり，チンパンジーたちは赤ちゃんに対してそれぞれ個性的な行動を見せてくれた。これからも，どういうふうにチンパンジーと赤ちゃんの行動が変わっていくのか，楽しみにしたい。

40 まばたきはコミュニケーション

友永雅己

まばたきをするヒト

　私たちヒトは、日々の暮らしの中で、思った以上にまばたきをする。およそ1分間に20回まばたきをするらしい。そんなにしているのかなと思うくらいの頻度だ。私たちは、なぜこんなにも頻繁にまばたきをするのだろうか。このようなまばたきの機能は何なのだろうか。すぐに思いつくのは、角膜の乾燥を防ぐために、まばたきをすることによって常に涙をまんべんなく行きわたるようにするという、生理的な機能だ。しかし、乾燥防止のためには、実は1分間に2回くらいのまばたきで十分であることがわかっている。では、残り90％のまばたきは一体何をしているのか。その答を得るため、私たちは「比較」ということを考えた。そのためには、広くさまざまな種の霊長類でのまばたきの頻度に関する資料が必要だ。ところが、そんなものはどこにも存在しない。

　そこで、私たちは、動物園に暮らす71種141個体の霊長類を対象に、1個体につき3〜5分間のビデオ記録をおこない、そのビデオから、1分間あたりのまばたき回数などを計測することにした。

いつまばたくの？

　こうして、71種の霊長類から得られたまばたきのデータを、それに影響をおよぼすであろう要因との関係で分析することにした。思いつくのは、体サイズ、昼／夜行性、生活様式などだ。これらの要因との関係を分析してみて、まず驚いたのは、5分間で1度もまばたきをしない種がいたことだ。

それは、ポットーという夜行性の原猿類だ。スローロリスというこれまた夜行性の原猿類は、5分間で1回しかまばたきをしなかった。夜行性の霊長類は圧倒的に昼行性よりもまばたきの頻度が少ないのだ。実は、これは霊長類という系統群だけでなく、広く哺乳類全般にみられる特徴のようだ。また、生活様式の差もみられた。まばたき頻度は、樹上性の種の方が地上性の種よりも少なかった。しかし、興味深いことに、体重の影響を考慮すると、この生活様式による差は消えてしまった。つまり、樹上性の種は地上性にくらべて体重が重いため、生活様式の差と体重の差のどちらがまばたき頻度に影響を及ぼしているのかがはっきりとはわからなかった。

目と目で通じあう？

　これらの分析だけだと、生理的に必要とされている以上のまばたきをする理由はまだはっきりとはしない。「何らかの」認知的機能をになっているのだろう。では、その「何らか」とは何か。ここにもう一歩踏み込んでみたい。そこで、社会性との関連を検討することにした。まばたきには社会的にみて重要な機能があるのではないか。

　社会性の程度を示す指標としてよく用いられているのは、野生生息域でのそれぞれの種の集団の平均的な個体数だ。たとえば、個体数が大きくなれば他個体との付き合いの頻度も増加し、かつ複雑になるだろう。実際、グルーミングの頻度は、集団内の個体数が大きくなると増えることがわかっている。そこで、それぞれの種の集団の平均個体数のデータをかき集めて、再度分析をおこなっ

た．するとやはり，まばたき頻度と個体数の間に無視できない正の相関が見つかった．

この関係は，体サイズの要因を差し引いても有意なものとして残った．霊長類では，種としての集団の平均個体数が大きくなるほどまばたきの頻度が増えるのだ．たとえば，先のポットーやスローロリスは，夜行性であるだけでなく単独生活者でもある．一方，チンパンジーの集団の平均個体数は53．まばたきは1分間に19.4回だった．アジルテナガザルはペア型の社会を構成するが，1分間に4.1回のまばたきをした．単独ないしは親子で行動することの多いオランウータンは6.8回だった．

この結果はいろいろと解釈できる．まばたきをする200ミリ秒という短い時間であっても，この間に視覚環境の変化が生じると，それを検出するのはきわめて難しい．これは，捕食者に対する警戒行動にとっては致命的かもしれない．この点から言えば，まばたきは極力少ない方がいい．しかし，集団内の個体数が大きくなると，1個体あたりの負担が低減される．その結果，警戒行動のために抑制されていたまばたきは，それを分担してくれる個体の数が増えるにつれて増えていく．この増えたまばたきが，社会の中で何がしかの役に立っているのではないか．

そして，それはコミュニケーションとしての機能だと私たちは考えている．間接的な証拠としては，まぶたの色が挙げられるかもしれない．ゲラダヒヒなど，まぶたの色が顔の色よりも白い種がいる．このような種ではまばたきが非常に目立つシグナルとなる．威嚇などにも機能しているのだろう．また，ヒトにおいてはそれを示唆する知見がいくつか報告されている．たとえば，会話をし

図—ドリルのまばたき．

ている人の間でのまばたきの同調などだ．

系統関係といった，今回の分析から抜け落ちている要因がまだまだ存在することは確かだが，「まばたきはコミュニケーションツール」という私たちのアイデアは，作業仮説としてはとても魅力的だ．彼らは，無言であっても目と目で通じあっているのか．実際の彼らの生活という文脈の中でさらに調べてみたい．

なお，本研究はPLOS ONEで無料で公開されている．

文献

H. Tada et al.: PLoS ONE, **8**, e66018（2013），doi:10.1371/journal.pone.0066018

41 WISH 大型ケージ
——チンパンジー研究のパラダイムシフト

足立幾磨／林 美里／友永雅己／松沢哲郎

チンパンジーのもつべき 2 つの自由

チンパンジーの心の研究をしてきた。そのためには，チンパンジーがチンパンジーらしい生活をしていることが大前提だ。たとえば，人間を狭い部屋に閉じ込めて本来の暮らしをおくれない環境で調べたとしよう。それでは人間を理解したことにはならないだろう。本来の暮らしをおくれるような環境を整え，そのうえでチンパンジーについて調べる必要がある。霊長類研究所では，こうした福祉の視点を重視した研究をしてきた。具体的には，親や仲間と暮らす群れづくり，高い空間を利用できるタワーのある広い屋外運動場，樹木や草が生い茂り水の流れる環境の整備などである。近年，さらに一歩を進め，チンパンジー研究のパラダイムシフトに取り組んでいる。

野生本来の暮らしと比較すると，動物園や研究所などの施設で暮らすチンパンジーには 2 つの自由が欠けている。どこにでも行けること，好きなときに食べること。つまり移動と採食の自由である。その 2 つの自由を保障したうえで，チンパンジーの研究をすべきだと考えるようになった。本稿では，その取り組みについて紹介したい。

WISH 大型ケージの導入

比較認知科学大型ケージ設備 2 基が犬山に完成した。これは，日本学術振興会最先端研究基盤事業に採択された「心の先端研究のための連携拠点構築」によるものだ。英文の頭文字をとって WISH 事業と呼ぶ。その大型ケージは，チンパンジー本来の生活がおくれる日常環境と比較認知科学研究を，有機的に融合させることがねらいだ。

従来の屋外運動場のタワーは高さ 15 m だ。それがほぼすっぽりはいる空間として，高さ 13 m と 16 m，床面積が約 300〜400 m^2 のケージを創った。屋外放飼場とこの 2 基の大型ケージ，つまり 3 つの場所をつないで，あちこち自由に行き来ができるようにした。

野生チンパンジーはコミュニティとよばれる群れを形成して暮らしている。それはだいたい数十個体で，ときに 100 個体を超すこともある。しかし個体数の多少にかかわらず，全員がいつも一緒にいるわけではない。パーティーと呼ばれる小集団につねに分かれて暮らしている。その時々に，一緒にすごす相手を自由に選択しながら，すごしているのだ。

大型ケージを導入し，3 つに分かれた飼育エリアを設けることで，好きなときに好きな場所に好きな仲間と移動できるようにした。野生と同様の，集まっては離れる，離合集散型の暮らしがおくれる。こうした生活環境の中に研究を位置づけるため，大型ケージ 1 号基の最上階に，コンピュータ課題を実施する研究プラットフォーム「スカイラボ」を設置した。日常生活の場をそのまま研究の場としたのだ。

日常の暮らしのなかでおこなう認知研究

従来のチンパンジー認知研究では，日常をすごす居室や運動場といった生活環境と，ブースとよばれる研究用の部屋が，遠く離れていた。研究をするときには，特定の個体の名前をよんで，このブースにきてもらう。よばれた個体は，いそいそ

図―(左)スカイラボ。写真には4式の課題装置が写っている。(右)顔認証システム。

と50mほども離れた建物の一室の中にあるブースまで通路を歩いて移動してくる。暮らしと研究を分離するこの研究方法には，研究環境を一定に保つという大きなメリットがある。だれにも，何にもじゃまされずに，チンパンジーのものの見えかた，聞こえかたや，記憶のしかたといった基礎的な心のはたらきを解析できる。

しかし，この分離方式には難点がある。勉強部屋にやってくるのは，チンパンジーの自由な意思だが，ひとたびやってくれば，彼らの自由な意思で帰るというわけにはいかない。彼らの移動の自由が著しく制限されてしまう。

そこで，この従来の研究スタイルを抜本的にかえることにした。WISH大型ケージの「スカイラボ」によって，日常の暮らしの場からいきなりすぐにコンピュータ課題ができるブースに入れるようにした。「ウォークイン・ブース」である。いつでも扉が開いていて，自由に来て自由に帰る研究スタイルである。

顔認証による課題制御

好きなときに好きな場所に行く。自由に来て自由に帰る。コンピュータ課題は自動化されているので，朝早くでも，いつでも課題に取り組める。認知課題に取り組むことで，いつでも食物報酬を手に入れられる。この新しい研究スタイルを構築するうえで乗り越えるべき障壁がひとつあった。

いつ，誰が，どのブースに来て，何をしたのかという記録が必要だ。ブースに誰が来ているかを常に把握し，それぞれの個体にあわせた適切な課題を与える必要がある。

チンパンジーの体に識別チップを埋め込んだり，IC識別票を首からぶら下げさせたり，というわけにはいかない。そこで彼らの負担にならない顔認証に着目したシステムの構築をおこなった。具体的には，コンピュータのタッチパネル上にカメラを設置し，カメラから得られた顔画像をもちいて，誰がいるかを自動的に識別する。その個体情報に応じてシステムが課題を自動で選択して呈示するのだ。

スカイラボを舞台にした研究が始まった。従来のように一個体ずつ個別に課題をおこなう場面だけではなく，複数個体が課題を共有する場面も容易に実現できる。群れ全体に焦点を当てたダイナミックな研究も可能となるだろう。さらに，課題を制御するサーバーは外部のネットワークにつながっている。つまり，遠く離れた場所にいても研究ができるようになった。外に開いたシステムとすることで，WISH大型ケージはチンパンジーの心の先端研究のための新しい場面を提供してくれるだろう。

参照
http://www.saga-jp.org/enrichment/ja/wish-cage.html

42 雲南省無量山のクロカンムリテナガザル

打越万喜子

テナガザルとは何か

2013年8月，雲南省中部の無量山自然保護区，そこに生息する野生のクロカンムリテナガザルを見に行った。今回は，本種の研究対象としてのおもしろさ，背景と展望を紹介したい。

ヒトの進化的基盤を考えるとき，類人猿すなわちヒト以外の尻尾のない近縁のサル類との比較研究が欠かせない。類人猿は，ヒトに系統的に近い順に，チンパンジー，ゴリラ，オランウータン，テナガザルとなっている。一口にテナガザルといっても，その種数は17におよぶ。染色体の本数の違いに基づき，大きく4つのグループに分けられる。テナガザル科の4属である。研究の比較的進んでいるシロテテナガザルなど7種からなるヒロバテス属($2n=44$)，フーロックテナガザル属2種($2n=38$)，フクロテナガザル属1種($2n=50$)，そして今回とりあげるクロカンムリテナガザルを含むクロテナガザル属7種($2n=52$)である。

ヒトやその他の類人猿との比較を念頭に置いて，「テナガザルとはなにか」を考えるとき，この4属17種すべての理解が要求される。しかし，いずれもアクセスの難しい場所に，ほんの少数の個体しか残っていない。また，ほぼ100％の時間，樹上生活している。したがって，実際に彼らの姿を観るのは容易でない。

クロカンムリテナガザルの特徴

中国のクロカンムリテナガザルの社会学的研究は，1980年代の短期調査から始まった。当初から，伝統的なテナガザル観をくつがえすような実態が報告された。それまでシロテテナガザルとフクロテナガザルの2種の研究が先行しており，テナガザルは一雄一雌の強固なペアとその子らからなる核家族で暮らす，と信じられてきた。ところがクロカンムリテナガザルでは，一雄一雌型だけでなく，一雄多雌型の社会集団の存在が報告された。今日では，テナガザルが比較的小集団で暮らすという認識はかわらないが，ほかの種のテナガザルでも社会集団の構成は多様なことが確認されている。

その後の研究成果もあわせると，クロカンムリテナガザルには次のような特徴がある。①標高2800m近い高さにまで分布し，冬季には時に氷点下になる寒い冬を経験する。②社会集団の構成は，一雄一雌のものと，一雄多雌のものが両存し，いずれも長期的に持続する。テナガザル類の中では最も集団サイズが大きく，最大で10個体になる。③遊動域が広く，それと関係しているのか，発声する歌の抑揚が大きい。さらには④リスのような小型哺乳類を狩って食べる。肉の分配をする事例も報告されている。今日までに，これらの行動はテナガザルの他種では報告されていない。

このように大変興味深いクロカンムリテナガザルを，ぜひとも自身の目で見てみたい。そう思って現地を訪問した。

「黒冠手長猿の郷」景東へ

昆明市の西駅から長距離バスを利用して9時間，景東イ族自治県の中心部に到着した。町の中心地に自然保護区管理局のビルが建っており，ホテルの玄関や客室，タクシーやバスの背面部など，

図—(左)グルーミングをするクロカンムリテナガザル。左はおとなになる手前の雌で，右はおとな雌。あかんぼう期は白く，その後黒色にかわり，雌のみ大人になると白色系に戻る。(右)生後1.5カ月齢のあかんぼうとその母親。

色々な場所にテナガザルの写真やシンボルマーク，「黒冠手長猿の郷」のキャッチフレーズがみられた。クロカンムリテナガザルは国際自然保護連合(IUCN)レッドリストの絶滅危惧IA類なので，地元の政府がその保全活動に力をいれているようだ。景東の中心部から大寨子フィールドステーションまでは，バスとオートバイの乗継で5時間ほどだった。昆明動物学研究所が2003年に設置したもので，そこを拠点に継続的な研究活動がなされている。電気・水道・インターネット環境が整備され，快適に過ごせる。

ステーションの周囲には3グループが暮らしている。その1つを観ることにした。おとなの雄1，おとなの雌2，おとなだがまだ若い雄1，おとなになる手前の雌1，あかんぼう1の合計6個体で構成されている。

テナガザルが本当に人に慣れている事にまず一番に驚いた。これまで，野外の3つの調査地で，3種のテナガザルを見てきた。テナガザルは一般に内気な性格で，人を怖がりがちだ。朝の歌声はきこえるが，姿は一瞬しか見えないという経験を幾度もしてきた。

現地で研究者らが1999年から人付けをしてきたとのことだった。通年で地元のアシスタントを6人雇用し，途切れなくモニターできている。若い個体については誕生日も把握している。ステーションとスタッフのハード・ソフトの両方の基盤があって，生息地での自然な行動を観察・研究することが可能となっている。短い滞在中は毎日雨に見舞われたものの，クロカンムリテナガザルの移動・採食・グルーミング・遊び・歌・性交などの行動をひととおり見ることができた。体の全体と指にも密に毛が生えていて，立派な毛皮をしていると実感した。樹上性が強いので，地上性の霊長類と比べると距離はあるが，小さなあかんぼうの姿を観て，その声を聴くこともできた(図)。

同じグループ内のおとな雌どうしの関係はどのようなものなのか。ステーション近くの3群以外の状況はどうなっているのか。推定で残り1000個体のクロカンムリテナガザルはどのような環境に暮らしているのか。たくさんの質問や意見交換をして，最新の研究動向をうかがうことができた。雲南にはクロカンムリテナガザルのほかにもおそらく4種がいる。ただし，いずれも保全状況は厳しく，1種についてはすでに野外で絶滅した恐れがある。小さなあかんぼうのこの先を見守りたい。

謝辞：京都大学霊長類研究所の松沢哲郎先生，中国科学院昆明動物研究所の蒋学龍先生と大学院生の寧学鶴さん，景東自然保護管理局の皆様，韓寧先生(昆明理工大学)，龍勇誠先生(The Nature Conservancy)のご支援をいただいて今回現地を訪問した。記して感謝したい。

43 チンパンジーの子どもと ゴリラの子ども

田中正之

　京都市動物園には，チンパンジーとニシゴリラの2種の大型類人猿がいる。最近，ともに赤ちゃんが生まれた。チンパンジーの方は，2013年2月12日生まれの男の子ニイニ。ニシゴリラの方は，2011年12月21日生まれの男の子ゲンタロウだ。今回はこの2人を紹介したい。

ゴリラの子，ゲンタロウ

　ゴリラ属(*Gorilla*)は大別してニシゴリラ(*G. gorilla*)とヒガシゴリラ(*G. beringei*)の2種に分けられる。日本の類人猿は，京都大学霊長類研究所の大型類人猿情報ネットワークGAIN事業によって，全員について戸籍が完備されている。それによると，日本には2013年現在9施設に25人のゴリラがいるが，全員がニシゴリラである。世界の動物園にいるゴリラはほぼすべてニシゴリラだ。

　ちなみに，すでに死亡したものも含めると，日本にいたゴリラの総数は116人である。日本では1954年にゴリラの飼育を始めた。それ以来，現在までにわずか15人しか子どもが生まれていない。日本では明確に輸入超過になっている。輸入しては死んでしまい，子どもが少ない。希少種の保全のために動物園でゴリラを飼っているとはいいがたい状況があった。

　ゲンタロウは両親ともが日本の動物園生まれの子として，日本で初めて生まれた。ゴリラの子どもが日本で初めて生まれたのも京都市動物園である。1970年，父親ジミーと母親ベベのあいだに男の子のマックが生まれた。さらに同園では1982年，父親となったマックと母親ヒロミのあいだにキョウタロウが生まれている。1986年には，キョウタロウの妹としてゲンキという女の子が生まれた。

　そのゲンキが母親になって，上野動物園からきた父親モモタロウとのあいだに生まれたのがゲンタロウだ。モモタロウは上野動物園生まれである。ゴリラをアフリカから収奪してきて見世物にしては死なせてしまうばかりだった動物園が，ようやく絶滅危惧動物の繁殖の場になりつつある。京都市動物園の初代カップルからみると，2代目がゲンキ，3代目がゲンタロウなので，動物園生まれの第3世代ということになる。

　ゲンタロウは，日本で初めて，人工哺育された後に両親の元に戻ったゴリラでもある。生後4日目までは母親に抱かれていたが，乳をうまく与えられなかったために衰弱した。動物園側では命を救うことを優先し，母親から離して人工哺育した。生後11カ月目の2012年11月6日に母親と再同居させ始め，翌12月には父親と同居させることにも成功した。ゲンタロウの生い立ちだけで長い話ができてしまうので，詳しくは別の機会に譲る。ともかく現在，ゲンタロウは両親の元ですくすくと成長している(図左)。

チンパンジーの子，ニイニ

　日本には2013年現在，51施設に325人のチンパンジーが暮らしている。西，中央，東と主に3亜種いるが，約3分の2がニシチンパンジーである。ちなみに死亡したものも含めると，日本で暮らしたチンパンジーの総数は967人である。日本では1926年にチンパンジーの飼育が始まり，それ以来，現在までに469人の子どもが生まれた。

図—(左)運動場の中で遊ぶゲンタロウ(手前)。奥は母親のゲンキ。2013年8月24日。(右)道具を使用する母親のコイコのおっぱいを吸うニイニ。コイコのそばでは，群れのもうひとりの女性，スズミが見ている。2013年6月1日。いずれも撮影：田中正之。

チンパンジーの繁殖は比較的やさしいのだ。

チンパンジーの子どもニイニは，京都市動物園で父親ジェームスと母親コイコのあいだに生まれた。出生直後から母親に抱かれ，母乳もよく飲み，父親と母親，血縁のないおとなの男性，女性各1人の合わせて5人の群れの中ですくすくと育っている(図右)。人間の手がほとんど入っていない，チンパンジーらしいチンパンジーの子どもだと言えるだろう。

そうした「ふつうさ」の重要性が認識されたのは最近になってからである。2000年，京都大学霊長類研究所で3組の母子が誕生した。ちびっこチンパンジーが生まれ，母親に抱かれて群れの中で育つことによってさまざまな発見があった。チンパンジーは，同種の仲間たちとともに育つ中で，じつに多くのことを学んでいく。

京都市動物園では京都大学霊長類研究所と同様，コンピュータをもちいた認知課題をしている。勉強部屋には3台のタッチモニターがある。ニイニは生後7カ月になった。まだ母親から長くは離れられない。でも勉強部屋にくると，親やおとなの勉強の様子をじっと見ている。画面に手を伸ばす姿も見られるようになった。

母親コイコはアフリカ生まれの推定36歳。人間でいえば約50歳。人間と違って，一般的にチンパンジーには「おばあさん」という役割がない。死ぬまで自分の子どもを産み育て続ける。コイコの子育てをこれからも見守っていきたい。

チンパンジーの子とゴリラの子

ゴリラとチンパンジー，2人の子どもが群れの中で育つ。そんな貴重な風景を，京都市動物園で見ることができる。来年にはすばらしいゴリラ舎が新築される予定だ。ぜひ動物園に来て見比べてほしい。ゴリラの群れにはシルバーバックという父親が一人だ。チンパンジーでは複数のおとなの男性が父親の役割をする。ゴリラらしい子育て，チンパンジーらしい子育てというのが見えてくるのではないだろうか。その一方で，類人猿の男の子の成長という点で，共通するものも見えてくるのではないかと期待している。

注：日本国内の類人猿についての情報は，大型類人猿情報ネットワークのHPを参照されたい。
http://www.shigen.nig.ac.jp/gain/

44 霊長類学・ワイルドライフサイエンス・リーディング大学院

松沢哲郎

オンリーワンのリーディング大学院

2013年10月1日，京都大学に「霊長類学・ワイルドライフサイエンス」リーディング大学院が発足した。そのめざすところを紹介したい。

霊長類学は日本から世界に向けて発信し，日本が世界の第一線を保持してきた稀有な学問である。霊長類学を基盤にして，大型の絶滅危惧種を対象にした「ワイルドライフサイエンス」という新興の学問分野を確立しつつある。

学問としては最先端を担っていながら，欧米にあって日本に明確に欠けているものが3つある。①生物保全の専門家として国連や国際機関・国際NGO等で働く若手人材，②博物館・動物園・水族館等におけるキュレーター(博士学芸員)として活躍し，生息地で展開する博物館動物園としての「フィールドミュージアム」構想を具現する者，③長い歳月をかけて一国まるごとを対象としたアウトリーチ活動を担う実践者，である。以上，日本が抱える3つの欠陥を，逆に将来の伸びしろと考え，研究・教育・実践の新たな展開の場と捉えたのが本プログラムである。

3つの出口
――国際機関，動物園，一国アウトリーチ

大学院を卒業したあとの就職，すなわち出口を3つ考えた。

第1は，国際機関等で働く。日本は国際連合(UN)の主要なドナー国である。各国の拠出金の約12.5%を占める。しかしその職員数は著しく少なく約3%だ。国連や，国際機関や，国際的NGOなどで働ける博士学位をもった人材を養成する必要がある。

国連にはUNESCO, UNEP, UNICEFなどのプログラムがあり，欧米にはIUCN(国際自然保護連合)，WWF(世界自然保護基金)，WCS, FFI, CIなど，歴史と伝統をもった巨大なNGO組織がある。国連機関そのものや国際組織で働ける，専門性と，語学力・情報発信力と，フィールドワークの現場経験をあわせもった人材が日本に乏しい。

第2は，キュレーターとよばれる博士学芸員である。日本の動物園は，飼育員，獣医師，事務職員で成り立っているのに対し，欧米の動物園にいくと，キュレーターという職業が確立している。大学院で動物学を学んだ人が，実際に野生動物を観察し，研究と教育を両立させつつ園館の運営にも深く関わっている。

あまり一般に知られていないが，小学校・中学校・高等学校の教師の資格は，欧米では修士卒に移行している。大学の事務職員も，欧米でURAとよばれる博士事務職員が，日本でも急速に導入されつつある。日本の学芸員というのは大学卒の資格だが，教員や事務職員と同様に，専門的な知識が必要だろう。野外での実践経験，外国語での発信力，行政にも明るい人材だ。日本動物園水族館協会には約90の動物園と70の水族館が加盟している。法令上は博物館等みなし施設だ。国際的な情報発信の役割を果たす人材を育成する必要がある。その先に，国内外の生息地そのもので展開する新しい博物館動物園のかたちである「フィールドミュージアム」の実現をめざしたい。

第3は，一国アウトリーチ活動を担える人材

である。京都大学は，全学を挙げて一国を対象としたアウトリーチ活動をおこなってきた。最初の対象はブータンである。1957年からの半世紀を超える縁があり，過去2年半のあいだに10次合計71名の訪問団と2次合計12名の受け入れをおこなってきた。京都大学のフィールドワークの伝統を活かしたプログラムである。

それをロールモデルとして，フィールドワークを基本とした手法で，生物多様性のホットスポットにおける生物保全活動をめざしたい。具体的には，アマゾン，ボルネオ，中国・雲南省，インド，アフリカ東部のタンザニア・ウガンダ，中部のコンゴ・ガボン，西部のガーナ，ギニアといった国と地域である。そこでは，具体的構想や貢献を，一国の政策として実現していく手腕をもった人材が必要だ。長い歳月をかけ一国を対象としたアウトリーチ活動を通じて，オールラウンドな指導者となる人材を育成したい。

フィールドワークを主体とした実践カリキュラム

入試・教育・学位まで一貫した英語による世界標準の教育をする。外国語3語（たとえば，アフリカ中央部で活躍するには英語・仏語・リンガラ語が必須）の習得を義務づけた。その上で，3つの主要なコースワークがある。

第1に，外に出てフィールドワークをする。京大が保有する国内の野外実習拠点を活用する。天然記念物の宮崎県幸島での野生ニホンザルの生態観察，世界自然遺産の屋久島でのヤクザルとシカの共存する森でのゲノム実習，妙高高原京大ヒュッテを拠点とした野外生活・観察実習に，自主企画の野外研究を加えた4つの野外実習を1年次の必修とした。2年次以降は，国際連携拠点で

図─京都大学霊長類学・ワイルドサイエンス・リーディング大学院のエンブレム。

海外野外実習をする。

第2に，ラボワークを課す。京大が保有する研究施設である霊長類研究所，野生動物研究センター，熊本サンクチュアリや，学外連携施設の京都市動物園，京都水族館，名古屋市東山動物園，日本モンキーセンターなどである。ラボとはいえ座して学ぶ座学はない。つねに体を動かし手を動かして，こころ・からだ・くらし・ゲノムの広い視野から人間とそれ以外の動物の関係を，現場に近いところで学ぶ。

第3に，国際連携機関との交流を各年次で義務づけた。2004年度に始まって10年続くHOPE事業を霊長類研究所はおこなってきた。日独米英仏伊の先進6カ国，さらには生息地国の主要研究機関との覚書も整っており，そこで海外研修をおこなう。

入試はすべて英語。春秋入学も認めた。すでに2009年度には，霊長類研究所に国際共同先端研究センターCICASPを立ち上げた。研究所の大学院生の外国人比率は，欧米を中心に30％に達している。過去5年間蓄積したものを活かして，入り口から出口まで一貫した展望の下，国際性をもった大学院プログラムを運営したい。

HP：http://www.wildlife-science.org/
Facebook：https://www.facebook.com/KU.PWS

45 チンパンジーの毛から ストレスをはかる

山梨裕美／林 美里

チンパンジーもストレスを感じるか

　チンパンジーもわりと苦労している。たとえば，霊長類研究所のチンパンジーの放飼場からは1日に数回，ギャーと大きな叫び声が聞こえてくる。成長して大人と同等の大きさになってきたアユムが，低順位の個体を叩いたりする。そこで叩かれた個体が大きな声で叫ぶと，母親のアイや他の群れメンバーが入ってきて大きな騒ぎに発展するのだ(図左)。そんなごちゃごちゃの中で，悪くもないのに八つ当たりされたりして，まきこまれてしまう哀れなチンパンジーもいる。そんな姿を見ていると，チンパンジーもストレスを感じながら生活しているのだろうと推察される。他にも飼育環境であれば，彼らの自由にならないことも多いから，そのせいでストレスを感じていることもあるだろう。

　チンパンジーがどれくらいストレスを感じているのか，かねてからの疑問だった。ちょっとしたストレスであれば問題ないが，数日，数週間と続いたら，たまらない。長い間のストレスは身体的・精神的な病気につながることもあるので，動物を飼育するうえでそれを知ることはたいせつだ。

　生き物は，不安や恐怖などを感じるような刺激や，極端な気温などの物理的な刺激(ストレッサー)を受けると，それに適応しようとしてさまざまな反応をおこす。そのひとつとして，コルチゾルと呼ばれる，副腎皮質から分泌されるホルモンの量が増加することが知られている。これまでには，動物のストレスを評価するために，血液や唾液，尿や糞からコルチゾルが測定されていた。しかし，それらのサンプルからは短い間のストレスしかわからないため，サンプルを何度も収集しなければならなかった。

　そんな中で近年，毛には生えてくる期間に血中より排出された物質が，蓄積される可能性が指摘されるようになった。チンパンジーでは毛が生えるまでに数カ月かかるので，その間のコルチゾルをまとめて測定することができるかもしれない。そこで今回，体毛中のコルチゾルを指標に，長期的なストレスを評価することを試みた。

ストレスをためているチンパンジー

　測定にはある程度まとまった量の毛が必要になるので，アカゲザルなどを対象とした先行研究では，麻酔をしたときに毛をそっていた。しかし収集のたびに麻酔をかけていては，チンパンジーにストレスを与えてしまうから本末転倒だ。そこで毛を根元近くからハサミで切ることにした。特定の体部位の毛を根元近くから収集するには，しばらくチンパンジーにじっとしてもらわなければならない。まずは霊長類研究所のチンパンジーで試してみると，たいていの個体はハサミに素早く慣れて，毛を切らせてくれるようになった。普段からヒトとよい関係を築いているチンパンジーだからこそだろう。中にはハサミが苦手な個体もいたのだが，数本ずつ切るなどの工夫で，定期的に採取することができるようになった。

　その後，熊本サンクチュアリ(21「熊本サンクチュアリにようこそ」参照)の方々にもお願いして，同じ方法で毛を収集してもらった。そこから，洗ったり，抽出したりなどのプロセスを経て，毛からコ

図―(左)強い個体に突進されて，悲鳴をあげるチンパンジー。(右)チンパンジーの毛にも個性がある。たとえばこのチンパンジーは，他の個体と比べて白髪が多い。

ルチゾルをはかることができた。

では，どのような個体でストレスレベルが高く，どのような個体で低いのだろうか。野生チンパンジーで糞中コルチゾルを指標にした先行研究では，順位の高い個体でストレスが高かった。しかし今回，熊本サンクチュアリの男性のみの群れの結果では，攻撃を受ける頻度と体毛中コルチゾル濃度に正の相関があった。攻撃をもっとも受けていたのは別の群れからきた新参者で，つまり順位の低い個体の体毛中コルチゾル濃度が高かったのだ。その個体は，糞中コルチゾル濃度ももっとも高かった。野生チンパンジーの結果とは逆になるが，群れの安定性や，物理的環境の違いなどが関係しているのかもしれない。

2年後に再び毛を収集して分析したところ，新参者のコルチゾル濃度は半分以下に減っていた。新しい環境や仲間に慣れたのだろう。チンパンジーにおいても，毛からストレス状態がわかるようだ。今後はストレスと関連する要素を詳細に検討していくことで，彼らにとってよりよい飼育環境を提供する方法を考えていきたいと思う。

チンパンジーの毛にある個性

細かいことにはなるが，採取した体部位や毛の色の違いなども，結果に影響を与えることがわかった。たとえば脇腹の毛からは，背中や腕の毛よりも高い濃度で検出されやすかった。毛の成長速度の違いなどが関係していると思われる。また，黒い毛と白い毛の中のコルチゾル濃度を比べてみたところ，白い毛からのほうが高濃度で検出された。理由はまだ，はっきりとはわかっていない。単に白い毛からは内容物が抽出されやすいのかもしれないし，もしかすると，ストレスがかかると白い毛が増える場合もあるかもしれない。

ヒトと同じように，チンパンジーは年齢によって主に背中の白髪が増加する。ただし，そこには個体差が大きく，15～20歳くらいの大人の仲間入りする時期に白髪が増える個体は増えるし(図右)，黒いままの個体もいる。他にも，チンパンジーの毛には個性があって，くせ毛のやつがいたり，つやつやのきれいな毛のやつもいる。実験室にこもっていても，毛を眺めると，そこからはチンパンジーの姿が浮かんでくる。毛には多くの情報が含まれている。まだまだ見えてくるものがありそうだ。

文献
Y. Yamanashi et al.: General and Comparative Endocrinology, **194**, 55 (2013)

46 隙間から見た世界

伊村知子／友永雅己

木を見て森を見ず？

日常の場面ではしばしば，物の一部が何かに隠れていて全体が見えないことがある。たとえば，扉の隙間の向こうをネコが横切ったとしよう。扉の隙間がほんのわずかなら，一度に鼻先からしっぽまでを全て見ることはできない。そのような状況でも，私たちはネコの全体の姿を見ることができる。それぞれの瞬間に網膜には断片的な形の像しか投影されていないにもかかわらず，それらの網膜像を時間的，空間的につなぎ合わせることによって，全体の形を見ている。このような見方は，私たちヒトにとっては当たり前だが，ヒト以外の動物が必ずしも同じような見方をしているとは限らない。

たとえば，複数の小さな円が大きな三角形の形に並んでいると，ヒトは小さな円の形よりもまず，大きな三角形の形をすばやく認識する。つまり，ヒトは「木」よりも「森」を優先的に見ているといえる。ところが，ヒト以外の霊長類や鳥類では，ヒトとは逆に，小さな円の形の方が大きな三角形よりもすばやく認識できる。つまり，「森」よりも「木」を優先的に見ているともいえる。

このことから考えると，ヒトとそれ以外の動物では，空間的にバラバラなものから「まとまり」を見る能力に，大きな違いがあるといえる。では，時間的な「まとまり」についても同じことがいえるのだろうか。

隙間のぞき実験

そこで，京都大学霊長類研究所の大人のチンパンジー4人とヒト8人を対象に，次のような実験をおこなった。

まず，コンピュータのモニター画面上に，8 cm四方の絵を横に動かして見せた。続いて表示される3枚の絵の中から，最初の絵と同じものを選び，それに指で触れると正解となった。このように，動いている絵の全体が見える場合には，全てのチンパンジーが90％以上正解した。チンパンジーも動いている絵をヒトと同じくらい正確に認識できた。

次に，わずか1.6 mm幅の細長い隙間から絵を見る条件でテストをおこなった(図)。この条件で絵を認識するためには，隙間から見える絵の一部を時間的，空間的につなぎ合わせる必要がある。

まず，隙間の後ろで1枚の絵を横に動かして見せた。続いて先ほどと同じように3枚の絵の中から，最初に見せられた絵と同じものを選択できるかどうかを調べ，チンパンジーとヒトで比較した。実験の結果，ヒトはほとんど間違わなかったのに対し，チンパンジーは56％くらいしか正解しなかった。隙間から絵を見る条件では，ヒトの方が正確に絵を認識できることがわかった。しかし，この実験では，ニワトリやハサミのようにチンパンジーが見たことのない絵も含まれていた。そこで，絵の代わりに特に意味をもたない図形でも同じように調べた。それでも，ヒトは8割以上正解したのに対し，チンパンジーは半分も正解できなかった。

以上の実験から，時間的，空間的な「まとまり」を見る能力は，チンパンジーよりもヒトの方が優れていることがわかった。

図—「隙間のぞき実験」に挑戦するチンパンジーのアユム。撮影：伊村知子。

「まとまり」を見る能力の起源

さらに，「まとまり」を見る能力がヒトでいつ頃から発達するかについても調べた。生後3カ月から8カ月の赤ちゃんが，隙間から絵を見る条件で，絵の全体の形を認識する能力を確認した。

まず，コンピュータの画面上に，隙間の後ろで1枚の絵を動かして見せた。同じ絵を繰り返し見せた後に，先に見せたものと同じ絵と，新しい絵の2枚を同時に見せ，どちらの絵をより長く見るかを調べた。赤ちゃんに同じ絵を繰り返し見せると飽きて徐々に見なくなる。そこで，新しい絵を見せると，新しい絵の方を先に見たものよりも長く見ることが知られている。この性質を利用して，隙間から見る条件で絵を認識することができれば，赤ちゃんは2枚のうち新しい絵の方をより長く見ると予想した。その結果，ヒトの赤ちゃんは生後半年頃にはすでに，隙間から絵を見る条件でも，動いている絵を正確に認識できることがわかった。

これまで，ヒトとチンパンジーの視覚機能には多くの類似点があることが明らかにされてきたが，時間的，空間的に細切れの視覚情報を1つの「まとまり」として見るはたらきは，ヒトで特に優れていることがわかった。また，そのような能力の萌芽は生後間もない時期からすでに見られた。

このようなチンパンジーとの種差から，ヒトは情報を「まとめる」ことによって一度により多くの情報を処理する能力を身につけたのではないかと考えられる。そして，このような基礎的な視覚のはたらきにみられるヒトの特異性もまた，私たちの心の進化を考える上で極めて重要な示唆を与えてくれるだろう。

文献

本研究の一部は，英国サイエンティフィック・レポーツ誌に掲載された。

T. Imura & M. Tomonaga: Scientific Reports, **3**, 3256 (2013), doi:10.1038/srep03256

47 イルカから見た世界，チンパンジーから見た世界

友永雅己

なぜイルカ？

数年前から，チンパンジーでの心の研究に加えてイルカでも研究を始めた。なぜイルカの研究を？と会う人みんなに言われるので，「イルカを見ると癒されるからです」といつも嘯（うそぶ）いている。私がイルカの研究をめざした本当の理由は，彼らが，私たち霊長類とは全く異なる環境を選び進化してきたからだ。水中という想像もつかない環境の中で自在に泳ぎ回り，複雑な社会を築く種もいる。私たちヒトとその近縁種の間での比較だけでなく，このような私たちからみて「遠い」種との比較は「人間とは何か」という問いに新たな光を投げかけてくれるはずだ。そこで，名古屋港水族館の方々とイルカの認知に関する共同研究を立ち上げた。

どう見ているか？

イルカは音の世界の住人だ，と考える人は多いかもしれない。水族館に行ってイルカのプールの前に立ち，耳を澄ましていると，さまざまな「鳴き声」が聞こえてくる。私たち霊長類と最も異なる点は，彼らが「エコロケーション」とよばれる生物ソナーを用いて環境を認識している点だ。

では，イルカたちは世界を目で見ていないのだろうか。水族館でよく見るハンドウイルカの視力は0.1以下だ。私とそんなに変わらない。色覚もないだろうといわれている。でもイルカたちは，飼育員の出すサインを見誤ることなくすばらしいジャンプの演技をすることができるし，空中に投げられたフリスビーを見事にキャッチすることができる。こんなことができるということは，彼らも私たちの直観以上に視覚情報に依存して生活しているということだ。ではどの程度？　彼らは世界をどう見ているか？　まずはそこが知りたいと思い，水族館の方々と共同で実験を始めた。

形を区別しているか？

実はイルカの視覚認知の研究は，これまでにもさまざまにおこなわれてきた。しかし，それらの実験で使われている視覚刺激は，人間が見て十分に弁別可能だと判断したものを使っていたり，3次元の複雑な物体を使っていたりするものがほとんどだ。だから，イルカたちが，物体のどこのどのような特徴に注意を向け，どのような知覚的なまとまりを築き上げているのかに関する知見は皆無だった。

そこで私たちは，○×△□Hといった比較的単純な幾何学図形9種類を，名古屋港水族館の3頭のイルカたちがどう区別しているかを調べることにした。まず，イルカたちに見本となる図形を見せる。それに吻部でタッチすると，続いて，さっき見た図形とそれとは異なる図形がペアで提示される。イルカが見本と同じ図形に吻タッチすればホイッスルを鳴らし，魚の切り身をごほうびとして与える。見本合わせと呼ばれる課題だ（図上）。本当は私がホイッスルを鳴らして直接イルカたちに魚を与えたかったのだが，そこはがまんして，イルカの扱いに慣れた飼育員の皆さんに行ってもらった。彼らの協力がなければまったく不可能な研究だ。

一方，比較対照として，犬山のチンパンジーた

ちにも，実験室でコンピュータを用いた見本合わせ課題に参加してもらった．実験の結果，それぞれの種について，36通りの図形のペアごとに正答率が出てくる．それをもとに，多次元尺度構成法という手法を用いて図形間の知覚的類似度の評価をおこなった．これは，図形間の知覚的な類似度を平面上の距離で表現する手法だ．知覚的に類似している図形どうしはよく間違える．正答率が低い図形ペアほど平面上でも距離が近くなるようにプロットする．そうしてできた配置のパターンをイルカ，チンパンジー，そしてヒトで比較してみた（ヒトにはアンケートで類似度を評価してもらった）．

似ているか？　違っているか？

イルカの結果を図(下)に示しておこう．どうだろうか？　私たちヒトからみても，そんなに違和感はないのでは．右上のところに○や□といった閉じた図形が集まっている．その下の方には，⊔やHといった，垂直・水平線で構成された図形が並んでいる．左側に集まっている図形にはみな斜め線が含まれている．このことは，イルカたちにとって閉じた図形は似ているし，斜め線を含む図形が1つの知覚的なまとまりとなっていることを示している．

実はこの結果は，チンパンジーの実験結果とほぼ同じだった．そしてヒトの結果とも．さらに言えば，先行研究のハトのデータとも非常によく似ている．つまり，視力も悪く，色覚もなく，エコロケーションでも水中環境を認識できるイルカたちも，実は形というレベルでは，チンパンジーと同じ世界を「見ている」ということなのだ．これは私にとっては驚きだった．チンパンジーであれ，ハンドウイルカであれ，ハトであれ，視覚的環境に暮らす生き物には同じような視覚情報処理のメ

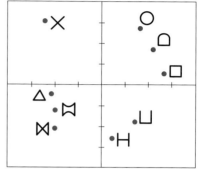

図―（上）正解の図形に吻タッチするハンドウイルカ．提供：名古屋港水族館．（下）イルカの図形知覚のパターン．似ている図形が近くに集まっている．

カニズムが進化してきたということなのだろう．

でも，その先にあるイルカと私たちの認識の世界は明らかに異なるはずだ．視覚のある側面で似ているというのは入り口に過ぎない．同じように見えているからと言って，同じように考え判断しているわけではないだろう．ではどう違うのか？

もっと，イルカの心の奥を覗いてみたくなった．

文献

この研究は英国サイエンティフィック・レポーツ誌に掲載された．
M. Tomonaga, Y. Uwano & T. Saito: Scientific Reports, **4**, 3717 (2014), doi: 10.1038/srep03717

48 日本初のボノボ研究

平田 聡

ボノボが来た

2013年11月末，熊本の紅葉も盛りを過ぎかけた晩秋のころ，熊本サンクチュアリにボノボが到着した。アメリカ・サンディエゴ動物園からの4個体だ。

午前6時，私が助手席に座った大型トラックは，熊本サンクチュアリの少し手前の，とある道の駅で一時停車した。後部にはボノボが乗っていた。まだ夜明け前，あたりは暗かった。ただ，ボノボたちは，すでに目覚めていた。それぞれに朝食としてバナナをあげた。みんな元気だ。

やがて，東の空から薄明かりがさし始めた。スタッフが続々と熊本サンクチュアリに集結して，受け入れ態勢を整えた。午前8時，私とボノボを乗せたトラックは再び動き出し，熊本サンクチュアリに到着。予定した通りの手順で，ボノボたちは，彼らのために用意された居室へと入っていった。

この4個体が，現在日本にいる唯一のボノボだ。国内の他の場所に，ボノボは飼育されていない。熊本サンクチュアリで，国内初の飼育下でのボノボ研究がスタートした（図上）。

チンパンジーとの違い

ボノボは，現生の動物の中でヒトに最も近縁な生き物のひとつだ。同じ属の別種に，チンパンジーがいる。チンパンジーとボノボの2種が，ヒトに最も近縁な現生動物ということになる。

チンパンジーとボノボは，外見は比較的似ているが，野生での社会や行動には大きく違うところがある。概して，チンパンジーは攻撃的で男性優位の社会を作る。野生でも多様な道具を使う。ボノボは，平和的で女性優位の社会を作る。野生で道具を使うことは数少ない。両者ともアフリカに住むが，チンパンジーの生息地とボノボの生息地は大河で隔てられていて，両者が同じ場所で出会うことはない。

熊本サンクチュアリには，もともとチンパンジーが暮らしている。性格や行動特性が違うボノボとチンパンジーが出会ったら，お互いにどういう反応をするだろうか。その答えを得る機会があった。

ボノボが暮らす部屋の向かいに人間用の廊下があり，その廊下にドアがある。ドアを開けると，その先はチンパンジーの部屋だ。ドアを開けて，ボノボとチンパンジーを対面させてみた。両者の間には廊下があるので，直接触れ合うことはない。

ボノボを見たチンパンジーたちは，とたんに殺気立った。全身の毛が逆立ち，部屋の壁を叩いたり蹴ったりして大きな音を立て始めた。ボノボを威嚇しているのだ。一方のボノボは，「ピャーピャー」という独特の甲高い声をあげたあと，じっと座ってチンパンジーの観察を始めた。ときおり，チンパンジーに向かって腕を伸ばしたり，お腹を見せたりして，友好的な合図を送った。ただしそれをチンパンジーは理解しない。チンパンジーは相変わらず殺気立ってボノボを威嚇するのみだ。

チンパンジーの集団は，自分と違う集団に対して極めて敵対的だ。時には殺し合いになることもある。ボノボは，そうした殺し合いはしない。異なる集団でも，同じ場所に平和的に共存する。

両者のこうした違いはどこからくるのだろうか。それを知ることが，熊本サンクチュアリにボノボを導入して始めた研究の大きな目的である。

2×2の比較研究

すでにチンパンジーを対象として蓄積されてきた研究のノウハウを生かして，ボノボを対象に比較認知科学的研究を展開することを計画している。タッチパネルを使った認知課題(図下)，アイトラッカーを使った視線計測，道具使用の実験的研究など，できることはたくさんある。ボノボを対象にした比較認知科学研究は世界にも先例が非常に少なく，多くの新発見が期待できる。

熊本サンクチュアリにボノボを導入するのに先立って，われわれ研究チームは，野生のボノボを観察するためにコンゴ民主共和国のワンバ地域を訪れた(7「コンゴ盆地の野生ボノボ」，19「チンパンジー研究者から見たボノボ」，27「果実を分け合うボノボ」参照)。ボノボを理解するためには，彼らが暮らす野生の環境を理解し，彼らの本来の行動を観察することが肝要だ。

これで，比較研究の軸が2つ揃ったことになる。1つめの軸は，チンパンジーとボノボという比較だ。そして，2つめの軸は，野生(アフリカ)と飼育下(日本)という比較だ。こうした2つの比較軸で，2×2のマトリックスができあがる。アフリカのチンパンジー，アフリカのボノボ，日本のチンパンジー，日本のボノボ。2×2のマトリックスで構成される4つのマスが，これで埋まる。2×2の比較研究を通じて，人間の本性の真の進化的理解に迫りたい。

もちろん，大前提になるのは彼らの幸福である。アフリカの森で，チンパンジーもボノボも絶滅の

図―(上)熊本サンクチュアリのボノボ。(下)ボノボのタッチパネルの練習風景。

危機に瀕している。彼らの幸せのためには保全が必須だ。飼育下で暮らすチンパンジーとボノボは，できる限り本来の行動特性を生かせるよう，生活の質の向上を図る必要がある。研究と野生保全，それから動物福祉が一体となった活動を展開するのが，熊本サンクチュアリのミッションである。

謝辞：京都大学霊長類研究所の文部科学省特別経費プロジェクト分「人間の進化」の経費によってボノボ導入が実現した。

49 雲南のキンシコウ

松沢哲郎

自然と文化の多様性

雲南省は中国の南西の隅にある。面積約39.4万km², 人口約4400万人(2018時点では約4800万人)。日本よりやや広いところに約3分の1程度の人口だ。北から時計回りにチベット自治区, 四川省, 貴州省, 広西チワン族自治区, ベトナム, ラオス, ミャンマーと接し, 内陸にあって海がない。省都は昆明で人口約600万人(2018年時点では約680万人)。別名は春城。北緯25度で沖縄のやや南だが標高が約1900mと高く, 温暖な常春の地である。

南のシーサンパンナから北に向けて徐々に高度がせりあがり, 動植物の垂直分布が自然の多様性を生んでいる。文化も多様だ。中国55の少数民族のうち, 26が雲南に居住しており, うち15は雲南だけにしかいない。人口の約3分の1が少数民族で, ベー(白族), イ(彝族), ナシ(納西族), チベットやウイグルもいる。

中国に初めて行ったのは1988年だった。京大学士山岳会の山登りの交渉のためである。翌89年に新疆ウイグル自治区のムズタークアタ(7546m)に登り, 翌90年にチベット自治区のシシャパンマ(8027m)に登頂した。

雲南には1994年の夏に初めて行った。モンゴル族の調査のためである。南の地でモンゴルというアイデンティティーを維持して約800年を過ごしている。野生チンパンジーの文化的多様性を発見したころだったので, 文化とそれを維持するメカニズムに興味をもった。

新門というモンゴル族の村に約1カ月滞在した。チンギスハンや孫のフビライの時代に版図を広げて元という国になり, 南はベトナムまで押し出した。屯田兵のように, 家族を伴っての前線だったそうだ。その後, 元が縮小するときに前線に取り残されたのがモンゴル族だ。言語とドレスコード(服装の決まり)を周囲から際立たせることで, 少数民族が相互に識別しつつ平和共存しているようすを実感できた。

雲南キンシコウ

昨春, 講演のため, 久しぶりに昆明を訪れた。モンゴル族調査の通訳だった韓寧(ハン・ニン)さんが, 今では昆明理工大学の英語の先生になっている。彼女の紹介で, 龍勇誠(ロン・ヨンチョン)さんと出会った。雲南キンシコウの研究者である。「金絲猴」と書く。孫悟空のモデルとなったサルとして有名だ。それが機縁で, 今春2014年の野外調査を企画した。

ヒマラヤ山脈の東端では, 東から揚子江, メコン川, サルウィン川という3つの大河が, ごく狭い地域を南北に流れている。三江併流という世界自然遺産だ。そのメコン川以東に, 雲南キンシコウがいる。タチェンという場所で人付けが進んでおり, それをまず見に行った。

針葉樹が優勢な二次林だった。朝晩は0℃以下に冷え込む。雪がそこかしこに残っていた。雲南キンシコウの一群れに遭遇した。おとなの男性と女性, 若者と, 母親にしがみつく幼児もいた。若者2頭が, 梢の先端までいって落っこちる。追いかけては落ちる。

主たる食べ物はサルオガセだった。樹木に付着して垂れ下がる地衣類である。実際に食べてみた。

図―(左)雪を食べる雲南キンシコウの子ども。(右)梅里雪山，6740 m。

ぱさぱさとした食感だ。倒木の上の雪がザラメ状になって残っていた。2〜3歳と思われる子どもが雪を手ですくって食べていた(図左)。雲南キンシコウは，標高3000〜4000 mの高地にすむ。ときには標高5000 m近くにまで達する。雪を手に取って食べるサルを見て，不思議な感じがした。

顔はたしかにキンシコウだ。特有の奇妙な鼻である。鼻の先がツンと上を向いている。一対の鼻孔は縦長で，正面に向かって開いている。唇がぽってりとしていてピンク色だ。両耳に白い房毛がついている。孫悟空のモデルとなったのは四川省のキンシコウで，体毛が金色だ。雲南のキンシコウは，うしろから見ると真っ黒な毛に覆われ，腰から下の部分が白い。正面からみると腹側の毛も白い。太陽に向く背側は黒く，雪面に接する腹側は白く，全体として効率よく太陽熱を吸収して体熱を奪われないようにしているのかもしれない。長い尾も印象的だ。体長とほぼ同じ長さで，漆黒の巻き毛になっている。

梅里雪山に未知のキンシコウを探す

2011年，ミャンマーで新種のキンシコウの死体が発見・報告された。霊長類は約300種類いるが，21世紀になって新種が発見されることは稀有だ。中国側でも2012年に調査され，同種のキンシコウが中国側にも分布していることがわかった。両国の国境はサルウィン川の西の山稜上なので，山を越えた中国側にいても不思議はない。

雪中で弱っている若いメス個体が保護されたことが，確定的な証拠になった。そのメスを見に行った。サルウィン川畔の街リュウク。そこから車で，中国とミャンマーの国境をめざした。そこで出会ったメスは全身の毛が黒く，顔を見ると，キンシコウ特有の奇妙な鼻をしていた。

メコン川以東には雲南キンシコウがいる。サルウィン川以西にはミャンマーキンシコウがいる。メコン川とサルウィン川のあいだの南北に長く続く山岳地帯からは，キンシコウの発見の報告がない。この山岳地帯・怒山は，北はチベットに続く。最高点はカワカブ峰(6740 m)で，中国名を梅里雪山(メイリシュエシャン)という(図右)。じつはこの山で，1991年1月4日，京大学士山岳会の隊が遭難した。豪雪のあとでキャンプ地に雪崩がきて，日中あわせて17名全員が消息を絶った。

梅里雪山から南に続く山稜のどこかに，未知のキンシコウがいる。少なくとも過去にはいたはずで，今もいるかもしれない。2週間あまりの調査のなかで，2つの大河を隔てる山稜のメコン側の谷に入った。カワカブ峰の東面の明永氷河をはじめ，6カ所の谷筋を登った。川床は約800 m，最高到達点は3200 mだった。未知のキンシコウの姿は見つからなかった。また来ることにした。

なお英文の研究報告が出版されたので参照されたい。

文献
T. Matsuzawa: Primates, **58**, 379 (2017)

50 ボッソウのチンパンジー
―― 密猟とエボラ出血熱

松沢哲郎

アフリカ人によるアフリカの研究

　西アフリカ・ギニアのボッソウで，野生チンパンジーの野外調査をおこなってきた。例年同様，昨年(2013年)末の12月から今年1月にかけて，1986年から数えて28年目の調査をおこなった。

　初めての試みとして，東アフリカのウガンダと，中央アフリカのコンゴ民主共和国(旧ザイール)の研究者をギニアに連れて行った。アフリカを東西に移動するのはむずかしい。飛行機はほぼすべて，旧宗主国の英仏などと旧植民地国を結ぶ航路しかない。

　そもそも，ビザがなかなかおりなかった。アフリカの貧しい国同士なので互いに大使館をもっていないからである。乗り継ぎが悪いから当然とはいえ，ロストバゲージになってしまった。コナクリでの国際会議のあいだはまだよいが，1000 kmを旅してボッソウまで行き，ニンバ山の1740 mの頂にも登る予定なのに，旅の装備がない。

　しかし驚いたことに，彼らは着のみ着のまま，適当に道端の露天商で服や靴を買い足すのだった。ギニア唯一の公用語はフランス語だ。コンゴもフランス語なので問題はない。一方，ウガンダは英語であり，まったくフランス語をしゃべれない。それでも，特にどうというほどの問題はなかった。黒人に黒人がまじっているだけなので，見た目にも違和感がない。

　遠路の客人たちは，野生チンパンジーの石器使用を見て，緑の回廊も視察した(図)。ニンバ山にも無事登頂した。そして全参加者が，英語で研究発表した。アフリカ人によるアフリカのチンパンジー研究の可能性をかいまみることができた。

3人のおとなチンパンジーの失踪

　今回の訪問の最大の関心事は，別のところにあった。昨年9月を最後に，3人のおとなチンパンジーが姿を消しているのだ。テュア(推定56歳男性)，パマ(推定46歳女性)，ペレイ(15歳男性でパマの息子)である。

　ボッソウのチンパンジーは毎日，現地の調査助手が森に入ってその出欠記録をつけている。ときに遠出して見つからないこともあるが，1カ月以上の行方不明はない。今回，昨年末の時点ですでに3カ月が経過しようとしていた。

　ボッソウの12人の群れの中で，彼ら3人はとりわけ緑の回廊をよく利用した。ニンバ山麓のセリンバラ村のはずれの森にでかけるのだ。また，彼らとおぼしきチンパンジーをセリンバラで見たという目撃情報も得た。おとなのチンパンジー，まして男性が，生まれた群れを自発的に出て行くことは考えられない。群れの中でのけんかなど，出て行く理由もなかった。

　それがふっつりと姿を消した。これには，じつは伏線がある。2年前，調査史上初めて，セリンバラの村の郊外で，子ども2人がチンパンジーに襲われてケガをした。村はずれのコーヒー畑で，出会いがしらのことだ。子どもが逃げれば，チンパンジーは追う。あいにく子どもが転び，チンパンジーが手足に嚙みついた。小さな男の子の人差し指の先端が，第一関節のところからすっぱり切れ落ちた。幸い傷はいえた。わたし自身もお見舞いした。親御さんにも理解をいただいた。実際，

いまは元気になっている。

しかし，村の人口はすでに1000人近くまで膨れ上がっている。村人のなかには，おそらくチンパンジーのことを快く思っていない人たちがいるのだろう。夜陰にまぎれて，樹上のベッドで寝ているチンパンジーに近づけば，3人同時に鉄砲でしとめることはできる。それが，セリンバラの筆頭ガイド，カッシエの説明だった。

エボラ出血熱の発生

1月に帰国した。3月になって，ギニアでエボラ出血熱のアウトブレイク(流行)というニュースが入ってきた。森林ギニアのゲゲドゥ県で始まり，隣のマセンタ県，キシドグ県に広がったという。ボッソウまで200 kmである。飛び火して首都のコナクリでも患者が出た。さらには，南の隣国リベリアでも感染と死亡が確認された。北の隣国マリは陸路を封鎖。マセンタでは，治療のために滞在するMSF(国境なき医師団)への投石騒ぎもあった。なんと，MSFがエボラをもってきたという流言のせいだった。

エボラは，1976年にコンゴのエボラ川付近で最初に発見された熱病である。エボラウイルスというフィロウィルスが原因だ。発熱，嘔吐，激しい下痢，ときに全身に出血症状が現れる。その後も，コンゴやガボンで断続的に発生している。西アフリカでの流行は今回が初めてだ。患者の体液，血液，糞便などに接触して感染する。病人を介護するときや死者を葬るときには厳重注意を要する。

今年4月14日の時点で，疑い例を含む発症者が190名，死亡者120名，死亡率は63％。4月17日には，米仏の学生2名をボッソウから退去・帰国させた。4月16日には，ニューイングランド・ジャーナル・オブ・メディシンが速報論文を掲載した。患者15例から，原因ウイルスを同定したという。ザイール型と呼ばれるタイプのエボラだった。

図―(上)石でアブラヤシの種を叩き割るジレ(推定55歳の女性)。(下)石器使用の野外実験場に集った，ギニア・コンゴ・ウガンダのアフリカ3国と日米英の研究者たち。

ギニア人のコナクリ大学環境研究所長，セコウ・ケイタ教授と，頻繁にメールのやりとりをしている。「事態がどうあろうとわたしたちは母国を離れられないので，エボラの終焉を待つだけです」ということばが重く響いた。現地の事態の推移を見守るしかない。ギニアの人々やチンパンジーに，静かな日々が戻ることを願っている。

なお，WHOは2015年12月29日にギニアでのエボラ出血熱の流行に対する終息を宣言した。2013年12月に最初の患者がゲゲドゥ県で発見されてから約2年が経過して終息したことになる。隣国のシエラレオネとリベリアにも広がり，西アフリカ最初のエボラ出血熱の流行で，疑いも含めて感染者は2万人以上，亡くなった方も1万人以上と報道されている。

51 ものの順序と空間の ふしぎな関係

足立幾磨

ことばにみる順序と空間の関係

成績が「高い・低い」。順位が「高い・低い」。こうした表現は，日常的に特に意識することなく使われている。しかし，よく考えてみれば，「高い・低い」といった本来空間の位置を表す言葉が，ものの順序を表す際に使われるのは不思議だ。しかも，このような表現は日本語のみならず，多様な言語においてみられるのも興味深い。どうやら，言葉の上の関係だけではないつながりがあるようだ。今回は，この順序と空間の不思議な関係について，チンパンジーを対象におこなった研究を紹介し，その進化の道筋について考察してみようと思う。

チンパンジーにおける順序と空間

霊長類研究所のチンパンジーたちは，すでにこれまでの研究の中で数字の順番を学習している。具体的な問題は，次のような感じだ。まず，最初にセルフスタートキーとよばれる小さな○が呈示される。これは，「問題ください」ボタンであり，チンパンジーがこの○を触ると，問題がでてくる。問題場面では，画面のランダムな場所に，数字の1から9がでてくる。連続した数字がだされる場合もあれば，間が抜けたとびとびの数字がでることもある。どちらの場合でも，画面上に呈示されている数字を小さいものから順番に触れば正解だ。

今回の研究では，この数字の順番を利用して，順序と空間がチンパンジーでも結びつけられているのかを調べた。実際には，これまでどおりにランダムな場所にでている1から9までの数字の順番を答える基本問題にまぜて，15％程度の確率で次のような2種類のテスト問題をだしたのだ。①1が左，9が右に配置される問題，②1が右，9が左に配置される問題（図1，2）。ヒトでは，多少の文化差はあれど，こうした順序は一般的には空間の左から右へと配置されることがわかっている。もしチンパンジーもヒトとおなじようにこうした順序を左から右へと配置するのならば，1が左，9が右に呈示されているときには，その感覚に一致する。一方で，1が9よりも右にでてくると，少し違和感をおぼえる。その結果，1が9よりも右にでてきた場合には，課題を解くのがワンテンポ遅れると予測できる。実験の結果はまさしくこの予測通りのものだった。チンパンジーは，1が右，9が左に呈示されているときには，その逆の配置のときよりも，平均して4％程度，課題を解くのが遅くなったのだ。

訓練時は，数字はいつもランダムな場所に呈示されていたので，むしろ場所の情報は無視したほうが，問題は効率よく解けるはずである。何年にもわたってそういう訓練を受けてきたのに，彼らはなお，小さな数字は左，大きな数字は右，と感じてしまうのだ。「順序」と空間の処理が互いに強くむすびついていて，順序を処理するときにおもわず空間になぞらえてしまっていると解釈するのが妥当だろう。

順序と空間の結びつきの進化

これまでは，ことばの進化の中で順序と空間が結びついたと考えられていた。しかし，今回の研究により，ことばを持たないチンパンジーにもこ

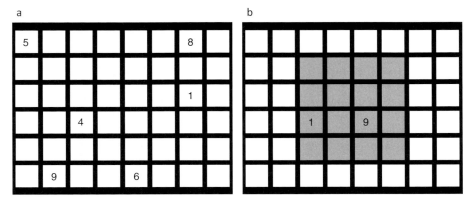

図1—数字刺激の呈示例。基本問題では，画面上に48のグリッドを設け，そのうちのランダムな場所に数字が呈示された(a)。テストでは，48のグリッドのうち中央の4×4のグリッド(灰色エリア)を用い，その中で左右に1と9が並ぶすべての組み合わせを呈示した(計48通り)(b)。なお，実際にはグリッドには色はついておらず，黒背景に白い数字が呈示された。

図2—チンパンジーのアイが，左に1，右に9が呈示されたテスト問題を解いている。

の結びつきがあることがわかった。これまでの通説に一石を投じる結果だ。それでは，なぜこうしたつながりが生まれたのだろうか？

順序のような物と物の関係は，直接的には目に見えない，とらえにくい特徴である。しかし，高い社会性をもつような種では，個体間の関係など，複雑な「関係性」を処理する必要性が高まってくる。そこで，関係性をよりよく理解するために，空間と結びつけるようになったのかもしれない。空間というのは，連続的な広がりをもつため，ものの順序や関係を描くうえで，とてもいいキャンバスとなるのだろう。今後，社会性の異なるさまざまな種を用いて比較認知科学を進めることで，こうした仮説を検証していくことが必要だ。

一方で，ヒトの言葉には，このような本来関係のない言葉を使って，物事をあらわす表現がたくさんある。こうしたつながりを概念メタファーとよぶが，このなかにはヒトが言語を獲得した後，2次的，3次的に生み出したものもあるだろう。今後，ヒトとヒト以外の動物のもつ概念メタファーの違いを描き出していくことで，ヒトの言語の独自性，その進化の道筋に大きな示唆が得られると期待される。

なお本研究は以下の研究論文として公表されている。

文献

I. Adachi: PLoS ONE, **9**, e90373 (2017), doi:10.1371/journal.pone.0090373

52 公益財団法人 日本モンキーセンター
——「自然への窓」としての動物園

松沢哲郎／山極寿一／伊谷原一

はじめに

2014年4月より日本モンキーセンターが公益財団法人として生まれ変わった。京都大学(京大)教授3人が、在職のまま兼任で、協力して運営に携わる。経緯とめざすところを述べたい。

日本モンキーセンター(JMC)は、1956年に設立された。愛知県犬山市に拠点をおき、2013年度末まで文部科学省が所轄する財団法人だった。霊長類学の英文国際誌『プリマーテス』を刊行し、愛知県で2番目に古い登録博物館として、学芸員をおいて霊長類に関する展示をおこない、その一環として附属サル類動物園を保有している。日本に動物園は約90あるが、大半が県や市の運営だ。教育関係の局ではなく、公園などを所轄する土木局などのもとにある。博物館登録されている動物園は、日本にここひとつしかない。

日本の霊長類学は、1948年12月3日に始まった。学問の出発点を特定できる珍しい例だろう。今西錦司(当時42歳の京大無給講師)が、2人の学部学生(川村俊蔵と伊谷純一郎)を伴って、宮崎県の幸島に野生のサルを見に行った日である。幸島のサルはすでに戦前から、地元の努力で天然記念物に指定されていた。今西は、都井岬の半野生ウマの観察中にサルに遭遇し、着想を得たという。サルの社会を知ることが、人間の社会を知ることになると考えた。

京大の霊長類研究グループと東京大学の実験動物研究グループが中心になり、渋沢敬三ら財界、とくに名古屋鉄道株式会社(名鉄)の支援を得てJMCを作った。今を先取りする、産学の連携事業だ。関西の阪急─大阪─宝塚がモデルになっている。鉄道会社が大都市の郊外に施設を作り、日帰りの行楽とともに宅地化を進める。中部地方の名鉄─名古屋─犬山である。犬山には国宝の犬山城があり、そこへJMC、博物館明治村、リトルワールドなどができた。

公益財団法人への道

動物園入場者数は、1987年には約100万人だった。その後は年々減少し、近年は50万人台である。名鉄ないしその関連会社が運営の実質的な主体で、財団法人への関与を通じて京大の研究者が支援してきた。民間が運営する一帯の正式名称は「日本モンキーパーク」だ。主要道路をはさんで西には、ジェットコースターや観覧車に乗れる遊園地があり、東に、サルに特化した動物園がある。

入場者数の減少で、動物園の経営はむずかしくなっていた。一方で、「公益法人の認定等に関する法律」の施行(2006年)により、財団法人そのものは、2013年度をもって解散するしかなくなっていた。選択肢は大きく3つだった。①公益財団法人となって公益を重視する、②解散して民間の経営となり収益を重視する、③その中間として一般財団法人化して従来の公益事業の一部を残す。

この地球には、人間を除いて約300種類の霊長類がおり、中南米、アフリカ、インド・東南アジアの熱帯とその周辺にくらしている。そのすべてが絶滅危惧種だ。彼らの野生でのくらしは、人間の活動によって危機に瀕している。森林伐採による生息地の破壊、売買目的の密猟や害獣として

の捕殺，そして人間に近いための病気の感染だ。動物園は自然への窓である。JMC は，68 種 985 個体（2014 年 4 月 1 日現在）のサルたちを保有する。この種数は動物園としては世界一であり，日本が世界に誇る貴重な財産だ。サルを眼の前で見ることで（図），実際の体験を通じて，人間とは何かを知り，われわれが共に生きる地球について思いをめぐらせる。

大学の使命は，学問を通じて社会に貢献することだ。それには研究・教育・実践という 3 つの側面がある。研究・教育の成果を実践する場所として，最も責任が重く，最も困難が予想される，公益財団法人への道を選んだ。

博物館としての動物園

自然への窓であるためには，JMC の職員みなが，自然そのものの姿を知っている必要がある。新たに公益財団法人となった最初の全体集会でたずねると，約 30 名の職員のだれ一人として幸島を見たことがないという。そこで，サルの生息地研修から始めている。3 泊 4 日で，幸島に野生のサルを見に行ってもらった。

幸島は，岸から 200 m ほど沖合の無人島だ。京大の職員らが，1948 年から数えて 67 年目になる長期継続観察をしており，世界で最も長い野生動物の観察基地のひとつだ。2 群れ合計 90 頭（2014 年 4 月 1 日現在）のサルがいて，先祖を 8 世代もさかのぼれる，サルの国の系譜が記録されている。

屋久島にも京大の施設があり，サル以外にもシカやウミガメなど多くの野生動物を見ることができる。熊本サンクチュアリには，日本でそこにし

図—ワオキツネザルと子どもたち。身近にサルを見ることができる。

かいないボノボ（チンパンジーの同属別種）を見ることができる。さらにはボルネオやアフリカに調査基地があり，アマゾンにも計画中だ。そうした大学の施設を利用し，実体験を通じてモチベーションを高めてもらいたい。

京大リーディング大学院の事業で，「霊長類学・ワイルドライフサイエンス」を開始した（www.wildlife-science.org）。主要な実践の場が JMC である。将来，博士の学位をもった学芸員が次々とあらわれ，専門的な知識と体験を活かして，動物園・水族館・博物館で働く日を夢見ている。

最後に，一般の方々からの力強い支援をお願いしたい。入場料大人 600 円*，「日本モンキーセンター友の会」年会費 3000 円。HP から申し込みできる（www.j-monkey.jp）。そうした人々の理解と支援が，この事業の成否の鍵だと思う。原則として火曜・水曜が休館日。ぜひ犬山に来てください。

＊—2019 年 10 月現在，大人（高校生以上）800 円，小中学生 400 円，幼児（3 歳以上）300 円となっている。

53 ボノボの社会と認知研究

平田 聡

熊本のボノボ

　熊本県宇城市，熊本サンクチュアリにボノボが6人いる。2013年末にアメリカ・サンディエゴ動物園から来た4人に(48「日本初のボノボ研究」参照)，新たに2014年5月にアメリカ・シンシナチ動物園から2人が加わった。男性2人，女性4人の構成である。みんな，新しい熊本の環境にすぐに慣れた。それぞれに個性豊かでありながら，いかにもボノボらしい，チンパンジーとは違う側面を見せてくれる。

　サンディエゴから来た4人と，シンシナチから来た2人は，1組の例外を除いて，熊本で初めて顔を合わせた。チンパンジーだと，見ず知らずの間柄のチンパンジーを会わせるのは，骨の折れる作業だ。最初は互いに敵対することが多い。野生チンパンジーの場合は，異なる群れ間で特に男性同士が争って，殺し合いの戦争になることもある。

　ボノボの場合は簡単である。いきなり一緒にすればよい。女性同士だと抱き合ってホカホカをする。ホカホカは，ボノボに特徴的な行動だ。女性同士が，性器を互いにくっつけて，こすりあわせるように動かす。友好的な行動である。男女の間柄だと性行動をする。出会ってすぐに，まるで旧知の間柄のように仲良くする。

　ただ，ボノボがいつも必ず仲良しなわけでもない。喧嘩をすることもある。この場合，加害者は女性，被害者は男性であることが多い。熊本サンクチュアリのボノボたちでも，これまで何度か喧嘩がみられた。攻撃するのはいつも女性の同盟，攻撃されるのはいつも男性だ。つまり，複数の女性が結託して，男性を追い詰めてやっつける。ボノボは女権社会なのである。

野生のボノボ

　野生でも，ボノボは異なる群れ同士が平和的に共存する。2010年夏，コンゴ民主共和国ワンバ村に野生ボノボを見に行ったときのことだ(図1)。ある朝，目当ての群れを追跡していると，知らないボノボが混じっているのに気づいた。隣の群れから来た男性や女性，その子どもたちだった。違う群れを出自にするボノボ同士が，まったく違和感なく普通にグルーミングをしたり，性行動をしたり，遊んだりしていた。隣の群れのボノボたちは，結局1週間ほどこの群れに滞在して，一緒に過ごし，また元の群れに戻っていった。

　人間は，ボノボ的な性質と，チンパンジー的な性質の，その両方を備えている。ボノボと同様に，初対面の人同士でも普通に一緒にいることができる。満員電車で見知らぬ人たちが身を接していても，いきなり争いにはならない。チンパンジーだとこうはいかないはずだ。その一方で，異なる人間集団の間で戦争も起こる。ボノボでは，群れ同士の戦争はまったく起こらない。

　ヒトから見たとき，チンパンジーもボノボも遺伝的，系統的に同じ近さである。共通祖先が備えていた特徴は，モザイク的に，ヒト，チンパンジー，ボノボに受け継がれながら進化したと考えられる。

図1―コンゴ民主共和国ワンバ村の野生ボノボ。

図2―タッチパネルを枝でつつく。

タッチパネルと道具使用

熊本サンクチュアリにボノボを導入したのは，認知研究を推進し，人間の本性の進化的起源を探るためだ。早速，タッチパネルを使った認知課題の練習を始めてみた。

最初に試したのは，男性のヨシキと女性のスズケン。タッチパネルに，大きな赤丸が現れる。その赤丸を触れば，ごほうびでリンゴの小片がもらえる。タッチパネルに触るには，その前にある透明パネルの小窓から手を挿し入れなければならない。映画『ローマの休日』の「真実の口」のようなもの，といえば分かっていただけるだろうか。ヨシキは，恐る恐る，小窓に手を挿し入れた。そしてタッチパネルを触った。リンゴの小片が出てきた。すぐに理解したらしい。そのあとは，比較的早く，タッチパネルの赤丸を触ることを覚えた。

ヨシキの隣で，スズケンが見ていた。スズケンは，おもむろに，近くに落ちていた木の枝を拾った。そして，その枝で，タッチパネルを触ろうとした（図2）。どうも，透明パネルの小窓に自分の手を入れるのが恐いらしい。手ではなく，小枝を小窓に挿入する。そして，その小枝の先でタッチパネルをつつく。するとごほうびのリンゴ片が落ちてくる。この場合，小枝はまぎれもなく道具と言える。タッチパネルに触るための道具だ。

野生のボノボで道具使用は稀である。しかし，動物園など飼育下では，ボノボも普通に道具使用行動を見せる。道具使用の潜在的能力はもっている。それが，何らかの理由で野生ではあまり発揮されないようだ。

これまでチンパンジーを相手にタッチパネルの練習を繰り返しおこなってきた。しかし，枝を道具にしてタッチパネルに触るのは一度も見たことがない。枝を道具にしたボノボに，独創的な知性の片鱗を垣間見ることができた。熊本サンクチュアリにボノボを導入した当初は，うまくいくのか心配のほうが大きかった。もう心配はない。今後の進展がますます楽しみになってきた。

54 レイコありがとう

熊崎清則／林 美里

　2013年9月30日夜，47歳でレイコが亡くなった。一周忌を前に，その一生を振り返ってみたい。

出 会 い

　霊長類研究所が発足して2年目の1968年7月3日に，黒ずくめで，ぱちくり目玉の可愛い，しかし不安げでおどおどした様子の，2～3歳くらいの女の子が入ってきた。研究所の飼育員だった私(熊崎)もチンパンジーを間近に見るのは初めてで，物珍しさに，薄暗い鉄製ケージの奥で目だけが光っている霊子(レイコ)をまじまじと見たことを思い出す。テントの中に砂を盛りブロックを並べた上に，1m角の鉄製ケージを置いただけという，あまりにも簡易な施設で，ニホンザル2頭と並んでの生活が始まった。外は，研究所本棟の第1期工事の完成が近づき，騒音と土埃がひどい工事現場。レイコはさぞかし心細かったことだろう。8月に本棟地階の第3ケージ室に引っ越したが，そこは当時の実験動物用飼育施設で，窓がなく，掃除の水も乾かずじめじめしていた。

　一日の仕事が終わると，レイコのところに通った。なんとか友達になろうと格子越しにいろいろと試みたが，こちらを疑っているのか，近づいてくれない。ケージのドアを開けても出ないことがわかって，私はドアを開放してスノコに座り，レイコに食べ物を手渡し，足や手を触って，驚かさないように少しずつ馴致を進めた。数日後には，レイコが私の背中に指で触れたり，背後から臭いをかぎに来たりするようになった。

　ある日突然，私の左肩にレイコが「フッフッ」と発声しながら唇を付け，直後に口を大きく開けて，前歯で肩を噛んできた。私は一瞬ドキッとして身体を硬くしたが，攻撃ではなさそうなので，じっと我慢していた。すると，レイコがだんだん私に密着してきた。やがて，レイコの片足が私の膝の上に乗り，しばらくして両足が乗り，全てを私に預けてきた。少々おっかなびっくりで，レイコの背中や腰をそっとなぜながら，なんともいえない感触と感覚を味わったことが忘れられない。

日々のくらしと訓練

　3人の飼育スタッフが手の空いた時にレイコの相手をしていたが，地下室での生活は退屈だったと思う。私への馴致も進み，レイコに日光浴もさせなければと，外にも出し始めた。研究所の職員達とも顔見知りになり，毎日のように散歩に出た。野良猫を見つけて突如猛然と走り出し，林の中につっこんでいったり，本棟の第2期工事の様子を，柵に腰を下ろしてゆったりと眺めていたり……あの頃のレイコのようすを懐かしく思い出す。研究に使われない一時期があって，まだ幼いレイコものびのびしていたように思う。

　レイコを研究する形態基礎部門から，歩行中の筋電図をとるために，機械の上で歩かせたり，電極やケーブルを上から押さえるための専用スーツを着させたりする訓練を頼まれた(図左)。上司の三輪宣勝さんの紹介で，隣の日本モンキーセンターの類人猿担当者に訓練の方法を聞いて，「よし」と「だめ」をはっきり教えることを習った。それをいつも頭に置いて，何度も失敗しながらも，訓練と実験を並行しておこなった。レイコも時折いやがることがあったが，特注の手作りスーツも

しっかり着て，実験に協力してくれた。

しかし，レイコはやがて，ケージ室に戻るのを嫌がって逃げ出したりするようになり，また身体も大きくなって電極付けが難しくなり，この歩行実験は中止になった。レイコはまた，地下室で一日を過ごす暮らしに戻ってしまった。

地下室からの脱出

1972年，新たに，サル類保健飼育管理施設の建物と，3区画の放飼場ができた。その1区画を利用して，クモザル2・オマキザル1・パタスモンキー2・アカゲザル1・マントヒヒ2・ミドリザル2という，子ども達の異種混合飼育が始まった。そこにレイコも加える許可がおり，レイコもいよいよ，陽の当たるところに出られることになった。初日の夕方，レイコは20mほどのドングリの木の枝先でバキバキ音を立てて巣作りを始め，実に手際よく寝場所を作った。ケージ室では見られない，野性味あふれるレイコの姿だった。

お婿探し，人工授精，子育て

月日が流れ，レイコにも生理がくるようになり，研究者からも子どもの研究希望が出始めた。お婿探しから3年掛かりで，人工授精をへてやっと妊娠が確認でき，飛び上がって喜んだ。1981年5月，レイコは男の子レオを出産した。レイコは出産直後，子どもを逆さに抱いてしまった。翌日から，乳首を吸われるのを嫌がるレイコを格子越しに叱ったりなだめたりして授乳訓練をし，なんとか母親保育に成功した。安定して授乳するようになったレイコは態度がどっしりとして落ち着き，どんどん母親らしく振る舞うようになった(図右)。

図―(左)訓練のための服を脱いでしまったレイコ。(右)子ども・レオの世話をするレイコ。

実験のために親子を離すなど，しばらくレイコにとっては試練が続いたが，レオも順調に育って，立派なおとなに成長した。

9回目の転居と老後のくらし

1995年に新棟が完成し，一挙に広くなった放飼場に，他のチンパンジーたちとともに転居した。穏やかな日には，15mのタワーの上にゆったりと横たわり，犬山市街をのんびり眺める，おばあさんになったレイコの姿があった。

下痢からはじまった体調不良で，レイコは数日間ほとんど寝たきりになった。水も飲まなくなり，腹部がはってきた。最後は，レイコが嫌がることはしないと決めて，麻酔をしての治療はせず，静かにそばに寄り添った。記録のためのビデオを残して皆がいなくなった数時間後，静かに寝ていたレイコの呼吸が止まり，永眠した。レイコ，45年間もの長きにわたって私達とつき合ってくれてありがとう。安らかに眠って下さい。

55 チンパンジーが チンパンジーを殺す
──152例の報告から

松沢哲郎

チンパンジーの同種殺し

　チンパンジーがチンパンジーを殺す。叩きのめすだけでなく，死にまで到らせる。そうした殺しの事例を集め[1]，殺すのは本性だと結論づけた。

　アフリカにあるチンパンジーの18調査地，ボノボの4調査地の研究者の協力の成果である。最長がゴンベの53年間，次がマハレの48年間，ワンバの39年間，われわれボッソウの37年間，タイの34年間だ。全22調査地を合計すると，426年間見続けたことになる。152の事例の内訳として，確実に殺しの現場を見たのが58例，現場こそ目撃していないが死体から同種殺しと断定できるのが41例，状況証拠から見て殺しがあったと推定されるのが53例である。

　殺すのも，殺されるのも，男性が多い。殺害者は男性92％，被害者は男性73％である。全体の66％が，隣り合う群れのあいだでの抗争による。殺す側と殺される側の人数比の中央値は8：1だった。つまり，集団でなぶり殺しにする。

　こうした同種殺しの原因として，大きく2つの可能性が考えられてきた。第1は，人間に起因する可能性。人間が彼らの生息地を奪った結果，争いが多発して殺しが起きたと考える。第2は，彼らの本性として同種殺しがなされた可能性。食物や，繁殖可能な女性，なわばりをめぐって，まずは抗争し，そのあげくに殺しにまで発展する。

　わたしたちの調査地ボッソウは，まわりを人の畑に取り囲まれ，人間による攪乱が最も著しい。それにもかかわらず，過去一度も殺しは起きていない。ただし，日常的に隣接する群れのない孤立群だという点も考慮されるべきだろう。調査地はそれぞれに固有の背景を抱えている。しかし，それらをまとめて全体を俯瞰した結果，人間の影響の有無とは関わりなく，チンパンジーは同種殺しをすることがわかったのだ。

チンパンジーが人間を殺し，人間がチンパンジーを殺す

　チンパンジーの攻撃性はチンパンジーだけに向けられるわけではない。ボッソウでは，チンパンジーに襲われて人間が傷害を受けた例が，1995～2009年のあいだに11例あった[2]。被害者は子どもで，いずれも3～10月に起きていた。雨季で森の果実が少ない中で，チンパンジーたちが畑荒らしをすることも多く，人間との遭遇が増えたのが原因だろう。

　不幸にも，死に到る場合もある。2010年6月5日に，4歳の男児がチンパンジーに殺された。親類の家に来ていたよその村の者だ。両親は朝早く畑に出た。それを追って，若い男女（被害者の母方の叔母とその婚約者）が男児を連れて3人で歩いていた。すると11時ごろ，村と畑を往復する道で一群のチンパンジーに遭遇したのである。じっとして待つべきだった。しかし，ボッソウの村人でなくチンパンジーへの対処を知らない大人2人が，大声をあげ，男児を置いて逃げ去った。男児は道沿いに100mほど引きずられ，さらに藪の中に34m引きずり込まれた。近くの畑で叫び声を聞いた農夫が駆けつけて，チンパンジーを追い払った。引きずられたときの傷が致命傷になり，13時ころ，男児の死亡が確認された。

図—(左)道をわたるチンパンジー。撮影：Anup Shah & Fiona Rogers.(右)ボッソウの主のような存在だった男性テュア。撮影：大橋岳

人間もチンパンジーを殺す。撃って捕って食べる。干し肉にして売る。ボッソウの場合，2013年9月に3人の大人のチンパンジーが突然，同時に姿を消した。テュア(男性，図右)，パマ(女性)，ペレイ(男性)である。チンパンジーの男性は生まれた群れに残るし，女性も，パマのように50歳を超えて群れを出ていくことはない。状況証拠が示す可能性はひとつ，人間が3人のチンパンジーを殺したということだ。こうした不審な失踪例として，2011年のヨロ(当時の第1位の男性)のケースもある。考えられる原因としては，前述のようなチンパンジーによる農地荒らしや，殺された人間の側の復讐もありうるだろう。

殺すということの起源

人間は人間を殺す。殺人の研究によれば，年間人口10万人あたり，最も多い国で毎年約90人が殺され，日本はきわめて少なくて約0.8人だ。同じような統計にのせるために，チンパンジーの152例の同種殺しを評価してみた。調査した年の個体数を，調査した年数だけ総和する。ここでは概算で，1群れの個体数の年平均を50～100人と想定しよう。今回の22調査地の426年間で，2万1300～4万2600人年の観察があったことになる。そこで152例の殺しがあったので，人口10万人あたりでは178～356人程度になる。

もちろん，人間でも戦争やホロコーストを考えると，殺人率はもっと高くなるだろう。ちなみに日本の総人口の推移を見ると，順調に増えてきて，戦争でガクッと減った。昭和19年に7443万人だったが，昭和20年には7214万人になっている。自然な生死での増減をゼロと仮定すると，最大で年間229万人が戦争で犠牲になったことになる。人口10万人あたりでみると，3077人だ。チンパンジーで示された，死に到らしめる攻撃性の約10倍程度ということになる。

チンパンジーと同じ祖先をもつボノボでは，これまでにわずか1例しか殺しが見つかっていない。チンパンジーの攻撃性は，そして人間のそれはどこから来るのだろう。20世紀の戦争で，一度に何百万人という犠牲者のホロコーストやジェノサイドがあった。今も各地で人殺しが続いている。殺すというチンパンジーの行為をさらに深く知ることで，人間の本性と，求めるべき平和の姿について考えてみたい。

文献
1—M. L. Wilson et al.: Nature, **513**, 414(2014)
2—K. J. Hockings et al.: American Journal of Primatology, **72**, 887(2010)

56 ふたごのチンパンジーを育てる母親たち

友永雅己

ゴンベの肝っ玉かあさん

昨年(2013年)の夏,生まれて初めてアフリカに行った。タンザニアのゴンベ国立公園,ジェーン・グドールが世界で初めてチンパンジーの観察を始めた場所だ。そこで初めて,野生のチンパンジーを見ることができた。林の中の道を歩いていると,子どもを引き連れた女性のチンパンジーを見つけた。グレムリンという名の,40歳を超す女性だ。周りにいる子どもは,9歳と3歳の男の子だ。

実はグレムリンは,とても有名なチンパンジーである。というのも彼女は,1998年にふたごのチンパンジーを産んだお母さんだからだ。彼女はこのふたごの前にも,3人の子どもを育ててきた。グドールはこの女性を,最も好きなチンパンジーの1人に挙げている。彼女はシロアリ釣りに長けており,また母親としての忍耐強さに感銘を受けたと,グドールは語っている。子どもを抱いて,私たちの目の前を移動していくグレムリンの姿は威風堂々としていた。

日本のふたごチンパンジー

野生でのチンパンジーのふたごの報告はきわめて少ない。飼育下のチンパンジーに目を転じてもそうだ。しかし日本には,母親や仲間たちに囲まれてすくすくと育っているふたごのチンパンジーがいる。以前にも紹介した高知県立のいち動物公園の2卵性のふたご,ダイヤとサクラだ(14「ふたごのちびっこチンパンジー」参照)。2009年の4月に生まれたので,もう5歳半になり,顔の色も少し

ずつ黒くなってきた。あと数年もすれば第2次性徴が始まり,おとなの仲間入りをするだろう。この2人の子どもたちは,人工哺育によらずに母親が育てた,日本で初めての事例だ。いや,「母親が育てた」というのは少し語弊があるかもしれない。このふたごがここまで成長しえたのには,実はのいちのコミュニティのメンバーたちの協力があったことを忘れてはいけない。初めの頃は,母親のサンゴと仲良しの女性が子どもたちの面倒をよく見ていた。そして2歳頃になると,今度はこの個体に代わって,別の女性が積極的に子育てにかかわるようになっていった。

ベビーシッターの存在

この女性たちはともに,母親とは血のつながりがない。非血縁個体による子育て(alloparenting)は,チンパンジーではきわめてめずらしい。非血縁個体による養育行動がうまくいったことが,ふたごの生存に大きく寄与していたといえる。さらに,母親との社会的関係が疎遠な女性が,ふたごを積極的に養育していた。

犬山市の京都大学霊長類研究所でも,子どものチンパンジーが非血縁の女性に抱かれて移動するということがよく観察されていた。この女性は母親に積極的に近づき,一所懸命に毛づくろいをしていた。まるで子どもを抱かせてもらう「許可」を得るためのように。しかし,のいちの事例ではそういったつきあいはほとんどなかったのだ。いつも少しだけ離れたところに座って,子どもが寄ってくるのを待っている,そんな感じだった。

そう,のいちでは,こうした子どもの積極性が,

図―ふたごの母親たち。(左)ゴンベ国立公園のグレムリン(と息子)。(右)のいち動物公園のサンゴ(とダイヤ)。いずれも撮影：友永雅己。

養育の成功にとってとても重要だったのだ。特に女の子の方は，2歳を過ぎると，この子育てをしてくれる女性のみならず他の女性たちとも，さまざまな形でかかわるようになっていった。この開かれた社会性が個性なのか，はたまた性差なのかは判然としないが，とにもかくにも，子どもと非血縁の女性の間の相互的な関係が，養育行動を成功に導いたのは言うまでもない。

母親の寛容

そしてもう1つ，母親の寛容さも強調しておきたい。ふつうチンパンジーの母親は，1人で子どもを産み，1人で子どもを育てる。先の京都大学霊長類研究所での場合も，はじめは，おとなの個体が子どもに興味をもって近づいてくると，母親はすっと背中を向けて彼女から遠ざかって行くということを繰り返していた。ところが，のいちのふたごの母親は，仲良しの女性だけでなく，あまり仲の良くないもう一方の女性に対しても，子どもとかかわることを許していた。先の野生チンパンジーの母親と同じく，こちらもまさに「肝っ玉かあさん」という感じで，ふたごの前に3人の子育てに成功している。このような養育経験の豊富さが，他個体の養育参加に対する寛容さにもつながっているのかもしれない。

成長は続く

のいちのふたごたちの「今」を少しだけ紹介しておこう。子どもたちと非血縁の女性たちの間にはすでに，昔のような仲睦まじさはみじんもない。4～5歳くらいになると，チンパンジーの子どもたちは，おとなに向かってものを投げたり叩いたりするようになる。このような「ちょっかい」は，母親や血縁個体以外のすべての個体に向かって起こる。ダイヤやサクラたちもご多分にもれず，周りのおとなにちょっかいを出すことにご執心だ。しかも，その対象にはなんと，かつて子育てをしてくれた女性たちも含まれている。そういえば犬山の子どもたちも，同じように，おとなたちにちょっかいを出していた。なんともはや，子どもの成長過程とはいえ，少しむなしい思いもする。

本稿で紹介した研究は，下記で自由に閲覧できる。
T. Kishimoto et al.: Scientific Reports, **4**, 6306 (2014), doi:10.1038/srep06306

57 人間と類人猿の子育ち・子育てについて考える

林 美里／竹下秀子

　親が子どもを育てるというのは，当然のように思われている。だが，動物全般に目を向けると，必ずしもそうではないことがわかる。

　昆虫や魚などでは，大量に卵を産むだけで，子育てをしない種も多い。鳥類では，親が卵を温めたり，ヒナに食物を与えたりして子育てをする。哺乳類では，親が子どもを産んで，母乳を与えて育てる。霊長類では，少ない数の子どもを産み，子どもが親にしがみついて母子が密着して生活し，子育ての期間も長い。とくに人間に近い類人猿では，より子育ての期間が長くなり，親子の関係性もより複雑になる。そして，飼育下の類人猿では，育児放棄や育児困難などの事例が見られることもある。「母性本能」という言葉に表されるように，本能的な行動としてとらえられることが多い子育てだが，じつはそんなに単純なものではない。人間の子育てと子育ちがどのように進化し，多様な社会文化のなかでどのように発展してきたかを探るためには，現生種の子育ちと子育ての多様なあり方を比較し，種間の共通性や種独自性を見極めていくことが有益だろう。

　こうした課題意識から，2014年11月16日に滋賀県立大学で「子育ちと子育ての比較発達文化研究会第1回フォーラム」が開催された。人間もその一員であるヒト上科(類人猿)のテナガザル，オランウータン，ゴリラ，チンパンジー，ボノボを対象としておこなわれてきた研究から，最新の成果が紹介された。今回はその内容を記したい。

　まず，テナガザルは，おとなの男性とおとなの女性がペアになって子育てをする。父親・母親・それぞれ3歳ほど年のはなれたきょうだいが数人という，人間の核家族のような集団でくらしている。井上陽一さんの観察によると，2歳半ごろまでの子どもは，母親にべったりだが，それ以降は父親に抱かれて移動したり，父親と遊んだりすることがでてくる。3歳ごろに，母親が下の子どもを産んで，その子育てに集中するようになり，兄や姉は家族とともにくらしながら，10歳ごろまでに自立するすべを身に付けていく。

　オランウータンは出産間隔が約7年と，他の類人猿に比べても長い子育て期間をもつ。2歳ごろまでは，母子がほぼ密着して生活している。オランウータンはゆるやかな地域社会をもつが，単独ですごす傾向が強い。そのため，子どもは生きていくために必要な知識や技術を，すべて母親から学ぶ必要がある。山本英実さんらの観察から，オランウータンの母子では，子どものはたらきかけに応じて母親が食物をもつ手の動きを止めるという形で，食物分配が頻繁におこる可能性も示唆されている(図)。子どもは母親との強いきずなの中で，食物レパートリーや，樹上でくらすすべや，寝るための巣を作る方法などについて，時間をかけて学んでいく。

　ゴリラは，シルバーバックとよばれるおとなの男性が1人と，複数の女性がともにくらしている。野生のゴリラの子どもは，母親のちがう同年代の仲間たちとすごすことも多い。また，子どもが父親に遊んでもらったり，守ってもらったりすることも他の類人猿に比べて多い。竹ノ下祐二さんの飼育下ゴリラの研究から，意外な母親の役割が明らかになった。母親が子どもを叱らない，つねに子どもの味方をするというのは，他の類人猿たち

とあまり変わらない。ちがうのは，母親が子どもと遊ばないということだ。母親は，我が子が他の女性や父親と遊ぶなどの社会的な交渉をもつことを促すように仕向ける。母親以外のおとなは子どもと遊びたくても，子どもが自ら近づいてきて遊んでくれるのをじっと待つ。母親が見守る中で，子どもと父親が少しずつ間合いをつめていくが，あまりにもゆっくりしていて，録画したビデオを4倍速で見ないとそれが社会的交渉だということがわからないこともあるそうだ。父親と子どものきずなもあり，一時的に父親が子どもと母親から離れてくらすようになった直後は，一日中父親のほうを見にいって，ないてばかりいたそうだ。

チンパンジーは複数のおとなの男性と，複数のおとなの女性が一つの群れでくらす。飼育下では，管理のしやすさから，おとなの男性が1人だけということもある。また，野生では群れの中に同年代の子どもたちが複数いるのが普通だが，飼育下では子育てをしている母親の数が圧倒的に少ない。そのため，子育てのしかたを学習する機会が少なく，子どもを産んでも育児拒否をしたり，うまく授乳ができないなどの育児困難が見られたりする事例もある。しかし，岸本健さんらの研究から，ふたごチンパンジーの一方の世話を，母親以外の女性が分担することで，2人とも無事に育った事例が確認された（14「ふたごのちびっこチンパンジー」，56「ふたごのチンパンジーを育てる母親たち」参照）。

ボノボでは，基本的な群れの構造はチンパンジーとほぼ同じだ。しかし，女性が偽の発情をしたり，性的行動を社会的交渉に用いたりすることで，男性間の競合が和らげられて，チンパンジーよりも平和なくらしをしている。ザンナ・クレイさんらの研究から，興味深い発見があった。ボノボが

図――母親のもつ食べ物にかじりつくオランウータンの子ども。

くらすコンゴ民主共和国にあるサンクチュアリ（終生飼育施設）では，食肉などの目的で母親をなくしたボノボが孤児として保護されてやってくる。もともと孤児として入ってきたボノボが成長して出産し，子どもを育てる事例も増えた。孤児の子どもと，母親に育てられている子どもを比べると，母親に育てられている子どものほうが，けんかでやられた仲間をなぐさめたりする行動がより頻繁に観察されたそうだ。けんかのときになきやむまでの時間も短く，より自分の感情をコントロールできることがわかった。母親に育てられるということが，社会的な行動や情動の発達にとって重要だといえる。

人間の子育てでは，血縁以外の複数のおとながかかわる場合がむしろ一般的だ。男女が子の養育に参加するかたちは社会文化によって異なる。他方，4属5種を対象にした上記の話題提供から，類人猿の子育てを比較してみても，それが親子間の交渉だけに限定されるものではなく，群れ全体の社会構造や周囲の環境の影響を受けていることがわかった。類人猿全体の子育てを見ていくことで，人間の親子関係を調べるだけでは見えてこない，より広い視点を得ることができる。

58 絵に映し出される心

齋藤亜矢

ひさしぶりにアイに絵筆を握ってもらった。やわらかな手首の動きから生まれる，いつものアイの筆づかいだ。はじめに色紙の上半分に黄緑色の絵の具を塗りひろげた。その下半分には，次の朱色をいれていく。補色で塗り分けられた画面。その境目から，深緑色の線がらせん状にたちのぼった。森のなかを気まぐれな風が吹き抜ける。そんなさわやかな作品になった。京大総長にならされた山極寿一先生に贈られた絵だ（図左，中）。

「描く」にみる人間と
チンパンジーの違い

東京芸大の大学院生のころから，描くことの認知的な基盤を研究テーマとしてきた。その主軸にチンパンジーと人間の子どもの比較研究がある*。

チンパンジーは，絵筆をあつかえても，何かを表した絵（表象画）を描かない。その要因を調べるために，顔の一部分が欠けた線画におえかきをしてもらった。たとえば右目が欠けている顔や，輪郭しかない顔の絵だ。人間の場合は2歳後半になると，自発的にその「ない」目を補って描こうとする。しかし，チンパンジーが「ない」目を補って描くことは一度もなかった。そのかわりに，描かれて「ある」目を塗りつぶしたり，輪郭をなぞったりと器用な筆さばきをみせた。

浮かび上がってきたのは，絵を描くわたしたちにそなわった能力が，想像力に関連した知性だということだ。人間は，描線にさまざまな「なにか」を見立てて描く。いっぽう，チンパンジーは，そこに「なにか」を見立てていないようだ。

だからアイの絵は，いわば純粋なアンフォルメル（非定型芸術）のようなものなのだろう。しかし，それを見る人間の心には，さまざまなイメージが湧きあがる。

「革命前夜」

アイが作品を制作するとき，私の役割はアシスタントであり，ディレクターでもある。画材の準備から，使う絵の具の調合，ビデオ撮影，作品選定までをおこなう。アイと同室して筆を手渡すのは，依頼主でもある松沢哲郎先生だ。

図（右）も同じくアイの絵で，尾池和夫先生の学長就任のお祝いに贈られた。京都造形芸術大学に就任されるということで，赤と黒の大胆な筆致の作品にした。制作日は，はからずも2月26日。仮タイトルは「革命前夜」とつけられた。

4月から赴任した大学で，この「革命前夜」を授業の教材に使った。美術鑑賞と称し，絵を見て感じたことを5つ書き出してもらう。ただし，作者がチンパンジーだということは伏せておいた。そのため「子どものなぐりがき」だと思った学生もいたが，「それなりのおとな」だとか，「有名な画家に違いない」と考えた学生も多かった。もっとも，美術鑑賞の題材がチンパンジーの絵だとはふつう思わないだろう。

はじめは何も思い浮かばないと戸惑う学生たちだったが，ひとつ手がかりをつかむと，イメージを膨らませていく。なかには「枠に閉じ込められた生き物が抜け出したいと思っている」というのもあった。アイの心の声でないことを切に願う。学生によると，黒くて太い線がヘビのような生物に見えたそうだ。それが色紙の枠におさまるよう

128

図―(左)制作中のアイ。(中)できあがった作品を前にするアイと松沢先生。(右)赤と黒で描かれた「革命前夜」の絵。

に描かれているので，窮屈さを感じたらしい。

さて，学生たちの感じたことの全貌をまとめてみたい。具体的なイメージには，おもに3つの方向性があった。筆の勢いと色の対比からか，まずは炎，太陽，大地，生命，龍といった力強いイメージ。次に，赤と黒という色彩からか，歌舞伎，侍，鬼，天狗といった和のイメージ。そして，火事や戦争，地獄などの物騒なイメージもあった。

こうした具体的なイメージのほかに，感情や印象に関わる言葉も多く引き出された。情熱的，豪快，力強い，がむしゃら，りんとしている。このあたりまではよかったが，恐怖，怒り，喪失，苦しみ，憎しみ，狂気などのネガティブな言葉も続々とあがってきた。

絵に映し出される心

はたして，お祝いの作品としてふさわしかったのか。書き出された言葉の並びを見ると，ディレクターとしては反省するところだ。

自己弁護ではないが，ここはぜひ岡本太郎の言葉を参照させていただきたい。「芸術は，うまくあってはならない。きれいであってはならない。ここちよくあってはならない」。すぐれた芸術は，むしろ「いやったらしい」ものなのだと。

アイが自分のイメージを込めて描いたわけではないので，彼女の描いたものが芸術作品だと主張するつもりはない。しかしこの絵が，見た人の心のなかで，さまざまなイメージや感情をかきたてたことは事実だ。

じつはもう1枚，別の絵も鑑賞してもらったが，そちらは，風，海，空などのさわやかな言葉ばかり集まり，ネガティブな言葉は少なかった。しかしそもそも感情に関わる言葉があまり引きだされていなかったのだ。そういう意味では，「革命前夜」の方がより「いやったらしい」作品だ，といわせてもらいたい。

20世紀美術を代表する芸術家，マルセル・デュシャンが言ったように，本物の芸術作品も，鑑賞する人がいてはじめて完成する。そして鑑賞をする人の想像力が問われるということにあらためて気づかされた。絵には，それを見る人の心が映し出される。見るという行為は，想像以上に創造的だ。

＊―研究の詳細は，A. Saito et al.: Child Development, **85**, 2232 (2014)や，齋藤亜矢『ヒトはなぜ絵を描くのか――芸術認知科学への招待』(岩波書店)をご参照ください。「チンパンジー・アイ」のHPの映像もどうぞ。
https://langint.pri.kyoto-u.ac.jp/ai/ja/gallery/ai-drawing-videos.html

59 ウガンダとカンボジア
——霊長類を広く見て，人間を深く知る

松沢哲郎

ウガンダのワイルドライフ

毎年，12月から1月にかけてアフリカで野生チンパンジーの調査をしてきた。しかし，エボラ出血熱のためにギニアに渡航できない。ボッソウの野外調査を1986年から続けていたが30年目にして途切れることになった。この機会を利用して東アフリカに行くことにした。目的地はウガンダだ。

カリンズ森林でチンパンジーを見た。シロクロコロブス，アカオザル，ブルーモンキー，ロエストモンキーという4種のサルに出会った。ボッソウにはチンパンジーしかいないので，多様なサル類が森で一緒に暮らすようすが新鮮だった。

ブウィンディ森林の野生マウンテンゴリラも見た(図)。マウンテンゴリラはこことルワンダのビルンガ火山群にしかいない。総数約880個体。まさに絶滅の危機に瀕している。ヒト付けが進んでいて，向こうから近寄ってくる。6歳と5歳と4歳の子どもが近づいてきて，一番のちびっ子がわたしのカメラを引っ張った。

ビルンガには行ったことがある。これで野生マウンテンゴリラの双方の生息地を見たことになる。いずれもしっかりと守られているが，保護区は孤立している。ウガンダでは主食のバナナ畑と，商品作物の紅茶畑が延々と広がっていた。

さまざまな野生動物が見られることで知られるクィーンエリザベス国立公園も訪れた。人々が思い描くアフリカのサバンナの動物たちを見るのは，わたしにとっても初めてだ。ゾウ，ライオン，キリン，インパラ，ガゼル，イボイノシシ，カバ，水牛，アヌビスヒヒ，ベルベットモンキー，多様な鳥類，公園外でシマウマも見た。

もっとも公園に向かった早朝，最初に出会ったのは道路に転がるカバの死体だった。「ロード・キル」という言葉がある。野生動物が道路に出てきて自動車にはねられる事故だ。夜間に疾走する車と衝突したのだろう。首都のカンパラから森に向かう幹線道路のそこここで目にした光景だ。人間とそれ以外の動物の共生の難しさを実感した。

カンボジアのモンドルキリ森林

正月(2015年)を久しぶりに日本で過ごして，1月はカンボジアに行った。38カ国目の訪問地になる。ベトナム国境に広がる未踏のモンドルキリ森林が目標だ。1970年代のベトナム戦争で，ベトコンの掃討のために米軍が後背地のカンボジアを空爆した。大量の不発弾がまだ森に眠っている。国境地帯ということもあって入域が制限されていたが，カンボジア農林水産省森林局の好意で特別に許可された。キイロホホカンムリテナガザル，ドゥクラングール，シルバーラングール，ブタオザル，カニクイザルを見ることができた。

この2年間，雲南のキンシコウの野外調査に力を入れている。孫悟空のモデルともいわれるサルだ。約300種類いる霊長類の中で，最も標高の高い所に住む。標高4500m，雪の中で暮らす。針葉樹から垂れ下がり岩にへばりつく地衣類を食べている。「学部はどちらですか？」「山岳部です」という大学生活を送ってきた。ヒマラヤの登山とアフリカのチンパンジー研究という，まったく無縁に見えるふたつの道が，ヒマラヤ最東端の

高山で暮らすキンシコウで交差した。

最新のゲノム研究で，このキンシコウとボルネオのテングザルが遺伝的には近縁だということがわかった。鼻の削げ落ちたキンシコウと，鼻が長く垂れ下がったテングザル，真逆な「奇妙な鼻をもつサル」が近縁だとは，ゲノムを調べるまでわからなかった。雲南とボルネオの中間点がカンボジア・ベトナムの森林である。両者をつなぐ場所にどんなサルが生息しているのか。それが知りたくて現地に見に行った。答えはドゥクラングールだ。キンシコウを彷彿とさせる顔のサルだった。樹の葉を食べるので，食性としてはテングザルに似ている。

エボラのために思いがけず広く世界をとびまわることで，チンパンジー以外のサルたちの野生の暮らしの一端を垣間見ることができた。これで霊長類の 32 の種ないし集団を野生で観たことになる。もっと広く世界を見ればよいのだ。新しい研究の展開を予感できた。

暴力の起源
――ポル・ポト派（クメール・ルージュ）による大虐殺

カンボジアを発つ日，夕方の飛行機便を待つ間に，ポル・ポト派の収容所跡を見に行った。2011 年にルワンダのツチ族とフツ族の大虐殺の跡地，2013 年にナチスによるポーランドのアウシュビッツ・ビルケナーゼのユダヤ人収容所，2015 年にポル・ポト派の収容所を見たことになる。いずれも数百万人規模のジェノサイドの現場である。

森林局で会った高官 5 人はいずれも 50 歳前後だが，例外なく，両親か片親が殺されていた。自身は当時 10 歳前後で，農村に送られて稲作に従

図――ブウィンディのマウンテンゴリラ。撮影: 坪川桂子。

事した。ポル・ポト派がカンボジアを掌握支配したのは 1975 年 4 月から 1979 年 1 月 7 日までの 3 年 8 カ月だ。マルクス・レーニン・毛沢東の影響を強く受けた，独自の原始共産制である。

いっさいの私有を禁じた。貨幣をなくした。学校を廃止した。教師はみな殺した。役人も殺した。僧を殺した。知識人を殺した。知識は無用で有害だという。約 100 万人が死んだと推定されているが，当時の国の人口が約 700 万人なので，おびただしい命が奪われた。ちなみに，ポル・ポトは，本名サロス・サー（1925〜1998）の革命家名である。ポリティカル・ポテンシャルの略だということを初めて知った。

すさまじい暴力と残忍性が，収容と殺戮の現場で示されている。弾痕や打撃痕のある頭蓋骨や骨，写真。チンパンジーによるチンパンジー殺し152例を昨年，ネイチャー誌で公表した。暴力や残忍性の起源を考え，それにいかに対処したらよいかを提示する。霊長類学が人間の学であり続けるためには，そうした問いへの答えも準備しないといけないと思った。

60 アユムたちの数の勉強
——0から19までと基数の学習

村松明穂／松沢哲郎

これまでの数の勉強

2000年に誕生したアユムたち3人のちびっこチンパンジーも，今年(2015年)，みな15歳になる。若者チンパンジーと呼べる年齢だ。アイとアユムたち3組の親子は，子どもが4歳になった頃から，アラビア数字の順序の勉強を続けてきた。今回は，開始から10年近くたった数の勉強の，その後の様子をご紹介したい。

ちびっこチンパンジーとそのお母さんたちは，井上紗奈と松沢の研究で「1から9」までのアラビア数字の系列を学習した。タッチパネルの画面に1と2を出して，1からさわることを覚えてもらい，少しずつ画面に出す数字の個数を増やしていった。親子3組とも1から9までを順番にさわれるようになったところで，「1，5，8」のように飛び飛びになっている課題も始めた。

3組6人とも，数字が連続していても，飛び飛びでも，よい成績(高い正答率)をとれるようになった。数字の順序の知識を利用して，アユムたちの記憶の能力を調べる研究もおこなった[1]。さらに，記憶能力における加齢変化についても調べた(24「数字の記憶と加齢変化」参照)。こうした研究から，子どものチンパンジーの記憶能力は，大人のチンパンジーや人間よりも高く，ただし加齢によってその能力が低下することがわかった。

1から19，そして0，さらに20へ

わたしたち人間が数の順序について勉強するときには，口に出して「いち，にい，さん」と唱えてみたり，数字を順番に読んだり書いたりする練習をする。そうやって「1から9」までの順序を覚えられたところで登場するのが，10以上の数字と，0だ。10以上や0を含めた数字の順序を効率よく覚え，利用するためには，位取り記数法のひとつである十進法のルールを理解する必要がある。チンパンジーも，位取り記数法を学習・利用することができるのか調べたい。そこで，10以上の数字の順序の勉強を始めた。

「1から19」までの順序を，1から9までの勉強とおなじ手順で勉強してもらった。学習していく過程をつぶさにみることで，チンパンジーにとって何がむずかしいかがわかった。数字が「9，10，11」のように桁上がりをふくむとき，「13，15，18」のようにすべて2桁のとき，「1，11，19」のように数字と数字のあいだの距離が長いときに，成績が下がった。しかし，勉強を続けた結果，数字が連続していても，飛び飛びでも，よい成績で答えられるようになった。つまり，10以上に延長した1から19までの数字の順序も学習できた。

次に，新しく「0」を加えることにした。0と1だけを画面に出すところから始めた。アユムたちは，図1のように，0から19までの系列を学習できることがわかった。アユムたちが進む次のステップは，位取り記数法の学習の確認だ。アユムたちは，20以上の数字に対して，0から19までの学習のなかに内在していた十進法のルールを応用し，数字の順序を正しく答えることができるだろうか。新しい課題にこの春から挑戦したい。

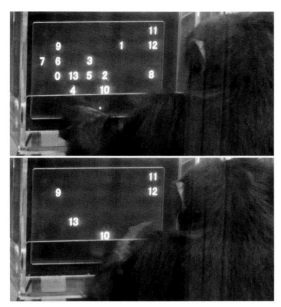

図1―数字系列課題にとりくむアユム。

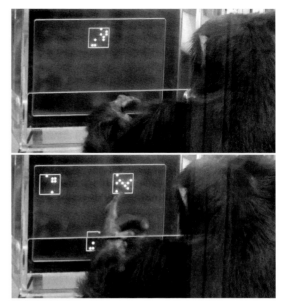

図2―ドットの見本合わせ課題にとりくむアユム。

物の個数とアラビア数字の関係

ここまでに紹介したような順序をあらわす数は「序数」と呼ばれている。序数は、私たちが生涯にわたって獲得・利用していく「数の概念」の重要な側面だ。ほかの重要な側面が「基数」である。基数とは、物の量を数え、表現するために使う数のことだ。目の前にリンゴが3個あるときに、それを「3」「みっつ」とあらわす。霊長類研究所で暮らしているチンパンジーたちのなかでは、いままでにアイだけが基数を学んだ。つまり、実際の物の個数や画面上のドットの個数と、アラビア数字を結びつけて表現することができる。

そこで、ほかのチンパンジーたちでも「基数」の勉強を始めることにした。その前段階として、物の個数に着目する勉強を始めた。画面上のドットの個数を大まかに把握・区別できるのかを確認する課題だ（図2）。上段は、見本となる図形が示されている場面で、見本の四角形の枠のなかにドットが9個入っている。したがって、下段の選択場面では、見本と同じく9個のドットが入っている四角形の枠のほうを選ばなければならない。ふたつの選択肢のあいだでのドットの個数の差が小さいと、まちがえてしまうことが多いようだ。しかし、勉強を続けるうちに成績があがってきている。よい成績をとることができるようになったら、ドットの個数とアラビア数字の対応関係を学習する課題を始めたい。

数の勉強の開始から10年がたった。アユムたちの勉強は、いままでの勉強をベースに新しい段階に進んでいる。毎日の勉強を積み重ねる。それをとおして、アユムたちの数にかんする能力について、これからも調べていきたい。

文献
1―松沢哲郎編: 人間とは何か, 岩波書店 (2010) pp. 162～163

61 勉強するゴリラの子，勉強しないチンパンジーの子

田中正之

動物園で勉強のようすをみせる

京都市動物園では，チンパンジー，ニシゴリラ，シロテテナガザル，マンドリルの4種の霊長類が，数字の順序を覚える「勉強」に参加している。タッチモニター上のでたらめな位置に提示されるアラビア数字を，小さい順に触っていくのが課題だ。正しく触るとその数字が消えていく。すべての数字を順々に触って画面から消すことができれば，「せいかい(正解)！」と画面に表示され，ごほうびにりんご片がひとつもらえる。途中で間違えた数字に触ると，ブザーが鳴って，最初の画面に戻ってしまう。

動物園でこの課題をする理由は3つある。第1には，動物園では多様な種の霊長類を飼育しているので，同じ課題を異なる種の間で比較ができるからだ。

第2には，この勉強の様子を来園者に公開することで，動物たちの知性を知ってもらうことができるからだ。チンパンジーの知性の高さは，多くの人に知られている。しかし同じことをテナガザルやマンドリルがやっているのを見ると，たいていの人は驚く。そして彼らにも高い知性が備わっていることを知ってくれる。

第3は，環境エンリッチメントだ。その種が本来もつ能力，とくに認知能力を発揮できる環境を整えてやることを「認知エンリッチメント」と呼ぶ。京都市動物園の数字系列の勉強は，そのひとつの形だといえる。必ずモニター上に白い円(○)が提示された画面から始まる。「問題ください」という意味の記号だ。円に触れると数字が提示される。画面に触らなくても，動物たちには何も悪いことは起こらない。別な遊びをしたければそれでよいし，寝ていてもよい。無理強いはしない。まったく自由なのだが，勉強の時間は，たいていは誰かが課題に参加している。

そんな勉強に，昨年(2014年)から2人の新たな参加者が加わった。ニシゴリラのゲンタロウ。2011年12月21日生まれの男の子。もうひとりは，チンパンジーのニイニ。2013年2月12日生まれの男の子である。

ゴリラのゲンタロウ

ゲンタロウは，2014年4月に，「ゴリラのおうち〜樹林のすみか〜」という新しい施設に移ってから勉強を始めた。2歳5カ月のときだ。前の施設には勉強する場所がなかったが，新しい施設には，勉強のためのタッチモニターが備えつけられた部屋があった。そこで，まず施設に馴れ親しませた。

2014年5月6日から勉強を始めた(図左)。コンピュータを起動して画面に白い円を出してやると，ゲンタロウはすぐに画面に触りだした。その日のうちに学習が進んだ。白い円に触る。数字の1に触る。正解を知らせる画面，音とともにごほうびのりんご片が出てくる。それらを理解した。

勉強の最初は，誰もが正解できるように，数字は「1」だけを出す。だから必ず正解だ。ごほうびがもらえる。ゲンタロウはすぐに勉強が気に入ってくれたようだ。画面に触るのも，最初は画面をこぶしで叩いて手探りするように触っていたが，円や数字に指で触る方が正確だということをすぐ

図—勉強中のニシゴリラのゲンタロウ（左）。勉強時間中に父親のジェームスと遊ぶニイニ（右）。

に学習した。数字を1—2, 1—2—3, 1—2—3—4と増やしても，すぐに覚えてしまい，勉強を始めて半年が過ぎる頃には，数字は1から9まで，9つの数字の順序がわかるようになっていた。そして2015年3月の時点では，10を加えた10個の数字の順序まで学習できている。

チンパンジーのニイニ

ニイニは，生後間もなくから，母親のコイコをはじめとして，周りの大人が勉強する様子を見て育った。そして生後10カ月のときには，自分から画面に近づき，円や数字に触れ始めた。

そこで，ニイニ用に数字の1だけから始まる課題を用意した。勉強の開始だ。しかし，こちらはゲンタロウほど熱心ではない。たまに1回，2回触れたかと思ったら，そこでおしまい。何日も興味を示さなかった。ほかの大人たちと遊ぶことに夢中だ（図右）。

それでもわずかな機会で学習は進み，問題を始めて2カ月後，4月にようやく1—2を覚えた。しかし，勉強するペースは変わらず，次の1—2—3を覚えるのにさらに約7カ月かかった。そしてそれから5カ月経とうとしているが，1—2—3—4の学習はまだ進んでいない。

2014年に勉強を始めた2人のちびっ子だが，勉強の進み方は対照的だった。ただし，学習に要した問題数だけを比べると，じつはゲンタロウとそれほど変わらない速さでニイニの学習は進んでいることがわかった。要するにやる気の違いだ。

ゲンタロウが1日100問，200問とこなしているのに対して，ニイニは多いときで50問しかしない。1問もせずに勉強時間が終わる日もある。

種差というより，勉強を始めたときの年齢が大いに関係すると思う。早ければ早いほどよい，ということではなさそうだ。適切な時期，つまり「臨界期」がある。また，勉強を取り巻く周りの環境も影響していそうだ。ニイニの周りには，母親のコイコをはじめ大人のチンパンジーたちがいて，みんながニイニに遊びかける。喜んで相手をしてくれる。大人はやがて子どもの相手に飽きて勉強を始める。ニイニは，今度はひとりで壁によじ登っては飛び降りる遊びに興じだす。2歳の男の子の遊びは，身体を使った荒っぽい遊びだ。勉強よりもずっと楽しそうだ。

しかし，やがて勉強に取り組むようになるだろう。そういう日が来ることを信じて，見守っていきたい。ニイニ用の問題は，いつでも用意して待っている。

62 チンパンジーに学ぶ ヒトの笑顔の意味

川上文人／林 美里／友永雅己

赤ちゃんの誕生

愛知県犬山市の日本モンキーセンター(JMC, 52「公益財団法人日本モンキーセンター」参照)に2014年7月25日，14年ぶりとなるチンパンジーの赤ちゃんが誕生した。その男の子は，母親であるマルコの頭文字をもらいマモルと名付けられ，父親とともに3人で暮らしている。赤ちゃんの存在がこの家族に及ぼす影響を探るため，隣接する京都大学霊長類研究所の研究者たちが，1時間のビデオ撮影を毎週2回のペースでおこなっている。

ヒトの笑顔の発達

これまでヒトの胎児から5歳の幼児を対象に，笑顔の発達について研究してきた。最初に見られる笑顔はどのようなものだろうか。いつ頃から「楽しい，うれしいと感じているとは思えない場面」でも"ごまかし笑い"を見せるようになるのか。そして笑顔の使われ方に文化差があるか。こういった点に焦点をあてて観察してきた。

ヒトの胎児は在胎20週前後から笑顔のような表情を見せはじめ，出生後しばらくは睡眠中に光や音などの刺激なしに起きる「自発的微笑」が多く見られる。そして生後2〜3カ月からは，覚醒中に他者に対して見せる「社会的微笑」が増えてくる。これまで，自発的微笑は社会的微笑に取って替わられ2〜3カ月で消えるものとされてきたが，減少はするものの1歳を過ぎても消えないこともわかってきた。

社会的微笑はさらに，2歳になり，言語が流暢になる時期から，何かに失敗したときのような楽しい場面以外の場面でも生じるようになってくる。つまり，笑顔がさまざまな感情と結びつくようになるのだ。その後の笑顔には文化による違いも見られる。4〜5歳の日米の幼児に実験者の前で課題をしてもらい，それに成功した場合と失敗した場合の笑顔について比較した。その結果，日本人は成功でも失敗でも同じくらい笑うのに対し，アメリカ人は失敗すると明らかに笑顔を見せなくなった。これはおそらく，目の前の実験者とのよい関係を保つために笑顔を見せるという，日本人の特徴を示している。

それでは，ヒトの笑顔の特徴はどこにあるのだろうか。進化の隣人であるチンパンジーの笑顔との違いを見ることによって，理解することができるはずだ。

チンパンジーとヒトの笑顔の類似点と相違点

類似点は2点あげることができる。1つは笑顔の発達過程だ。チンパンジーの赤ちゃんにも自発的微笑があり，生後2カ月からは他者に対する社会的微笑が多く見られるようになる(図左)。2点目は，笑顔が楽しい感情と結びついている可能性だ。チンパンジーの笑顔は遊び場面で見られる。子どものいる群れと，いない群れで笑顔を比較すると，子どものいる群れの方で笑顔が多く見られる。それは遊びが生じることが，子どものいる群れの方が多いからだ。

相違点も2点ある。まず，チンパンジーは遊び場面以外で笑顔を見せることがほとんどない。おそらくチンパンジーには，ごまかし笑いはない。

図—（左）高い高いをされて笑顔を見せるマモル（子）。（右）笑顔を見せるマモル（子）と，表情を変えずにそれを見るマルコ（母）。

ヒトでは2歳頃から見られる，さまざまな感情と結びついた笑顔がチンパンジーにはないのかもしれない。もう1つの違いは，他者と笑顔を分かちあう，共有することが少ないという点だ。チンパンジーでは，第三者が他者の遊びを見て笑うということがほとんどない。笑顔の共有は，ヒトでは2歳頃から増加してくる。さらに，JMCで生まれたマモルとその母親の観察で明らかになったのは，自分の子どもの笑顔を見ても，母親が笑顔になるわけではないということだ（図右）。ヒトは自分の子どもだけでなく他人の子どもを見ても，また筆者らは遊んでいるチンパンジーを見てもつい微笑んでしまう。そのように笑顔が個体間で広がっていくということが，チンパンジーにはほとんど見られない。遊びの最中に当事者同士で笑いあうということはある。しかしそれは，それぞれに遊んで楽しくて笑っているのであって，相手の笑顔を見て楽しい気持ちになって笑っているというのとは違って見える。

楽しいときに笑うチンパンジーと いつでも笑うヒト

つまり，チンパンジーは自分が遊びなどで実際に楽しい気持ちになっているときしか笑顔を見せないのかもしれない。それによって浮き彫りになるのは，逆にヒトほどさまざまな場面で笑う動物はいないということだ。なぜこれほどまでにヒトは笑顔を見せるのだろうか。

もしかすると，笑顔にはそれを見た他者，そしてそれを表出した自分自身を安心させ，その場を平穏に導く効果があるのかもしれない。他の動物と比較して，出産や育児など生きていくためのさまざまな場面で他者の協力を必要とするヒトは，平和や友好のあらわれである笑顔を広い場面で使うことによって，対人関係や社会を平穏に保っていると考えることができる。チンパンジーもその社会を，他者とのあいさつやグルーミングによって友好を保っている。ヒトはそうした手段の1つとして，非常に簡単で手軽な笑顔を用いているのかもしれない。

読者のみなさんにも，動物園のチンパンジーの前にゆっくり座ってみていただきたい。時間をかけると，ヒトと似ているところと違うところがぼんやり見えてくる。そこにヒトの真の姿が隠されている。チンパンジーに学ぶことは，まだまだたくさんあるはずだ。

63 戦争と協力

山本真也

　戦争と協力。この「ヒトらしい」ふたつの両極端な性質の進化的起源を，チンパンジーとボノボを通して考えてみたい。

　27「果実を分け合うボノボ」では，食物分配を通してこれら2種の違いを考察した。野生のボノボは豊富な果物を頻繁に仲良く分け合って食べる。ボノボはチンパンジーよりも平和な協力社会を発達させた種なのだろうか。2個体間の関係でみると確かにそうかもしれない。しかし，集団全体に目を向けたとき，そう簡単に話はまとまらない。今回は，個体間から集団全体，さらには集団間の関係に視点を移して，協力行動の進化について考えたい。舞台はアフリカの熱帯林。コンゴ民主共和国ワンバ村のボノボと，ギニア共和国ボッソウ村のチンパンジーが主人公だ。

危険な道を渡る

　ワンバの森では，早いときで朝の4時半にキャンプを出発し，帰ってくるのは遅いと夜8時近くになることもある。GPSの記録を見ると，1日40 km近く歩いていた日もあった。途中，川を3回渡った日もある。しかも，生息域の約3分の1は湿地林だ。長靴をはき，時には長靴を脱がないと入れない沼地に足を取られながらの観察だった。ボノボはというと，そんなこちらの悪戦苦闘には目もくれないで，頭上の木々を枝伝いに身軽に渡っていく。

　しかし，湿地や川は軽々と渡っていくボノボでも，人が通る道となると事情は異なるようだ。ワンバの森には，生息域のほぼ中央を横切って村道が走っている。ボノボはこの道を渡って，南北に分断された森を行き来している。村人や自転車，ときにはバイクも通る道なので，ボノボにとっては危険な道渡りなのだろう。渡る前には道路脇の藪でしばらく待機したり，木に登って様子をうかがってから渡ったりすることもあった(図1)。

　ある日の昼下がり，最初に道路に姿を見せたのは，2歳の子どもをお腹に抱いた女性のキクだった。周りを見渡しながら，そろそろと渡っていく。キクが渡り終えると，次に出てきたのは7カ月の赤ん坊を抱いた若い母親のフクだ。こちらは足早に南の森へと消えていった。おとなの男性は，6番目にはじめてダイが登場した。前を行く若い女性のユキコがきょろきょろあたりを見回している横を，そそくさと追い抜いていく。2分かけて，老若男女18人が渡り終えた。最後に渡ったのは老齢男性のタワシだった。

ボノボとチンパンジーの比較

　この光景，ボッソウ村の野生チンパンジーも観察していた私には少し驚きだった。ボッソウのチンパンジーも，村道を渡って2つに分かれた森を行き来する。このときチンパンジーは「協力」することが知られている(図2)。最初に道に出てくるのは，たいていおとなの男性だ。この男性が道渡りの途中で立ち止まって周りを警戒している間に，女性や若者が渡っていく。そしてしんがりを務めるのも，元気なおとなの男性であることが多い。お腹に小さな子どもを抱えた女性が最初に渡るなどということはほとんどない。そして，チンパンジー，とくにおとなの男性でよく見られる「他個体を待つ」という見張り行動が，今回のボ

図1—村道に出てきたボノボ。

図2—道渡り時のチンパンジーの集団協力。

ノボの道渡りでは確認できなかった。

ボノボの道渡り8例とチンパンジーの道渡り24例を比較すると、そもそもボノボでは、他のメンバーを待つということが少なかった。道渡りの途中で立ち止まって振りかえり、見張りのような役をすることもチンパンジーに比べて少ない。頻度でいうと、4倍以上の開きがあった。誰が誰を待っていたかを分析すると、さらに両者の違いが浮かび上がってくる。チンパンジーでは、見張り役をするのはおとなの男性であることが多く、全体の68.7%と大半を占めていた。それに対しボノボでは、男性はすんなり渡っていく。他の個体を待ったりするのはおとなの女性であることが多く、全体の67.7%を占めていた。

集団協力の進化

集団としての協力行動は、ボノボに比べてチンパンジーでより発達しているのかもしれない。チンパンジーは競合的な社会を築いている。とくに隣接群とは熾烈な敵対関係にあり、時には集団間で殺し合いの戦争に発展することもある。そんなチンパンジーにとって、集団外の脅威に立ち向かうために集団で団結して協力する能力は必須である。それに対し、ボノボの社会関係は驚くほど平和だ。ケンカの頻度は低く、頻繁に食物分配がみられる。これは集団内に限らない。運よく集団間の出会いを観察する機会にも恵まれたが、違う集団の個体同士が仲睦まじく毛づくろいしあい、大きな果実を分け合って食べることもあった。そんなボノボにとって、集団として協力する能力はチンパンジーほど必要ではなかったのかもしれない。

このことは、ヒトで顕著にみられる「協力」と「戦争」という2つの側面が、簡単に正と負に切り分けられないことを示唆している。戦争を美化するわけではない。しかし、やはり集団での協力行動というものは、守るべきものがあって初めて進化しうるものなのだろう。ただし、集団を脅かす存在は他集団だけとは限らない。自然災害もそのひとつである。東日本大震災のときには、悲惨な大混乱の中、助け合う人々の姿が印象的だった。ヒトは、他の動物にくらべて特異的に集団協力行動を発達させてきた種である。これは、戦争ばかりしていた結果なのではなく、厳しい自然とともに生きてきた証であると願いたい。

64 カメラトラップ
——チンパンジーを見守る"目"

森村成樹／松沢哲郎

エボラ出血熱の流行

2013年12月に始まった西アフリカにおけるエボラ出血熱の流行は未だ終息していない(73「「緑の回廊」がつなぐ森と人」も参照)。ギニア・リベリア・シエラレオネの3カ国では，2015年6月14日までに2万7305人が感染し，1万1169人の命が失われた。1976年からチンパンジーの長期野外調査が続くギニア・ボッソウ村の近隣でも感染者が見つかった。ボッソウのチンパンジーは1集団9人のみで，この地域集団が絶滅の淵にある。加えて，遺伝的にヒトと最も近縁なチンパンジーは，ヒトを介してさまざまな感染症にかかり，命を落とす危険がある。特に推定で50歳を越えた老齢の4人は，病気にならないことが何よりも大切だ。エボラが蔓延する状況では，調査によってチンパンジーにヒトの感染症をうつすことがないよう万全を期する必要がある。

そこで「カメラトラップ」と呼ばれる無人動画撮影装置を利用して，チンパンジーの安否を確認することにした。動物がカメラに近づくと自動で動画を1分間記録する仕組みだ。動物がカメラの前に一定距離で滞在すればこれを何度も繰り返すので，一連の行動を記録できる。長年の調査から，チンパンジーがよく利用する場所や通る道はわかっているため，確実に撮影できる。チンパンジーとの遭遇を極力避けるために，カメラを保守するときだけ森に入るようにした。ギニア政府が「保健衛生に関する国家非常事態宣言」を発令する直前の昨年(2014年)7月までには，カメラ18台による無人のチンパンジー監視体制を整えた。

無人カメラに映る自然な姿

ボッソウの森に初めてカメラトラップを設置したのは昨年1月のことだ。当初，チンパンジーがカメラを壊すのではないかと心配した。実際には，チンパンジーは興味を示してもカメラをのぞき見る程度だった。ジェジェという17歳の男性がカメラを初めて見た時のこと。カメラに気づいて接近し，顔をゆっくりと恐る恐る近づけた。と，次の瞬間大きくのけぞった。どのチンパンジーも，壊すどころか，カメラに触ることもしない。チンパンジーは好奇心旺盛だが，とても用心深い。

それでも慣れてしまえば，無人カメラの前で自然な行動を見せてくれる。調査者がつかず離れず後を追跡する直接観察では，人間の存在に十分慣れた後でさえチンパンジーは警戒して人間を避けることもある。昨年7月，ヨという推定53歳の女性を1カ月ほど観察できなかった。以前から警戒心が強かったが，老齢なので健康状態を心配していた。「もしや……」という不安が頭をよぎった。ある日，回収した映像を見ていると，カメラから遠ざかるチンパンジーの後ろ姿が記録されていた。「ヨだ」とすぐに気づいた。しかも，しっかりとした足取りで歩いている。行方知れずになって31日目，カメラの映像から元気だと知った。9人のチンパンジーは今も変わらず健康に暮らしている。

見えそうで見えない

熱帯林の高木の中には，根を衝立のように大きく発達させた「板根」で幹を支えているものがあ

図1―カメラをのぞき込むジェジェ。

図2―Antiaris africana の板根を足で踏み鳴らすフォアフ。

る。板根は叩くと音がよく響くため，チンパンジーは自身の存在を誇示するディスプレイのときに板根をリズミカルに叩く。決まったところの板根を通りすがりに叩いたりするのだが，こちらはチンパンジーの一団の最後尾について歩くので，たどり着く頃には終わってしまうこともある。観察できるかどうかは運まかせだ。カメラトラップなら，こうした行動を至近距離から鮮明に記録できる。ジェジェは毛を逆立て，口をとがらせて「フー」という声を繰り返し発した後，「ウォー」という雄叫びとともに足で何度も板根を踏み鳴らした。ファナは，左手が麻痺して不自由な推定58歳の女性だ。やはり毛を逆立てて興奮したディスプレイのとき，右手だけで板根の縁を持って体を支えて板根を踏み鳴らした。臆病なヨだが，板根を叩く時は勇ましい。3歳の男子であるファンワも，ファナやヨと同じ板根を叩いたが，やり方はだいぶ違っていた。毛を逆立てる興奮した様子ではない。力なく，手で「ペチ，ペチ，ペチ」と叩いた。たわいもない遊びだが，音を立てる動作に注目していて，足の代わりに手を使って工夫した。ファンワの成長を見守ることで，板根を叩く動作に付随するコミュニケーションの機能をいつ頃から理解し，他のチンパンジーと情報交換するようになるのか発達過程を知ることができるだろう。

研究が育む保全の心

これまで見ることができなかった行動を細密に記録できるカメラトラップには，大きな可能性がある。しかしボッソウのチンパンジーが絶滅すれば，その行動を知る機会は完全に失われる。絶滅から救うため，人間活動で分断されたボッソウの森を4km離れた世界遺産のニンバ山と植林で結ぶ「緑の回廊」と呼ぶ植林事業に取り組んでいる。ニンバ山にチンパンジーが多数生息しているので，森がつながれば，女性の移籍などで人数の増加も期待できる。1997年から試行錯誤を重ねて，昨年ついに荒野に植樹する技術が確立した。エボラの流行によって日本人は1年近くボッソウに行くことができないでいるが，活動は停滞しない。野生チンパンジー調査でともに働いた村人だけで6000株の苗を育て，植林地の雑草を刈り，チンパンジーの監視を続けている。調査で培った技術や経験は確実にボッソウの人々に浸透し，チンパンジーを守る力となって芽吹きはじめている。

65 音楽の起源

服部裕子

触らずに大勢と一度につながる方法

霊長類研究所で,私が朝一番に会いに行くのはパルという女の子のチンパンジーだ。「おはよう,パル」といって,普段生活している部屋から,勉強部屋へ向かう通路へ誘導する。すると,移動するまえに彼女は必ず手を差しだす。その手に触れると,安心したように移動してくれる。触れずに先へ誘導しようとすると,いくら声をかけてもなかなか通路にあがってくれなかったり,途中で止まってしまったりする。どうやら「おはよう」と声をかけるよりも,そうやって触れられることの方が,彼女にとっては重要らしい。普段の様子を観察しても,グルーミングやハグなど,チンパンジーはヒトよりもずっと触れあうことで相手とのつながりを確かめ合っているのがわかる。

いっぽうで,ヒトは極端に触らない。家族や恋人など特に親密な関係にある相手を除いて,同僚や知り合いに触れることはほとんどない。それどころか,相手が一定の距離以上に近くなると,落ち着かない気持ちになる。こうした距離感は,パーソナルスペースと呼ばれている。

ヒトはその代わりに,声や顔の表情,体の動きで相手との関係を強めようとする。豊かな身振りやさまざまな声を使うだけでなく,ダンスや合唱など,他の仲間と体の動きや声を合わせる音楽活動も,ヒトに特徴的なコミュニケーションだろう。実際に音楽は,集団や民族がきずなを強める手段として,世界中で用いられている。ヒトは,触って関係を確かめるコミュニケーションから,音楽といった触らずに大勢と一度につながることができるコミュニケーションを進化させたといわれている。それでは,こうしたユニークなコミュニケーションは,どういった能力をもとにして獲得されてきたのだろうか。

ヒトもチンパンジーも自然に動きを合わせてしまうリズムがある

2013年に,チンパンジーも音のリズムに自分の動きを自然に合わせるという実験結果を発表した(37「リズムに合わせて」参照)。光ナビゲーション機能のついた電子キーボードを使って,叩いてほしいキーを順番に光らせるようにした。チンパンジーはその光を頼りに,2つのキーを交互に30回叩くとリンゴのかけらがもらえる(図)。光のナビゲーションはすぐに切り替わるが,チンパンジーは自分のペースで叩けばよい。その時に課題とは関係なく,メトロノームのようなリズム音を聞かせた。

すると,チンパンジーのアイが,自然にリズムに合わせてキーを叩くことが確認された。興味深かったのは,さまざまな速さのリズム音を聞かせた中で,アイが反応したのは自分のペースに一番ちかいものだったことだ。ヒトでも普段動くペースと,合わせやすいリズムの速さには関係があるという報告がある。せかせかしたヒトは速い音楽に乗りやすく,おっとりしたヒトはゆったりした音楽に乗りやすいというわけだ。

そこで今回は,前回と同じ手続きを使って,それぞれが好きな速さでキーを叩くときの速さと合わせやすいリズムの関係について,調べてみることにした。まず,チンパンジーとヒトで,2つの

図——チンパンジーのパル（左）とヒト（右）が課題に取り組んでいる様子。

キーを好きな速さで叩いてもらい，それぞれがもつ「自分のペース」を測定した。チンパンジーもヒトも大体0.4秒〜0.6秒くらいの間隔で，2つのキーを叩くことがわかった。ただし，ヒトの方が叩き方はずっと安定していた。チンパンジーは，時折速くなったり遅くなったりした。その後，キーを叩いている間に課題とは関係なく，各人のペースに近いリズム音を聞かせた。

すると，チンパンジーとヒトのどちらも，キーを叩くタイミングを音のリズムに自然に合わせることがわかった。チンパンジーもヒトも，自分のペースをもっており，それに近い速さのリズムを聞くと自然に体の動きを合わせてしまうのだ。

音楽の起源

これまで，音楽に関する能力は，ヒトが生まれた後にそれぞれの文化の中で身につけると考えられてきた。しかし最近の研究から，それらの能力のうちいくつかは，生物として早い段階からすでにヒトに備わっていることが指摘されている。たとえば，生まれたばかりの赤ん坊でも，複雑な音楽のリズムを認識し次にどのタイミングで音が鳴るかを予測しているという。また，多くの音楽はメロディを高音で表現し，リズムを低音で演奏する特徴があるが，こうした特徴は幼い頃からヒトがまわりの音を認識する際に注目する特徴に合致しているそうだ。特定のリズムを聞くと動きを合わせてしまうという傾向じたいも，ヒトとチンパンジーの共通祖先の段階で，すでにあったのだろう。そうした基盤をもとに，音楽というコミュニケーションが獲得されていったと考えられる。

3万5000年前のドイツの地層から，現時点で最古の楽器とされる，動物の骨で作られた笛が発見された。文明ができるはるか以前から，ヒトは自身の感覚をもとに，大勢の仲間と気持ちを共有し，強くつながる方法を生み出そうとしてきたのではないだろうか。音楽がもつさまざまなユニークな特徴は，生物的な基盤をもとにしつつも，いかにヒトがそうした強い思いをもって工夫を凝らしてきたかを，物語っているように思える。

文献

Y. Hattori, M. Tomonaga & T. Matsuzawa: Distractor Effect of Auditory Rhythms on Self-Paced Tapping in Chimpanzees and Humans, PLoS ONE, **10**(7), e0130682（2015）

66 ボノボとチンパンジーの アイ・コンタクト

狩野文浩

ボノボの研究を始めて，飼育下の彼らと接するようになったとき，確かにボノボはチンパンジーとは違うな，と思った。ふるまい方が，どことなく優しい感じがする。視線の違いに気づいた。ボノボは面と向き合うと，じっと目を見返してくる（図1）。このようなことは，チンパンジーはあまりしない。まれに，目を直接見返してくるチンパンジーもいるが，どちらかというと彼らは視線を合わせようとせず，人の足元のあたりを見ることが多い。直接視線を合わせることをなるべく避けているのだろうか。

先行研究によれば，ボノボとチンパンジーはほぼ同等の知性を持つが，性格的にはかなり違うようだ。チンパンジーはボノボより攻撃性が強いことが知られる。見知らぬ個体と遭遇したときは，緊張が高まり，殺し合いに発展することもある。ボノボの場合，個体間に緊張が高まることはあっても，殺し合いに発展することはめったにない。生物としてのヒトは，ボノボ的な一面もあれば，チンパンジー的な一面もある。

他者と視線を合わせること——アイ・コンタクト——は，親和性と攻撃性を特徴づける上で重要な行動である。ヒトを対象とした研究では，親しみやすく共感性の高い人は，そうでない人に比べて，他者と視線を合わせる頻度が高いことが知られている。他者と付き合うことの苦手な自閉症の人たちは，他者と視線を合わせることが少ない。最近の研究によると，飼い犬の目を見つめているときの飼い主には，親和ホルモンであるオキシトシンが盛んに分泌されているらしい。

ボノボとチンパンジーでも，アイ・コンタクトの頻度には同様の種差があるのかもしれない。先行研究を調べてみると，意外にもこのことをしっかりと科学的に調べた研究はなかった。性格の異なるボノボとチンパンジーにおいて，視線にどのような違いがあるのだろうか？

実験では，ボノボとチンパンジーに，ボノボとチンパンジー両方のスナップ写真を見せて，そのときの視線をアイ・トラッカーという視線計測装置で測った。結果，確かにボノボは写真の目をよく見た（図2）。顔写真を見せたときは，目を覗き込むようにしたし，全身写真を見せたときは，顔をじっと見た。それに対して，チンパンジーは目よりも口，顔よりも手元足元を見ることが多かった。見せた写真がボノボでもチンパンジーでも，知っている個体でも知らない個体でも，この行動に基本変わりはなかった。ボノボは，親しい個体の目をのみ見つめるのではなくて，どの個体に対してもそうするということだろう。

さらに実験では，ボノボとチンパンジーの視線追尾についても調べた。視線追尾というのは，他者の視線と同じ方向を追う行動のことである。他者と興味を共有するために，基本的で重要な行動と考えられている。今回は動画を用いた。動画の中で，モデルの個体が繰り返し特定の物体を見る。ボノボとチンパンジーに，ボノボとチンパンジー両方のモデルを見せた。同様の方法で，アイ・トラッカーを用いて視線を計測した。結果，ボノボは，ボノボとチンパンジー両方のモデルの視線を追尾した。しかし，チンパンジーは，チンパンジーのモデルの視線を追尾したものの，ボノボのモデルの視線を追尾しなかった。

図1―熊本サンクチュアリ（野生動物研究センター）のボノボのビジェイ。目を見つめると、目をじっと見返してくる。写真提供: Michel Seres.

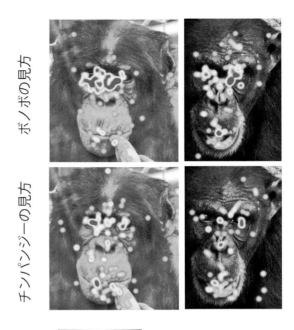

ボノボの見方

チンパンジーの見方

より少ない―より多い注視

図2―ボノボ（上段）とチンパンジー（下段）の顔写真（左：ボノボ、右：チンパンジー）の見方の例。

先の結果と合わせて考えると、ボノボは、他個体が誰でも目をよく見るし、目をよく見るからその視線の方向をよく追うということだろう。対してチンパンジーは、他個体の目を見ることがそもそも少なく、その視線の方向を追うのは、自分に関係がありそうな場合のみ（つまりモデルが同種である場合のみ）ということだろう。緊張の緩い個体関係の中で、他個体と同調して行動するのがボノボ流、緊張の高い個体関係の中で、他個体とさりげなく距離を置くのがチンパンジー流というところだろうか。むろんチンパンジー流のボノボもいるし、ボノボ流のチンパンジーもいる。

ちなみに、一部の例外を除いて、ヒトは他個体の目をかなりじっと見る種だ。他個体の視線を追尾する傾向も強い。この点では、ボノボ流に近い。

ただし、緊張が高まると、チンパンジー流になる。どちらがよいとも悪いともいえない。場合による。

紹介した研究は、米雑誌 PLoS ONE および英雑誌 Animal Behaviour に掲載された。

文献
F. Kano et al.: PLoS ONE **10**, e0129684（2015）, doi:10.1371/journal.pone.0129684
F. Kano & J. Call: Animal Behaviour, **91**, 137（2014）

67 データベースから考える，チンパンジーの幸せな暮らし

綿貫宏史朗／落合知美／岩原真利／平田聡／森村成樹
友永雅己／伊谷原一／松沢哲郎

「戸籍」をつくる

　大型類人猿情報ネットワーク(Great Ape Information Network)，略称：GAIN(ゲイン)という取り組みを紹介する。WEBサイト*では，動物園など全国の飼育施設と連携し，チンパンジー・ボノボ・ゴリラ・オランウータンからなる大型類人猿に，小型類人猿といわれるテナガザルの仲間も加え，日本国内に住む彼らすべての個体の情報(現住所や血縁関係，移動の履歴など)を公開している。トップページの「新着情報」を見れば，個体の移動や出生・死亡などをリアルタイムで知ることができる。

　GAINは，「ナショナル・バイオ・リソース・プロジェクト(NBRP)」という国の事業の1つとして運営している。NBRPは本来，マウスなどの実験動物やイネ・コムギといった作物など，日本がもつ遺伝資源の保存と有効利用を推進するものである。類人猿はもちろん実験動物や家畜ではないが，ヒトにもっとも近縁な彼らは科学研究の対象として極めて重要だ。高度な知性をもち絶滅の危機にある彼らを侵襲的な研究に使うことは許されないが，個体に負担をかけずにできる研究はあるし，不幸にして亡くなったあとも，その遺体を研究に最大限活用させてもらう。ところが彼らは，全国の動物園など60施設以上に分散して暮らしている。そこで，その「情報」を集約したデータベースを公開し，飼育施設と研究者をつなぐ役割が必要となる。それがGAINだ。

すすむ少子高齢化

　GAINは，学術研究を下支えする情報データベースだが，それを読み解くと，類人猿飼育の歴史が概観できる。飼育の現場にフィードバックできる情報もみえてきた。チンパンジーを例に挙げてみよう。データベースに登録されたチンパンジー全973個体分の個体情報をもとに，日本全体の"人口動態"を表すグラフを作成した。

　図1のグラフでは，日本で飼育されたチンパンジーの個体数を年齢階層別に示した。その年に一瞬でも日本に在籍した個体は「1」としてグラフに算入されている。1年間を単位としたワンゼロサンプリングである。日本初のチンパンジーが飼育された1926年からグラフは始まっている。日本のチンパンジーは戦後に数を増やし，1997年にはピークの約400個体となった。その後は現在まで減少傾向にある。2015年9月30日時点では321個体となっている。年齢階層でみると，はじめは若い個体が中心だったが，1980年ごろを境にその数が少なくなっていることがわかる。これは，日本が1980年に批准したワシントン条約の影響だ。それまではアフリカから野生の幼いチンパンジーを捕獲して自由にたくさん輸入していたが，それが許されなくなった。つまり，国内での繁殖により個体数を維持していかなければならない現状にある。いっぽう，成年や高齢個体の割合が増えていることにも注目したい。飼育技術の向上や環境の改善により，飼育下の寿命は伸びている。現代の日本社会と同様に，日本のチンパンジーも少子高齢化が進んでいることがわかる。今後チンパンジーの飼育を継続するうえでは，効果的な繁殖計画と同時に，増加する高齢個体の福祉を保証していくことが重要だろう。

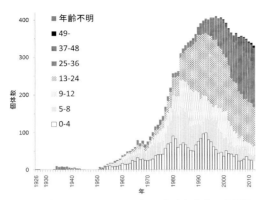

図1―日本におけるチンパンジーの飼育個体数の変遷(年齢階層別)。

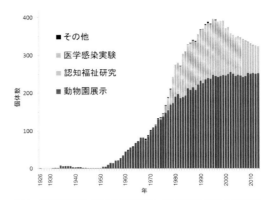

図2―飼育個体数の変遷(機能別)。医学感染実験の実施機関には,民間の製薬会社や東京大学・東北大学などの大学,東京都臨床医学総合研究所や千葉県血清研究所などの公的機関が含まれる。

医学感染実験の廃絶

図2のグラフでは,年齢階層ではなく,飼育の機能別に人口動態を示した。なお,各年末時点の個体数で計算しており,その年のうちに生まれて死んだ個体を図ではカウントしていないので,図1とは微妙に形が異なる。これをみると,日本のチンパンジーの飼育は,昔も今も,動物園など展示目的の飼育が大部分を占めていることがわかる。戦後の動物園数の増加に伴いチンパンジーの数も増加したが,1990年代以降は頭打ちになっている。1974年からは医学感染実験目的での飼育も始まった。ここではチンパンジーを実験動物のように用い,ワクチン開発などのため侵襲的な医学研究をおこなっていた。ここへ約150個体がアフリカの野生から導入されたことが,日本のチンパンジーの個体数の急増につながった。しかし,こういった研究は1998年のSAGA(アフリカ・アジアに生きる大型類人猿を支援する集い)の結成を契機に衰退した。2006年には3個体にまで減少,2012年には完全消滅した。

それにかわるのが認知福祉研究施設である。京都大学を中心とした非侵襲的な研究目的での飼育だ。1968年の1個体から始まり,2007年に98個体まで急増した。これが,医学感染実験から認知福祉研究への飼育目的の転換によるものだ。「その他」のカテゴリは個人のペット飼育や動物商などを含むが,1996年以降はそのような飼育がなくなっていることにも注目したい。これらチンパンジーを取り巻く飼育環境の変遷には,動物福祉や自然保護に対する意識の高まりが影響してきたと考えられる。日本の動物園が1983年から整備を始めた血統登録書,そして2002年に始まったGAINなどにより,個体ごとの情報を大切に扱うようになったこともその一端を担ってきた。GAINの整備を通じて,過去の変遷を知り,現状を見つめ,将来の道筋を指し示したい。

＊―GAINのWEBサイト　https://www.shigen.nig.ac.jp/gain/

68 フクロテナガザルの人工哺育児を親元に戻す

打越万喜子

人工哺育になった経緯

「ドリアンが昨日からメロンを抱いています。」2014年11月9日に連絡を受けた。フルーツの話をしているのではない。どちらも日本モンキーセンターのフクロテナガザル (*Symplanagus syndactylus*) の個体名で，ドリアンは父親，メロンはその娘になる。メロンはこの年の9月4日に生まれ，生後2カ月だった。フクロテナガザルは東南アジアにすみ，人間やチンパンジーに近い小型類人猿の一種だ。野外でも飼育下でも，父親が子を運ぶという形で育児に参加する。しかし，生後1歳頃から運搬するのが通常なので，時期が早すぎる。何より，母親のマユに戻されておらず，乳が飲めていない。2日間，金網越しにミルクを与えようと試みるも，十分な量を飲ませられなかった。

子が母から父に移ったところを誰もみていない。母が放置したのか，父が奪ったのか，わからない。母にもう一度抱かせるために，父に鎮静薬を飲ませて，手足の力を弱くさせた。しかし，母は赤ちゃんを取り戻す様子をみせてくれなかった。

何が問題なのだろうか。父母の過去を振り返ろう。ふたりとも実母に育てられ，家族の中で成長した。過去2回，育児に失敗している。飼育担当の記録によると，第1子は生後間もなく育児放棄され，人によって育てられた。第2子はマユに育てられていたのだが，生後1カ月の時，マユが子を置いてしまった。ドリアンが抱いて運び始め，3日後に死亡している。その後，ドリアンは死児を丸一日放さなかった。

父に抱かれて3日たち，メロンの衰弱が進んでいた。命を守ることを優先させて，11月11日夕方に父母から分離した。

人工哺育の問題

人工哺育にはさまざまな弊害がある。とくにヒトに近い霊長類では，何よりも深刻なのは，赤ちゃんの社会行動の発達に重大な影響を与えることだ。母親が与えてくれるはずの刺激を自分自身で作り出し，何もない空間をみつめて，どれだけ長く孤独な時間を過ごさなければならないのだろうか。幼い時はまだ遊んでくれる人もいるだろう。だが成長すると，1カ所に閉じ込められて長時間放置される。新たな赤ちゃんにフォーカスを当て，人々が忘れるように仕向けるのはよく見る手口だ。動物園は自分たちのビジネスの保全で忙しい。メロンにテナガザルとしての能力を発揮させるには，乳幼児期にこそ豊かな環境が必要だ。父母にできるだけ早く返さなければならない。

親元に戻す

分離の翌日より，両親に返すための取り組みを始めた。まず，赤ちゃんと両親の「金網越しの面会」を日々おこなった。親子が互いを忘れないようにする。幸いなことに，両親は関心を示さない日はあっても，メロンを攻撃することは一度もなかった。そっと触る・匂いをかぐ・声をかけあう，などの親和的な行動がみられた。とくに父のドリアンが積極的に関わった。並行して，戻した後に「介添え哺育」が問題なくできるように準備する。マユの乳房は小さくなってしまい，すでに自然な授乳が見込めない。子に金網越しにミルクを飲む

図―（左）メロンと両親。2015年5月8日撮影。メロンと父のドリアンの遊びを，後ろで母のマユが見守っている。（右）ドリアンに抱かれたメロン。生後8カ月齢。2015年5月28日撮影。この3日前から父親による運搬行動が再開した。

練習をさせる。両親には私たち養育者の近くに留まるように習慣づける。

その後，メロンは成長につれて，数m程度，養育者から離れられるようになった。小さなドアを工事で新設した。両親の寝室とその隣室の間を結ぶ物で，子だけがドアをくぐって行き来できる。生後7カ月齢から両親と寝室で「一時的同居」を始めた（図）。時間を徐々に延ばす。回を重ねるごとに，父母との結びつきは強くなる。19回目からは父親による子の運搬が再開した。日々のトレーニングが実り，ミルクや食事を両親と一緒にとらせることもできた。そして，分離から7カ月後，生後9カ月齢に両親との「終日同居」に移行した。最初の晩からお父さんに抱かれて一緒に寝ている姿をモニターでみて，皆でほっとする。3日後までに問題がなかったので，一連のプロセスを完了した。現在も観察は継続している。

現在の様子と今後の予定

2015年10月現在，メロンは生後1歳1カ月になる。青空の下で親子が仲良く暮らしている。要点が3つある。生後2カ月まで親に抱かれており，人工哺育中も両親と子の社会関係を維持できた。フクロテナガザルの父親が子供を抱くという特徴が，早期の群戻しにおいて役に立った。飼育担当とテナガザルとの良好な関係は必須条件だった。次の問いが残っている。どうして母親は育児を中断してしまったのか？ 彼女の立場になり，原因を考えなければならない。予防するのが一番だ。また，7カ月間の両親との分離の影響はどこに出るのだろうか？ この先のメロンの成長を見守っていきたい。

じつは，メロンの祖父は1995年に空港で保護されている。密輸や生息地の森林の消失が理由で，今日，テナガザルの全種に絶滅の恐れがある。国際自然保護連合(IUCN)の霊長類専門家グループにより2015年は「国際テナガザル年」と定められている。本物の保全につながるように取り組んでいきたい。

謝辞：本活動を実施するにあたり，日本モンキーセンターと京都大学霊長類研究所の多くの皆様からのご支援を受けました。昼夜を問わずにメロンに寄り添い，労力を費やしてくださった飼育関係者の皆様には感謝の念に堪えません。国内外の研究者や専門家からも有用な助言を頂戴しました。記して深く御礼申し上げます。

69 母親による子育て

林 美里

　母親が子どもを産み，育てる。当然のように思うかもしれないが，じつは違う。とくに人間に近いチンパンジーなどの大型類人猿では，母性本能だけで子育てができるわけではない。自分自身が母親に育てられ，さらに自分の出産までに子育て中の他個体を観察したり，小さな子どもと接したりする経験があるチンパンジーは，よい母親になる可能性が高くなる。一方で，母親がうまく育てられなかったために人間が代わりに育て，同種の仲間と接する機会も限られていると，かなりの確率で育児拒否や育児困難がおこる。そうして人間に育てられたチンパンジーの子どもは，また自分で子どもが育てられない母親になってしまう。

　こうした負の連鎖をおこさないために，なるべく人工哺育をしないということが国際的なスタンダードになってきている。飼育員と母親チンパンジーとのあいだに良好な信頼関係があれば，いろいろな場面で育児介助をすることで，母親の子育てをサポートすることもできる[1]。チンパンジーの子どもは，チンパンジーの母親に育てられることで，チンパンジーとしての自然な行動を身に着けて成長していくことができる。

育児の難関

　赤ちゃんが産道から出てきたところで，母親が受けとめて抱くことができれば，第一関門突破だ。母親が赤ちゃんを抱けなかった場合，なんとか母親が赤ちゃんに近づくように促す。チンパンジーの場合，赤ちゃんが近づいた母親の毛につかまることができれば，しがみついてくる赤ちゃんを母親が抱き，それをきっかけに母親の育児行動がはじまる。母親が赤ちゃんに近づかず赤ちゃんが弱ってきた場合，あるいは赤ちゃんに対して攻撃的な行動をとった場合には，一時的に人工哺育を選ばなくてはいけないこともあるだろう。しかし，赤ちゃんの体力が回復したら，なるべく早く母親のもとに戻す努力をすることが重要だ。霊長類研究所では，クレオが一晩，ピコが10日間，母親から離れて人工哺育となったが，その後は無事に母親のもとに戻った。出産直後は母親も動揺していて，びしょぬれで自分の体から出てきた黒くて動くかたまりを抱けないことも十分想像がつく。少し時間がたって落ち着いてから，動くぬいぐるみのように小さな赤ちゃんを見れば，幼少期によほどのトラウマなどがない限りは，母親も子どもを攻撃することはないだろう。

　母親が子どもを抱いている状態で，次の関門となるのが，授乳の成功だ。筆者自身が子どもを産んではじめてわかったのが，母乳で育てることの難しさだった。初産の場合，子どもがしっかり乳首を吸ってくれていても，初日から十分な量の母乳が出ることは望めない。筆者の場合は，数日後にようやく少しずつ母乳が出るようになり，1週間後くらいにそれなりの量が出るようになったものの，授乳の後に粉ミルクを足す混合栄養だった。チンパンジーの母親のように，完全に母乳だけで育てることの大変さを実感した。また，新生児の体力を信じて，母親の体の準備が整うのを気長に待つ姿勢も必要だとわかった。霊長類研究所では，母親が乳首を吸われるのを嫌がったため，クレオには粉ミルクを補助的に与えていた。子どもがミルクを飲むのを邪魔されないよう，母親用にもミ

ルクを作り，二刀流で母子に同時に哺乳していた。

チンパンジーの場合には，母親が赤ちゃんを抱く，授乳が軌道に乗る，という2つの難関をクリアすれば，育児がうまくいくようだ（図）。チンパンジーの赤ちゃんは，人間の赤ちゃんと違って，ほとんど泣かない。母親の体から離されたり，自力ではうまく乳首にたどりつけなかったりしたときにだけ，フフと小さな声をあげる。こうした子どもの行動に適切に反応することで，母親の側も子育てのコツをつかんでいくようだ。また，障害をもった子どもに対しても，母親がその子にあわせた育児をすることが報告されている[2,3]。そうして，母子のあいだに育まれた絆はとても強く，ギニア共和国・ボッソウのチンパンジーの母親は，子どもが死んだ後も手放さずに持ち運び，ミイラになるまで一緒にすごす[4]。

かなしい出来事

2015年9月22日，1人のチンパンジーの赤ちゃんが誕生した。母親のポコは，自分が母親に育てられていたので，初産ではあったがしっかりと赤ちゃんを抱くことができた。父親はテレビによく登場するパンくんだ。母親による授乳が軌道に乗る前の段階で，赤ちゃんが泣き声をあげず弱っているように見えるなどの理由から，人間が赤ちゃんを母親からとりあげてしまった。母親から突然引き離されてしまった赤ちゃんは，大きな声で泣き叫んでいた。

赤ちゃんは，人間から哺乳瓶でミルクをもらい，小さな保育器の中でタオルやクッションにしがみつきながら育っている。体重もすっかり増えて，身体的にはいたって元気そうに見える。一刻も早く母親のもとにかえしてほしい。もう母乳は出ないかもしれない。それでも，ずっと母親に抱かれてぬくもりを感じ，母親に抱かれてチンパンジーの動きや見る世界を一緒に体験することが，50

図—母親に抱かれているチンパンジーの子ども。撮影：落合知美。

年というこれから先の長い子どもの生涯において，とても重要な意味をもっている。

チンパンジーの子どもに人間らしい仕草を覚えさせ，洋服を着せてかわいい姿をテレビで見せるという目的のために，母親が子どもを育てるという権利が奪われていいのだろうか。国際霊長類学会は，母子分離とテレビ番組やショーでの大型類人猿の使用を禁止している。SAGA（アフリカ・アジアに生きる大型類人猿を支援する集い）では，不当な人工哺育に対する批判声明を出した[5]。チンパンジーの子どもが母親とともに幸せにくらせる日が来るよう，1人でも多くの方にご賛同いただきたい。

文献
1—松沢哲郎編：人間とは何か，岩波書店（2010）pp. 56〜57
2—同 pp. 110〜111
3—T. Matsumoto et al.: Primates, **57**, 3（2015），doi:10.1007/s10329-015-0499-6（2015）
4—D. Biro et al.: Current Biology, **20**, R351（2010）
5—SAGAホームページ http://www.saga-jp.org/
　　SAGAフェイスブック https://www.facebook.com/saga.jp

70 ウマの目からの眺め

友永雅己

心の進化を育む環境

チンパンジーを研究していて，いつも感じることがある。それは，環境への適応のすばらしさだ。チンパンジーは幼児であっても，15 m の高さのところに張られたロープの上を 2 足で軽々と渡っていく。そこで発揮されている身体能力や環境認識能力は，彼らがアフリカの森に適応してきた生き物であることを強く私たちに伝えてくれる。ここ数年，私は心の進化を育んできた環境の問題に興味を持ち，私たちとは異なる環境に適応してきた哺乳類を対象とした研究にも着手している。すでにこの連載でも紹介したが，イルカでの研究もその一環だ(47「イルカから見た世界，チンパンジーから見た世界」参照)。そして，つい最近，私にウマという新しい研究仲間が加わった。実は，日本の霊長類研究とウマとの間には切っても切れない縁がある。1948 年，今西錦司率いる調査隊が宮崎県幸島のニホンザルに出会う前，彼らは都井岬の御崎馬の調査にきていたのだ。御崎馬の社会の研究はその後もすすめられたが，私の専門である心の研究は，世界的にみてもほとんど手つかずだった。

ウマを対象にした比較認知研究

ウマは，チンパンジーとは全く異なる環境に適応してきた。草原のような開けた環境で，絶えず捕食者の存在に注意を向けながら暮らす。目は側頭部に位置し，霊長類とは比べものにならないほどの広い視野を獲得した。私たちとは異なるパノラマ的な世界に暮らす彼らには，世界がどう見えているのか。幸いなことに，松沢哲郎氏らがウマに関するフィールドワークと比較認知科学の国際共同研究を立ち上げようとしていた。そこに私も参加して，3 頭のポニーを相棒としてプロジェクトがスタートした。実は，ウマの心の研究には苦い歴史がある。「クレバー・ハンス」と呼ばれるウマのことだ。足し算や掛け算ができるウマとして有名になったが，飼い主が無意識のうちに出していた微細な手がかりに応答していただけだったのだ。今回のプロジェクトでは，このような問題を克服するため，世界で初めてタッチパネルを導入した。ウマが画面上のどこを口で触れたかを客観的にコンピュータに記録することができるからだ。

エラーレス学習

まず，モニターに大きな黒く大きな目立つ丸を映し出した。はじめはコンピュータではなく人間がウマの行動を注意深く観察しながら，彼らがモニターを見たらごほうびのニンジンをひとかけ，丸の方に近づいたらニンジン，そして丸に触れたらニンジン，というようにして少しずつ「画面の図形に触れる」という行動を形成した。学習心理学でいうところの逐次接近法だ。ここまでくれば，コンピュータが自動的に反応を検出してくれる。しかしこれだけでは不十分だ。図形の識別を訓練したい。そこで，エラーレス学習という手続きを採用することにした。今から 50 年くらい前に編み出された手法だ。大きな黒い丸を画面の左右いずれかに映す。当然ウマたちはそれを触ろうとする。しかしこの時反対側にとても小さな丸を同時に提示しておく。このような場合でも，ウマたち

の注意は大きな丸に向いているのでそちらを躊躇なく触る。何度か「正解」すると，少しずつ小さい方の丸を大きくしていく。それでもウマは2つの丸を首を振って見比べたりしつつも，安定して大きい方の丸を選び続けた。

ウマの目からの眺め

丸の大きさの識別ができた。ではどこまでの違いを見分けることができるか。心理学でいうところの「弁別閾」の測定をおこなった。ウマたちの成績に応じて小さい方の丸のサイズを大きくしたり小さくしたりしながら，70%の正答率を維持できるぎりぎりのサイズの差を調べた。その結果，直径で比較すると65 mmと56 mmの区別ができるということがわかった。じつは，この数値はチンパンジーやヒトにくらべるとかなり悪い。チンパンジーでは65 mmと62 mmの区別ができ，私たちは1 mmの差を見分けることができる。この種差はどこからくるのだろうか。視力の違いかもしれない。さらなる検討が必要だ。

大きさの識別に続いて，かたちの識別だ。ここでもエラーレス学習法を活用した。大きな丸と小さな丸の識別はすでにできていた。そこで，小さい方の丸を×に変えた。ウマは大きさに注意が向いているので，かたちが変わっても問題なく大きな丸を選ぶことができた。そこで，以前と同じように×の方の大きさを少しずつ大きくしていった。これもうまくいった。そこで，この2種類に6種類の図形を加えて，合計8種類の28の組み合わせについて識別訓練をおこなった。予想通り，成績の芳しくないペアもいくつか出てきた。これら星取表のような結果をもとに，どの図形と図形

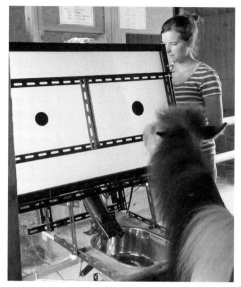

図—大きい方の丸を選ぼうとしているポニーの「ニモ」。
撮影：友永雅己。

がウマにとって似て見えているのかについて，以前のイルカやチンパンジー，ヒトでの研究と同じように分析してみた。すると驚いたことに，かたちの見え方が基本的には非常によく似ていることがわかった。ただし，細かいところを見ると種差があることもわかった。ウマでは全体の見え方よりも，細かい部分の方の違いにより注意を向けるようだ。

3頭のポニーのおかげで，ウマからの世界の眺めの一端を覗くことができた。その先に広がる豊かな心の世界を，さらにみてみたいと思う。

本研究は英国バイオロジー・レターズ誌に掲載された。
M. Tomonaga et al.: Biology Letters, **11**, 20150701（2015）, doi: 10.1098/rsbl.2015.0701

71 カメルーンからギニアへ
―― 狩猟採集民と野生チンパンジーの暮らしの比較

松沢哲郎

カメルーンの狩猟採集民バカ・ピグミー

毎年，12月から1月にかけて，アフリカに行っている。1986年に初めてギニアのボッソウに行ってから，ちょうど30年目を迎えた。今回，カメルーンからギニアへと旅することで，初めて狩猟採集民バカ・ピグミーの暮らしを見て，野生チンパンジーと対比して理解することができた。

狩猟採集民というのは，1万年ほど前に農耕が始まる以前の暮らしを今に伝える人々である。定住せず，狩猟採集で生活する集団だ。アマゾン川流域の人々，北極圏のイヌイット（エスキモー），パプアニューギニアの高地人，オーストラリアのアボリジニ，アフリカ南部の砂漠にすむブッシュマン，タンザニアの大地溝帯の塩湖の周りに広がる平原に暮らすハッザなどの存在が知られている。

なかでもピグミーは，アフリカの熱帯林にすみ，同じ場所にゴリラとチンパンジーも暮らしている点で興味深い。同じ森にすんでいるのに，人間はチンパンジーやゴリラの暮らしとどこが違うのか。日本の約9倍もの広さをもつコンゴ盆地の東から西に，ムブティー，エフェ，アカ，バカの部族が知られている。今回はカメルーン東南部のバカ・ピグミーを見に行った。NHKの撮影に同行して，主に親子関係を見た。

伐採道路から2時間ほど森を歩き，テンゲという集落を訪れた。9家族55人が暮らしている。ロンベルとメンゲという夫婦に着目した（図）。年齢はともに推定40歳くらい。子どもを9人産んだが，4人が幼少期になくなって5人が生き残っている。長女ンバは20歳くらい。歯の生え方をみて年齢を推定した。

人間を特徴づけるものとして，よく「おばあさん仮説」が言われる。つまり，女性は閉経して自分の子どもを産まなくなる代わりに，子どもの子ども，つまり孫の世話をするように進化してきたという。チンパンジーの女性は10歳代前半から産み始めて，20歳，30歳，40歳代でも子どもを産み，最大寿命に近い50歳くらいまで産み続ける。つまり，年寄りの女性はいるが「祖母」という社会的役割はない。

ところが，メンゲの一番下の子はまだ1歳だ。一方，長女のンバは4歳の男の子と3カ月の男の子をもつ。つまり母も娘も，同時に乳飲み子を育てていた。教科書的な理解と現実は違っていた。

野生チンパンジーとの際立つ違い

バカ・ピグミーの子育てが明らかにチンパンジーと違うこととして，以下の点に気づいた。

第1に，父親が子育てに積極的に参加している。おとなの男は森にしかけたわなを見回りに行ったりもするが，そうした労働時間は1日平均4時間ほどだ。あとは日陰で話したり，子どもの相手をしたりして過ごす。

第2に，明確な夫婦と呼べる1対の男女の結びつきがある。チンパンジーも複数の男女が数十人から100人くらいで集団生活している。集団規模に大差はないが，その内部に夫婦と呼べる特別な結びつきはない。人間は，基本的には夫婦が協力し合って子どもたちの面倒を見て，それらが集まった重層的な社会になっている。

第3に，ヘルパーが存在する。野生チンパン

図—（左）筆者と父親のロンベルと子どもたち。右端は長女とその乳飲み子，つまり孫。最前列も孫。（右）母親のメンゲと1歳の息子。焼きバナナの離乳食を与えていた。

ジーの出産間隔は約5年，つまり5歳になると弟妹ができる。その子守をして一緒に遊ぶ兄姉の姿を見ることはある。でも，人間にしか見られないこととして，ヘルパーと呼ばれるお手伝いさんがいた。ンバは息子が2人いてしかも下の子が3カ月と小さいので，彼女の従妹が隣村から手伝いに来ていた。まだ12歳くらいの少女である。子育てを手伝うことで，若い女性がやがて母親となる経験と知識を身につけているのだろう。

第4に，離乳食がある。バカも定住化が進み，集落の周囲には主食となるプランテンバナナが植えてある。火で焼いて食べる。母親メンゲが1歳の息子に，この焼きバナナをさまし，指でほぐして与えていた。チンパンジーに離乳食はない。

第5に，女性たちによる共同作業がある。ちょうど「かいだし漁」のようすをみることができた。チンパンジーは集団で暮らしてはいるが，母親のあいだの助け合いや共同作業はない。それぞれが食物を探し，それぞれが子どもに乳を与える。バカの女性は総出で近くの川に行って，盛り土をしてせき止め，ヒボフリナムという幅広の葉を道具にして水をかいだす。川底に残った小魚やエビやカニを集めてキャンプ地に戻る。

第6に，分かちあうという行為が普遍的にある。顕著なのは仕留めた動物だ。チンパンジーもその群れの文化によっては，シカやイノシシやサルを捕って食べることが知られている。しかし捕まえたその場で消費される。人間は，獲物をキャンプ地に持ち帰って，女性や子どもを含め基本的には平等に分ける。

想像するちから
——思いやりと分かちあい

人間を際立たせているのは想像するちからだ。ではそれは実際に何のために，どのように使われているか。「思いやり」と「分かちあい」に端的に表れていると思う。だれかのためにする。手を差し伸べる。男女が寄り添って暮らしつつ，男同士が，女同士が協力する。

チンパンジーでは，一度群れを離れた若い女性は基本的には二度と元の群れに戻らない。ところが人間は，血族や姻族が，たとえ一時離れていても頻繁に行き来する。

翻って，現代の日本の社会を考えた。まず父親は働きすぎだろう。子どもと過ごす時間が少ない。夫婦の関係も希薄だ。

モングルと呼ばれるドーム型の家は質素で，持ち物はほとんどなかった。3畳ほどの広さで，焚火の燠（おき）が常にある。その横にござを敷いて夫婦が寄り添って眠る。きょうという日が，同じ明日という日に続く。つつましい暮らしを垣間見た。

72 霊長類学から ポルトガルの野生ウマ研究へ

平田 聡

霊長類学の源流とウマ

　日本のチンパンジー認知研究の歴史をひも解き，霊長類学の源流へとさかのぼると，1948年12月の宮崎県幸島に行き当たる。京都大学の今西錦司，その弟子の伊谷純一郎らが，幸島にすむニホンザルの調査を開始したときだ。サルを1個体1個体識別して名前をつけるという，当時としては世界的にもユニークな方法を用いて，サルの社会を明らかにした。

　ただし，霊長類学の源流というと，もう少し前にさかのぼることができる。幸島のサルの研究を始める前，今西とその門下生たちは，宮崎県の都井岬で半野生のウマの研究をしていた（70「ウマの目からの眺め」参照）。ウマの社会を調べることを通して，動物社会学を築こうとしていた時代だ。ここで今西は，ウマを個体識別している。今西の著書「私の履歴書」によると，「この調査で初めて個体識別という方法を採用した」とある。つまり，個体識別に基づく日本の霊長類研究は，都井岬の半野生ウマ研究に原点があるのだ。今西らは，宮崎県都井岬でウマの研究をする行程で，野生のサルに出会った。そして，幸島のサルの研究が始まり，現在まで連綿と続いている。一方ウマの研究は，開始後4年でやめることとなった。

ポルトガルの野生ウマ

　霊長類研究とウマ研究の接点は，その後途絶えたままだった。ところが，2014年に夭逝したクローディア・ソウザさんというポルトガル人女性研究者が，再び接点を作った。彼女は日本に留学し，京都大学霊長類研究所でチンパンジーのコイン使用の研究などをおこなった。私も大学院生時代，彼女と一緒に研究をした同志だ。ソウザさんは博士号を取ったのち，本国ポルトガルの大学で教職に就いた。そして，縁あって，ウマと私たちを結びつけた。70「ウマの目からの眺め」に書かれた飼育ウマ対象の認知研究も，その一端である。

　ポルトガルには野生ウマもいる。正確には，今西が使った「半野生」という言葉が正確かもしれない。真に野生のウマは地球上ですでに絶滅してしまったが，家畜化などで人間の手を経たのち，再び野生化したウマがいる。ポルトガルでは，ガラノと呼ばれる品種が各地に野生状態で暮らしている。ヒトの手によらずに自然の草を食み，繁殖をして代々と生き続けている。同所的に野生のオオカミもいて，オオカミによるウマの捕食も多い。自然界の食物連鎖の中で生きているわけだ。ウマは典型的には，1頭の牡馬と複数の牝馬およびその子どもたちでひとつの群れを作る。

　私たちは小さな研究チームを作って，ポルトガルの野生ウマの調査を始めることにした。数カ所を視察して回り，アルガ山と呼ばれる山を調査地に決めた。まずは，今西たちがおこなったように，個体識別からだ。現地の人は野生ウマそれぞれに名前をつけていない。私たちは，体の色や，所々にある白い斑点模様などの違いを手掛かりに，個体を識別した。ポルトガルのウマだが，調査するのは私たち日本人なので，わかりやすいように日本語の名前をつけることにした。そして，どの個体がどの群れかが簡単に関係づけられるように，

図—ドローンで上空から見たウマ。

県名を群れの名前に，そしてその県の都市名を群れのウマの個体名にすることにした。ある群れに兵庫群と名づけ，そしてその群れに属す牡馬の名前はコウベ，牝馬の名前はそれぞれヒメジ，アカシ，カコガワ，といった具合だ。20日間ほどの調査で，14群計81個体を識別して名前をつけた。

空から迫る新研究

アルガ山のウマの調査で，新しい手法を用いることにした。ドローンと呼ばれるビデオカメラつき小型無人飛行装置を飛ばして，空からウマの様子を記録するのだ。実際にドローンを飛ばしてみると，新たな視界が開けてくるのを実感する。地上に立った人間の目から見た景色と，空から見た景色とでは，見え方が違う。人間の目で横から見た時に重なって見える複数のウマも，空から見ると距離を取って配置しているのがわかる。

野生チンパンジーの調査の場合は，ドローンはあまり有効ではないだろう。チンパンジーは森の中で暮らしている。ドローンで空から見降ろしても，木々や茂みが邪魔をして，チンパンジーの姿を捉えるのは容易ではない。それに対して，ウマは開けた草原に暮らしている。アルガ山では，視界を遮るものがほとんどない。ドローンで空から下を見ると，群れの全個体をすべてビデオカメラの視野におさめることができる。

ひとつの群れだけではない。2つ以上の群れを空から一度に捉えることもできる。ウマの群れ同士の関係は，チンパンジーほど敵対的ではないようだ。複数のウマの群れが，同じ場所で争いなく共存しているのを何度か見かけた。ただし，特に牡馬がけん制して，一定の関係を保っているようだった。ドローンを使った上空からの調査で，こうした群れ間関係を調べることができる。また，群れ内の個体の動きの同調も調べることができる。

私たちの研究は，霊長類学の源流でいったんは途絶えたウマ研究を，半世紀の時を経て再開させるものと言える。ドローンという最先端の技術の導入で，新たな比較研究への道が開けた。馬が合う同僚や師の研究チームで，長期継続研究を図りたい。

謝辞：ポルトガル野生ウマ研究は，京都大学霊長類研究所・松沢哲郎教授，神戸大学・山本真也准教授およびリングホーファー萌奈美研究員，ソルボンヌ大学カルロス・ペレイラ博士との共同研究としてスタートした。

73 「緑の回廊」がつなぐ森と人

森村成樹

エボラの終わり

2015年12月29日に世界保健機関から終息宣言が出て、西アフリカのギニア共和国で猛威をふるったエボラ出血熱の流行は終わった。2014年8月以降、ボッソウの森に生息する野生チンパンジーの調査は長らく停滞したが、2015年12月、2人の日本人(松沢哲郎さんと筆者)が訪れて、調査は再開された。といっても、ボッソウの様子はだいたい把握できていた。2014年7月、「カメラトラップ」と呼ばれる無人動画撮影装置を森に設置し(64「カメラトラップ」参照)、チンパンジーのようすを記録し続けた。現地のガイドが撮影した動画を分析して、チンパンジーの観察記録をつけ、その結果を毎週電子メールで日本へ報告してくれていたのだ。

ボッソウに着いてすぐ、フランレという7歳になるチンパンジーの男児を探した。ガイドは2015年10月頃から異変に気がつき、フランレの姿が見えないと連絡してきていた。毎日山に入って探し続けたが、フランレは見つからなかった。幸い、カメラトラップによってフランレの姿は映像で残っており、過去の様子を知ることができた。8月21日がフランレの姿を確認できた最後の日だった。お婆さんにあたるファナの背に乗ったまままじっと動かない。腰骨が浮いており、何らかの病気が疑われた。そのまま森の奥に消えていった。ファナが最期を看取ったのだろう。

エボラの流行前には9人だったチンパンジーが、終息したときには8人となった。ボッソウのチンパンジーは減り続けており、保存林内では村人の違法な伐採や耕作が後を絶たない。エボラが流行していても、チンパンジーの保全活動を中断するわけにはいかない。ボッソウのチンパンジーを守るため、サバンナと畑に囲まれて孤立しているボッソウの森を、4km離れた世界遺産のニンバ山の原生林と植林でつなげる「緑の回廊」と呼んでいる植林活動をおこなってきた。ガイドと電子メールで相談をして、苗木7000株を植樹しようと取り決めた。

12月29日、緑の回廊を訪れると、計画通り苗木が植えられていた。やや乱雑な植え方で、枯れている苗木も少なくない。膝丈ほどの雑草に埋もれて、息苦しそうなものもあった。それでも十分なできだった。エボラで外国人がボッソウに近づくことができなかったあいだ、現地スタッフだけで努力を積み重ねたことは確かだ。エボラの騒動をきっかけに、緑の回廊の活動をボッソウの村人が自立して運営する道が開かれた。

気根4年、結実8年

サバンナに植えているのは主にウアパカ(*Uapaca guineensis*)である(図左)。チンパンジーが利用する樹木は湿潤な熱帯雨林に生える植物が多く、サバンナで育てるのは容易でない。試行錯誤の末、2007年に「東屋方式」が大橋岳さんによって考案された(13「チンパンジーのすむ森をつなぐ緑の回廊」参照)。サバンナに縦5m横10mの東屋を建て、その下に100〜200株ほどの苗木を植える。ヤシの葉で屋根を葺くので、強い日差しから苗木を守ってくれる。1年もすれば東屋は朽ちてしまうが、その頃にはウアパカの葉も肉厚になり、サバンナ

図―(左)2008年に植えた苗木は大きく生長して林となっている。(右)ニンバから伸びる河辺林を通ってやってきたサル。

で十分生育できる。

　東屋方式の植林が48地点にまで増えたことから，2016年1月，生育状況を調べた。苗木は順調に生育して，37地点で高さ4～10mの小さな林となっていた。植えてから4年が過ぎると幹の根元から気根がたくさん伸びはじめる。やがて地面に到達して，木を支えるとともに，地面の栄養を効率よく摂取できるようになる。8年が過ぎる頃，ウアパカの花が咲き，実をつけはじめる。気根の発達は結実と密接に結びついていて，気根が生えていないと結実しない。野火によって気根が焼かれれば，結実は難しくなる。8年ごとに親木の根本で次世代の苗木が育つというサイクルで，気の遠くなる年月をかけて森はゆっくりと広がっていく。

森は文化

　ボッソウに残る8人のチンパンジーのうち，半分が推定50歳を超える。絶滅が差し迫って感じられる。ボッソウの村人はチンパンジーをトーテムとして崇拝して，殺したり食べたりすることはない。こうした伝統も，チンパンジーとともに消えてしまう。絶滅に瀕する動植物を守るためのどんなにすばらしい方策であっても，ボッソウの村人の手による活動でなければ継続は不可能だ。外国人は，エボラのような感染症が流行するたびに自国に帰ってしまう。マシェット(山刀)を持った村人ひとりあたり，1日幅5m長さ10mの範囲でサバンナの草を刈ることができる。300日働けば，3kmになる。緑の回廊で働く村人は8人いるので，ボッソウとニンバをつなぐ4kmの植林は必ず実現できる。エボラの後，緑の回廊の植林地にカメラトラップを仕掛けたところ，サバンナモンキーと思われる霊長類の撮影に成功した(図右)。ニンバ山を源流とする小川沿いに広がる河辺林にそって，緑の回廊までサルがやってきているのだ。緑の回廊が，ボッソウの村人と森とのつながりを守る存在になりつつある。

74 サバンナ混交林に すむボノボ

山本真也

サバンナを利用するボノボ

サバンナにボノボがいると聞いたとき，耳を疑った。ボノボは熱帯雨林の奥深くにいるものだとばかり思っていた。私がこれまで見てきたワンバ村のボノボは，アマゾンに次ぐ大きさを誇るコンゴ盆地熱帯雨林のほぼ中央にすんでいる。コンゴ民主共和国の首都キンシャサから，見渡す限りの森の上をチャーター機で4時間飛び続け，さらにその先バイクで4時間かけてたどり着く奥地である。ボノボはコンゴ民主共和国の固有種で，その多くは，ワンバのような深い熱帯雨林に生息していると考えられている。しかし，分布域も生息数も正確にはわかっていない。実際，見せてもらった映像には，木もまばらなサバンナを移動するボノボの集団がたしかに映っていた。

そこはマレボと呼ばれる，キンシャサから北東に約250 km，コンゴ川の本流にほど近い地域だ。サバンナと森がモザイク状に混在している。ワンバと大きく異なる環境にすむボノボに興味をひかれ，2015年9月と2016年3月に現地を訪れた。コンゴ川をボートで2日かけて遡る。途中，川辺の砂浜に蚊帳を張って寝たときの星空がきれいだった。

新しい調査地マレボ

マレボの森に入って最初に驚いたのが，地面に積もり重なった落ち葉がカサカサに乾いていたことだ。ワンバでは湿地に足をとられて苦労することが多かったが，マレボでは落ち葉に足を滑らせて転びそうになることがたびたびあった。また，マランタセと呼ばれる大きな葉の草本が藪をつくっている。熱帯雨林の原生林と聞くと鬱蒼としたジャングルを思い浮かべる方も多いが，ワンバのような深い森だとむしろ下草は少ない。樹冠が閉じているため太陽の光が地面まで十分に届かず，下草が育ちにくいのだ。それに対し，マレボの森では日がよく差し込むおかげで藪が広がるようだ。

ボノボは20 mほどの距離から観察することができた。現地NPOがエコツアーのために馴らせていたため人をあまり怖がらず，私たちを興味深げに見つめていた(図1)。マレボ地域には複数のボノボ集団がいる。そのうち，ンカラ村の森にすむ1集団14個体とペルの森の1集団16個体を確認した。ンカラ集団にはオスが7頭・メスが5頭いて，メス2頭は赤ちゃんを連れた母親だ。ペル集団はオス6頭・メス8頭の構成で，同じくメス2頭が赤ちゃんを抱いていた。ビデオに撮り，調査基地に戻ってから現地ガイドと一緒に何度も見直し，顔や身体の特徴を確認する。大きなオスはジョイ，赤ちゃんを連れたメスはダンボというように，全個体に名前をつけた。日頃森でボノボを見ているガイドたちも，今まで気づかなかった特徴を見つけたりと，映像に興味津々だ(図2)。

このようにして観察にも慣れてきた頃，ボノボがサバンナに出てきた。先頭はジョイのようだ。母親におんぶされた赤ちゃんを含めて7個体が後に続いた。ときどき二足で立ち上がって周りの様子を窺っている。サバンナには身を隠せるような場所はほとんどなく，登れるような高い木も少ない。少し緊張していたのかもしれない。このと

図1―マレボのボノボ。撮影: 山本真也。

図2―ビデオ映像を使ってボノボの個体識別を現地ガイドとおこなう。撮影: 新宅勇太。

きは特に何をするわけでもなく，足早にサバンナを抜けて，100 mほど先の森に消えていった。

環境が及ぼす影響

このような環境が，ボノボの行動や社会にどのような影響を及ぼすのだろうか。ワンバでは，果物の豊富な森でボノボが食物を分け合う行動をたくさん見てきた(27「果実を分け合うボノボ」参照)。豊かな環境が食物分配という協力行動を育んだ可能性がある。ワンバでよく分配されていたボリンゴという大きな果物は，マレボにもあることが確認できた。サバンナ混交林にすむボノボがどのような協力社会を築いているのか，これからの研究で明らかにしたい。

森の中にも面白い場所を見つけた。ワンバではまず見かけない石がマレボにはある。アブラヤシの種も近くに落ちている。私も調査しているギニア共和国ボッソウ村のチンパンジーなら，喜んでナッツ割りをするような場所だ。台石とハンマー石を使って固い殻の種を割り，中の核を取り出して食べる。それに対して，野生のボノボが食物を得るために道具を使用したという報告は皆無に等しい。しかし，これまでのボノボ研究は，食物の豊富な熱帯雨林での観察がほとんどだった。ほかに食べるものがたくさんある環境では，道具を使う必要性がないのかもしれない。そもそもワンバには石自体がない。環境が異なれば，ボノボも道具使用をするかもしれない。

今回の調査では，石のある場所にトラップカメラを仕掛けてきた。カメラの前に動物が来ると，センサーが感知して自動で撮影してくれる。たとえナッツ割りをしなくても，マレボのボノボがアブラヤシの種と石に対してどのような反応を示すのか興味深い。ほかにも，チンパンジーであれば枝を使ってアリ釣りをするであろうシロアリの塚や，葉のスポンジを使って飲むであろう水のたまった木のうろにもカメラを仕掛けてきた。結果は数カ月後のお楽しみである。

まだ本格的な調査を始めたばかりのマレボではあるが，宝探しをするようなワクワク感がある。

謝辞：マレボでの野生ボノボ研究は，京都大学野生動物研究センター・伊谷原一教授，新宅勇太博士，WWFジャパン・岡安直比博士，キンシャサ大学，WWF，現地NPOらとの共同研究としてスタートした。

75 アマゾンの新世界ザル

松沢哲郎

アマゾンの熱帯林

世界の三大熱帯林のひとつと呼ばれるアマゾンを見に行った。アフリカのコンゴ盆地，東南アジアのボルネオはすでに見たことがある。これで3つとも全部見ることができた。

アマゾンのユニークな点はその広大さだ。理科年表によると，川の長さは約 6516 km で，ナイル川に次ぐ世界2位。世界最大の流域面積は約 705 万 km^2 で，日本の国土の約 18 倍にあたる。今回は中流域のマナウスを訪れた。広大な地域の水を集めるので，乾季と雨季の水位差が 10 m にも達する。浸水林という，雨季には水浸しになる森をみることができた。

国立アマゾン研究所(INPA)の研究者の案内で，船外機つきのカヌーでアマゾン川に漕ぎ出した。対岸が見えない。途方もなく広い大海原という感じだ。行けども，行けども，向こう岸が見えない。河口部では幅 300 km もあるといわれる。つまり直線距離で東京から名古屋よりも遠い。遠目に黒く点のように見えるものがあり，近づいてみると甲板から4階建ての巨大な旅客船だった。

浸水林をカヌーで行くときは，船外機を止めて静かに手漕ぎする。リスザルの群れに遭遇した。樹冠がつながっているので，樹から樹へと自由に渡っていける。ボルネオのマングローブ林も同じように水につかっているが，これほど広くない。コンゴ盆地もザイール川ぞいの森は浸水しているが，これほど深くはない。われわれが「森」として認識するものの地面の部分がすべて水という，常識を覆す一種異様な雰囲気の森だった。

新世界ザル

アマゾンには「新世界ザル」と呼ばれる一群のサルがいる。ユーラシア大陸やアフリカ大陸という旧世界にすむサルと対置される。リスザルのほかに，サキ，タマリン，ウアカリ，ウーリーモンキー，ホエザルという3科6属のサルをみることができた。

新世界ザルに共通した特徴がある。旧世界ザルが狭鼻猿と呼ばれるのに対して，広鼻猿と呼ばれ，鼻の2つの穴の間隔が広い。かつ鼻の穴が下向きにではなくて外側に向いている(図左)。その理由はわからないが，彼らが同じ祖先をもつ証拠だ。

尻尾が面白い。霊長類に共通する特徴として4つの手がある。四肢の末端で自由に木の枝を握れる。しかしウーリーモンキーの尻尾は「第5の手」だと言える。尾だけで枝や幹をつかんで全体重を支えることができる。尾だけでつかまって4つの手が自由に使える(図右)。

クモザルもそうだ。公益財団法人日本モンキーセンターの附属動物園の呼び物のひとつで，園内の空中回廊を自由に行き来する。観客の頭上で尾だけでぶら下がって，飼育員が投げ上げた食べ物を4つの手でじょうずにとらえる。この自由な尻尾が，新世界ザルの中だけで特異に進化してきたことを実感した。

新世界ザルは，アフリカから渡ってきたと考えられている。今から3000万～4000万年前のことだ。そのころは，アフリカ大陸と南米大陸を隔てる海が狭かった。今でも，南米の東端は大きく東に出っ張っていて，アフリカの南西部はギニア

図——（左）ウアカリ。新世界ザルに共通の特徴で，鼻の穴が横向きについている。（右）尻尾だけで木につかまるウーリーモンキー。尾が第5の手だ。

湾によって大きくえぐれている。両端をあわせてみるとジグソーパズルのようにぴたりとくっつく。大陸移動説に納得する形をしている。

旧世界と新世界のサルは，数千万年という長い期間にわたって隔絶され，独自な進化を遂げてきた。旧世界には，チンパンジー，ゴリラ，オランウータンそしてヒトというヒト科4属がいる。大型で，尻尾のないサル，それがヒト科だ。新世界では，尻尾が残って特異な進化を遂げ，ヒト科に相当する霊長類は生まれなかった。なぜだろう。浸水林のような水浸しの環境では，樹上に住処を求めた霊長類の共通祖先が地上に降りるのはたやすくない。森林がサルを育んだ。そして森の外に広がる乾いた大地があったからこそ，人類は生まれたのかもしれないと思った。

アマゾンの特異な生き物

INPAの観察用の小さな森にナマケモノがいて，近くで観察できた。有毛目に属する。姿は一見サルに似ている。四肢で木にぶらさがったまま動かない。顔がまるく平らで表情に乏しい。指の数が2本か3本と少ないので，外見上容易にサルと区別ができる。後足でぶらさがって両手を快活に動かし，体をぽりぽりとかくようすを見た。「へえー，こんなに動くんだ」と思った。

野生のアマゾンカワイルカのジャンプするようすも二度見たが，同じ水生ではマナティーが興味深い。海牛目で，その最小種がアマゾンマナティーである。マナティーは中南米と西アフリカの海にいるが，アマゾンのものは陸封された。体長250〜300 cm。体重350〜500 kg。鼻の穴が前方に開口している。尾びれはしゃもじのような形だ。

繁殖させて川に戻すプロジェクトがあり，水槽で飼われていた。門歯がない。臼歯のみで，歯は後方から永続的に生えて，歯列が前方へ移動し，前方の歯から抜け落ちるそうだ。手を差し出してみた。なるほど歯がないと実感した。食べ物も水草だけだ。大量のレタスをゆっくりと食べていた。

あらためて気がつくと，この広大な新世界に人類はいなかった。まったく無人の世界でさまざまな動植物が進化した。約2万年前に，サピエンス人がベーリング海を渡って北回りで無人の大陸に進出し，さらにアマゾンへと南下していった。まったく見知らぬ生物に出会いながらの，新鮮な驚きに満ちた旅だっただろう。アマゾンを旅しながら，人類のたどってきた道に想いを馳せた。

謝辞：同行してくださった武真祈子さんと市山拓さん，旅の手配をしてくださった湯本貴和先生に感謝します。

76 チンパンジー・レオの10年

林 美里

　チンパンジー・レオが倒れてから今年（2016年）で10年になる。2006年9月26日朝，24歳の男性レオが地面に横たわっているのが発見された。前日の夕食は普段通りに食べて，いつもと変わった様子は見られなかった。チンパンジーたちに朝食をあげにきた人が，部屋の入口前の地面に横たわるレオをみつけた。出血は少なく大けがをしたわけではなさそうだが，うまく体を動かすことができない。麻酔をして，治療室に運び，いろいろな検査をした。治療室の一角に設置されたチンパンジー用の治療ケージに急いでベッドの準備をして，レオを寝かせて麻酔がさめるのを待った。レオは目をあけたが，やはり首から下が動かない。脊髄の炎症による四肢麻痺だった。レオの長い闘病生活がはじまった。

　ベッドを工夫したり，1日数回寝返りをさせたり，体圧を分散させるために手足を吊ったりしたが，レオの全身にたくさんの床ずれができて，見るからに痛そうだった。その治療などのため，週に数回の麻酔も必要だった。しかし，レオの意識はしっかりしていて，首から上は元気なときのレオのままだった。腕がまったく動かせなかった時には，点滴をして栄養を補っていた影響か，あまり食欲がないようだった。それでも，信頼関係ができている人からであれば食べたり飲んだりする。そうでない人からは食べ物を受け取らず顔を背けたり，水を口に入れても飲み込まずに人の方に吹きかけてきたりする。体は動かせなくても，自分の意志がはっきりあって，性格もレオのままだ。

　レオが寝たきりで，もし意識がなかったとしたら，欧米のように安楽死を選んでいた可能性もあったかもしれない。しかし，レオはレオのままで，毎日がんばって生きていた。レオの世話にかかわる誰も，レオを安楽死させようとは思わなかった。そして，少しずつ回復のきざしもみられはじめた。まず，点滴をしていた腕が動かせるようになった。抵抗して暴れるので，人が寝返りをさせるのも難しくなった。腕の力が回復してくると，一瞬だけ自分の体を持ち上げられるようになった。

　発症から10カ月で，レオは腕の力だけで体を起こすことができるようになった。11カ月になると，自力で体を起こして，しばらく座ることができるようになった。ただし，そばに人がいて，励ましてくれる時だけだった。14カ月になると，人がいない状況でも，体を起こして座れるようになった。こうして寝たきりの状態を脱すると，床ずれの傷はどんどん小さくなっていった。

　レオが腕の力で動けるようになると，小さな治療用ケージでは狭すぎた。発症からおよそ2年半で，レオを広いリハビリルームに移動させた。広い部屋には，今までと同じようにベッドを置き，ロープなどもたくさん設置した。レオは，それまでに鍛えた腕の力を使って，ブラキエーション（腕渡り）で広い部屋の中を移動するようになった。人がいなくても，ほとんど体を起こしているようになった。ところが，寝たきりになって以来，狭いケージの中にいたためか，レオは何もない広い床の上に行くのを嫌がった。ロープや丸太，木の椅子などにつかまっていないと歩けない。もし倒れたらつかまるものがないので，体を起こせなくなるのでは，と怖がっているようにみえた。足の関節も曲がったまま固まっている。

レオには，他のチンパンジーたちと同じように，足を使って歩けるようになってほしい。そこで，レオが若いころにしていたコンピュータ課題を取り入れて，歩行のためのリハビリプログラムを考えることにした。ところが，レオは最初うまくタッチパネルに触ることができなかった。どうやら久しぶりすぎて，画面を触るのが怖くなってしまったようだ。人が励ますと，一瞬だけ指先でつつくように画面を触るようになった。画面に出てきた問題に正解すると，2m離れたところにあるフィーダーから食べ物のかけらが1個出てくる。課題の難しさや，問題と次の問題との間隔などを，レオの行動をみながら細かく調整した。計7回の調整をへて，最終的にレオは，午前10時からと午後2時からの1日2回，1回100問ずつの認知課題を解くようになった。この最終設定の前後でレオの行動を比較してみると，課題のないときに比べて，課題をしているときに移動距離が増加した。また，課題をしているときには，足を使って床の上を歩く行動の割合も増えた。レオ用にカスタマイズされたリハビリプログラムが成功し[1]，それから6年半ものあいだ，足を痛めて一時的に課題をお休みする以外は，レオは毎日課題に参加してせっせと歩くリハビリを続けている。

はじめは上半身もかたく平たい板のようで，レオはまるでペンギンのように体を左右に振ってよちよちと歩いていた。今では，手も補助的に使いつつ，やや背中を丸めて足を使って歩くようになり，スピードも速くなった。まだ他のチンパンジーのように動くことは難しいが，寝たきりのころに比べれば，よくここまで回復したと感心する。同室してのリハビリも含めて（図），多くの人がレ

図—同室してのリハビリの合間にカメラに手をのばすレオ。
撮影：兼子明久。

オの回復を願って今も努力を続けている。

まだ他のチンパンジーと同じ空間ですごすことはできないが，月に数回，レオの部屋を他のチンパンジーが訪問して，格子越しに面会の場を設けている。レオはこの時間が楽しみなようで，準備のときからそわそわしているらしい。レオの熱い思いだけが空回りして，他のチンパンジーがつれない態度をとることもある。回を重ねることで，障害を克服しようとしているレオという存在が，他の仲間たちにも受け入れられる日がくることを期待している。

最後に，これまでレオにかかわったすべての人々に深く感謝する。甘える人という役割を筆者に与えてくれて，いつもかわいく耳そうじをせがむレオにもこの場を借りて感謝する。

参考文献
1—Y. Sakuraba et al.: Primates, **57**, 403(2016), doi:10.1007/s10329-016-0541-3

77 チンパンジーの核家族の子育て
――最初の2年間の記録
川上文人／平栗明実／市野悦子／林美里／友永雅己

愛知県犬山市の公益財団法人日本モンキーセンター（JMC）にチンパンジーの男児マモルが誕生し（62「チンパンジーに学ぶヒトの笑顔の意味」参照），2016年7月で満2歳を迎えた。母親のマルコ，父親のツトムと3人で暮らしている。野生チンパンジーはふつう，複数のおとなの男性と複数のおとなの女性から成る群れで生活する。したがって群れ構成としては異例な最小の「核家族」だ（図左）。しかし逆に言えば，人間の親子の暮らしと同じである。この2年間，原則として毎週1〜2時間のビデオ記録をしつつ，子どもの成長を観察してきた。親子関係で気づいたことをまとめてみたい。

母と子の関係

野生チンパンジーの研究から，チンパンジーの母子関係の特徴を3つあげることができる。第1に，生後3カ月間は母親が常に乳児を抱いている。第2に，その後は母子間に徐々に距離ができはじめる。しかし基本的に母親だけが育児をする。第3に，離乳までの期間は長く，3年半から4年半ほどかかる。

野生チンパンジーの女性は，10歳ころ（人間でいえば15歳ころ）の妊娠可能な年頃になると，生まれ育った群れから別の群れに移籍する。したがって，群れにいるおとなの女性同士はいわゆる他人であることが多い。だから，母親以外のおとなの女性は基本的に育児に関与しない。1人で産み，1人で育て，約5年に一度の間隔で産み続ける。

マモルも最初の2カ月間は，片時も母親から離れなかった。2人の間に距離ができはじめた生後3カ月目に，母親が息子に対して拍手をするという行動が見られた。ときには後ずさりをし，「こっちにおいで」と移動を促すかのようだった。拍手は野生ではきわめて稀だが，相手の注意をひく意味になる。動物園などの飼育下では人間の影響で，主に人間に対して拍手して注意を引き，食べ物をねだることがある。息子に対する母親の拍手が最も多く見られたのは生後5カ月だった。自発的な移動が増えてきた時期だ。息子の歩みを促す，発達の足場づくりの機能をもつ拍手だったのかもしれない。

父と子の関係

野生チンパンジーの男性は，生まれた群れに生涯残る。男性同士は血縁が近い。父と息子，兄と弟，従兄弟といった関係にある。群れに生まれた子は，自分の子か弟妹か甥姪か，いずれにしろ子どものようなものだ。したがって，おとなの男性たちは共同して女性や子どもを外敵から守る。

マモルが生後2週間の時点から，父親が毛づくろいするようになった（図右）。生後5カ月には母親よりも父親の近くにいる状況が見られはじめた。生後10カ月になると，父親の後追いをすることが増えた。最初に父親に抱かれたのは1歳2カ月だった。同じ飼育下チンパンジーの例として，隣接する京都大学霊長類研究所の場合，息子アユムが父親アキラに抱かれたのは1歳6カ月だ[1]。JMCの父親ツトムは比較的早い段階から息子との関係をつくったといえる。霊長類研究所では10人以上のチンパンジーがいる群れで生活をしている。JMCは核家族で他人がいない。それが父子の関係づくりを早めたのだろう。

166

図—(左)マモル(生後3カ月)を抱く母親マルコと父親ツトム。撮影:大橋岳。
(右)父親ツトムに毛づくろいされるマモル(1歳5カ月)。撮影:市野悦子。

父親と息子の間での遊びも増えてきて,1歳11カ月では2人で笑い合う様子が見られた。それに対して,母親と息子の間にも遊びはあるのだが,母親が笑いかける姿はほとんど見たことがない。チンパンジーの母親にとって重要なことは,つねに目配りをして,子どもの命を守ることなのだろう。母親は養育に専念し,母親以外の群れの仲間が子どもを遊びに誘う。養育者として子どもの生活を支える母親と,その生活に社会的な彩りを添える父親。JMCの核家族構成が,そういう役割分担を浮き彫りにしていると解釈した。

ひとり遊びと安全基地

子どもが母親から離れ,自由になったとしても,必ずしも周囲の仲間とかかわる訳ではない。3人の核家族で過ごすマモルの場合,「ひとり遊び」が多く見られた。木に登り,枝を使い,前転する,倒立する。これらの行動が生後11カ月から見られはじめ,1歳8カ月ころから増加した。はじめは低木でおこなわれていたが,2歳を迎える現在では,遊び場は2m以上の高さにまで到る。母親はその木の下に座り,葉や草を食べ,ときにはマモルのいる木から離れた日陰で涼んでいることさえある。しかし,マモルが恐怖を表すギャアギャアと響く叫び声や,寂しさを表すフフフッとい

う声を発すると,母親は即座に息子を迎えに行き抱きしめる。いくら核家族で安全性の高い環境であっても,母親らしい行動はけっしてなくならない。

人間の子どもの場合,生まれてから3歳くらいまでの発達過程で,恐れや不安を抱くと養育者に助けを求めるようになる。だからといって,養育者がつねに子どもの近くにいるのがよいわけではない。普段は距離を保ち,子どもが自分で世界を広げていくよう促すことも養育者には必要とされる。怖いときにはいつでも戻れる「安全基地」を用意する。それが養育者の役割だ。JMCのチンパンジー,母親マルコと息子のマモルの間には,まさにこうした関係が見られた。

人間の研究によると,子どものうちに学んだ他者との関係性の作り方は,おとなになっても変わることがない。いわば,自分が育てられたように,自分の子どもを育てる。そうして育児のしかたは次の世代に受け継がれていく。チンパンジーにも同じことがいえるのだろうか。今後もマモルの成長を見続けたい。

文献
1—松沢哲郎編:人間とは何か,岩波書店(2010)pp.28〜29

78 ニホンザルの赤ちゃんの自発的微笑

川上文人／友永雅己

ほほえみの起源

　公益財団法人日本モンキーセンターに生まれたチンパンジーの赤ちゃん，マモルの笑顔の話をした（77「チンパンジーの核家族の子育て」参照）。笑顔（スマイルとラフ）は私たち人間にとってコミュニケーションに欠かせない。では，この笑顔はどのように進化してきたのだろうか。

　チンパンジーも，遊び場面などで口をまるく開けた笑顔を見せる。人間とチンパンジーは約600万年前に共通祖先から枝分かれしたと考えられている。両者に共通だということは，笑顔の起源はさらにもっとさかのぼれるかもしれない。実際，共通祖先が3000万年前までさかのぼれるニホンザルを観察してみると，彼らも遊び場面ではよく笑顔を見せる。この笑顔は，人間の場合，じつは生まれたばかりの赤ちゃんにも，さらには胎児にもみられる。「自発的微笑」と呼ばれているものだ。では，生まれたばかりのニホンザルの赤ちゃんも自発的微笑を見せるのだろうか。

自発的微笑

　自発的微笑とは，睡眠中に光や音などの刺激がなくても唇の端が上がる現象をさす。この自発的微笑は生まれた直後からみられ，後の笑顔と形が似ていることから，人間の笑顔の発達の起源と考えられてきた。ただし，「ほほえんで見える」というだけで，そのときの赤ちゃんの情動はわからない。人間だけでなくチンパンジーでも，この自発的微笑が生まれた直後から2カ月までみられる[1]。そこで，定期的に健康診断や研究をおこなっていたニホンザルの赤ちゃんのようすをビデオに撮影した。まどろんでいるときの表情を注意深く観察し記録してみた。すると，生まれて間もない赤ちゃんザル7頭すべてで自発的微笑がみられた。彼らの自発的微笑は人間やチンパンジーと同じく，浅い眠りの状態である不規則睡眠中に生じた。閉じたまぶたの下の眼球が動くので，眠りが浅いとわかる。このようなまどろみはレム睡眠と呼ばれ，脳は活動している。人間でもニホンザルでも，生後1カ月までは，自発的微笑が頬の片側だけでみられることが多かった。

　一方で，ニホンザルの自発的微笑は，人間やチンパンジーにくらべて持続時間が短いことがわかった。図にあるように，少しひきつったような印象を与えるものが多い。「生物の身体が大きいほど動作が遅くなる」という法則がある。ニホンザルの赤ちゃんの平均体重は530g，比較した人間の赤ちゃんは約2900gだ。その法則があてはまるのかもしれない。さらに，ほほえむ回数が多いのもニホンザルの特徴だ。ニホンザルはレム睡眠1時間中に約41回ほほえむ。チンパンジーではわずか0.2回だった。人間では平均0.4回だ。観察条件が異なるので正確な比較はできないが，その差はかなり大きい。

なぜ「ほほえむ」のか

　自発的微笑は，養育者の育児に対する態度を変化させるためにある，と考えられている。人間の赤ちゃんが睡眠中に唇の端を上げる笑顔のような表情のかわいらしさが，養育者の積極的な育児を促す，というものだ。しかしこの説は，チンパン

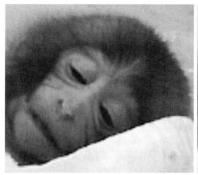

図―(左)生後7日目のニホンザルによる自発的微笑の表出直前。(右)自発的微笑が一番強くなった状態。

ジーやニホンザルには当てはまらないかもしれない。彼らの赤ちゃんが示す「睡眠時の自発的微笑」は，その後に出現してくるプレイフェイスと呼ばれる「覚醒時の笑顔」とは明らかに形が異なる。プレイフェイスは，唇の端が上がる人間の笑顔(スマイルとラフ)とは異なり，口を楕円状にまるく開く形だ。わははっと人間が笑うときの声を消したものが，このプレイフェイスだ。チンパンジーやニホンザルの母親やおとなにとって，唇の端が上がる自発的微笑は，プレイフェイスとはおそらく認識されていないだろう。だとするとニホンザルの母親は，赤ちゃんの自発的微笑を見てもかわいいとは思わない。自発的微笑が育児を促すこともない。

ではなぜ，ニホンザルにも自発的微笑はあるのだろう。頬の筋肉の発達を促すためにあるのではないか，と私たちは考えている。自発的微笑に使う頬の筋肉は，人間では笑顔(スマイルとラフ)の表出に用いられるが，チンパンジーやニホンザルではこの頬の筋肉を「グリメイス」という表情に使う。グリメイスは，恐れや他者に対する服従を意味する表情だ。驚いてきゃっと人間がいうときの声を消したものが，このグリメイスという表情だ。唇の端を上げて歯を見せる。この表情は，他者に対して服従を示し，他者との関係を平穏に保つ機能がある。服従を示すグリメイスの表情と，遊びのときのプレイフェイスの表情が，人間では収れんして友好的な意味をもつ笑顔(スマイルとラフ)になったと考えられている。

ニホンザルに自発的微笑がみられたという結果は，人間の赤ちゃんが自発的微笑を見せるという特徴が，少なくとも約3000万年前に分岐した共通祖先とも共有されていたことを示唆する。では他の動物ではどうなのだろう。レム睡眠が確認されている動物であれば自発的微笑がみられるのか。それとも「笑顔」という表情をもつ動物だけにみられる現象なのか。ぜひ読者のみなさんにも，身近な動物や人間のおとな，赤ちゃんの寝顔を観察してもらいたい。

文献

論文はプリマーテス誌に掲載された。
F. Kawakami, M. Tomonaga & J. Suzuki: Primates, **58**, 93 (2017), doi:10.1007/s10329-016-0558-7
1―松沢哲郎編: 人間とは何か, 岩波書店(2010)pp. 20〜21

79 なぜリズムが「合う」のか？
——ヒトとチンパンジーの比較から

ユ リラ／友永雅己

他者とリズムを合わせる

チンパンジーたちもヒトのようにダンスするのか？ 楽器を持たない彼らでも，思わず相手の行動にリズムを合わせながら楽しい時間を共有することはないだろうか？ これは，この研究の出発点となる素朴な疑問であった。そして，その後5年間にわたって13人のチンパンジーたちと過ごしながら，筆者らはこの問いの答えを探し続けてきた。

彼らがあいさつがわりに見せるリズミックな動きを適切にまねると，彼らとの距離をちぢめることができ，より長い時間そばにいてくれることを発見した。我々はこのチンパンジー式のコミュニケーションを，クロエという1人のチンパンジー（娘クレオを持つお母さん）との間で多く体験した。彼女は私たちのような研究者が近づくと，口を閉じた状態で「ん・ん・ん」と声を出す。研究者も同様に「ん・ん・ん」と声を出す。それを何度か繰り返すと，「毛づくろいをしてくれー」と言わんばかりに，耳や頭を研究者の方に向ける。クロエは興奮したとき，両足を地面において上体を上下に動かしながら口を開いて息を吐いて吸っての動作，をくりかえす。このとき，研究者が同じような行動をすると，彼女の興奮は少し早くおさまるのだ。このようなクロエとのエピソードの中に，我々が探し求めていた答えがあると直感した。

ヒトは洗練された動きができ，自分の動きのテンポを意図的に相手に近づけることができる。一方で，意図していなくても起こる，自発的あるいは自動的な行動調整があることもわかっている。

自発的行動調整の例としては，相手と歩く時，あるいは大勢で拍手する時に，そのリズミックな運動のテンポが自然に一致していくということがよく見られる。そして，このような現象が，意図的な行動のテンポ合わせを可能にするヒトの能力の基盤だと考えられている。そこで我々は，この能力の進化的な起源を調べるために，ヒトに最も近縁な種であるチンパンジーを対象に研究をおこなってきた(25「同調する行動」参照)。

対面式タッピング課題の導入

チンパンジーの自発的で安定したリズミック運動を再現するために，タッピング課題を導入した。この課題は，固定された位置に表示される2つの視覚刺激を自分が楽な速度で交互にタッピングしていくというものである。2人のチンパンジーに，横並びに設置されたタッチモニターの前に座って同時にタッピング課題をおこなってもらうと，自発的なタッピング行動の調整が生じた。ただし，横並びなので，先のクロエの例のように，お互いの行動を見ながらというわけではなかった。そこで，対面式のパネルを設置し(図1参照)，さらに調べることにした。透明なパネルにボタンを埋め込んだこの装置では，向こうに座っている相手のタッピングをこのパネル越しに見ることができる。この装置を使って，ヒトとチンパンジーそれぞれがどのようにタッピング課題中の行動を変化させるのかを調べた。

共通点と相違点

ヒトとチンパンジーを比較した結果，両者には

図1―対面式のタッピング課題をしているお母さんクロエ（手前）とその娘のクレオ（奥）。右下の写真は、クレオの側から撮ったもの。

図2―お母さんクロエ（右）が課題をしている様子を横でじっと見ている娘のクレオ（左）。

共通点と相違点があることがわかった。共通点は、ヒトとチンパンジーどちらも、自発的な行動調整を見せたことである。つまり、「合わせる」ことによってごほうびが得られる課題ではないにもかかわらず、二者のタッピング速度が合ってくるのだ。しかも両種とも、どちらか一方がもう一方のタッピング速度に合わせる、という一方向性が明らかに観察された。興味深いことに、ヒトとチンパンジーの両種とも、相手が見えないようにしても（音のフィードバックだけでも）、相手に合わせるという行動変化が起こった。一方で、ヒトとチンパンジーでは自発的な行動調整の速度と正確さに明らかな違いがあった。ヒトはテストの1回目から正確な行動の調整を見せるが、チンパンジーの場合は徐々に調整が起こる。この結果は、協調行動場面で、ヒトはチンパンジーよりも、知覚した他者の運動リズムと自分の運動リズムを瞬時に調整し、調和のとれた動きが可能となるように進化したことを示唆している。

「片思い」として行動を近づけるチンパンジー？

筆者らは上記のように、なぜ、どのように行動が「合う」のかをヒトとチンパンジーで観察してきた。タッピング課題をおこなっている間、データに表れない部分でもチンパンジー特有の行動調整を何度も観察した。たとえば、お母さんチンパンジー・クロエに単独でタッピング課題をしてもらっていたとき、娘クレオは母のすぐそばに近づいてそれを注意深く見ていた（図2参照）。ところが、逆に、お母さんのクロエの方は単独でタッピングしている娘に近づいて見守ることはまったくしなかった。これは、野外調査で観察されたナッツ割りをするときの野生チンパンジーの学び方と一致するものであった。野生でも、子どもはおとなのふるまいをよく観察するが、おとなが子どもの様子を見ることはないのだ。チンパンジーはヒトと同じように、他者と自分の行動を近づけることができる。また、2種ともに、片方が相手に合わせるという傾向が強かった。しかし、チンパンジーでは、合わせられる方は「マイペース」を貫く。かんたんに言えば、チンパンジーの行動調整は「片思い」に終わっているのだ。この違いの持つ意味については、今後さらに探求していきたい。

80 日本モンキーセンター創立60周年

松沢哲郎

1956年10月17日に，財団法人・日本モンキーセンターが設立された。今年(2016年)，創立60周年を迎えた。人間でいえば還暦である。2014年4月1日に公益財団法人となった。理事長は尾池和夫(京都造形芸術大学学長，京都大学第24代総長)，所長は松沢哲郎(京都大学高等研究院特別教授)，博物館長は山極寿一(京都大学第26代総長)，附属動物園長は伊谷原一(京都大学野生動物研究センター教授)，学術部長は友永雅己(京都大学霊長類研究所教授)。それまでは名古屋鉄道株式会社(名鉄)が経営する日本モンキーパークの一部だった。公益化して，動物園の部分を遊園地から切り離して独立し，京大の教授たちが連携して運営の主体となっている。霊長類学という学問の実践と社会貢献の場所だ。その来し方を振り返り，行く末を考えたい。

今西錦司・土川元夫・渋沢敬三

飲水思源。井戸の水を飲むときは，井戸を掘った人のことを思いだそう。日本モンキーセンターを創ったのは今西錦司だといっても過言ではない。新興の学問をまだ国が認知しないころ，京大の野外研究者と東大の実験医学者を糾合して民間に働きかけた。財界で重きをなしていた渋沢敬三が仲介し，名古屋鉄道株式会社の専務でのちに社長・会長となる土川元夫が協力した。

阪急電鉄が大阪の後背地の宝塚で事業展開したのがモデルになっている。名古屋の後背地の犬山には，国宝の犬山城がある。名鉄の思惑は，そこにサル類の研究施設・博物館・動物園・遊園地を併設して，名古屋から日帰りの観光客を犬山に呼び込むというものだった。沿線の宅地化も進み，鉄道事業にも資する。さらに，犬山近郊には明治村を作り，リトルワールドも作った。

今西錦司と伊谷純一郎は1958年，日本モンキーセンターを拠点として，最初のアフリカ探検に出かけた。日本の霊長類学の興隆の歴史そのものだ。しかし1980年台を境に，入園者数は下降し続けた。存続があやぶまれた。そこで初心にかえって理想を高く掲げ，公益財団法人化という苦難の道を選んだ。

生息地研修と『モンキー』の復刊

この2年半で顕著に変わったのが「生息地研修」だ。約40人の職員全員が宮崎県の幸島に行って，野生ニホンザルとその暮らしを見た。屋久島に行って，野生のシカとサルが共生する世界自然遺産の森を見た。京大の熊本サンクチュアリでは，日本でそこにしかいないボノボを見た。タンザニアやボルネオ，アマゾンにも出かけた。飼育担当者だけではない。事務職員にも生息地を体験してもらった。人々の意識をまず変えたい。実際の野外体験をもとに，自分たちの職場の掲げる理想「動物園は自然への窓」を理解してもらいたい。キュレーターすなわち博士号をもつ学芸員を増やし，さらには飼育員も修士卒業者を増やし始めた。

京大モンキーキャンパス，京大日曜サロンというかたちで，霊長類学の成果を一般の方々にわかりやすい言葉で発信している。その一環として，『モンキー』という雑誌を復刊した(図1)。ただし，「霊長類学からワイルドライフサイエンスへ」と副題をつけて，霊長類だけではなく，野生ウマやユキヒョウなど，絶滅の危惧される他の動物にも

図1—季刊の和文雑誌『モンキー』を復刊した。

図2—リスザルの島を取り巻く水濠で，カヌーを漕いでサルを見る。

焦点を当てている。

　この2年間でいうと，年間約15万人が来園している。毎年200校以上の，幼稚園・小学校・中学校・高校の生徒さんたちが来る。実際にサルたちを間近で観察できる貴重な環境教育の場になっている。

カヌー，たき火，野山に親しむ暮らし

　モンベルというアウトドアライフの会社を創業した辰野勇さんを案内していて，カヌーを漕ぐことを思いついた。辰野さんは登山家で，カヌーの激流下りもした人だ。リスザルの島のまわりはサルが逃げないように水濠になっている。水深は50 cmほどしかなく，安全だ。パドルをそろりと操作してカヌーを漕ぎ出すと，今年4月のアマゾン川での体験をまざまざと思い出す。木々のあいだにリスザルが見え隠れし，頭上をクモザルが渡る（図2）。

　センターは約70 haの山林をもっている。モンキーバレイと呼ぶニホンザルの展示場は借景になっていて，背後に継鹿尾山273 mが聳えている。その山頂の展望台から見下ろすと，センターは深い緑の中に埋まっていた。山の南斜面の林がすべてセンターの所有で，手つかずで放置されている。尾張平野の北端の愛知と岐阜の県境の丘陵地帯だ。他人の土地をほぼ通らずに山頂まで行ける。「継鹿尾山自然林」と名づけ，里山の復元を試みたい。

　不要な樹木を切り出すと，たき火ができる。今年の夏は「じゃぶじゃぶ池」という，水を張っただけの池で子どもたちが遊んだ。冬はたき火がいいだろう。そもそも，センターのニホンザルはたき火にあたることで有名だ。1959年の伊勢湾台風のときに出た廃材を使った火が由緒だそうだ。今年の冬は，入園者にもたき火にあたっていただきたい。自分たちで木を集めてきてたき火をしよう。火をおこし，火にあたる。顔や手を火照らせながら，燃える炎にじっと見入る。そうした体験を都会ではしにくくなった。サルを見るだけでなく，サルのすむ森のことを考える。人間はその進化の過程で「野山に親しむ暮らし」をしてきた。そんな野外体験をふつうに楽しめる場所としての将来が見えてきた。

81 他者の心を読む類人猿

狩野文浩／平田 聡

心の理論

　他者の心を読む能力は，社会生活においてもっとも重要な能力のひとつである。他者が何を考えているか，どのような気持ちでいるのかを察することで，協調したり，無用の衝突を避けたり，逆に出し抜いたりできる。他者の心を読む能力を，心理学では「心の理論」と呼ぶ。他者の心についての「理論」を構築する能力，という意味である。

　この能力はヒト独自のものだろうか？　それとも，ヒト以外の動物も心の理論を持つだろうか？　この疑問に答えるために，これまでいくつかの研究が実施されてきた。ある研究では，役者が何か困っている状況を演じる動画を用意した。そして，その状況を解決する写真と，解決には無関係な写真のどちらかをチンパンジーに選ばせたところ，正しく解決する写真を選んだ。困っている役者の意図をチンパンジーが理解したことが示唆される。

　また別の研究では，優位なチンパンジーと劣位のチンパンジーに食物を競わせ，相手の視点を理解する能力を調べた。ある食物は，優位と劣位のチンパンジー両方が見ることのできる位置にある。また別の食物は，劣位のチンパンジーだけが見ることのできる位置にある。劣位のチンパンジーは優位のチンパンジーと競っても負けるので，相手には見えず自分だけに見える位置にある食物を選ぶほうがよい。実際に，劣位のチンパンジーは優位のチンパンジーから見えない食物を取りに行った。このような研究から，ヒト以外の動物——少なくともチンパンジー——も「心の理論」を持っていると考えられるようになった。

誤信念

　しかし，これまでの研究でチンパンジーに解決できなかった問題がある。「誤信念」課題と呼ばれる課題である。この課題では，他者が何か現実とは異なる状態を信じているとき，その他者の頭の中にだけ存在する「信念」を理解することが問われる。過去におこなわれた「誤信念」の研究の1例では，優位のチンパンジーがいない間に，食物の場所が移動される。劣位の個体は，競争相手が戻ってきたとき，現実の食物の場所ではなく，「誤信念」にもとづいて，入れ替えられる前の場所に相手が行くと予測しなくてはいけない。しかし，チンパンジーはこの課題をうまくこなすことができない。競争相手の「誤信念」ではなく，現実の食物の場所にもとづいて，間違った予測をしてしまうからである。したがって，これまでの研究結果からは，類人猿の持つ「心の理論」は限定的で，ヒトのように「誤信念」を理解する能力はないと考えられてきた。

　以下に紹介する研究では，これまでの結果に反して，類人猿にも「誤信念」を理解する能力があることが示唆された。過去の研究とは手法を変え，ストーリー動画を見ている時の他者の行動を予測する目の動きを，アイ・トラッキングという技術を用いて記録した(図)。

　京都大学熊本サンクチュアリおよび独ライプチヒ動物園で暮らす，ボノボ15個体，チンパンジー19個体，オランウータン7個体を対象に，2つの動画を用いて視線計測をおこなった。実験1では，動画の中でヒトの役者とコスチュームの偽

図—類人猿に見せた動画。

類人猿が争っている。あるタイミングで偽類人猿が画面右手の干草の山の中に逃げ隠れる。それを見たヒト役者は，ドアの向こうに棒をとりに行く。すると，ヒト役者が見ていない間に，偽類人猿が別の場所に移動し，最終的には立ち去る。偽類人猿が立ち去った後，ヒト役者が戻ってくる。この時点で，ヒト役者は「誤信念」を持っていることになる。つまり，偽類人猿はまだ右の干草の山に隠れている，と誤って信じている。だから，棒を持ったヒト役者は，偽類人猿を攻めるべく，この干草の山を叩こうとするはずだ。このとき，動画を見ている類人猿たちが，役者の「誤信念」の理解にもとづいて予測的に右の干草の山を見れば正解で，別の場所を見れば不正解である。条件統制のため干草の山の左右を入れ替えた条件でおこなって合計した結果，参加した半数以上の類人猿が正解の場所をみた。

実験2は，このシナリオを変えたものだ。基本的なデザインは同じである。類人猿役者が干草の山に隠れる代わりに，石を箱の中に隠す動画を見せた。結果，実験1と同様に，半数以上の類人猿が正解をみた。実験1と実験2を総合的に分析すると，統計的に信頼できる結果が得られた。

類人猿3種で，種による違いは特になかった。3種すべてが，動画に出てくる役者の「誤信念」の理解にもとづいて，この役者の次の行動を予測するような視線を示した。

今後の展望

今回の研究は，類人猿もヒトと同様に「誤信念」を理解できることを示唆した点で，大きな学術的進歩であった（米サイエンス誌掲載）。ただし，新たな疑問も生じた。なぜ，類人猿は今回の研究で誤信念理解を示し，過去の他の研究では同様の理解を示すことができなかったのだろうか？　今回は，単に研究上の工夫がよかったのかもしれない。つまり今回の研究では，類人猿の潜在力をテストする文脈がよりうまく設定できたのかもしれない。

ただし別の考え方もある。「心の理論」と「誤信念」理解にもさまざまな機能的なレベルがあって，今回の研究はその一端を明らかにしたに過ぎないのかもしれない。アイ・トラッキングという新たな技術を生かして，今後もさらに謎が解けるよう研究を続けたい。

文献
C. Krupenye et al.: Science, **354**, 110 (2016)

82 ニイニは見習いベッド職人

山梨裕美

空が徐々に暗くなるころ、野生チンパンジーたちは1日の活動を終えて夜の寝支度に入る。オオオオオオオオ……とベッドグラントと呼ばれる声を時折響かせながら、主に樹上で枝をポキポキと折りこんでベッドを作っていく。揺れる枝の上に作られたベッドはふかふかでぐっすり眠れそうだ。こんなふうに、野生ではすべてのチンパンジーがベッドを作る。さらにいうと、チンパンジーだけでなく、すべての大型類人猿、つまりボノボ、ゴリラ、オランウータンもベッドを作る。同じ類人猿の仲間であるテナガザルはベッドを作らない。ベッド作りは大型類人猿の特徴といえる行動だ。

野生由来と、飼育由来のチンパンジー

では、飼育チンパンジーはベッドを作るのだろうか。これまでの先行研究から、野生由来の個体と飼育由来の個体で、作るベッドに違いがあることが報告されている。調べてみると、材料を折りこんでベッドを作る技術を持っているのは、大人のチンパンジーの中では野生由来の個体の一部のみだった。そしてそれぞれのチンパンジーが作るベッドはいつも同じようなもので、大人のチンパンジーではその技術に進歩が見られない。

生息地の破壊や密猟などの影響で、チンパンジーは野生で絶滅の恐れのある動物である。日本は1980年に、通称ワシントン条約という、絶滅の恐れのある動植物種の取引に関する条約を批准した。それ以降チンパンジーの取引は大きく制限されたため、野生由来のチンパンジーは日本にやってこなくなった。ということは、野生由来のチンパンジーは35歳以上。チンパンジーの50年ほどの寿命を考えると、野生由来の個体が日本にいる時間はそれほどない。もしかすると、飼育チンパンジーの中からは、きちんとしたベッドを作る技術が失われてしまうかもしれない。

チンパンジーの行動習得

では、チンパンジーはベッド作りをどうやって習得するのだろう。チンパンジーは、生まれた直後はお母さんと一緒のベッドで寝ているが、4～5歳で離乳するころになると、お母さんのベッドの近くに自分でベッドを作って眠るようになる。ただ、主に高い樹上でおこなわれるベッド作り行動の発達を野生で追い続けるのはすごく難しい。そういうこともあってか、道具使用に関してはたくさんの研究の蓄積があるが、ベッド作りができるようになるまでに何が起きているのかを調べた研究はほとんどなかった。道具使用に関しては、チンパンジーは他個体の行動を見たり、自分で試行錯誤したりしながら新しい行動を習得していくことがわかっている。道具使用よりも複雑な行動であるベッド作りの習得も、同じようなプロセスをたどるのだろうか？ そして、習得は飼育下でも可能なのだろうか？

ニイニは見習い職人

そこで京都市動物園のチンパンジーを対象に、ベッド作りの発達の様子について調べてみることにした。京都市動物園には2014年当時、4名の大人のチンパンジーと2013年に同園で生まれたニイニという赤ん坊がいた。幸運なことに、ニイニのお母さんは野生由来で、枝を編み込むスキル

を持っていた。また筆者は2013年から同園でチンパンジーの研究をしていたのだが，1歳7カ月頃からニイニが自分の周りに物を置く行動を頻繁に観察するようになった。もしかすると，物理的に練習できる環境さえ整えば，ニイニはベッドが作れるようになるかもしれない。さらに，ニイニがベッドを作れるようになるとしたら今が大事なときなのかもしれないと，そんなニイニの様子から感じた。そこで，同園の飼育担当や工務担当の方々と話しあい，お母さんが夜間，枝を編み込んでベッドを作る様子を，ニイニが見ることができるような工夫をすることにした。2015年2月と5月に，ベッド作りのための枝を導入しやすくなるような2台の寝台を作製し，屋内運動場に設置した。そこに，飼育担当の方が定期的に枝をさしこんでくださることになった。

それから，2016年12月現在で1年と10カ月以上の月日が流れた。ニイニのベッド作りのスキルは大いに向上した。最初は枝をうまく編み込むことはできなかったが，今では枝を導入するとまっさきにやってきて，手や足を使って一生懸命折りこんでいる。時々，お母さんや周りの個体の行動を見つめている。そのかいあってか，今や他の飼育由来の大人たちを凌駕し，お母さんに続いて，群れの中で二番手の実力を持っている(図)。こどもの吸収力はすごい。まだ3歳10カ月のニイニのスキルはこれからも向上するだろう。

2016年3月に京都大学の座馬耕一郎さんが『チンパンジーは365日ベッドを作る』という本[1]を出版された。その中で，毎日ベッドを作るチンパンジーはベッド職人だと書いている。ニイニはさながら，ベッド職人になるための見習い職人だ。この後，ニイニはおそらく動物園生まれ初のベッド職人になってくれると期待している。なお現在，

図—屋外運動場のベッドの上で寝転ぶニイニ。

行動習得のプロセスに関しても面白いことがわかってきている。

動物園で研究する

動物園にいるチンパンジーも，まぎれもないチンパンジーだ。動物園は，さまざまな野生動物たちについて身近に学ぶことができる貴重な研究フィールドである。動物園で人は動物に出会い，楽しみ，学び，そこから研究者は動物に関する新しい知見を得る。ただ動物園は，動物たちが本来適応してきた野生環境とはまったく異なる場所であるため，動物たちも苦労することもあるだろう。研究することが，少しでも動物にとってプラスになる。そしてそこに来る来園者のみなさんがそんな姿を楽しみ，願わくは野生や動物の不思議へと思いをはせる。そんなサイクルが形作られるような研究が展開できればと思う。

謝辞：本取り組みは，京都市動物園生き物・学び研究センターのセンター長・田中正之先生ほか，京都市動物園の皆様と共同でおこなっています。ここに感謝の意を表します。

文献
1—座馬耕一郎: チンパンジーは365日ベッドを作る，ポプラ社(2016)

83 チンパンジーとヒトのじゃんけんの学習

高　潔／友永雅己／松沢哲郎

ヒトは循環関係を理解できる

　世界のあちこちで人間はじゃんけんをする。じゃんけんというのは循環する関係だ。「紙」は「石」に勝ち，「石」は「はさみ」に勝ち，「はさみ」は「紙」に勝つ。もし「はさみ」が「紙」に勝つのではなく，4つ目のたとえば「布」に勝つとすればこの関係は直線的な関係だが，循環関係は非直線的な関係だ。私たちは非直線的な関係を，複雑な状況判断や意思決定など，生きていくうえでのさまざまな局面でもちいる。こういった非直線的な関係の理解にもとづく推論は，高度な問題解決に重要だ。もっと端的にいうと，人間のコミュニティのなかには非直線的な優劣関係がある。たいていは直線的な優劣の規則が存在する。しかし，他者とのかかわりのなかで，また状況によっては，非直線的であったり，循環したりさえする優劣関係が存在し，私たちの行動を決定している。

　私たちに最も近縁なチンパンジーは，比較的厳格な直線的優劣関係をもつ。ヒトとは違い，非直線的な優劣関係，とくに循環関係はほとんどみられない。それでは，チンパンジーはヒトの大人のように循環関係を理解できるのだろうか。もし理解できるとすれば，ヒト社会にはよくみられるが，チンパンジー社会にはほとんどみられない循環関係を理解する初期の能力を，すでにチンパンジーは進化の過程で発達させてきたということなのだろうか。

　ヒトの循環関係を理解する能力の進化的起源を調べるために，私たちはチンパンジーにじゃんけんのルールを訓練した。また，比較のため，どのようにヒトの子どもがじゃんけんを学ぶのかも調べた。

チンパンジーにおける循環関係の理解

　7人のチンパンジーに，じゃんけんのルールを訓練した（図左）。チンパンジーの手の写真を編集して，「グー」，「チョキ」，「パー」を表した。画面には毎回，グーとチョキ，チョキとパー，パーとグーのいずれかのペアが呈示される。チンパンジーが各ペアのうち勝つほうの手を選べば，ひとかけの食べ物がもらえ，チャイムが鳴る。まず，1回のセッションでは1つのペアだけが連続して呈示されるという簡単な条件からはじめ，毎日3セッションずつおこなった。100日ほどの訓練の後，3つのペアがランダムに呈示されるむずかしい課題でも，5人のチンパンジーが完全に正解するようになった。これは，チンパンジーが循環関係を学習できることを示している。ただし，どのチンパンジーも訓練の過程で，循環関係が完成する3ペア目の学習に時間がかかっていた。

　つぎに疑問に思ったのは，この結果が特定の刺激に限られるのかどうかということだ。そこで私たちは，自分の手の写真を使って，新たにグー，チョキ，パーを作った。驚くべきことに，新たな刺激の最初のセッションでは，彼らの答えはでたらめだった。しかし，訓練を通して成績は向上し，最終的にはヒトの手のグー，チョキ，パーでも完璧な成績となった。

　その後，さらにたくさんの刺激を用いた。左右の手を用いたり，手のひらと手の甲の写真を用いたりして新たな刺激を作った。チンパンジーの反

 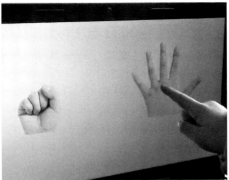

図—(左)グーとパーのうち,パーを選ぶチンパンジー。(右)グーとパーのうち,パーを選ぶ子ども。

応は同様だった。新たな刺激がでてくると,最初はできなかったがだんだんと成績は向上した。チンパンジーは循環関係を学習し,新たな刺激に対しても完璧に正答するようになった。

ヒトの子どもにおける じゃんけんの学習

チンパンジーはこの関係を学習できたが,ヒトの子どもはいつできるようになるのだろうか。私たちは3歳から6歳の子どもをテストした(図右)。まず3つのペアを別々に訓練したのち,3ペアがランダムに混じった条件でテストした。じゃんけんの能力は4歳頃に発達するという結果になった。子どもが「あてずっぽう」よりよくできる,つまり50%以上の正答率になるのは,最低でも48カ月齢からだった。じゃんけんは女児の方が男児よりも少しだけ早く獲得できるようだ。

面白いことがわかった。子どもは学習が早く,別々に3つのペアを学習することについては全員が基準に到達した。循環関係が完成する3ペア目の学習に時間がかかるということもなかった。しかし,4歳以下の子どもは,3つのペアがランダムに混ざったテスト条件では答えはでたらめだったのだ。つまり,幼い子どもは,循環関係の理解と獲得ができなかったということだ。あるペアで「勝ち」だった手が,別のペアでは「勝ち」ではないということに混乱したのか。彼らは直線的な推論をしようとしたのかもしれない。

チンパンジーも4歳以上の子どもも,じゃんけんを学習できる。これは,循環関係の理解にかかわる興味深い発見だ。ヒトでよく見られる問題を解決する能力が,チンパンジーにも「備わっている」のだ。少なくともこの認知的能力という点で,チンパンジーは4歳の子どもと同じくらい柔軟だということがわかった。(翻訳:川口ゆり)

謝辞:この研究を指導してくださった北京大学の蘇彦捷教授に感謝いたします。また,この研究は科学研究費補助金(16H06283, 15H05709),研究拠点形成事業(A.先端拠点形成型),ならびにリーディング大学院(U04)の支援を受けました。記して感謝します。

84 京都市動物園のチンパンジー・ゴリラ・マンドリル
——毛づくろい，移動，出産前後の群れの行動
川口ゆり／瀧山拓哉／七五三木環／横山実玖歩／川上文人

高校生の「霊長類学初歩実習」

大学生がアドバイザーとなり高校生が研究をおこなう「霊長類学初歩実習」が3年目を迎えた。そのようすを報告したい。

学問は大学院から本格的に始まるが，できれば大学生，さらには高校生のときから関心を高めるとよい。高校生にも霊長類学に興味をもってもらうべく，大学生2人（川口と瀧山）がアドバイザーとなり，それぞれの母校に声をかけた。初年度の2015年は9名の高校生が手を挙げた。活動は月に1〜2回で，京都市動物園で観察する。アドバイザーがサポートするものの，テーマも観察方法も基本的には高校生自身にゆだねる。そのアドバイザーの指導をより年長のチューターがおこない，高校の教員もときに参加する体制を作った。

観察対象は子どものいるチンパンジー，ゴリラ，マンドリルが中心だが，対象も高校生が決める。もちろん経験のない高校生ばかりだ。しかし通ううちに，毎回，全員が最後には多様な研究テーマをみつけた。翌2016年，さらに2017年と，毎年新たな高校生を募集し，3期生がこの2月に活動を始めた。アドバイザー側も新たな大学生に順次加わってもらい活動を続けている。研究内容の一部を紹介したい。

マンドリルの毛づくろい

ある高校生は毛づくろいに興味をもった。そこから個体間関係が読みとれるのではないか。毛づくろいする体の部位の推移には規則性があるのではないか，と考えた。マンドリルを観察し，した個体，された個体と，その部位を記録した。対象は，オスとメス，その間に生まれた姉妹の4個体だ。その結果，部位としては頭と四肢が多いことがわかった。ただし，頭から始めることは多く見られたが，四肢から始めることはあまりなかった。面白いことに，距離としては近い胸と腹では毛づくろいの移行はほとんど見られなかった。部位はどこでもいいというわけではなく，推移には文法のような規則性がある。また個体ごとに見ると，母親は全個体におこなっていた。しかし，父親と子どもたちの間では一度も見られなかった。マンドリルでは母親が群れの関係を取り持つのかもしれない。妹のディアマンテは受け手となるばかりだった。幼い子どもは遊びなど，毛づくろいとは別の手段で，他個体とかかわるようだ。

マンドリル，ゴリラ，チンパンジーの移動速度と運動量

別の高校生は「移動」に興味をもって3種を比較した。彼女が前年に参加したSAGA（アフリカ・アジアに生きる大型類人猿を支援する集い）での米国リンカンパーク動物園のスティーブ・ロス博士によるエンリッチメントの講演がきっかけだ。本来は広い行動範囲をもつ動物たちに動物園で野生に近い暮らしを提供するにはどうすればよいのか。そこで生まれたテーマが，飼育下で彼らがどのように移動しているのかを知るというものだ。3種のおとなのオスを対象に移動速度と運動量を測った。一定距離を移動するのに要する歩数を計測すれば歩幅もわかる。面白いことに，体の大きなゴリラよりチンパンジーのほうが歩幅は大きかった。4

図—（左）マンドリルの父親ベンケイは子と微妙な距離を取る。（右）群れで生活しているチンパンジー。

足歩行での移動の際，歩数と移動に要した時間を記録し移動速度をもとめた。春と秋で結果を比べると，ゴリラとチンパンジーは速度も運動量（歩数）も秋に増加した。それに対し，マンドリルではどちらも秋に減少するという結果だった。これは，5月に生まれたディアマンテの発達が関係しているかもしれない。母親にずっと抱かれていたディアマンテが秋になるとひとりで行動しはじめた。その頃，父親のベンケイは不用意に子どもに近づきすぎるのを避けるように，ディアマンテの行動を気にしてあまり動かないようだった。また，移動したのが地面か地面より高い場所かにわけて調べたところ，3種ともに地面より高い場所での移動のほうが速度は速かった。霊長類は樹上性が強いためと考えられる。高い場所に食べ物があったことも影響しているかもしれない。だとすれば，野生の暮らしを再現するうえで高い空間を用意するのは良いくふうだといえる。

チンパンジーの出産に伴う群れの変化

観察期間中，チンパンジーのローラが妊娠した。行動の性差，年齢差について調べたいと考えていた高校生はこれをうけ，チンパンジーの群れ（5個体）の出産に伴う変化に焦点を当てた。2分ごとに観察する個体を変えて，その瞬間に，観察個体がいる場所と姿勢を記録した。残念ながらローラの子どもは生まれてすぐに死んでしまった。出産後，ローラがロープにぶら下がることがあったが，これは妊娠中には見られなかった行動だ。出産前は群れの個体は全体的に寝ころんでいることが多く，特にローラは5割以上の割合で寝ころんでいた。しかし，出産後はローラをはじめとして全員が寝ころんでいる割合は下がり，活発に動き回るようになった。これは気温のためかもしれないと考え，観察日の気温と照らし合わせた。しかし気温と姿勢に相関はない。出産したことでローラの活動量が増え，群れ全体の行動が活性化したのだろうか。1個体の行動が群れ全体に大きな影響を与えるのかもしれない。

活動のこれから

2期生たちは，ここに紹介した研究を，日本モンキーセンター主催のプリマーテス研究会で発表した。発表は好評で，ベテランの霊長類研究者をうならせる場面もあり，優秀口頭発表賞に選ばれた研究もあった。今春，1期生は大学生になる。彼らの中から霊長類研究を志す人がでてくるかもしれない。実習での経験を今後の学びに生かしてもらえれば幸いだ。

この研究は京都大学リーディング大学院「霊長類学・ワイルドライフサイエンス」（コーディネーター，松沢哲郎京都大学特別教授）の高大連携プロジェクトの一環である。研究をおこなうにあたり，山本真也神戸大学准教授，山梨裕美京都大学特定助教にご助言いただいた。発表については以下のサイトで公表されている。
https://sites.google.com/site/61stprimatesmeeting/

85 チンパンジーの ダウン症

平田 聡

カナコ

カナコは，京都大学熊本サンクチュアリで暮らすチンパンジーだ。1992年生まれの女性である。生まれた翌日の飼育日誌に，やや元気なくあまり声を出さない，という記述が残っている。生後9日目の飼育日誌にも，手足がダランとしている，とある。ただ，1歳まではそれ以外には特段に健康上の問題はなく育った。途中で母親が育児拒否したことにより，生後半年からヒトの手で育てられた。

1歳のころ，カナコの両目が白く濁りはじめた。眼科検査で，白内障が確認された。2歳の時，白内障の治療のため両目の手術をおこなった。ただ，残念ながら術後の経過がよくなく，やがて視力が衰えていった。7歳のころには目が見えなくなった。

いまは大人のチンパンジーであるが，ほかのチンパンジーの女性に比べて体重が軽く，かなり小柄である。生後すぐには平均的なチンパンジーの赤ちゃんの体重だったが，5歳ころから体重の伸びが明らかに低下した。

22番染色体の異常

熊本サンクチュアリは，もとは民間会社のチンパンジー飼育施設だったところ，2011年に京都大学が引き取った(21「熊本サンクチュアリにようこそ」参照)。京都大学が運営するようになってから，いくつかの設備投資をおこなった。獣医学的な検査機器も徐々に新たにした。

カナコが22歳の時，定期健康診断をおこない，当時新しく買ったエコー装置で心臓の検査をおこなった。その結果，カナコの心臓に異常が見つかった。右心房と左心房を隔てるはずの壁に大きな穴が開いている，心房中隔欠損である。

かねてより，カナコの乳児期の白内障や小柄な体形は染色体異常によるものではないかと疑っていた。心臓の異常の発見がきっかけで，きちんと染色体の検査をしてみることにした。

22番染色体が3本ある染色体異常が見つかった(図1)。チンパンジーの場合，23本の常染色体と1つの性染色体がそれぞれ2本ずつ，合計48本あるのが正常である。染色体には，それぞれ番号がついている。カナコの場合，そのうち22番染色体が3本あるということだ。

チンパンジーの22番染色体は，ヒトの21番染色体に相同である。染色体の進化を調べた研究からわかったことである。そして，ヒトの場合，ヒト21番染色体が3本ある異常は，ダウン症を生じる。ヒトのダウン症では，知的発達障害と発達遅滞を主なものとして，その他いろいろな症状が見られる。

カナコに見られた乳児期白内障や心疾患も，ヒトのダウン症で高率に起こる症状である。カナコはその他，失明する前から，斜視や眼振，円錐角膜といった目の異常，歯の萌出異常があった。また，定量的な検査をしていないが，関節の可動域が通常より広いようである。これらいずれも，ヒトのダウン症で見られる特徴に一致する。つまり，症状のうえからも，カナコはヒトのダウン症に相当すると考えられる。

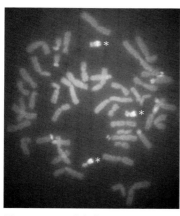

図1―カナコの染色体。22番染色体（＊印）が3本ある。

図2―カナコ（右）とロマン（左）の同居の様子。

よりよい生活に向けて

いまから50年ほど前，チンパンジー22番染色体が3本ある異常が世界で初めて発見され，サイエンス誌に報告された。ジャマという名の女の子だった。今回のカナコの例は，それに続いて2例目ということになる。ジャマは，体や行動の発達の遅れ，そして心疾患などの異常があった。そして，2歳を前にして亡くなった。

カナコは，大人になった今も熊本サンクチュアリに暮らしている。染色体異常は先天性のものであり，治すことはできない。できること，やるべきことは，カナコの生活の質をできるだけ高めることである。

ただ，カナコは目が見えないため，ほかのチンパンジーと社会生活を送るのは難しい。他者との社会交渉を適切におこなったり，ケンカが生じた際に逃げたりすることができないからだ。しかし，できるだけカナコにも仲間のチンパンジーと接する機会を提供したい。そう考えて，ロマンという名の女性チンパンジーと，月に1回ほど定期的に同居させている。温和な性格からロマンをカナコの相手に選び，なかでも特にロマンの心身の状態が安定している時を見計らって，スタッフが同室して介在したうえで，カナコと一緒にしている。

カナコとロマンが一緒の時には，お互いに隣同士に座って，何をするわけでもなく，並んで時間を過ごすことが多い（図2）。ロマンからカナコに触れようとしたり，遊びに誘ったりすることはあるが，カナコの目が見えないこともあって，やりとりは成立しないのが実際である。それでもカナコは，ロマンとの同居を楽しみにしているようだ。ロマンとの同居が始まる物音がすると，グフグフという独特の音声を発する。この音声は，ほかに，おやつをもらうときや，スタッフが遊びに来た時に発する。何か喜んでいるときに発する音声といえる。これからも，カナコの喜びの音声がたくさん聞けるように，見守っていきたい。

本報告は，以下の論文として掲載されました。
Hirata, S., Hirai, H., Nogami, E., Morimura, N., & Udono, T. (2017). Chimpanzee Down syndrome: a case study of trisomy 22 in a captive chimpanzee. Primates, **58**, 267-273

86 障害があるチンパンジーの福祉を考える

櫻庭陽子

レオとの出会い

　霊長類研究所を初めて訪れたのは2007年の大学1年生のときだ。一つのテレビモニターに，小さなケージに寝ているチンパンジーが映っていた。それがレオとの初めての出会いだった。レオは1982年5月に霊長類研究所で生まれ，母親であるレイコ（54「レイコありがとう」参照）に育てられた。そのためチンパンジーらしい，立派な男性に育っていた。しかし2006年9月，彼が当時24歳のときに突然倒れた。急性横断性脊髄炎と診断され，首から下が麻痺し寝たきりになった。そんな状態だった彼を，テレビモニター越しに目にしたのだ。そして「レオのような障害があるチンパンジーの福祉ってなんだろう？」と思うようになった。

　そんな寝たきりだったレオだが，しばらくすると腕を動かし，何かをつかもうとするようになった。そこでスタッフがケージに棒やロープを取り付けると，それを掴み，起き上がろうとしはじめた。そこから腕の筋力が増し，体を持ち上げ，腕の力だけで体重を支えられるまでに回復した。倒れてから約1年半後のことだった[1]。2009年にはケージから広い部屋に移った。彼はブラキエーション（腕渡り）をし，外の仲間の声に耳を傾け，大きな声や壁を叩く音で返事するまでになった。しかし股関節と膝関節が曲がったままで伸ばせない。今度はうまく歩けるようになってほしい。そこで障害が残っている下半身のリハビリテーションとして，認知課題を利用した歩行リハビリテーションが開始された（1「レオのリハビリテーション」参照）。私もそのプログラムに参加した。観察の結果，リハビリテーションによってレオの移動距離が増加し，特に下半身を使った「歩行」が増えていた。

　障害が残っている下半身を使ってうまく歩けるようにもなった。しかし次の目標がわからない。そのうちひとつの問いが聞こえてくるようになった――「レオはこのまま一人なの？」。

アキコの群れ復帰

　名古屋市東山動植物園にアキコというチンパンジーが暮らしている。推定1978年アフリカ生まれの女性で，医学実験施設と高知県の動物園を経て2010年に東山動植物園に来園した。2013年2月，彼女が左前腕の切断手術を受けたという知らせがあった。2012年末に外傷による感染症から筋肉の壊死が見つかり，その広がりを防ぐためだった。手術は成功し，その後の傷口や体力の回復も問題なかった。群れで暮らすチンパンジーのことを考えると，ずっと一人にしておくことは動物福祉の観点から望ましくない。そこで動物園では2013年5月に群れ復帰を試みた。

　群れの構成は，祖父―父―息子と3世代の血縁のある男性3人，アキコを含む血縁のない女性4人の合計7人で，この群れ構成は極めて野生に近い。彼女

図1―歩行リハビリテーションの合間にこちらを向くレオ。天井にはロープを張り巡らせている。

の群れ復帰は，一人でいるよりも福祉が向上することを想定している。しかし身体的な不利だけでなく，群れのメンバーからの攻撃や回避などの社会的な排除の心配もあった。私は群れ復帰に立ち会い，チンパンジーたちの観察をおこなった。すると，群れのメンバーはあっさりと彼女を受け入れ，むしろ久しぶりの再会を喜んでいるかのように，遊びに誘う様子も多く見られた。そして面白いことに，群れのメンバーは障害がある彼女を排除もしなければ，手助けもしない。片腕でロープを登りにくそうにしていても，誰も腕を摑んで引き上げたり後ろから押したりしない。またアキコ本人も何も気にしていない。自立している。このことから，チンパンジーの社会は，いい意味でも悪い意味でも差別のない社会のように思える。そして群れ復帰から4年，今もアキコは変わらず群れのメンバーと一緒に生活している。

障害があるチンパンジーにとっての福祉とは？

チンパンジーの福祉を考える上で，「どれだけ野生の状態に近づけるか」という一つの評価ポイントがある。では障害をもったチンパンジーたちの場合はどうだろうか。

レオの場合，彼が暮らしている空間にロープを張り巡らしたり，歩行リハビリテーションを試みたり（図1）したことが，筋力や歩行の回復に効果的だったと思われる。このことから，彼らの欲求をうまく汲み取り，障害の回復を促す環境や空間作りが重要だろう。また，染色体異常により白内障を患っているカナコ（85「チンパンジーのダウン症」参照）は，ロマンという女性と一緒に過ごせるようになった。そして彼女はその時間を楽しみにしているようだ。レオも，外からきこえる声に反応する。また，他のチンパンジーと格子越しに会う場

図2—群れ復帰を果たした左腕がないアキコ（一番左）と群れのメンバー。

面を設けると，毛づくろいに誘う。これらのことから，彼らは他者とのつながりも欲していることがわかる。さらに，アキコは群れに戻り，障害がなかった頃とほとんど変わらない生活を送っている（図2）。障害の経緯や一人でいた時間の長さ，元々の順位や男女の違いなどを考慮する必要はあるだろうが，障害があるチンパンジーに対して他のメンバーが受け入れてくれる可能性は大いにある。

私たちが彼らの福祉に対して努力すべきことは，それぞれの「欲求や障害に見合った環境」を提供し，社会的に「一人にさせない」ことではないだろうか。障害があってもチンパンジーらしく生活したい，そして生活できる，ということをレオとアキコから学んだ。これからも彼らのために努力していきたい。

謝辞：京都大学霊長類研究所スタッフの皆様，名古屋市東山動植物園スタッフの皆様には大変お世話になりました。この場を借りてお礼申し上げます。

文献
Y. Sakuraba et al.: Primates, **57**, 403-412（2016）
1—松沢哲郎編：人間とは何か，岩波書店（2010）pp. 158〜161, pp. 202〜205

87 プチの最期
——チンパンジーの脳死

林 美里／熊崎清則／松沢哲郎／友永雅己

プチの生涯

2017年5月16日，チンパンジーのプチが死亡した。享年51歳だった。チンパンジーの寿命は約50年といわれているので大往生だ。プチは1966年に西アフリカでうまれたと推定されている。ゴンという男性チンパンジーとともに国内でペットとして飼育されていたが，1979年に霊長類研究所へやってきた。1982年にゴンとの人工授精でポポという娘を出産した。子育てを見たことがないので，赤ちゃんをうみおとした瞬間に大きな悲鳴をあげて逃げてしまった。ポポは人間に育てられ，プチは1983年に第二子となる娘のパンをうんだ。このときも，プチは赤ちゃんを残して逃げてしまった。

2003年にプチはピコという娘を出産した。育児経験があるレイコがピコをもっていたので，やはりプチは赤ちゃんをおいて逃げたのだろう。しばらく人間が世話をしてピコの体力の回復をまち，母親のプチと面会させた。プチは，やさしくピコの手をさわり，落ち着いていた。何度か同じ空間ですごさせたあと，ピコをプチに近づけると，ピコがプチのお腹の毛を握りくっついた。それ以来，プチはずっとピコを抱きつづけ，だんだん授乳もうまくできるようになった。ピコは下肢に障害があったものの，すっかり母親らしくなったプチは，大事にピコを育てた（図1）。残念ながら，ピコは多臓器不全のため2歳という若さで死んでしまった。

プチは，腸に植物繊維などがたまって治療をしたり，昨年秋に一時的な顔面麻痺の症状が出たり

図1—娘のピコを抱くプチ。撮影：落合知美。

ということはあったが，ゴンと娘のポポと孫のパルと同じ群れで元気にすごしていた（図2）。チンパンジー同士のけんかでは，プチはすぐに本気になって怒り，ゴンを味方につけて反撃しようとする。相性のあわない人にウンチを投げることもあったが，プチは基本的にやさしく穏やかな性格のチンパンジーだった。

プチが倒れた

5月15日の朝8時半，研究補助の人が朝ごはんをあげようと，チンパンジーたちの居室の前にいった。プチは，部屋の床に横たわり，呼びかけても反応がなかった。足がたまにぴくっと動くだけで，いびきのような音をたてて昏睡していた。急いで助けの人を呼んで，他のチンパンジーたちと離す作業をはじめた。ところが，ポポだけはプチのいる部屋からどうしても出ていかない。麻酔銃を見せても逃げない。仕方がないのでポポを麻酔銃で眠らせ，ほぼ発見から2時間後にようやくプチの治療を開始した。

プチの体に大きな外傷はなく，すぐに原因がわからない。CTで腹部を検査すると，腸に内容物

がぎっしりつまって膨満している。MRIで頭部の検査をはじめて30分以上たった12時15分ころ、プチの呼吸が弱くなったために検査を中止した。チューブを挿管して気道を確保したが、心臓も止まっていて、口の中に血の気がなく真っ白で体も冷たい。心臓マッサージをすると、再び心臓が拍動をはじめた。だが、自発呼吸がもどらない。人工呼吸で酸素を入れ、体温を上げるために布団乾燥機を体に巻きつけた。心拍は安定していて、15時半ころにチンパンジー用の入院室にもどり治療をつづけた。2時間以上かけて合計26回の浣腸をした。葉っぱのような繊維質を含む緑色の便が大量に出てきた。この間に体温も回復した。

19時になって、小さな治療用ケージにプチを移動した。プチは意識がもどらないまま、人工呼吸器と点滴につながれて夜をすごすことになった。20時から4時間交代で、獣医師を含む3名の夜間の看護当番をきめて解散した。23時ころには、不整脈や期外収縮が頻発したものの、その後は心拍も血圧も安定して朝を迎えた。

脳死判定と死

翌朝8時に、ヒトと同じ基準で瞳孔反射や顔面疼痛反射などの消失を獣医師が確認して、1回目の脳死判定が下された。それをもとに関係者によるミーティングをして、今後の方針を検討した。サルなどの実験動物では、予後が悪いと判断されるときは深く麻酔をして安楽死させる方法をとる。だが、プチはチンパンジーなのでヒトに近い方法をとりたい。ヒトと同じく6時間後に再び脳死と判断されたら、人工呼吸をやめて自然な死を待つことにした。一人のチンパンジーの死を無駄にしないためにも、病理解剖に必要な部分以外について死後の資試料提供の希望を募った。

14時までのあいだ、看護当番以外にもたくさんの人がプチのお見舞いにおとずれた。人工呼吸

図2—おばあさんになっても15mの高さにあるロープの上を手放しで歩くのが上手だった。撮影：林美里。

も手動になり、人々が交代で空気をプチの肺に送りつづけた。覚醒状態を示す脳波の値が高くなるのではと期待して、大声で呼びかけたり、他のチンパンジーの声を耳元で聞かせたりもした。しかし、プチの意識がもどることはなく、自発呼吸も復活しなかった。そして、14時5分に2回目の脳死判定が下された。

それから約1時間かけて、前日に中断したMRIによる頭部の検査をした。その後、約20人の関係者が見守るなか、軽く鎮痛の麻酔薬を投与して15時29分に人工呼吸をやめてチューブを外した。CT検査をしているあいだに、だんだんと心臓の拍動が少なくなってきた。検査が終了して、また皆がプチの周りに集まった。15時42分、ついに心電図のモニターの値が0を表示した。獣医師が死亡宣告をして、全員がプチに黙禱をささげた。たくさんの近親者に看取られて、プチは安らかに最期を迎えた。

死後の病理解剖で、くも膜下出血が死因だと確認された。慢性の腸疾患もあったようだ。人間と同じ脳死判定をして、延命治療をつづけず、安楽殺もせず、プチは人間と同じ自然な死を迎えた。プチは、チンパンジーの死が人間の死と同等に扱われるべきだということを私たちに教えてくれた。

88 霊長類研究所50周年
──過去，現在，そして未来

友永雅己

1967年6月1日

 6月にしては蒸し暑く感じる2017年6月1日，愛知県犬山市の木曽川沿いに建つホテルで，京都大学霊長類研究所(霊長研)の創立50周年を祝う記念式典がとりおこなわれた。かつて霊長研の教員でもあった山極寿一京都大学総長を始め，これまで霊長研にかかわってこられた200人を超える方々が出席した。

 海の向こうのイギリスでビートルズが革命的なアルバム「サージェント・ペパーズ・ロンリー・ハーツ・クラブ・バンド」を発表した1967年6月1日，京都大学の附置研究所として，京都・吉田のキャンパス内の小さな仮事務所で霊長研は産声を上げた。これにさかのぼること3年前の1964年5月，日本学術会議会長の朝永振一郎は内閣総理大臣の池田勇人に「霊長類研究所(仮称)の設立について」という勧告をおこなっている。「霊長類研究の重要性にかんがみ，その基礎的研究を行なう総合的な研究所を速かに設置されたい。」日本に霊長類学がうまれて20年にも満たないこの時期にこのような勧告がでたということの重みを感じる。この冒頭文の背後には先輩たちの長年にわたる努力があったのだろう。ちなみに私はこの時まだ生後2カ月だった。

 この勧告には，冒頭に続いてその理由が記されている。その趣意は，「広範なる人類学の各分野にわたって，その基礎をなす霊長類の心理学的，生態学的，社会学的研究および医学，薬学，生理学等における実験動物としてのサルの生理学的，生化学的，遺伝学的研究を推進することの重要性にかんがみ，それらの研究を有機的・総合的に推進することのできる研究所設立の措置を早急に講じる必要がある」というものだ。つまり，霊長研はその船出のときから，野外研究と医学研究，さらには心理学研究などが集う学際的な研究拠点をめざしていたのだ。形態学と神経生理学の研究部門から発足した霊長研は，愛知県犬山市の小高い丘に居を移し，1975年に9研究部門2附属施設という当初計画の陣容が整った。

全国共同利用研究所

 霊長研の特徴の一つは，この研究所が全国共同利用型の附置研究所であるということだ(現在は共同利用・共同研究拠点)。全国の研究者などへの大学の枠を越えた支援態勢を整備し，研究所のもつさまざまなリソースを利用できるようにした。この共同利用研究制度のもと，日本各地から，そして現在では世界各地から，研究者やその卵である大学院生たちが犬山にやってきて霊長類を対象とした多様な研究をすすめてきた。また，共同利用研究費の支援を得て日本各地でのニホンザルの調査研究がすすめられた。50周年にあたり，過去の資料に接する機会を得たが，現在，日本の霊長類学やその関連領域で研究を主導している方々のかなり多くが，霊長研の共同利用研究制度を利用していたことを改めて知った。先端的な研究から在野の研究者まですそ野の広い支援を続けてきた成果であるといえるだろう。

 私の所属する思考言語分野とその前身である心理研究部門でも，数多くの共同利用研究がおこなわれてきた。そのリストを見返してみると，非常

図──(左)50周年記念式典で式辞を述べる湯本貴和所長。(右)1968年当時の京都大学霊長類研究所。ともに，提供：京都大学霊長類研究所。

におもしろい研究がいくつもなされてきたことがわかる。たとえば，ヒト以外の霊長類74種を対象に彼らの対象操作能力を比較した鳥越隆士さん（現・兵庫教育大学教授）の研究，ニホンザルの運動場内にパネルを押すと大豆がもらえる装置を設置し，パネル押し行動が群れ内に伝播していく過程を調べた樋口義治さん（現・愛知大学教授）の研究など，2017年現在の研究動向と直接的につながるものも多い。ひるがえって今を見渡したとき，はたして，30年，40年たってもかたりつがれるような先見性あふれる研究がなされているだろうか。自省しつつ前に進んでいきたいと思う。

霊長研のチンパンジー

霊長研に初めてチンパンジーがやってきたのは1968年の7月のことだ。レイコと名づけられたこのチンパンジーを対象に二足歩行や学習の研究がスタートした。その後，アイ，アキラ，マリという，のちの「アイ・プロジェクト」に参加するチンパンジーたちがやってきた。最大で15人が暮らしていたが，ピコ[1]，レイコ[2]，そして霊長研が50周年を迎える半月前にプチが亡くなった（87「プチの最期」参照）。霊長研で生まれた世代も2世代を重ね，今は，次の世代の誕生を目指して，人間もチンパンジーも奮闘をつづけているところだ。

この間，チンパンジーをとりまく環境は大きく変化してきた。高さ2mにも満たない檻の中で飼育されていたレイコひとりの時代から，緑に囲まれたなかに鉄製のタワーがそびえる運動場へ。そして今は，いつでもどこでもだれとでも課題に参加できる研究環境の構築を進めている（41「WISH大型ケージ」参照）。また，生物医学研究にチンパンジーが使われることもなくなった（28「30年ぶりの空」参照）。アメリカでも，侵襲的な研究に参加していたチンパンジーのサンクチュアリ（終生飼育施設）への引っ越しが続いている。このような流れの中で，飼育下のチンパンジーの研究は今後どうあるべきか。私たちの前には非常に大きな問いかけがまちかまえている。

アイ・プロジェクトが始まって今年で40周年，チンパンジーの比較認知科学研究を推進する思考言語分野が霊長研に発足して来年で25周年，さらに，大型類人猿の研究・福祉・保全をみつめつづけてきたSAGA（アフリカ・アジアに生きる大型類人猿を支援する集い）は今年で20周年だ。過去をふりかえり，現在をみて，未来に思いをはせる。霊長類研究所もチンパンジー研究もそのような齢を迎えている。

文献
1──松沢哲郎編：人間とは何か，岩波書店（2010）pp. 110〜111
2──同 pp. 122〜123

89 野生ウマの社会
——霊長類との比較から

平田 聡／リングホーファー萌奈美／井上漱太
レナータ・メンドンサ／カルロス・ペレイラ／松沢哲郎／山本真也

ウマの社会

ポルトガルのアルガ山で，野生ウマの研究をおこなっている。霊長類学の歴史をさかのぼり，その出発点のさらに前を見てみると，半野生ウマの社会に関する研究にいきつく（72「霊長類学からポルトガルの野生ウマ研究へ」参照）。今西錦司が1948年に宮崎県の都井岬で御崎馬を対象におこなった研究だ。ウマが作る群れと，その社会構造を研究しようとした。

哺乳類の中で，集団を作ること自体はめずらしいことではない。キリンやバッファローやゾウも，複数の個体が集まった集団を作る。ただし，集団の構成は一定ではなく，誰と誰が同じ集団にいるのか，状況によって変わってくる。

ウマの群れは，メンバー構成が安定して，同じメンバーの群れが長続きする。その点で，キリンなどの有蹄類のなかでは例外的である。むしろ霊長類に近い。霊長類では，オス1頭に複数のメスが集まったハーレム型，オスもメスも複数の複雄複雌型，あるいは一夫一妻型，そして一妻多夫型まで，さまざまな種でさまざまな社会が見られる。

霊長類との比較

霊長類の群れのメンバー構成については，種による違いもあるし，また同じ種でも環境の違いによる影響も受ける。ひとつの群れの中にオスが何個体いるのかに着目して，これまで次のような説明が提案されてきた。

第1は，オスの数をメスの数との関係で説明しようとするものだ。簡単に言うと，群れの中にメスが多くなると，同じ群れにいるオスの数も多くなる。第2は，メスの繁殖の季節性との関連を指摘するものだ。複数のメスの繁殖期が同時にきて，1個体のオスでは複数のメスを独占しきれない場合には，複数のオスが存在する群れになると考えられる。逆にメスの繁殖期がずれて，1個体のオスですべてのメスと順々に交尾できる場合には，オス1個体のハーレム型になると考えられる。第3は，捕食圧との関係を指摘する説明である。捕食される危険が大きい場合には，オスが複数で群れを守ると予想できる。

アルガ山の野生ウマの調査の進展によって，2016年末までに合計26の群れを識別した。その多くはハーレム型である。ただ，ひとつの群れに2個体以上の大人オスがいる場合もある。また，オスだけで構成される群れもある。アルガ山の場合は，26群の内訳として，オスもメスも両方いる群れが24群，オスだけの群れが2群だった。そして，オスもメスもいる群れでは，オスが1頭の群れが18群，オスが2頭以上の群れが6群だった。

オスが1頭の群れでは，メスの数は平均5.2だった。それに対して，オスが2頭以上の群れでは，メスの数は平均2.8だった。つまり，メスが多ければオスも多くなるという説明は成り立たない。また，メスの繁殖期の季節性との関係による説明も成り立たない。ウマの繁殖期は比較的長く，メス同士で繁殖期がずれていることが多い。そうなるとオス1頭で複数のメスを独占するハーレム型になるはずだが，アルガ山ではオスが2頭以

上の群れが全体の25%程度を占め、それなりに存在する。最後に、捕食圧との関係での説明も成り立たない。アルガ山には野生のオオカミがいて、この地の野生ウマが捕食されている。捕食圧とオスの数の説明が正しければオスが複数の群れが優勢になるはずだが、そうはなっていない。

霊長類の研究をもとに提案された説明は、ウマには当てはまらないようだ。何か別の要因があるに違いない。

ウマ社会の理解にむけて

2017年春に、アルガ山で再び調査をおこなった。合計34群を識別した。新たな群れを発見した場合もあるし、また、2016年に1群だったものが分裂して2群以上になったものもある。群れ間でのメスの移籍も確認できた。秋から冬にかけてがメスの移籍時期らしい。

ウマの社会を分析するにあたって、オスとメスの関係、オスの役割、そして異なる群れ同士の関係性が重要な要因だと考えている。霊長類研究をもとに提案された説明がウマに当てはまらない理由は何なのか、いまのところ答えはわからない。少なくとも霊長類研究による説明はウマに当てはまらない、ということが新たにわかったので、そこが今後の研究の出発点になる。

答えを見つけるために、さまざまな試みを始めた。ドローンで空中から撮影して、複数の群れの分布や、群れ内の個体の配置を調べる。糞サンプルを採集してDNAから血縁関係を探る。ウマの社会の理解の先には、哺乳類全体の社会の進化の理解がある。樹上に生活の場をもった霊長類、樹

図―（上）オスが複数（左の2頭）のウマの群れ。（下）ドローンで上空から撮影したウマの群れ。

上から地面に降りたヒト、そしてもとから地面に生きるウマ。野生ウマをひとつの手がかりに、社会の進化を解明したい。

本報告は、以下の論文として掲載されました。
Ringhofer, M., Inoue, S., Mendonça, R. S., Pereira, C., Matsuzawa, T., Hirata, S., & Yamamoto, S. (2017). Comparison of the social systems of primates and feral horses: data from a newly established horse research site on Serra D'Arga, northern Portugal. Primates, **58**, 479-484

90 ドローンを活用して"チンパンジーの森"を復元する

森村成樹

チンパンジーの"傘"

西アフリカ，ギニア共和国のボッソウはマノン族の人々がくらす村である。彼らは，ギニア，コートジボワール，リベリアにまたがる世界自然遺産ニンバ山の周辺に分布する"森の民"だ。森にまつわるさまざまな伝統的儀式や習慣がある。ボッソウでは，村全体でチンパンジーをトーテムとして崇拝しており，殺して食べることを禁忌としている。村人はチンパンジーと伝統的に共存してきた。また，病気になったら薬を求めて森に入る。発熱，下痢，産後の肥立ちなどへの，さまざまな伝統薬が存在する。料理のため，肉や山菜や調味料などを求めて森に入る。

村人が信仰するその森は，チンパンジーが作った，と言えるのかもしれない。保全生物学の概念で，チンパンジーはアンブレラ("傘")種とされる。チンパンジーが生きるためには豊かな自然環境が必要であり，チンパンジーがくらす森はさまざまな動植物が存在する生物多様性の宝庫である。またチンパンジーは果実を主食とし，食べるときに種を丸呑みする。森のどこかで果実の種は糞とともに排出されて，やがて芽吹き，チンパンジー好みの森が広がる。チンパンジーのくらす森は，チンパンジーとともに生きるさまざまな動植物のこのような相互作用によって維持されている。つまりチンパンジーがいなければ，異なる様相の森ができる。マノン族の伝統的なくらしは，チンパンジーの森によって守られてきた。

燃える世界遺産

その森が，切り倒され，燃えている。今年（2017年）の1月19日，ボッソウから東南へ6kmのところにある世界遺産のニンバ山を大規模に焼く山火事があった。その後の調べで，密猟者が獲物を追い立てるために森に火をつけ，乾季の強風にあおられて草地を中心に燃え広がり，ニンバ山の山頂まで延焼したことがわかった。偶然にも山火事が起きた日に，私たちは無人航空機（ドローン）を持ってニンバ山を登山していた。

朝は曇りで，ふもとのセリンバラ村からニンバ山頂は見えない。裾野に広がる大森林を登っていくと，昼どきには稜線一帯に広がるサバンナに出る。副稜線のピークでひと息つく。心地よい風に混じって，「パチパチパチ，パチパチパチ」という枝の爆ぜる音が聞こえてきた。山にかかる霧の向こうへと目をこらすと，ニンバ山がすぐそこで燃えていた。キャンプ地まで一気に登ると，主稜線で火の手が見えた。しばらく様子を見ているうちに，雲が切れてニンバ山の山頂まで視界が開けた。山はすっかり焼けて，一面の黒肌をさらしていた（図1）。被害は主稜線を数km焼く甚大なものだった。

ニンバ山には推定で300人ほどのチンパンジーがくらしており，森はゆっくりと回復していくだろう。しかし，ボッソウの森にくらすチンパンジーは現在7人となり，地域集団は絶滅へと向かっている。最近，森にはチンパンジーが好んで食べる果実が大量に余るようになった。少子高齢化で，推定50歳を超えるチンパンジーが3人い

る。食べ盛りが4人だけでは，もはや食べきれないのだろう。森はかつての勢いを失いつつある。それでもかまわず，保護区の木を切る村人がいる。

ドローンを活用した森作り

「緑の回廊」という植林プロジェクトが，1997年よりボッソウではじまった。チンパンジーの森を復元するために，チンパンジーの糞から生えた苗木を集め，苗床で50 cmほどまで育て，ボッソウとニンバ山のあいだに広がるサバンナに植樹してきた。最初の10年で植樹する技術を開発した。次の10年でボッソウとニンバ山のあいだ4 kmをつなぐ植林に取り組んだ。残すところ150 m。20年目となる今年の12月までに，ボッソウとニンバ山の森はか細い緑の線でつながる。

この植林活動は，ドローンによってさらに加速すると期待されている（図2）。今年1月から，緑の回廊の活動地域およそ400 haをドローンで継続的に撮影している。写真をよく見ると，植林地には小さな林が多数点在している。2013年を最後に野火の侵入がなかったため，サバンナに自生する木々が生長してきているのだ。活動地域の外にあるサバンナでは村人が毎年のように火入れをしているため，こうした林はほとんどない。点在している木々を最短距離で結ぶように植樹をすれば，効率よくボッソウとニンバ山の森をつなぐことができる。人間が決めるのではなく，その土地が持っている力を引き出す。

ボッソウからニンバ山まで，ひとつの大きな航空写真を作ることもできる。森がどこにあり，畑がどこにあるのか，村人が傷つけた森のかたちが

図1―ニンバ山の山火事は，緑の回廊ホームページで公開されている。撮影：森村成樹。
http://www.greencorridor.info/en/videos/Green-Corridor/

図2―ドローンの操縦を学ぶ現地スタッフ。撮影：松沢哲郎。

はっきりとわかる。誰かを責める必要はない。森が必要なことは，彼らが一番よくわかっている。豊かな生活の追求という普通の行為が，時に無秩序に溢れて，チンパンジーの森を，そして長い時間をかけて知識や技術を積み重ねて築いた彼らの生活をも破壊する。時々ふと立ち止まり，森を俯瞰すれば，目先も変わる。そうやって，緑の回廊で作る人工のチンパンジーの森は，少しずつ彼らの中にも根を下ろすだろう。

91 チンパンジーは、平均の大きさがわかるか？

伊村知子／友永雅己

疑問のはじまり

　私たちがあたりまえのようにおこなっていることも、チンパンジーの目を通して見ると、実に不思議に感じられることがある。「場の空気を読む」ということもその1つだ。たとえば、大勢の人前で話す時、群衆の表情から瞬時に集団の気持ちを察することができる（と思っている）。一人ひとりの表情は、少しずつ違っていて、表情の持つ意味も程度もバラバラだ。そこから全体の雰囲気を瞬時に察するのは、人間のすぐれた社会的能力の1つではないだろうか。こうした全体を瞬時に把握する能力は、人間に固有のものなのだろうか。仲間と共に暮らし、相手と社会的なかけひきをするチンパンジーも、場の空気を読むことができるのだろうか。最初はそんな興味から、これを実験で確かめてみたいと考えた。

場面全体を把握するしくみ

　では、私たちは、群衆の中にうれしそうな表情や悲しそうな表情をしている人々がまぎれている場合に、どのように集団の気持ちを判断するのだろうか。実は、複数の顔やその表情、視線の方向などの「平均」を把握することができるという。顔のような社会的な特徴だけではない。複数のものの大きさ、色、方向、位置、動きのように、もっと単純な特徴の「平均」も、瞬時に把握できるという。しかも、1つ1つの特徴を把握できないほど一瞬しか見えなくても、それらの「平均」は把握できるといわれている。どうやら、私たちは、1つ1つに注意を払わずに、「平均」を抽出していいるようである。「平均」のような複雑そうな計算を、注意を払わずにおこなっていること自体が驚きだ。最近では、4～5歳の人間の子どもでも、大きさや位置、動きの「平均」を把握できることがわかっている。

チンパンジーは平均を知覚するのか？

　そこで、チンパンジーも場の空気を読めるのか、という疑問に答える第一段階として、単純な特徴を「平均」して判断できるかどうかを調べてみることにした。まずは単純な特徴として「大きさ」を選んだ。チンパンジーの生活の中でも、大きさという特徴は重要なはずだ。たとえば、森の中で、たくさんの果実のなった木が何本もあるとしよう。それぞれの木になった果実の大きさは1つ1つ違う。その中から、チンパンジーは、全体として大きな実がなった木を選ぶことができるのだろうか。こんな場面を想定して、大きさの「平均」の知覚について調べるために、次のような実験をおこなった（図1）。

大きさの「平均」知覚を調べる

　ヒトを対象とした実験ならば、「次のような複数の円からなる2つのセットのうち、大きさの「平均」の大きい方はどちらか、選んでください」のように言葉で説明することができる。しかし、チンパンジーに、複数の物体の大きさの「平均」が把握できるかどうかをたずねるのは難しい。そこで、3つのステップで、チンパンジーに、大きい方を選ぶことを教えた。

　まずは、画面の左右に1つずつ円を1秒間提

図1—大きさの「平均」の大きいセットの方を選ぶチンパンジー，クロエ

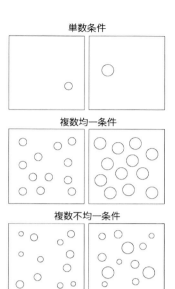

図2—実験で用いられた円のセットの例。実際は，灰色背景に白枠の円だが，ここでは見やすいように白色背景に黒枠の円で示した。

示し，チンパンジーが2つの円のうち大きい方に触れれば正解という訓練をおこなった(単数条件)。すると，チンパンジーたちは，大きい方を選べばよいことをすぐに理解した。続いて，画面の左右に6個ずつの円を提示した。円の数が複数になっても，大きい円からなるセットの方に触れれば，正解となる。セットに含まれる6個の円は，すべて同じ大きさにした(複数均一条件)。これも，チンパンジーたちは，すぐに理解できた。最後に，画面の左右に6個ずつの円が提示されるのだが，6個の中には大きさの異なる円が3種類，2個ずつ含まれていた(複数不均一条件)。チンパンジーたちは，大きさがバラバラの複数の円からなるセットでも，全体として大きい方を選択すれば正解であることを理解できた。

以上の条件をクリアした後，12個の円からなるセットを用いてテストした(図2)。6個の円のセットで大きさを見比べる時には，1秒間のうちにすべての大きさを見比べる余裕があるかもしれないが，12個の円のセットではそうはいかないはずだ。もし，チンパンジーが円の大きさの「平均」を一瞬で把握できるなら，1個の円どうしを比較する時(単数条件)と同じくらい，12個の円どうしの比較(複数均一条件，複数不均一条件)でも正確に答えることができるはずである。チンパンジーと比較するために，ヒトにも同じテストをおこなった。その結果，チンパンジーもヒトも，1個の円どうしを比較する単数条件に比べて，12個の円

どうしを比較する複数均一条件，複数不均一条件で，より正確に大きい方の円（あるいは円のセット）を選択することができた。特に，複数不均一条件では，12個の中に大きさの異なる円が4種類，3個ずつ含まれていた。そのため，2つのセットを見比べる時に，それぞれのセットの1つの円のみに注意を向けていても正解できないはずである。

今回の実験から，チンパンジーも，大きさの「平均」を知覚していることがわかった。大きさのような単純な特徴については，チンパンジーもヒトと同じように，全体の概要を把握できるのかもしれない。今後，研究が進めば，チンパンジーが表情の「平均」を把握できるのか，つまり，「場の空気を読む」のかという問いにも答えられる日が来るだろう。

文献

Imura, T., Kawakami, F., Shirai, N., & Tomonaga, M. (2017). Perception of the average size of multiple objects in chimpanzees (*Pan troglodytes*). Proceedings of the Royal Society B: Biological Sciences, **284**: 20170564, doi:10.1098/rspb.2017.0564

92 チンパンジーが協力して課題解決
——2人で数字を順番に答える
松沢哲郎／クリストファー・マーチン／ドラ・ビロ

　2人で連続的に協力しなければ解決できない認知課題を考案した。コンピュータ画面に出てくる1から8までの数字を小さいものから順番に答える課題で，2人のチンパンジーが役割交代をしながら連続的な協力行動をとることを世界で初めて実証した。研究論文が公表されたので，その内容と意義を紹介したい。

役割交代を続ける協働作業を検証する

　人間以外の霊長類を対象としたこれまでの研究では，2人が協力して課題を解決できることが，これまでさまざまな場面で実証されてきた。しかし，ほとんどの例は1回きりの動作だ。たとえば，2人で同時にひもをひっぱって遠くの台を引き寄せて食物を手に入れる。それに対して，1回だけでなく何回も連続して，互いに役割交代しながら，息をあわせて解決する能力についてはこれまでほとんど研究がなかった。

　実験に参加したチンパンジーは，それまでに1から9までの数字を順番に選ぶことを習得していた。コンピュータの画面にランダムに散らばる一連の数字を，小さいほうから順番に触ることができる。数字がとんでいても小から大の順に選べる。

　今回は，役割交代を必要とする場面を作るため，その課題を「共有する」場面を用意した。画面の半分にしか触れられない。画面前に座る2人のチンパンジーの間には透明な隔壁がある。つまり，右のチンパンジーは画面右半分に表示される数字にのみ触れることができる。左のチンパンジーは画面左半分に表示される数字にのみ触れることができる。つまり，お互いに画面の全体つまり全部の数字を見ることができるが，自分が触れられるのは自分の側の半分だけだ。すると，ほんの最小限のことを教えただけで，この数字の順番を協力して答える，という新しい課題をチンパンジーはマスターした。

　たとえば画面右半分に「1，4，6，7」，左半分に「2，3，5，8」の数字を表示したとする(図1参照)。まず右のチンパンジーが「1」をタッチすると，続けて左のチンパンジーが「2，3」をタッチ，するとすぐ右のチンパンジーが「4」をタッチする，といったふうに，交互に役割交代をしながら，協力して一連の数字を順番に選択していくことができた(図2参照)。

子どもは親のようすをよく見ている

　チンパンジーの2個体を1組として，3組でこれを検証した。アイ35歳とアユム12歳，クロエ32歳とクレオ12歳，パン29歳とパル12歳，いずれのペアも母子で，全員が1群13人の集団で暮らしている。

　22インチのタッチパネルつきモニターの左半分と右半分が，それぞれのチンパンジーに割り当てられており，あいだに透明な隔壁がある。つまり相手の半分のモニターを見ることはできても，そこに現れた数字には触ることができない。隔壁がじゃましているので手を伸ばせないのだ。

　手続きとして，2数字，つまり双方に数字が1つずつという条件から始めた。1と2だけ，ついで3と4だけで課題をおこなう。ついでそれぞれの画面に2数字，3数字，4数字と順に増やし

た。最終的には1から8までの8数字が画面の片方に4数字，もう一方に4数字が出てくる条件だ。この8つの数字を，交互に役割交代しながら1・2・3・4・5・6・7・8と順に協力して選ぶ課題だ。

こうすると，一連の手順を2つの場面に切り分けられる。つまり，相手が押したあと自分が押す「スイッチ(交代あり)」の場面と，自分が押したあともう一度自分が押す「ステイ(交代なし)」の場面とがある。

結果を3点に要約する。①まず，協働課題を学習できることがわかった。②さらに，子どものほうが親より正確で素早く反応できた。③親ならスイッチのときのほうがステイよりもちろん時間がかかるが，子どもはステイもスイッチも反応時間が変わらなかった。つまり子どもは親をよく見ている。社会的な情報の流れは「母親から子どもへ」という方向性が顕著だった。つまり，母親がしていることを子どもはとてもよく見ていて，母親が行動すると子どもはすぐそれに対応する。その逆ではない。子どもは母親から学ぶ。野生チンパンジーの社会的な学習，たとえば石器を使うことを学ぶなど，それを彷彿とさせる結果だった。

役割交代する協働作業の意義

集団生活で生じるさまざまなジレンマに対して，「社会的な協調・協働」(各自の持ち場から協力して一連の課題を達成すること)が有効な解決方法になる。

自然界に広く目を向けると，人間を含めた多くの動物で，信号の伝達や社会的なやりとりにおいて，一連の長い課題を協働して役割交代して実行することが必須となる。コミュニケーションや言

図1

図2

語といった，広くいえば社会的なインタラクションの背後には，必ずターン・テイキングと呼ばれる役割交代や話者交代がある。そうした役割交代の進化を考えるうえで，母と子を題材にした貴重な知見だといえる。

今回の研究は，人間以外の動物の協力行動・協働行動を研究する新しいパラダイムを作ったともいえるだろう。「コンピュータ・アリーナ」と名付けた一台の画面上で複数個体の共同作業を分析する道が開けた。

この研究は科学研究費補助金・特別推進研究(16H06283)，研究拠点形成事業(A.先端拠点形成型，CCSN)，ならびにリーディング大学院(U04)の支援を受けました。記して感謝します。
C. Martin, D. Biro & T. Matsuzawa: Scientific Reports, **7**, 14307 (2017), doi:10.1038/s41598-017-14393-x
実験の様子を撮影したビデオを以下のページにてご覧ください。
http://langint.pri.kyoto-u.ac.jp/ai/

93 ジェーン・グドールの
コスモス国際賞受賞

松沢哲郎

ジェーン・グドールさんとの出会い

2017年，ジェーン・グドールさんがコスモス国際賞を受賞した。グドールさんは，タンザニアのゴンベでの野生チンパンジーの研究を1960年に開始して今日に到る。野生チンパンジーの生態の解明を通じて人間の本性を描き出した。この賞は，1990年に大阪で開催された国際花と緑の博覧会を記念した賞(公益財団法人・国際花と緑の博覧会記念協会提供，林良博選考専門委員会委員長)である。

グドールさんと京都大学の研究者とのご縁は深い。1960年9月の伊谷純一郎さんによる現地訪問を端緒として，60年に迫る歳月を重ねてきた。彼女の業績に対して京都大学(当時の尾池和夫総長)は，名誉博士号を2007年に授与している。これは，ノーベル賞受賞の利根川進さん以来の授与にあたる。こうした深い厚誼に鑑み，京都大学総長という職責にある山極寿一さんが，彼女をコスモス国際賞の受賞者として推薦した。

個人的には，1986年11月のシカゴ科学院での出会いにさかのぼる。彼女の主著である『野生チンパンジーの世界』[1]が出版され，それを記念して世界中のチンパンジー研究者が初めて一堂に会した。同じタンザニアのマハレの野生チンパンジーを研究していた長谷川寿一さん(東京大学教授，2019年より大学改革支援・学位授与機構理事)・眞理子さん(総合研究大学院大学長)ご夫妻やわたしがたぶん一番若い部類の招待者だった。(前年にネイチャーに単著論文が掲載されたばかりで招聘されたのだろう。)

アイが数字や文字を理解できること，視力，色覚，概念形成などについて講演した。すると，最前列でこれを聴いていたグドールさんが最初に質問した。「ところで，アイはふだんどうしているの？」ちょうど同じ1986年の2月にすでにギニアでの野生チンパンジー研究を始めていたので，質問の意味がすぐにわかった。今でいう「環境エンリッチメント」のことをたずねているのだ。「仲間のチンパンジーたちと一緒に運動場で暮らしていて，名前を呼ぶと自分の意思で勉強部屋に来ます」と答えた。にっこりと微笑んでくれた。

グドールさんは1990年に京都賞を受賞した。1998年のSAGA(アフリカ・アジアに生きる大型類人猿を支援する集い)の発起人になってくれた。以後，毎年のように日本に来ていただいている。

野生チンパンジーの研究

コスモス国際賞が称揚する学問のあり方「地球的視点における生命体相互の関係性や統合性の理解」を起点に考えると，彼女の貢献は3点に要約できるだろう。第1に，野生チンパンジーの生態を世界で初めて解明した。シロアリ釣りに代表される道具の使用や製作を発見した。肉食や，食物の分配を報告した。また長期にわたる母子のきずなの重要性を発見した。人間とは何か。人間の本性とその進化的起源について，野生チンパンジー研究から実証的に示した。

第2に，長期継続研究という野外の動物研究のパラダイムを創出した。「個体識別した行動学的観察にもとづく長期野外研究」という研究パラダイムを確立するとともに，それを研究だけにとどめずに植林事業や環境教育活動といった実践活動と結合した。前者は，日本の霊長類学の初期の

図—（左）霊長類研究所の屋外運動場にある野外ブースで，透明なアクリル越しに見つめあうジェーン・グドールさんとチンパンジーのアキラ。（右）松沢哲郎と山極寿一が前座をつとめてグドールさんが講演した。11月7日の受賞記念京都大学講演会にて。

野生ニホンザル研究と同時期だが，後者の保全やさらには飼育下の福祉にまで手を伸ばした実践は他の研究者の追随を許さない独自の境地である。

ヒト以外の霊長類はおよそ400種類が知られているが，それを対象とした野外研究者は，全員が彼女の観察手法を踏襲しているといってよいだろう。個体に名前を与えて識別した長期継続観察である。その手法は，さらにゾウやキリンやライオンなど，その他の絶滅危惧の大型動物でも標準的な研究手法になっている。すなわち，後進の若手研究者に野外行動研究の模範を示したことになる。さらに研究と保全が不可分の一体であることを示した。研究だけの研究にとどめずに，チンパンジーが住む森を保全するための植林事業や，地域住民の環境教育活動「タカリ」の活動をおこなった。つまり，研究を保全の実践活動と結合した点で，たんなる長期野外研究とは違うといえる。

ルーツアンドシューツ

第3に，「ルーツアンドシューツ」（R&S）という環境教育プログラムを創出した。現在，世界140カ国以上で，10万団体を超える事業が活動している。若い人々が自発的に取り組む環境教育運動という特徴がある。人間・動物・環境という3つのキーワードからその草の根の活動を展開している。こまめに電気を消す，リサイクル製品を利用する，といった環境問題の啓発グループがある。象牙製品を買わない，使わない，といった絶滅危惧動物への配慮を訴える活動がある。また，地域社会を例にとると，家のまわりの道路や公園をきれいにする，木や草花を育てる，といった活動がある。つまり，ひとりひとりの行動が大切だという。ひとりひとりが変われば世界は変わっていくという。R&Sは自分たちで考えて実行するので特別なマニュアルはない。今から，自分の身近なところから始めようと呼びかける。彼女はそのR&S運動の創始者であり，その理論的支柱の役割を果たしている（https://www.rootsandshoots.org/ 参照）。

科学や研究が，もし実践を伴わないとしたら，それは無に等しいといえるだろう。ジェーン・グドールさんは1934年4月3日のおうまれなので，今年（2018年）84歳になる。高齢にもかかわらず，今も，世界中をとびまわり，毎年約300回の講演をする。ジェーン・グドールさんの業績からみて，コスモス国際賞はその帽子に加わる一枚の羽根だが，それは彼女の全仕事の中核である環境問題への実践を称揚する，ひときわ光り輝く一枚になった。

文献

1—ジェーン・グドール：野生チンパンジーの世界，ミネルヴァ書房（1990，新装版2017）

94 チンパンジー親子トリオのゲノム解析

郷 康広／藤山秋佐夫／阿形清和／松沢哲郎

変異と進化

　生物の進化において最も重要な動力源はゲノムに起きる変異である。生命が地球に誕生して以来，約40億年の歳月をかけて生物が生み出した多様性の源は，変異の積み重ねにある。短時間(たとえば1世代)に起きるごくわずかな変異が，積み重なり伝えられていく。これが，すべての生物が普遍的に備えている「生命の基本原理」である。よって，ゲノムに「いつ」「どこで」「どのように」変異が起きるのか，その詳細を明らかにすることは，生物学のさまざまな問題(たとえば，種の多様性・ヒトの特性の理解，病気の原因究明など)を理解・解明するための根底をなす。

　ゲノムに「いつ」「どこで」「どのように」変異が起きるのか。変異率やそのパターンを推定する試みが，近縁種(たとえば，ヒトとチンパンジーなど)の間でゲノム配列を比較することによってなされてきた。しかし，比較する種の分岐年代，世代時間，共通祖先の有効集団サイズ(繁殖に寄与する集団のサイズが大きくなると変異率が低下することが理論的にわかっている)，などいくつかのパラメータを想定する必要があり，それぞれのパラメータに大きな推定誤差を含み得るため，正確な変異率の推定が難しい状況にあった。

　それらの問題点を克服する手法として，近年考案されたのが，父親—母親—子(親子トリオ)を用いた方法である。両親から子への1世代の間にゲノムに生じる変異の数やパターンを直接観察する方法である。しかし，その直接観察には，それぞれのゲノム配列を高精度に決定することが必要である。それを可能にしたのが，超高速にゲノム配列を決定できる次世代シーケンサーと大規模ゲノムを高速高精度に解析できる情報解析技術の進歩である。

次世代シーケンサーを用いたゲノム解析

　次世代シーケンサーを用いたヒトの親子トリオのゲノム解析の場合，従来考えられていた変異率と比べてはるかに低い変異率(約半分の変異率)が複数の研究結果で報告された。しかし，データ量の不足による統計的な不確かさが残り，より精度の高い解析が必要であった。さらに，ヒトで得られた結果が，ヒトに特異的であるのか，それともチンパンジーとも共通するのか，不明なままであった。これらを明らかにすることは，ヒトとチンパンジーが共通祖先から分かれた時期の推定などにも大きな影響をおよぼす。

　そこで，今回の研究では，チンパンジーの1世代で起きる変異の詳細を明らかにした。京都大学霊長類研究所のチンパンジー親子トリオ(父親：アキラ—母親：アイ—子：アユム)を対象として，チンパンジーのゲノム配列(約30億塩基対)の150倍以上に相当する塩基配列データ(4500億～5700億塩基対)を血液から抽出したDNAを用いて決定した。1世代に生じる新規突然変異の数はゲノム全体で数十カ所程度(1億塩基対あたり1～2カ所)と数・頻度が非常に低いことが想定される。そこで，十分に精度の高い統計検定をおこなうために，ゲノムサイズの150倍以上のデータを取得することにした。それら高精度データを解析したところ，生殖細胞系列(精子および卵子)に起きた新規突然変異を45カ

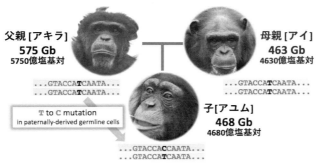

図――父親(アキラ),母親(アイ),子(アユム)のゲノム配列を高精度で決定し,両親から子にゲノムが遺伝する際に起きる変異を直接同定した.図では父親由来のゲノム(アリル)に新規突然変異(チミンからシトシンへの変異)が生じた例を示している.

所同定することができた.その75%は父親由来,つまり精子形成の際に生じた変異であることも明らかになった.これらの結果をもとに生殖細胞系列で起きる新規1塩基突然変異率を計算したところ,塩基あたり1世代あたり 1.48×10^{-8}(1億塩基対あたり平均1.48個[1.31個(下限)〜1.52個(上限)])という値を得た.これはヒトの先行研究で得られた値($0.96 \sim 1.2 \times 10^{-8}$)よりも高い値となった.この結果はヒトとチンパンジーの分岐年代が従来考えられていたよりも古くなる可能性を示唆するものである.

また,ヒトで得られた結果の多くは,ゲノムサイズの30倍程度のデータ量にもとづいていた.そのデータ量では多くの偽陽性(本当は変異がないのに間違って変異があると判定してしまうこと)が含まれる可能性がある.実際に,今回のデータ量を30倍程度に合わせて再解析してみると,多くの偽陽性があらわれた.これらの結果が示すことは,ヒトゲノム解析で標準となっている30倍程度のデータ量では,新規突然変異の同定には不十分であり,信頼の高いデータを得るためには120倍程度のデータ量が必要であるということであった.さらに,今回のゲノム解析からは,大規模な構造変異に関しても,高精度に直接観察をすることもできた.大規模な構造変異に関しては,ヒトゲノム研究においても,信頼がおける結果がいまだに得られておらず,今回の研究で構築した方法論の有用性を示すことができた.

個性の研究にむけて

今回の研究にゲノムを提供してくれたチンパンジーたちは,霊長類研究所において長期にわたって研究に参加しており,それぞれが豊かな個性をもつ.その個性が創発される分子的基盤には,ヒトとどのような共通性があるのか.またそれぞれの種でどのような特異性があるのか.解明への道のりは長いが,心の個性,心の進化のゲノム基盤解明に今後も取り組んでいきたいと考えている.

本研究は英国サイエンティフィック・レポーツ誌に掲載された.Tatsumoto, S.*, Go, Y.*, Fukuta, K., Noguchi, H., Hayakawa, T., Tomonaga, M., Hirai, H., Matsuzawa, T., Agata, K., Fujiyama, A. (2017) Direct estimation of de novo mutation rates in a chimpanzee parent-offspring trio by ultra-deep whole genome sequencing.(チンパンジー親子トリオを用いた超高精度全ゲノム配列決定による新規変異率の直接推定.) Scientific Reports, 7, 13561.
*共に第一著者

霊長類ゲノムデータベース(http://shigen.nig.ac.jp/pgdb/index.html)では本研究の成果とともに,霊長類研究所にいるチンパンジーのいろいろな個性をビデオや遺伝子配列とともに見ることができるので,アクセスしていただきたい.

95 霊長類学者，宇宙と出会う

足立幾磨

霊長類学と宇宙がまじわるとき

　人生はおもしろい。小学生の頃，冬の夜のピンと張りつめる空気のなか，近所にある展望台に登り，澄んだ空に浮かぶ星座を眺めるのが好きだった。壮大なスケールで繰り広げられるアートに圧倒されつつも，ある種の憧れを抱いていた。動物のこころを理解するという夢のなかで，いつしか忘れていたそんな宇宙への憧れが，思わぬ形で私の身に舞い戻ってきた。

　2016年9月15日のことである。松沢哲郎先生（京都大学高等研究院）に呼ばれ会議室にいくと，そこには土井隆雄先生（宇宙飛行士・京都大学宇宙総合学研究ユニット）がいた。その会議の主旨は，宇宙における持続的有人宇宙活動を実現するために，その基盤となる科学的知見をあつめる学際研究プロジェクトを立ち上げたい，というものであった。水や食料などの資源を持続的に確保するため，またヒトや物資を輸送するための技術開発につながる知見が重要なことは容易に想像がつく。しかし，持続的に宇宙に滞在することを考えた場合，生物としていかにヒトが宇宙環境に適応しうるか，あるいはどのような支援環境があれば宇宙環境で長期にわたり生活を送ることが可能となるか，を知ることもまた重要である。ここに霊長類学が貢献できると知り，子どもの頃に抱いた宇宙へのあこがれが現実味を伴って蘇った。かくして，湯本貴和所長（京都大学霊長類研究所）らとともに，持続的有人宇宙活動実現に向けた研究プロジェクト「有人宇宙学の創成」に参画することとなった。

宇宙を「体感」する

　ほどなく宇宙環境の一端を体感する機会がやってきた。2017年度の京都大学総長裁量経費による支援を受け，パラボリックフライトを利用した微小重力下（以下0Gと記述）での認知実験を実施することになったのだ。パラボリックフライトとは，飛行機の機首を上げ急上昇（この時2Gに近い重力が発生する）した後にエンジンを止め，飛行機を放物線飛行させることで，その期間中機体内部に0G環境を生み出す飛行法だ。こうして再現した「宇宙重力環境」が心のはたらきに与える影響をしらべるのが目的であった。

　2017年10月28日に松沢先生がフライトリーダーを務め第1回目が実施された。つづく第2回目では，私がフライトリーダーを務めることとなった。同年12月16日のことである。はじめてパラボリックフライトを経験した際に感じたのは，「浮く」ではなく極度の落下感であった。おそらく，加速Gが急に失われることで身体が放り出される感覚が生じたのだと思う。その後フライトを実施している会社の方に話を伺うと，このような感覚をもつのは実は少数派とのことであった。しかし，ヒトの環境への適応能力はすごい。このフライトをくり返しおこなう中ですぐに落下感は消失し，3度目には純粋に「浮く」という感覚を味わうことができた。おそらく，機体内の安定した視覚情報により，「落下」が生じているわけではないというフィードバックがかかることで，落下感が消失したのだろう。

　さて，0Gを体感すると，それまでにも頭では

図―第1回(左)および第2回(右)のパラボリックフライト風景

理解し想像していたことが一気に感覚としておそってくる。まず，体の自由がきかない。正確には思うように動けない。姿勢の制御がうまくできず，自分の身体感覚が著しく損なわれるのを感じた。一方で，機体内の視覚情報が参照枠となるため，即座に方向感覚が消失するということはない。しかし，目を閉じるとどうだろうか。方向感覚はもろくも崩壊する。自分の体軸方向をもとに推測しようとするも，そもそも自分の体軸が一体どうなっているのかすらはっきりとはわからなくなる。われわれの身体も認知も，いかに1Gという環境に適応し制御されているか，ということを強烈に体感した瞬間であった。

宇宙霊長類学のすすめ

このパラボリックフライトを利用し，0G環境が時間感覚にどのような影響をあたえるかをしらべる実験をおこなった。前述のようにパラボリックフライトにおいて，機首を引き上げ加速している時には2G，その後放物線飛行に入ると20秒程度の0G状態が生み出される。このことを利用し，通常飛行中の1G，それから放物線飛行中の0G，さらに統制条件として2Gの重力環境下でそれぞれ10秒を計時する課題をおこなった。すると，1G環境と比べて0G環境下では，10秒が経過したと感じる時間が約1秒も短縮されることがわかった。2G環境下においても短く計時される傾向はあるものの，統計的には0Gと1Gの間でのみ有意な差がみとめられた。すなわち，通常と異なる重力環境に曝された際に時間感覚がずれる，ということだけでは説明がつかない。0G環境が特異的に時間感覚を歪曲する可能性を示唆する結果といえる。

宇宙環境にヒトはどのように適応しうるか，また，どのような環境を備えることで，ヒトは宇宙で持続的に活動をおこなうことができるのか。この問いに答えるチャレンジはまだ始まったばかりだ。宇宙環境がヒトの心にあたえる影響を引き続き分析していく必要があるのはもちろんであるが，ヒトを対象におこなう心理学だけではその答えは見つからない。ヒトは長い進化の中で環境に適応し，今ある姿・心を獲得してきた。今後ヒトが宇宙というまったく異なる環境で生きていくなかで，いったいどのように「進化」していくのだろうか。水中や樹上など多様な環境に適応した動物種の心を比較することで，環境と心の進化の相互作用を理解することが，この問いに対するアプローチとして不可欠である。ここに霊長類学が蓄積してきたノウハウが活かされるニッチがある。宇宙霊長類学とも呼ぶべきこの新しい研究領域の船出にかかわれた幸運をかみしめるとともに，今後多くの研究者の参画を期待しつつ筆をおく。

96 推定年齢58歳で亡くなった野生チンパンジー・ベルの生涯

松沢哲郎

ベルは全身の骨格標本になった

毎年12月から1月にかけて，西アフリカ・ギニアで野生チンパンジーの調査をしている。1986年2月に始めて32年目になる。首都のコナクリから約1000km離れた最奥の村ボッソウのまわりの森である。

最後の姿をみた昨年2017年1月の時点でベルは元気だった（図左）。ボッソウ調査を開拓した杉山幸丸さんが1976年にみたとき，ベルにはすでに子どもがいた。ブーと名付けた4歳くらいの男の子だ。翌年にはブナという男の子が生まれて2人の子持ちになった。そうした出産歴からみて調査開始時点で17歳と推定された。1959年生まれということになる。

昨年3月18日，現地の調査助手のボニファスが森の中でベルの死体を発見した。ゲンパープレと呼ぶ場所で大きな木々が繁る林床だ。地面にうつぶせに倒れていたという。外傷はなかった。腐敗が進んでおらず死後3日と推定された。体力の衰えによる自然死と判定した。現地のマノン人の風習にしたがって，丁重に布に包んで埋葬した。

年末に訪れ，現地助手やギニア政府機関の許可も得て遺体を発掘した。9カ月が経過して骨と皮になっている。丁寧に水で洗って全身の骨格標本を得た。頭骨をみると歯の摩耗が目立つ（図右）。下顎の左の大臼歯3本がない。だいぶ昔に欠損したようだ。野生での暮らしはたいへんだ。

1988年1月1日にンペイという当時6歳半の男の子の遺体をわたしが発見した。それから数えて6体目になる。1歳，2歳，6歳半，11歳，53歳，58歳の遺体を回収した。野生チンパンジーの生涯を骨格標本から調べる時代が来たと思う。

子どもを抱えて道を渡る

わたし自身の32年間の観察記録から，ベルにまつわる記憶を2つ紹介したい。

まず，道を渡るときのエピソードだ。ボッソウの森は道路によって東西に分かれている。道幅9メートルくらい。人も通るし自動車も通る。チンパンジーが道を横切るときは，多くのばあい群れの男性のあいだに役割分担がある。先頭が左右をよく見て渡る。渡り切ったところで立ち止まって後続の通過を見守る。そして最後にまた男性が現れる。先頭，見張り，しんがり，である。

ベル当時29歳，2人の子どもがいた。上の女の子はブベ6歳，下の男の子はブイ2歳だった。6歳にもなるとふつうは一人で歩くのだが，道路の横断は危険なので母親の背中に乗る。下の子はまだ幼いので母親の胸にしがみついている。おんぶにだっこでたいへんだ。いつも重そうに道を渡っていた。

ある日，群れの先頭はジエザという10歳の若い男性だった。見ると胸にあかんぼうがしがみついている。あれっ，と思ってみていると，後ろからベルがブベを背中に乗せて現れた。

ジエザは道を渡り切ったところで立ち止まり，後続のベル親子を待った。通り過ぎるところで，胸の子どもを母親に返した。ラグビーでいうスローフォワードのような感じだ。擬人的にいうと，「おばさん，いつも2人抱えてたいへんだろう，下の子のめんどうをぼくがみてやるよ」というこ

図(左)―バン山の頂上のイチジクの実を食べるベルの最後の姿(2017年1月14日,撮影:森村成樹)。図右―ベルの頭骨。下顎の左の大臼歯3本が欠損している(2017年12月30日,撮影:松沢哲郎)。

となのだと理解した。

おばあさんの役割

ボッソウのチンパンジーは一組の石を使ってアブラヤシの堅い種をたたき割って中の核を取り出して食べる。

ベル33歳のとき,上の娘のブベはすでに群れを離れていた。女性は年頃になると生まれた群れを出るのが通常だ。ラグビーボールにたとえた息子のブイが成長して6歳になっていて,さらに下に娘のブアブアが生まれていた。やはり2人の子持ちである。にぎやかといえばにぎやかだ。次々と育て上げ,つねにこうして2人の子どもをもっている,というのが野生チンパンジーの女性の姿だ。

それから10年たって,ベル43歳,おばあさんになった彼女を紹介したい。娘のブアブアが10歳でまだ群れに残っていて子どもを産んだ。ベベと名付けた女の子だ。ボッソウを含めた野生チンパンジーの出産534例を集めて論文にしたことがある。初産はふつう12〜14歳ころで,人間でいうと1.5倍して20歳前後に相当する。10歳での初産はきわめて早いほうだ。

ベル―ブアブア―ベベという,祖母―母親―娘,というトリオでいつも一緒に行動していた。石器使用の場面で,初めて明確に祖母の役割が見えた。子守である。母親が石器を使い始めると,胸にしがみついていた娘が一人歩きを始めて,隣の祖母のところに行く。祖母にまとわりついて遊ぶ。その間,母親はつかのまの自由を手に入れる。

チンパンジーのあかんぼうは生まれてから最初の3カ月間は,いつも母親にしがみついている。娘を祖母に預ければ,母親は効率よく種を割れる。祖母がいるおかげでゆっくりと食事ができるという発見だ。

ベルと同じ年頃のファナは40歳を過ぎてもまだ子どもを産み続けていたから,娘のフォタユが孫を産んでもその世話はしなかった。ひとくくりにはできない,人生はいろいろなのだと理解した。

2003年の呼吸器系の感染症の流行で,ボッソウでは5人のチンパンジーが一度に亡くなった。あかんぼうのベベが亡くなった。ほどなくして母親のブアブアは群れを離れた。ベルはひとりぼっちになった。

ベル58歳,最後の13年間は身寄りがなかった。同じ境遇にあるヨという女性と一緒に2人だけで群れとは別行動をとることが多くなった。朝,樹上のベッドから出てくる時刻が遅くなった。食べてすぐベッドに戻ることもある。歩き回らない。食が細くなった。そして静かに終わりの時を迎えたようだ。

年齢も来歴もわかる野生チンパンジーで,老いの姿を見つめる時代になったと思う。英語論文に詳報をまとめた。

文献
T. Matsuzawa: Primates, **59**(2), 107–111(2018)

97 チンパンジーの毛から ストレスをはかる
——社会関係が大事

山梨裕美／寺本 研／野上悦子／森村成樹／平田 聡

仲のよい友人と一緒に過ごす時間はかけがえのない楽しいものだ。一方で，仲の悪い人と顔を合わせてケンカばかりする日々はストレスが溜まる。誰とどんな関係の中で生きているかは，わたしたちヒトの心の状態に大きくかかわる。ヒトと同様，社会性の強いチンパンジーたちにとって群れでの暮らしは不可欠だ(図1)。では，その中でのストレスはどのようなものだろうか？

チンパンジーの毛からストレスをはかる

45「チンパンジーの毛からストレスをはかる」で紹介した通り，わたしたちはチンパンジーの毛から長期的なストレスの蓄積を評価する方法を確立した。毛に含まれるコルチゾルというホルモンを測定することで，半年ほどのストレスの蓄積が評価できる。その手法を応用して，2013年から2015年の間に熊本サンクチュアリに当時暮らしていた58個体のチンパンジーたちの毛を少しハサミで切ってその中に含まれるコルチゾルを測定した。コルチゾルの値が高いことは，ストレスが高いことを意味すると考えられる。

男女で違うストレス反応

まずは，それぞれのチンパンジーの移動歴や攻撃，性別，年齢，群れ構成，来歴などの影響を統計的に分析した。するとその中でもはっきりと出てきたのは，攻撃と性別の要因だった。男性のほうが女性よりもコルチゾルの値が高い。また，男性の中では攻撃を受ける頻度の高い個体でストレスレベルが高かった。一方で，女性は攻撃を受ける頻度とは関係なく，攻撃をする頻度が高い個体にストレスレベルが高いという結果が得られた。男女でまったく異なる結果が得られたことになる。野生では，男性チンパンジーは一生を同じ群れで暮らして仲間と強い関係を築く。女性のほうは性成熟後に生まれた群れを出ていくのが普通であり，したがって仲間とのつながりも希薄になりがちだ。男性のほうが密な社会関係を築く性質があるゆえに，攻撃する／されるといった関係がストレスの値により強く影響してくるのかもしれない。

バランスのとれた関係性が大事？

さて，上述の研究で男性のストレスレベルが攻撃と関連していることがわかった。ただし攻撃関係だけではチンパンジーの社会性は測れない。そこでさらに詳細を調べるために，男性のみの群れで暮らすチンパンジーに注目して，攻撃だけでなく親和的社会行動も含めて行動観察をおこなって，ストレスレベルとの関連を分析した。親和的な社会行動とはたとえば毛づくろいが有名だ(図2)。しかし一口に毛づくろいとは言っても，お互いに毛づくろいしあうものや，一方的に毛づくろいをしたりされたりするようなものなど色々な形を含んでいる。そこで，毛づくろいを相互的なものと一方的なものに分け，さらに単純な頻度だけではなく，毛づくろいをする／されるのバランス(毛づくろいする頻度からされる頻度を引いたもの)にも着目して解析をおこなった。毛づくろいをするのもされるのも同程度であればバランスがよく，その反対に毛づくろいをするばかりでお返しの毛づくろいをしてもらえないとなるとバランスが悪いと評価できる。すると，攻撃を受ける頻度と毛づくろいの

図1（左）—チンパンジーが遊んでいる様子。アルク（右）が笑顔を見せている。男性が集まると，チンパンジーは大人でもよく遊んでいる。

図2（右）—男性同士の毛づくろいの様子。毛づくろいは外部寄生虫などを除去するなど衛生を保つ役割を果たすとともに，仲間とのコミュニケーション手段でもある。

バランスの悪さに相関が見つかった。つまり，攻撃を受ける頻度が高い個体は，毛づくろいも一方的にすることが多いのに対してされることが少なかった。単に攻撃する／されるだけではなく，日常的にバランスのとれた社会関係を築いていないことが長期的なストレスレベルの上昇につながっているのではないかと考えられる。

動物福祉の向上を目指して

長期的なストレスはヒトやヒト以外の動物の心身の健康に大きくかかわってくるだろう。今回の研究結果では，長期的なストレスレベルは個体により違い，それぞれが築く社会関係にかかわっていることがあきらかとなってきた。野生のチンパンジーは離合集散社会といって，群れの中の多くの個体が集まる日や小さい単位でバラバラに生活する日もあり，その日ごとにかかわる相手が変わるような社会の中で暮らしている。群れにいるメンバーは，必ずしも仲良く過ごせる相手ばかりではない。そんな中で心穏やかに暮らすためには，時にバラバラに過ごす日も必要なのかもしれない。今回の調査をおこなった，熊本サンクチュアリでもそれを模して飼育下では日ごとに集団構成を変えてすこしでも分裂・凝集を経験できるようにしている。ヒトと同じで，チンパンジーも他者とかかわることに関して強い欲求をもっている動物だ。そうした欲求を満たしつつも，彼らにストレスを溜め込むことのない，バランスのとれた日々を送ってもらえるように努力していきたい。

本稿で紹介した研究の成果は次の論文として公表された。
Yamanashi, Y., Teramoto, M., Morimura, N., Nogami, E., & Hirata, S. (2018). Social relationship and hair cortisol level in captive male chimpanzees (*Pan troglodytes*). Primates, **59**(2), 145-152, doi:10.1007/s10329-017-0641-8

98 温泉に入る サルやカモシカ

松沢哲郎

志賀高原の冬のサル

　最初の野外調査は，冬の志賀高原（長野県）のサルだった。1977年2月14～19日，41年前のことだ。前年12月に霊長類研究所に就職したばかりの26歳。「暇そうだ」「体力がありそうだ」ということで，いろいろな分野の先輩が声をかけてくださった。死んだサルの解剖や，脳のホルマリン固定のお手伝いもした。志賀高原では，おとしオリでサルを捕まえて，身体の寸法を測り，採血を手伝った。とくに期待されたのは，岩菅山の向こうの魚野川源流にすむ未調査のサルの冬の生態の解明だ。

　リーダーの和田一雄さんは北大山岳部出身。数人の仲間と一緒にスキーにシールをつけて登る。テントを張り，朝夕は雪の上の焚火で煮炊きした。火にかけてチンチンに熱い金属の鍋を和田さんは素手でひょいと持ち上げてみなを驚かせた。一面の深い雪である。サルの食べ物の果実はない，葉もない，ひたすら樹皮を食べていた。過酷な冬の暮らしの一端を覗き見た。

　志賀高原には当時，A，B，Cという群れがいて，A群が餌付けされていた。1964年に開苑された地獄谷野猿公苑である。温泉につかるサルとして有名だ。同級の樋口義治さんとスキーをしがてらサルを見に行ったこともある。後楽館という温泉宿が1軒だけあってそこに泊った。露天風呂に入っていると，実際にサルも入りに来た。

　温泉につかるサルは外国人客に人気だ。第4代公苑長の萩原敏夫さんによると，2017年度の入苑者数は約24万人，うち外国人が約9万5000人だという。この公苑は研究者にも門戸を開いており，京大や東大の研究者が利用してきた。

温泉に入るサル

　わたしも地獄谷のA群を対象に，後藤俊二さんや長谷川芳典さんと，「味覚嫌悪条件付け」の野外実験をしたことがある。サルはアーモンドが好きだ。食べたあと捕獲して塩化リチウム溶液を腹腔内注射する。気分が悪くなる。すると好物であるはずのアーモンドを嫌いにできる。和田さんと，雪の斜面に展開するサルの空間配置をC群で調べた。一見ばらばらに見えて，じつは中央部に子連れのメスたちがいて，オスは年齢が高くなるにつれて徐々に周辺に位置することがわかった。

　志賀高原といえば，四日市大学教授の田中伊知郎さん（東大の大学院から京大のポスドク）の一連の研究がすばらしい。サルとの距離をつめてすぐそばで観察できるようにした。頃合いを見計らって，さっとスコッチテープでサルの毛づくろいの手元をなでる。それを顕微鏡で見て，しらみのたまごを取っているのだと実証した。

　彼のパイプテストもおもしろい。直径10 cm，長さ1 mの透明なアクリルパイプを餌場の岩に水平に固定する。真ん中にりんごを押し入れる。サルの手は入るが届かない。さてどうするか。棒で突いて押し出せば正解だ。思わぬ進展があった。棒ではなく石を投げるサルが現れた。穴にめがけて勢いよく石を投げて向こう側に押し出す。さらに秀逸なのは子ザルを使う。生まれたての0歳児ならこの狭い穴に入れる。子ザルがりんごに手をかけた頃合いを見計らって，母ザルが子ザル

の足を引っ張って筒から出す。子ザルはしっかりとりんごを握りしめていて，母がりんごを取り上げた。

温泉に入るカモシカ

公益財団法人日本モンキーセンター発行の『プリマーテス』という国際学術誌がある。編集長を務めている。竹下さゆりさんらが，先日，興味深い研究を公表した。サルが温泉に入るとストレスが低減されることを，糞中のコルチゾルを測定することで証明した。

その論文が契機になって，なぜサルが温泉に入るようになったか，田中さんや萩原さんの手を借りて文献を調べてみた[1]。原荘吾さんという長野鉄道の職員の方が，地元の後楽館の主人の竹節春枝さんらと協力して1962年の9月12日にりんごを使って餌付けに成功したのがきっかけだ。後楽館のあたりで定着するうち，露天風呂に入る子ザルたちが現れた。62年末から翌年にかけての冬である。写真家の山田富男さんが最初期のようすを撮影し，1964年6月29日付の朝日新聞（長野版）で公表している。

山田さんは，カモシカが温泉に入るようすも2回撮影している。1回目は1995年3月2日付の毎日新聞掲載。2月4日午後4時半ころ，長野県高山村の温泉で，露天風呂から2mほど下の深さ40cmほどの落とし湯につかっていた。2回目は1998年1月27日の信濃毎日新聞掲載。1月24日午前1時過ぎから夜明けまで，菅平高原のホテルの露天風呂で，3頭のカモシカがかわるがわる入ったり出たりした。第1目撃者は渡辺泰造元インドネシア大使である。

地獄谷では，湯の温度が40度，深さ50cm，

地獄谷野猿公苑の温泉に入る野生のサル。撮影：萩原敏夫。

菅平高原の温泉に入る野生のカモシカ。撮影：山田富男。

隔日で湯船の清掃をしている。こうした露天風呂の条件が整えば野生のサルやカモシカも湯に入るようだ。本稿を書くにあたって8年ぶりとなる2018年3月26日に地獄谷野猿公苑を訪れた。カモシカを2頭見つけた。彼らも湯に入るかな？　長野県に鹿教湯という温泉があるが，シカやクマも温泉に入って疲れをいやすとしたらおもしろい。

文献

1 ― T. Matsuzawa: Primates, **59**, 209 (2018), doi:10.1007/s10329-018-0661-z

99 探検大学の誕生
―― ヒマラヤ初登頂, アフリカ初探検, 南極初越冬の60周年

松沢哲郎

1958年の京都大学

京都大学は「探検大学」とよく呼ばれる。それはなぜか？

1958年, 桑原武夫隊長率いる京都大学学士山岳会隊がチョゴリザに初登頂した。京大がヒマラヤに登頂した最初の記録である。その後, ノシャック, サルトロカンリ, ガネッシュ（アンナプルナ南峰）とヒマラヤ初登頂が続く。隊長をつとめた桑原は, 人文科学研究所の所長をつとめたフランス文学者で, 文化勲章を受章している。

1958年は, 今西錦司・伊谷純一郎によるアフリカ初探検の年でもある。まだ霊長類研究所ができる前で, 今西らが名古屋鉄道に働きかけて創った日本モンキーセンターが派遣した隊だ。最初の目標はゴリラだったが, すぐにチンパンジーに切り替えた（図1）。今西は, カゲロウの幼虫のすみわけを見つけ, のちに霊長類学という学問を確立し, 文化勲章を受章している。

西堀栄三郎らによる日本初の南極越冬の年でもある。第1次南極観測隊を乗せた観測船「宗谷」は1957年1月, 東オングル島に到着し昭和基地が建設された。西堀が率いる11人の越冬隊員は基地に残り, 翌1958年2月に帰国の途につくまで厳しい越冬生活に耐えた。西堀は, 京大助教授から東芝に転じて真空管「ソラ」の開発にあたった人だ。のちに原子力船「むつ」の開発も手掛けた。品質管理学をおこしデミング賞を受賞した。

ヒマラヤ初登頂, アフリカ初探検, そして南極の初越冬, それが同時におこったのが1958年で, 今年（2018年）はその60周年にあたる。ちなみに, 桑原・今西・西堀は, 三高山岳部, 京都帝大旅行部, つまり今の京大山岳部の同級生である（図2）。今西らは, 1931年にヒマラヤ初登頂を目的として京都大学学士山岳会（AACK）を結成した。桑原が第3代, 今西が第4代の会長で, わたしが今の第14代になる。

ブータン・西北ネパール・東南アジア

ヒマラヤ, アフリカ, 南極を率いた3人は, 今西が1902年, 西堀が03年, 桑原が04年生まれだ。したがって当時54～56歳だった。じつは同じ1958年に, 彼らの薫陶を受けたひとまわり若い世代も小さな自前の探検をおこなった。中尾佐助によるブータン, 川喜田二郎による西北ネパール, 梅棹忠夫による東南アジアの学術探検だ。中尾が1916年, 川喜田が20年, 梅棹が20年の生まれなので, 38, 42歳のころである。

中尾のブータンは『秘境ブータン』という著作[1]にまとまった。このブータン調査が, のちに彼の照葉樹林文化論に結実していく。川喜田の西北ネパールは『鳥葬の国』という著作[2]になった。フィールドワークをまとめる技法はKJ法という発想法になった。梅棹は「文明の生態史観」という構想[3]に基づいて, 初めての東南アジア調査をおこなった。現在の国立民族学博物館をおこし, 文化勲章を受章している。彼の『知的生産の技術』[4]と京大式カードは一世を風靡した。

中尾・川喜田・梅棹もまた, 今の京大山岳部の仲間だった。1958年にこれらが一斉に花開き, 1956年には山岳部から分派して日本初の探検部

図1—1958年，今西錦司（中央）と伊谷純一郎（左端）は，初めてアフリカ探検をした．提供：伊谷純一郎画像アーカイブ．

図2—1926年3月，京都帝大・旧制三高合同の黒部合宿記念写真．アプローチの長い北アルプスでの雪山登山はヒマラヤを見すえた試みだった．左から2人目が今西，右端が西堀．提供：京都大学学士山岳会．

ができている．京都大学の若者たちは，登山・探検・フィールドワークを通じた未知へのあこがれを育んだ．

フィールドワークを育む京都

わたしも，「学部はどちらですか」「山岳部です」という生活を送った．1973年，留年して5回生になるときに，ヤルンカン（カンチェンジュンガ西峰）の初登頂の隊に加わった．隊長の西堀さんが70歳で最年長，わたしが22歳で最年少の隊員だった．今西・西堀・桑原と半世紀を隔て，直接会って声を交わした最後の世代である．

この探検大学60年の歴史を振り返ると，彼らの活動にはひとつの共通した特徴がある．登山や探検に情熱を注ぐだけでなく，それを学術研究へと結びつける伝統だ．これを梅棹は，「未踏の大地（フィールド）へのこころざしは，あらたな学問領域（フィールド）の開拓につながっている」と表現している．フィールドから刺激を受け学び続ける．京都大学が今も「探検大学」と呼ばれる伝統の礎がそこにあるだろう．

京都にこうしたフィールドワークの伝統がなぜ生まれたのか，3つの要因を考えた．第1に，山紫水明の自然がある．大文字山や比叡山に登り，鴨川べりを散策する．北山や比良山系も近い．第2に，世界中から人が集まる．110年前の1908年には，中央アジアの探検家スウェン・ヘディンが京都大学で講演している．アルバート・アインシュタインがノーベル賞をもらって1922年に来日したとき，京都観光の3日間を案内したのは当時19歳の西堀だった．第3に，街が適度に狭い．1100年間の古都はどの辻を歩いても歴史があって楽しい．教員も学生も大学の近くに住み徒歩や自転車で通っているので，夜の帰宅時間を気にせず語り合える．

2018年7月16日まで写真展「探検大学 早わかり」を京都大学百周年時計台記念館「京大サロン」で開催している．ご覧いただければ幸いだ．

文献
1—中尾佐助：秘境ブータン，岩波書店（2011）
2—川喜田二郎：鳥葬の国——秘境ヒマラヤ探検記，講談社（1992）
3—梅棹忠夫：文明の生態史観，中央公論新社（1998）
4—梅棹忠夫：知的生産の技術，岩波書店（1969）

100 ちびっこチンパンジーたちの18年

林 美里／髙島友子／打越万喜子／前田典彦
鈴木樹理／友永雅己／松沢哲郎

2000年に京都大学霊長類研究所で、3人のチンパンジーの赤ちゃんが生まれた。4月に男の子のアユム、6月に女の子のクレオ、8月に女の子のパルという出産ラッシュだった。アユムの母親アイは、チンパンジーの知性研究「アイ・プロジェクト」の主役として有名だった。『科学』誌上では、「アイの子育て日記」からはじまり、チンパンジーの子どもの生まれてからの成長をリアルタイムでお伝えしてきた。2002年1月に「ちびっこチンパンジー」として再スタートし、第91回から「ちびっこチンパンジーと仲間たち」に改称され、ついに今回200回の節目を迎えた。この機会にチンパンジーたちの18年間を振り返ってみたい。

ちびっこチンパンジーだった頃

チンパンジーの出産は、ヒトに比べて安産だ。陣痛はあるが、母親が動きを止め、産道から頭が少し見えた次の瞬間には、するりと子どもの体が出てくることが多い。病院で出産するヒトとちがい、だれの手も借りずに出産するが、飼育下のチンパンジーでは、うまく子育てをはじめられるかどうかが最大の難関だ。アイは、仮死状態で生まれたアユムを抱き上げ、蘇生したあとも世話をして、授乳もできるようになり順調に育児をはじめた。クレオの母親のクロエと、パルの母親のパンは、ヒトが介助することで、徐々にチンパンジーの母親らしく子どもを育てられるようになった。

チンパンジーの赤ちゃんは、母親に守られすぎて見えにくいこともあるが、とてもかわいい。チンパンジーたちも同じようで、子連れの母親の周りには、赤ちゃんを見たりさわったりしたい他のチンパンジーたちが、よくはりついていた。赤ちゃんのうちは母親がしっかりガードするが、1歳をすぎると子どものほうが外の世界に興味をもち、母親から離れはじめる。ペンデーサという世話好きの女性は、よく子どもたちと遊び、母親代わりに子どもを抱いて歩くなど、まるでチンパンジーの保育士さんのようだった（図1）。子ども同士が遊ぶ姿もよく見られ、群れ全体に活気があった。子どもたちの発達研究も盛んにおこなわれ、たくさんの研究者がちびっこチンパンジーたちの成長を見守った。

ちびっこがやんちゃになって

アユムが3歳のとき、プチの子どもピコが生まれた。ピコは両脚に障害があり体も弱く、一緒に遊ぶ機会が少なかった。たまにピコが外の運動場に出てくると、アユムたちは興味津々で近づいた。母親のプチは、やんわりアユムの手を遠ざけ、背中を向けてピコを隠そうとする。アユムはめげずに、プチのそばに居座ってなんとか一緒に遊ぼうとしていた。残念なことに、ピコは2歳で死んでしまい、それ以降は子どもが生まれていない。

野生チンパンジーだと、子どもが5歳頃に離乳し、下に弟妹が生まれることが多い。だが、弟妹がいないと、子どもたちは5歳を超えても母親に授乳をせがんでいた。赤ちゃんのときから母親のクロエが授乳を嫌がっていたこともあり、子どものクレオは授乳をせがむ戦略をいくつも考えた。母親が授乳を拒否すると、クレオはわざと母親から離れ、声の強弱を変えながら悲鳴をあげ続

図1―母親のアイ（左）に見守られながらペンデーサ（右下）と遊ぶアユム（右上）。撮影：平田明浩，2001年5月2日。

図2―ペンデーサ（右）から毛づくろいを受ける，おとなになったアユム（左）。撮影：林美里，2016年6月9日。

ける。母親が見かねて近づき抱きしめると，すかさずクレオが乳首に吸いつく。クレオの迫真の演技からクーちゃん劇場と名のついた光景が，一日に何度も繰り返されていた。

集団のなかでけんかが起きると，子どもはすぐ母親にしがみつき，母親は必ず子どもを守っていた。アユムが大きくなり，やんちゃになると，母親のアイもつねにアユムを守るわけではなくなった。とくに，アユムが父親のアキラに挑戦しはじめると，母親のアイは息子のアユムより，長年の付き合いがあるアキラの味方をするようになった。アユムが悪さをしてけんかになると，アイとアキラが力を合わせて息子を追いかける様子がよく見られた。

おとなになったちびっこチンパンジー

元ちびっこチンパンジーたちは18歳を迎えた。ヒトの30代半ばに相当する立派なおとなだ。アユムは，数年前に父親のアキラを追い越し，集団でいちばん力が強い。女性間のいざこざを仲裁したり，集団全体を守ろうとしたりするリーダー的なふるまいはまだ見られないが，後ろ姿はアキラと見間違うほどの風格が出てきた(図2)。性皮がはれた女性がいると，アユムはストーカーのように付きまとい，個室でおこなう研究に参加する日がめっきり少なくなった。

クレオとパルは，野生チンパンジーの女性と同様に，母親とはちがう集団にうつった。周囲の心配をよそに，子どもは拍子抜けするほどすんなりと新しい生活になじんだ。母親のほうは，不安そうに落ち着かず，子どもの様子を遠くからでも見ようとしていた。チンパンジーでは，親離れより子離れのほうがむずかしいようだ。

母親に育てられたおかげで，3人のちびっこチンパンジーは，それぞれの個性をもって，集団のなかで独自の役割をはたしている。高齢のレイコとプチが死んで，集団が少しさみしくなった。次のちびっこチンパンジーが誕生することで，また活気のあるくらしができるよう，今後も努力を続けたい。

3

分かちあう心の進化
比較認知科学から見た人間

1 人間を知る
——霊長類学からワイルドライフサイエンスへ

松沢哲郎

霊長類学70年とアイ・プロジェクト40年

　日本における霊長類学の成立は1948年12月3日といえる。京都大学の無給講師だった今西錦司が，川村俊蔵と伊谷純一郎という2人の学部学生を連れて，宮崎県の幸島の野生ニホンザルを見に行った。それから今年(2018年)で70年になる。
　アイ・プロジェクトと呼ばれるチンパンジーの心の研究が実際に軌道にのったのは1978年4月15日だ。アイがキーボードのキーを指で押して，図形文字を使った人工言語の習得を始めた。それから今年で40年になる。
　さらに言えば，京都大学に野生動物研究センター(WRC)ができたのは2008年4月1日だ。霊長類研究所が母体となって，わたしがその所長のときに，野生の大型動物を研究する研究施設を創立した。霊長類学の発展のためには，霊長類以外の大型動物を研究する必要があると考えた。それから今年で10年になる。
　京都大学霊長類学・ワイルドライフサイエンス・リーディング大学院(PWS)ができたのは2013年10月1日だ。霊長類研究所と野生動物研究センターという姉妹部局が中心になって，ワイルドライフサイエンス(野生動物学)と呼べる新たな学問を興し，大学院生を育成して世に出す事業である。発足して今年で5年になる。
　つまり，経緯を踏まえておおまかにいえば，野生ニホンザルを対象とした「霊長類学」が始まって30年たったときに，チンパンジーの心の研究が始まった。チンパンジーを対象とした「比較認知科学」が始まって30年たったときに，霊長類とそれ以外の大型の野生動物を対象にした「ワイルドライフサイエンス」が歩み始めた。今は，その道半ばということになる。
　人間の平均世代間隔は約30年だといえる。生まれた子どもが30年たつと，次の世代の子どもたちの親になっている。さらに30年たつと，次の次の世代が生まれる。60年で還暦を迎え，祖父母—両親—子どもたち，という3世代になる。人生と同様に学問にも消長や寿命があるのだろう。霊長類学から比較認知科学が生まれ，比較認知科学を礎石にしてワイルドライフサイエンスが生まれた。
　野生のサルの研究から始まった流れが，どのように展開してチンパンジーの心の研究をうみだしたのか。ワイルドライフサイエンスと呼ぶ新興の学問は，今どこにいて，これからどこに行こうとしているのか。自らの研究を下敷きとして以下に概説したい。

人間の社会の進化
——日本の霊長類学が問うもの

　動物学は欧米に始まった。大航海時代のヨーロッパで，珍奇な動物を世界各地から集めてきて，動物園ができた。欧米に野生のサルはいないので，霊長類学も動物園から始まった。英国のソロモン・ズッカーマンの研究(1932年刊行，『サルと類人猿の社会生活』)が代表例である。ロンドン動物園で飼育していたマントヒヒの行動観察だ。
　それと同時期の約100年前の欧米をみると，アメリカのロバート・ヤーキスが，チンパンジー

やそれ以外の大型類人猿を育てながら行動観察した。ロシアのラディギーナ・コーツ夫人はチンパンジーの子どもを育てて自分の子どもと比較した。ドイツのウォルフガング・ケーラーはテネリフ島(カナリア諸島に属す)の施設で飼育下の一群の若いチンパンジーたちを対象に道具使用の研究をした。こうした動物園や飼育下の研究を経たうえで野外研究が始まった。米国のクラレンス・カーペンターは、タイで野生テナガザルのフィールドワークをおこなっている。

日本の霊長類学の特徴は、動物園での研究を経ずに、いきなり野生のサルの研究から始まったことだ。日本にはニホンザルという固有種がいる。人間の社会の進化的起源を知るために、野生ニホンザルの社会を知りたかった。1950年代に幸島や高崎山(大分県)で、餌付けという手法を使って、サルを至近距離で観察し個体識別した。しかし餌場の社会学では、群れの遊動がわからない。餌場という緊張した場面だけでの観察になる。そこで1970年代には、食物を求めて野山を歩く姿を研究者が追うようになった。餌付けではなく人付けによる研究である。

今西は、京都賀茂川のウスバカゲロウの幼虫の棲み分け研究に始まり、白頭山や大興安嶺など、朝鮮から大陸部にかけて地理的探検を組織した。戦中は興亜民族生活科学研究所の研究員を経て、内蒙古の張家口にあった西北研究所の所長を務めている。遊牧やウマの家畜化の研究をしていたようだ。戦後日本に帰って、宮崎県の都井岬で半野生のウマの調査をしているときに、たまたまサルの群れの遊動に出会ってサルの研究を志した。

サルの研究を発展させて、1958年には今西と伊谷が初めてアフリカに行き、ゴリラやチンパンジーの研究に着手した。翌1959年に河合雅雄と水原洋城がゴリラ探検に出ている。それは、ジョージ・シャラーによる最初のマウンテンゴリラの長期調査や、ジェーン・グドールによるチンパンジーの長期調査の開始とほぼ時期が重なる。

大正13年生まれの河合は、年が明けた1月には95歳になる(図1)。日本の霊長類学の黎明期を

図1―筆者と河合雅雄(右)、ご自宅の前で。撮影: 松沢哲郎セルフィー、2018年9月16日。

知る唯一の存在だ。丹波篠山のご自宅で直接お話を聞くことができた。脚は弱って耳も遠いが頭は清明だ。河合の言によると、小学3年生のときに肺結核になった。寝て暮らす時間が多く、大学に入るまでに人より5年多く要した。幼少期を過ごした篠山の小学校・中学校の同級生の多くが戦争に行って帰らなかった。だから、戦後に京都大学で動物学の研究を志したとき、「どうして戦争が起こるのか」「人間の暴力はどこから来るのか」それが知りたかったという。大学生のときに今西の『生物の世界』を読み[1]、今西の知遇を得て霊長類学に参加することになった。

人間の社会や社会行動の進化的起源を探る。それが日本の霊長類学が当初に目指したものだった。今西らの研究が世に認められて、1956年に財団法人日本モンキーセンターができ、1967年に京都大学霊長類研究所ができた。霊長類研究所は、社会や生態だけでなく、形態や心理や神経生理や生化学といった多様な側面からサル類を研究する拠点となった。

心の進化を探る
―― 比較認知科学の誕生

創立10年目を迎えようとする1976年12月1日に、わたしは霊長類研究所の助手に採用された。文学部哲学科の出身で、学部の後半と大学院は心理学を専攻した。当初、人間の視覚に興味をもっ

た。人間はこの世界をどう見ているのか。見る，わかる，とはどういうことなのか。同じ京都大学とはいえ，霊長類学とは無縁なところから学問を始めたことになる。

就職した最初の1年間はニホンザルが研究対象だった。山岳部の出身なのでいきなり冬のフィールドに調査助手として連れていかれた。志賀高原(長野県)の野生ニホンザルの調査だ。スキーにシールを付けて雪山を登る。岩菅山を越えた魚野川の源流にすむ，まだだれも調査していない群れの冬の生態を見に行った。志賀高原を舞台に，野外実験という手法で食物嫌悪条件付けをおこなった[2]。雪の斜面に展開するサルの空間配置が社会構造を反映していることに気がついた。群れの中心にボスザルとメスと乳飲み子がいて，オスは3歳―4歳―5歳と年齢があがるとともに周辺部に徐々に移動していたのである[3]。

研究所では，ニホンザルの「視野の異方性」の研究を始めた。ニホンザルがこの世界をどう見ているか，という問いである。目の前の画面に丸窓があって，そこに黒白の縞模様があるとしよう。その縞模様の傾きを問う課題だ。水平や垂直方向からの傾きの違いは，ほんのわずかな傾きでも精度高く検出できる。斜め45度方向からの傾きの違いは検出がむずかしい。地上で活動する人間には，地上の水平方向と重力の鉛直方向という知覚の枠組みがある。人間で知られたこの知覚現象をサルで調べたかった。樹上を自由に動き回り，ときに上下も逆さまになるサルだと，この空間の見え方が人間と違ってもよいだろう。

翌1977年11月10日に初めてチンパンジーのあかんぼうに出会った。当時推定1歳で，アフリカで生まれた個体だ。動物商の手を経て霊長類研究所にきた。アイと名付けた。後年「アイ・プロジェクト」と呼ばれるようになる研究の始まりである[4]。

心は，実体としては目に見えない。そのはたらきを観察可能な行動や，内観・内省をとおしてみる学問が「心理学」だ。1870年代に欧米で成立しておよそ150年が経過している。心の働きの

科学的探究は，100年後の1970年代に勃興して「認知科学」と呼ばれるようになった。

人間とチンパンジーの遺伝子の塩基配列の違いは約1%だ。共通祖先が500万〜700万年前にいる。両者を比較して同じものがあればそれは共通祖先に由来し，違うものはそれぞれの進化の過程で生まれたか失った，と考えられる。両者を比較することで，人間の進化，とりわけその「心の進化」に迫りたい。種を比較するのは生物学において物事の本質を究明する常道だ。比較形態学，比較生理学，比較行動学があるように，「比較認知科学」がある。比較認知科学は，人文・社会科学である心理学・認知科学を母として，自然科学である生物学とりわけ霊長類学を父として生まれてきたといえるだろう。

チンパンジー研究をアフリカと日本でおこなってきた。野外観察と認知実験を並行することで，チンパンジーという生き物の暮らしとその心の働きを知りたい。フィールドとラボの双方から研究するスタイルを確立してきた。これまでの研究成

図2―参与観察研究，アイと息子アユム1歳半。撮影: 平田明浩，2001年11月6日。

図3―数字の記憶・マスキング課題：1を触ると瞬時に他の数字が白い四角形に置き換わる。撮影：松沢哲郎。

図4―野生チンパンジーの石器使用にみる「教えない教育・見習う学習」。撮影：野上悦子。

果を2つの研究の場所からまとめてみよう。

認知実験から，チンパンジー・アイは数字を使って物の個数を表現できることを示した[5]。2000年に彼女が22歳半のときに息子のアユムを産んだ。同時期に3組の母子が誕生した。「参与観察」と呼ぶ手法で，親子と一緒に実験室で毎日を過ごした（図2）。するとアユムは母親のコンピュータ学習に興味をもち，自発的に，母親と同じように，生後9カ月でコンピュータのモニター画面を手で触って見本合わせ課題を実行し，2歳3カ月でコインを自動販売機に入れるようになった[6]。さらに4歳で数字を学び，数字の知識を基盤にして5歳のときに記憶の研究に進んだ[7]。す

るとチンパンジーは，1から9までの9つの数字を，一瞬見ただけでどこにどの数字があるか記憶できた（図3）。つまり人間にはできないがチンパンジーにはできる認知課題があることを発見した[8]。言語と記憶がトレードオフになっていて，チンパンジーは人間のような言語の習得はむずかしいが，一瞬で記憶することにはたけているようだ。

野外観察から，親子のきずなの重要性を認識した。生後の5年間を子どもは母親と一緒に過ごす。「野外実験」と呼ぶ手法で，石器を使う行動の詳細がわかった。石や標的のナッツは実験者が野外実験場に用意して待ち伏せする。彼らには

3 分かちあう心の進化 219

100％決まった利き手がある。習得過程には「教えない教育・見習う学習」がある(図4)。その学習に臨界期があり4〜5歳を超えると学習が困難だ。どの石を道具に使うかそれぞれ好みがあり，石の所有の萌芽もある。要は，実験室でも野外でも親子のきずなが重要だとわかった。総じて，コンピュータや石器という物の操作にかかわる知性も，じつは親や仲間との社会関係のなかで育まれる。心の働きの研究には，彼らの社会の理解が不可欠だと思うようになった。

分かちあう心の進化
—— 比較認知科学の展開

人間に最も近縁なチンパンジーと比較するところから研究が始まったが，比較の対象が徐々に広がった。同属別種であるボノボの研究が重要だ。わたし自身2010年に野生ボノボを初めてコンゴ盆地に見に行った。

両者の姿かたちはよく似ているが，行動の違いの大きさに驚いた。チンパンジーはさまざまな道具を使い，男性優位で，隣り合う群れは敵対的で殺しあう。ボノボは道具を使わない，女性優位で，隣り合う群れはセックスを介して平和友好的だ，と表現される。2012〜13年に京都大学野生動物研究センターの熊本サンクチュアリに北米からボノボ6個体を導入した。これで，チンパンジーとボノボを，野生と飼育下で比較する，2×2のデザインでの研究の基盤が整ったといえる。実際に，平田聡や山本真也や狩野文浩らが，そうした視点からの研究を推進している。

マウンテンゴリラも2011年と2014年に見に行った。おもしろい。エコツアーの対象で人付けが進んでいるとはいえ，チンパンジーと違って彼らのほうから悠々と近づいてくる。今は大学院生のラケル・コスタがゴリラ研究をしている。オランウータンも1999年にボルネオのダナムバレイに行って以来の縁が続いている。指導する学生レナータ・メンドンサの学位論文になった。オランウータンは出産間隔が7〜8年と長いが，3歳ころから母親べったりではなくなる。半島マレーシアのブキットメラで，飼育下の研究も続いている(あとの5「大型類人猿における物にかかわる知性の発達」参照)。

こうしてヒト科4属(ヒト，チンパンジー，ゴリラ，オランウータン)を比較してみると，人間の特性が浮かび上がってきた。人間には，男女の結びつきを核とした家族があり，そうした家族が複数集まって作る共同体がある。家族と共同体という二重の社会構造だ。チンパンジーには複数の男性と複数の女性からなる共同体はあるが家族はない。数十からときには200に近い個体が集まっているが，特定の男女の結びつきはなく「乱婚」と形容される。ゴリラにはシルバーバックと呼ばれるおとなの男性がいて，複数の女性と子どもたちがいる。しかし家族だけで，それを束ねた共同体はない。オランウータンは母子の結びつきしかない。人間は，親だけでなく複数のおとなが共同して手のかかる子どもたちを育てている。

こうした共同・協力に欠かせないのが想像するちからだ[9]。チンパンジーは基本的には「今，ここ，わたし」の世界に生きている。人間は，今だけでなく過去や未来に生きて，遠く離れている人に心を寄せる。わたしのことではなく，あなたのことを考える。思いやる，分かちあう，慈しむ，それが人間なのだと思うようになった[10]。

ワイルドライフサイエンスを興す

大型類人猿に始まり，テナガザル，キンシコウ，ドゥクラングール，アカゲザル，カニクイザル，アマゾンの新世界ザルも見に行った。野生ニホンザルも，北限の下北半島から，白神山地，金華山，志賀高原，妙高高原，黒部川，嵐山，小豆島，幸島，そして南限の屋久島で見た。霊長類を広く見ることが最近の野外調査の目的だ。

ソルボンヌ大学(パリ第3大学)のカルロス・ペレイラ博士とのご縁があってウマの研究も始めた[11]。2013年秋に京都大学霊長類学・ワイルドライフサイエンス・リーディング大学院(PWS)が始まり，最初の買い物がウマだった。2頭の馬主だ。友永雅己らとウマのタッチパネル実験を始めた。2015年には平田聡らとポルトガル北部のアルガ

図5――アルガ山での野生ウマの研究．ドローンを操作するPWS履修生の井上漱太．撮影：松沢哲郎，2017年6月．

山で野生ウマの研究を始めた(図5)．ウマが野生のオオカミに捕食されている．山麓の村人は，ヒツジや牛といった家畜を守るために放置している．そうした生態・社会系が興味深い．

比較認知科学という心の研究を核としつつ，心・体・暮らし・ゲノムの広範な視点から野生動物の研究を推進するのがワイルドライフサイエンスだ．その教育プログラムであるPWSでは，これまでに51名が在籍し，10名が修了した．彼らの研究対象は，ゾウ，キリン，ライオン，ヒョウ，ウマ，イルカ，イヌワシ，そしてチンパンジー，ボノボ，ゴリラ，オランウータン，キンシコウと幅広い．

動物を広く見渡すことで，哺乳類の進化のなかで霊長類の特徴を理解したい．一例として，「4本の手から2本の足ができた」という理解を披露する．空中にニッチを広げたコウモリ，水中にいったイルカ・クジラ，地上に残ったウマなど多くの仲間と違い，霊長類は樹上をニッチにした．樹上で暮らすために，四肢の末端で物を握れるようになった．人間の進化の過程で，四足動物が直立して前脚が移動から自由になって2本の手ができた，というわけではない．共通祖先の四足動物が樹上にあがって4つの手になった．その霊長類の中で，人間は樹上から地上に降りて長距離を歩くようになり，4つの手から2本の足が生まれた．

①哺乳類やその他の動物を広くみて，②霊長類に焦点をあてて，そして③人間の進化を考える．そうした当然のことが「心の進化」の研究についても始まったといえるだろう．

文献

1――今西錦司：生物の世界，講談社 (1972)
2――T. Matsuzawa et al.: Behavioral and Neural Biology, **39**, 155 (1983)
3――K. Wada & T. Matsuzawa: International Journal of Primatology, **7**, 1 (1986)
4――松沢哲郎：チンパンジーから見た世界，東京大学出版会 (1991，新装版 2008)
5――T. Mastuzawa: Nature, **315**, 57 (1985)
6――C. Sousa, S. Okamoto & T. Matsuzawa: Animal Cognition, **6**, 259 (2003)
7――N. Kawai & T. Matsuzawa: Nature, **403**, 39 (2000)
8――S. Inoue & T. Matsuzawa: Current Biology, **17**, R1004 (2007)
9――松沢哲郎：想像するちから，岩波書店 (2011)
10――松沢哲郎：分かちあう心の進化，岩波書店 (2018)
11――T. Matsuzawa: Primates, **58**, 473 (2017)

2 野生の認知科学をめざして

友永雅己

「ヒトの心はどのようになぜ進化してきたのか。」このことが知りたくて，20歳のころからチンパンジーを主たるパートナーとして研究を進めてきた。ヒトに最も近縁な種であるチンパンジーを調べて，認知機能の類似点と相違点を丹念に洗いだしていけば，心の進化を明らかにできるはずだ。この「比較認知科学」と呼ばれる視点に立って三十数年。わかったことはたくさんあるが，それ以上にわからないことだらけでもある。もしかして，チンパンジーとヒトを見ているだけではだめなのではないか。このあたりまえの事実に気づいて10年以上がたった。今でも，エフォートの大半はチンパンジーでの研究に注いではいるが，それだけではなく，いろいろな種を対象にした研究にも手を広げてきた。イルカやウマ，そしてヤギやリクガメ。どれもこれもおもしろい。チンパンジーやヒトでの研究とはちがった興奮をもたらしてくれる。その高揚感がチンパンジーの研究へのモチベーションをさらに高めてくれる。

心はどこではぐくまれるか

ヒトもチンパンジーも哺乳類という大きな分類群の一員だ。世界を見渡すと，6000種近い哺乳類がこの地球上にはくらしている。適応してきた環境も多様だ。平地には肉食動物や草食動物がくらし，樹上にはもちろん霊長類がいる。そして川にはカワウソ，海には鯨類が悠々と泳いでいる。それだけではない。土中にはモグラがいるし空にはコウモリが飛んでいる。このきわめて高い多様性をもつ「哺乳類」としてのヒトという視点でもう一度心の進化を見直してみよう。進化史的には，哺乳類は2億〜1億7000万年ほど前に出現した。その中で，ヒトとウマやイルカの共通祖先の分岐は約1億年前だ。つまり両者はあまりにも長い時間，まったく違う進化の道筋を歩んできた。その間に見つかる認知の類似はわたしたちにどのようなメッセージをもたらしてくれるのだろうか。

それは，「心はどこではぐくまれてきたのか」という問いに対する答えだ。哺乳類が適応してきた環境の多様性が認知の多様性をもたらすはずだ。その一方で，系統的に離れた種であっても類似の環境に適応してきた場合，ハードウェアの差異をこえて類似の認知機能が獲得されても不思議ではない。このようなことを考えて，12年ほど前からイルカの研究に着手した。ただただ単純にゆったりと泳ぐ水族館のイルカにいやされたかったというのが理由ではない，ということは強調しておきたい。「心の適応環境的制約」という問題を考えるうえで，ヒトを含む霊長類と鯨類の比較はきわめて重要な示唆をわたしたちにもたらしてくれる。さらに，4年前からはウマを対象とした研究もスタートした。ただただ単純に競馬が好きだからというのが理由ではないことはここでも強調しておこう。ウマはわたしたちヒトと同じくサバンナのような平地に適応してきた。しかし，物理的な環境は同じでも両者の適応してきた「生態的」環境はかなり異なる。環境への生物の適応は，まずは身体的特徴の変化に現れるといってよい。サバンナのような開けた環境に適応したウマは捕食者対策としてつねに周囲に注意をはりめぐらしていなくてはならない。側頭部にはりついた眼は広い視野をもたらし，警戒行動をより効率的にして

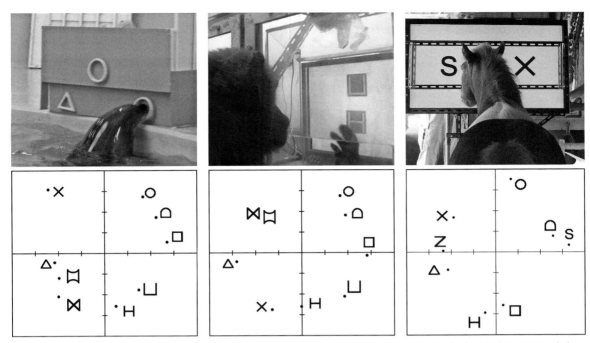

図1―イルカ，チンパンジー，ウマにおける形の知覚。下段は誤答率をもとに分析した結果。近いほど知覚的に類似していることを示している。

くれる。水中で自由にかつ高速に移動するためにイルカたちは流線型の体とヒレを獲得し，その結果として把持能力のある手を失った。樹上に適応した霊長類は拇指対向性を獲得した結果，こまやかなモノの操作を可能とする手を進化の過程で発達させていった。また，複雑な3次元環境の中への適応の結果，眼が前額面に移動し，両眼立体視が可能となった。こういった形態の変化は，それぞれの種から「見た世界」にも影響をもたらすはずだ。そこで，まずは「見た世界」をくらべることにした。

「見た世界」をくらべる

基本的な視覚特性をみると，多くの側面で種差が認められる。ヒトやチンパンジーの視力は1.5くらいなのに対し，ウマの視力は0.8，イルカの視力は0.1に満たない。ウマは2色型色覚(青－緑)であるのに対し，霊長類は基本的に3色型だし，イルカには色覚がないとされている。明らかに「見えている世界」は違う。でもその中に類似点はないのだろうか。そこで，「形」の知覚に注目

した。実は，今から四半世紀ほど前に初めて本格的におこなった比較認知科学研究が，チンパンジーとヒトにおける図形の知覚だった[1]。その研究の中で，チンパンジーもヒトも外枠の図形のほうが内部を構成する要素図形よりも知覚的な優位度が高いことを明らかにした。

この時に採用した，誤反応のパターンから図形間の知覚的類似度を評価し(よくまちがう図形ペアはよく似ている)，その結果を平面上に「見える化」する多次元尺度構成法を利用して，視覚的な形の知覚をヒト，チンパンジー，イルカ，そしてウマで比較することにした[2,3]。○や×などのシンプルな図形を8〜9個用意し，すべてのペアで弁別課題を実施し，得られた正答率のデータをもとに分析をおこなった。実験のようすと結果を図1に示す。この図の中でおたがいの距離が近いほどその図形のペアはよく似ているということになる。

チンパンジーの結果とイルカの結果がとても似ていることにお気づきだろうか。わたしにとってこれは衝撃的であった。もし，形の知覚がそれぞれの種の適応してきた環境に強く依存しているの

図2―かごしま水族館で進めているイルカ用タッチパネルの開発の様子。円の大小弁別課題をおこなっているイルカが展示面に触れると感圧センサーが検出する(写真の右下のPC)。

図3―ウマとスズメの写真の弁別学習をおこなっているウマ。

であれば、このような結果にはならないのではないか。イルカは水中に適応し、視覚よりはエコロケーションなどの聴覚のほうにより依存して環境認識をおこなっている。実際、視力もきわめて悪い。それなのに形の知覚的カテゴリ化については樹上適応しているチンパンジーやさらには地上性のウマと大差がないのである。もしかすると、形の見えの世界は、哺乳類の進化の中でかなり昔から共有されているのだろうか。実は、ハトなどの鳥類でおこなわれた研究を見ても形の知覚がわたしたちと抜本的に異なるという証拠はない。逆によく似ているのだ。もちろん細かいところを見れば、ウマや鳥のほうが局所的な特徴に注意が向きがちといった違いはあるのだが。

形の知覚が脳内でどう処理されているかについては生理学的な研究をすればわかる問題だろう。でも、なぜこんなにも視覚への依存度が異なるにもかかわらず、かなり異なる環境に適応しているにもかかわらず、そして基本的な視覚特性が異なるにもかかわらず、形の見えが同じなのか？ 環境の側のなにかが生物に同じ見えをもたらしているのか。こんなにシンプルな認知ひとつ取りあげても、まだわからないことがある。

ちなみに、この一連の研究ではわたしたちは世界で初めてウマにタッチパネル課題を導入した。チンパンジーでの40年以上にわたる研究の蓄積の賜物だろう。その一方で、イルカの実験は実物の物体を用いて対面でおこなった。さすがに水中での使用に耐えられるタッチパネルは存在しない。しかし現在イルカでもタッチパネルを導入すべく試行錯誤を重ねている。観客側にモニターを置き、展示面に感圧センサーをはりつける。イルカがモニターの前で水中側から展示面に触れるとセンサーでその反応位置を検出しようという試みだ(図2)。モニターの導入は研究の幅を広げてくれる。現在イルカやウマで自種と他の動物種の知覚的カテゴリ化の研究を進めている(図3)。これらの種では、これまでにまったくなされてこなかった研究だ。どんな結果が出てくるのか今から楽しみだ。

「数をくらべる」をくらべる

それぞれの種が適応してきた環境にはさまざまな情報が含まれる。前節で取り上げた形はそのうちの一つだ。ほかにも生き物がその環境でくらしていく中でひんぱんに直面するものがある。「数」という属性だ。どちらの木のほうがたくさんの実がなっているか、同じ群れのメンバーがここに何個体いるか。捕食者の数は？ わたしたちの行動は数にまつわる意思決定の連続であるともいえる。しかも、上述のようにさまざまな文脈で数をめぐる認識が要求される。

このことはわたしたちに「心の進化の領域固有性」という古くて新しい問題を思い起こさせる。わたしたちの心は社会生活がもたらすさまざまな

図4——チンパンジー，ウマ，イルカ，リクガメによる数の大小比較課題の様子。

問題に対処してきた結果として進化した。これは有名な「マキャベリ的知性仮説」である。数の認識も，食物の数量に関する感受性という生態学的問題に特化するかたちで進化してきたのではなく，敵や味方の数，血縁個体の数の判断といった社会的問題解決として進化してきた可能性もあるだろう。そうであるならば，数の判断に付随する文脈の効果が種によって異なってくる可能性がある。

この問いに答えるにあたり，まずは基本的な数の認知を調べることが必要だ。そこで，多くの種を対象に，対提示された物体の個数を比較する課題をおこなった(図4)[4]。これまでの研究から，多くの動物は数量の大きいほうに注意が向きやすいということが知られている。だからこの課題の導入はきわめてかんたんだった。チンパンジーでもウマでも，まずは左右にたとえば8個のドットと「0個」のドット(つまり何も提示しない)を提示すれば，ドットのあるほうを選んでくれる。ここを起点として，0個を1個に，2個に，と増やしていくと，ほとんどまちがうことなく数の比較課題を学習してくれる。なんとリクガメでもこれは同じだった。愛知県にある日本モンキーセンターにくらすケヅメリクガメの前にたくさんの野菜が盛られた皿とちょっとしか盛られていない皿を対で置いてみたところ，何の躊躇もなく多いほうの皿に向かって歩みはじめた。この行動に勇気づけられてリクガメでは彼らの好物であるリンゴ片の個数による数の判断のテストをおこなった。

さらに，イルカでも同様の課題を対面場面で実施した。ただイルカではほかの種とは異なる条件下でテストをおこなった。異なる本数のボルトが配置された2枚のプラスチックパネルを水中で左右に提示し，ボルトの本数が多いほうを選べばごほうびがもらえる。ただし，このときパネルの前を黒い板でふさいだのだ。つまり，イルカからはボルトが見えない。でも彼らはこの課題を苦もなくこなすことができる。なぜか。エコロケーションを使っているからだ。これまでの研究から，イルカはクリックスという音の反響を利用して対象の大きさや形，さらには材質までも識別できる

ことが知られている。だったら，数の違いなんてお茶の子さいさいだろう。実際そうだった。イルカはエコロケーションで数の違いを識別し，ボルトの本数が多いほうのパネルを選ぶことができたのだ。ただ興味深いことに，このテスト後，水上で視覚のみを手がかりとしたボルトの本数の比較課題を実施したところ，2頭中1頭では成績がでたらめレベルにまで落ち込んでしまい，再学習が必要となった。これまで，イルカは視覚とエコロケーションの情報を統合して物体をクロスモーダルに認識できるといわれてきた。しかし，実際はそんなに単純なものではないのかもしれない。

さて，チンパンジー，イルカ(エコロケーションと視覚)，ウマ，そしてリクガメで得られた結果を詳細に分析してみた。心理物理学のセントラルドグマからすると，数の比較の成績は，数の間の比(ウェーバー比)の関数として記載できるはずだ。ただ実際には，数認識のシステムは2つあって，比較的小さい数のあたりではたらくものと大きな数の認識で有効にはたらくものがある。大枠としてはウェーバー比にしたがうものの，小さい数の比較と大きい数の比較で感受性が異なるということがありうるかもしれない。実際チンパンジーとウマでは，大きな数の比較のほうが小さな数の比較よりも成績がよかった。一方，リンゴ片の個数をくらべるテストにしたリクガメでは，逆に数が大きいほうが成績が低下することがわかった。これは少し考えれば納得がいく。たくさんの食べ物に直面すると，どちらを選んでもそれなりの量を得ることができる。数量判断とは異なる基準が意思決定に割り込んでくるのだろう。

こういった結果以上に重要なのは，すべての種において，成績がウェーバー比にきれいにしたがっているということだった。さらに驚くべきは(驚いてばかりだが)，イルカのエコロケーションでの結果もウェーバー比にしたがっていたのだ。これは，クリックスを打ちこんで返ってきた反響の中に数を(あるいは数の差を)あらわす量的情報が含まれているということを意味している。それをイルカが利用しているからこそ数の比が成績に反映されるのだ。ではそれはどんな情報なのか？　今それを明らかにすべく研究を計画中だ。

ところで，彼らはほんとうに「数」の違いを手がかりにしているのだろうか？　単に提示されたドットの総面積の違いを識別しているだけなのではないか？　あるいは密度に注目しているだけかもしれない。この可能性を否定しておく必要がある。よく使われるのは，提示される物体のサイズを操作するという手だ。一つ一つの物体は小さいが数は多い。数と別の量的情報(この場合は大きさ)が矛盾する状況を用意することによって，どちらの手がかりがより強く効いているのかをテストできる(図4のウマの写真)。チンパンジーとウマではこのような状況でも成績がくずれるということはなかった。たぶん数のほうが手がかりとしては重要なのだろう。

こういった基礎的な知見をおさえたうえで，その先にあるさまざまな数にまつわる問題にアプローチしていきたい。千里の道も一歩から。

ラボとフィールドをつなぐ

飼育下での研究ばかりしていてくりかえし問われるのは，「その知見はあなたが訓練(調教)したからでしょ？」というものだ。実験室環境と彼らの本来の自然な環境の乖離を指摘しているという意味では，この指摘は正しい。しかし，統制された実験状況から得られる知見は彼らの心のかくれた姿を浮きぼりにしてくれているともいえる。たとえば，松沢哲郎らによるチンパンジーの短期記憶の研究はその好例だろう。一瞬で多くの物体の場所を記憶できる能力は，実験室でのみ生み出されたとはどうしても考えられない。絶対に野生のチンパンジーの行動の中にもその能力の断片が見えかくれしているはずだ。ウマやイルカが本来くらす環境の物理的・光学的な構造がわかると彼らの形の知覚の類似性を論じる鍵がみつかるかもしれない。そのためにはフィールドに行かなくてはならない。

出不精だった私も少しずつだが外に出るようになった。アフリカのチンパンジー，ボルネオのオ

図5—知床羅臼沖のシャチ。撮影: 山本知里。

図6—草を食む都井岬の御崎馬。

ランウータン，そして御蔵島(伊豆諸島に属す)のイルカや知床のシャチ(図5)。本来の生息域で生き生きとくらす彼らの姿は，多くの研究のシードを私たちにもたらしてくれる。都井岬(宮崎県)にくらす御崎馬を観察していると，彼らの数認識の能力は採食環境からの要請によるのではなく(彼らははてしなくひろがる草原の草を食んでいるのであって，離散的な，数えられるような果物を食べているのではない)，社会的環境のような別の文脈ではぐくまれてきた可能性を示唆してくれる(図6)。

「野生に学びラボで究める。ラボでみいだし野生で探る。」わたしが「野生の認知科学」と呼んでいる研究スタイルのスローガンだ。将来的には，今以上にラボとフィールドでの研究を有機的にむすびつけ，野生の認知科学のさらなる確立をめざしていきたい。

文献

1—M. Tomonaga & T. Matsuzawa: Journal of Comparative Psychology, **106**, 43 (1992)
2—M. Tomonaga et al.: Scientific Reports, **4**, 3717 (2014)
3—M. Tomonaga et al.: Biology Letters, **11**, 20150701 (2015)
4—M. Tomonaga: Animal Cognition, **11**, 43 (2008)

3 先端テクノロジーで
チンパンジーの心に迫る

平田 聡

チンパンジーの社会的知性

ヒト以外の霊長類の社会的知性について知りたいと思って，京都大学霊長類研究所の大学院生になった。1996年のことだ。ちょうど，社会的知性についての議論が国際的にも盛んだった。

指導教員の松沢先生が以前にチンパンジーのあざむき行動について研究していた。宝探しゲームと名付けた場面を実験的に設定して，複数のチンパンジーたちのふるまい，駆け引きを調べる。その研究を参考に，まねっこで研究をしてみることにした[1]。チンパンジーの運動場にバナナを隠す。その隠し場所を知っているチンパンジーがひとりと，隠し場所を知らないチンパンジーがひとりいる。研究の結果，あざむき行動が見られた。隠し場所を知らないチンパンジーは，知っているチンパンジーの進む先を先回りしてバナナを奪おうとする。それに対抗して，隠し場所を知っているチンパンジーは，バナナの隠し場所にまっすぐ進まず，遠回りをする。相手があらぬ方向を探している間に，隠し場所に行ってバナナを手に入れる。遠回りをして，相手をあざむいたわけだ。

協力行動を引き出す

霊長類研究所で博士号を取得したあと，林原類人猿センター（岡山県玉野市）に研究員として就職した。引き続き，チンパンジーの社会的な知性を調べることを目指した。当時はあまり盛んではなかった協力行動の研究がしたいと思った。ふたりのチンパンジーが協力して作業をすることで食べ物が手に入るという場面を設定した研究をおこなった。

研究の手法にいろいろ試行を重ね，昔の研究などを参考にまねたりしながら，独自の新しい方法を思いついた[2]。普通のホームセンターで買うことができるブロックと棒とひもで研究装置を自作した。安上がりなローテクの研究である。研究の結果，ふたりのチンパンジーが同時にひもを引っ張って食べ物を手に入れる協力行動に成功するようになった（図1）。

この装置を使った研究は，アイデアがよかったのか，海外の他の研究者もまねて，いろいろな動物種で比較研究がされるようになった。ボノボのほうがチンパンジーより協力課題での成功率が高い，ゾウでもできる，カラスもできるけれど課題の仕組みはあまり理解していない，といった成果だ[3]。

アイデア次第でローテクな研究も成功することが示されたともいえるが，そうそう奇抜でよいアイデアが浮かぶわけでもない。研究が成功するためには，まだ誰も調べていない問題に答えを見つけたり，まだ誰も試していない方法で調査をしたりしなければならない。次の方向性としては，まだチンパンジー研究に導入されていないハイテク研究機材を世界で初めてチンパンジー研究に使ってみることにしようと考えた。

脳の成長の違いが見えた

林原類人猿センターで，2004年にツバキという名前のチンパンジーが妊娠した。竹下秀子博士，明和政子博士との共同研究として，チンパンジーの胎児を先端機器で覗いてみようというこ

図1—**チンパンジーの協力行動**。図中に見える2本の細い紐の両方を同時に引っ張ると食べ物が手に入る。奥のミズキが先に紐を手にして，手前のツバキが紐を持つのを待っている。

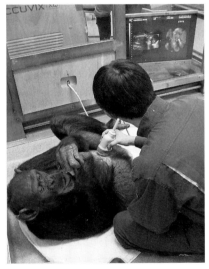

図2—**4Dエコーによるチンパンジーの胎児観察**。チンパンジー妊婦が寝転がっていて，そのお腹にプローブを当てると，図中上部の画面のように胎児の様子が見える。

とになった（図2）。

　超音波画像診断装置という装置を使った研究である．一般にはエコーと呼ばれたりもする．プローブと呼ばれる端末装置を妊婦さんのお腹にあてて超音波を出し，お腹の中の胎児の体の表面で跳ね返る超音波を検知して，そこから胎児の体の様子を画像として再現する技術である．

　胎児の体は，昔のエコーでは単に2次元の輪切りにしか見えない．これが，最先端のエコーでは実物を写真で見るように映像として再現できる．実際には2次元画面上に表示されるのだが，奥行きも感じられるので，3次元の3D画像と言ってよい．そして，動きもわかるので，3Dに加えて4つめの次元として時間軸も存在するという意味で，4Dエコーと呼ばれる．チンパンジーの胎児研究に4Dエコーを使った例はそれまでなかった．我々が世界初の試みということになる．

　まずはチンパンジーのツバキに機械に慣れてもらわなければならない．壊れたプローブ装置を練習用に仕入れて，それをツバキのお腹にあてる練習を少しずつおこなった．林原類人猿研究センターで，研究者とチンパンジーたちとの間にできるだけ親密な関係を築こうと普段から努力していたこともあり，練習は順調に進んだ．そして，とうとうツバキの胎児をエコーで見ることに成功した．まず2次元断面で心臓が動いているのが見えた．3Dで顔がわかり，目や鼻や口が見えてきた．そして，4Dで体の動きも認識できた．直接は目に見えない，ツバキのお腹の中にいる胎児が4Dエコー画面上で見えることに，純粋に感動した．

　ツバキの妊娠から3年後の2007年から2008年にかけて，また別のチンパンジーのミズキとミサキもそれぞれ妊娠した．同じように4Dエコーで胎児の記録をおこなった．合計3例のチンパンジー胎児研究となった．チンパンジーの胎児は，お母さんのお腹の中で，口を開けたり閉じたり，手足を大きく動かしたりもしていた．人間の胎児と変わらず，そして人間の胎児が発達するのと同じような道筋を通って，チンパンジーの胎児も身体や運動の発達をみせることがわかった[4]．

　脳の専門家の酒井朋子博士も共同研究に加わって，脳容量の発達的変化も調べてみることにした[5]．チンパンジーの胎児は，お母さんのお腹の中にいる間に，脳の容量をどのように拡大させているのだろう．それは，人間の胎児とどう違うのだろう．

　調べた結果，受精後22週あたりまでは，脳容積の発達はチンパンジーの胎児とヒトの胎児であまり変わらないことがわかった．そして，22週を過ぎたあたりから両種に違いが出てくるという

3　分かちあう心の進化　229

こともわかった。ヒトの胎児は出産直前まで加速度的に脳が大きくなる。それに対してチンパンジーの胎児は，受精後22週過ぎあたりで，脳容量の成長速度がゆっくりになる。知性を支える脳の大きさとその発達が，チンパンジーとヒトとで，胎児の段階で違いが生じてくるということが示された。

脳波をとらせてくれたミズキ

上述の4Dエコー研究と前後して，脳波測定にも挑戦した。2005年のことだ。脳波は，脳内の神経活動に起因する電気信号が頭皮上に現れたものだ。特別に作られた電極と装置を使って，頭皮上の微弱な電流を脳波としてとらえることができる。ヒトの脳活動を測る手法としては，比較的古くから用いられている。過去に，麻酔した状態のチンパンジーの脳波を測った研究がアメリカで存在する[6]。しかし，無麻酔の，普通の状態のチンパンジーの脳波測定は過去に誰もおこなっていなかった。

脳波を測るためには，電極を頭につける必要がある。ヒトの場合は専用の帽子が開発されていて，帽子に電極が組み込まれており，それをかぶれば比較的簡単に脳波が測定できる。ただ，チンパンジーの場合は頭の形がヒトとかなり違うので，脳波用帽子をかぶって測定するのは無理だった。そこで，電極を個別に1本ずつチンパンジーの頭に脱着式のテープで貼り付けることにした。もちろん，測定が終わったら電極は外して普通の状態に戻る。

林原類人猿研究センターのチンパンジーたちのなかでも，新奇な物をあまり怖がらないミズキに参加してもらうことにした。そして，少しずつ，頭に電極を付けることに慣れてもらった。毎日少しずつの練習を繰り返して，半年かけて脳波が測定できる状態になった（図3）。

最初は，音を聞かせてその間の脳波を測ることにした。簡単な音をスピーカから出して，それを聞いているミズキの脳波が確かに測れていることを確認した[7]。それから，チンパンジーの呼び名

図3—チンパンジー・ミズキの脳波測定。頭部の7カ所に脱着式のテープで電極を貼り付けている。

をスピーカから流してみた。脳波を測られているミズキ自身を呼ぶ「ミズキ」という声，ミズキの仲間の「ツバキ」と呼ぶ声，ミズキの知らない「アスカ」と呼ぶ声，最後に「ミズキ」の音声の特徴をある程度残しつつノイズに変換した音，これら4つを聞かせてみた。すると，「ミズキ」という音を聞いたときだけミズキの脳波に他と違う反応が見られた。自分の名前を聞き分けていることが脳波の上でも確認できたことになる[8]。

次に，画像を見せる研究に進んだ[9~11]。いろいろなチンパンジーの写真を画面に映して，それを見ている間のミズキの脳波を測った。チンパンジーの写真は，争いの最中に泣いている表情の写真と，中立の状態のすまし顔の2種類を用意した。その結果，泣いている表情の写真を見たときには，中立の写真を見た時とは違う脳波上の波形が観察された。感情表出のある写真を見たときに，特別の脳内処理がおこなわれていることを示唆する。同様の現象はヒトでも見られていて，チンパンジーもそれと似た脳内処理がおこなわれていると推測できる。

物を見るチンパンジー，物と顔を見比べるヒト

　脳波測定はミズキだけで可能なことだった。チンパンジーにも個性があって，電極を付けるのを嫌がるのが普通だ。もっと違うテクノロジーで，複数のチンパンジーに適用可能なものがないかと考えた。そこで，視線計測に目を付けた。2009年のことである。

　視線計測というと，特殊なメガネをかけるなど，測定用の装置を目の周辺に装着することを思い浮かべがちだろう。そうではなく，何も装着せずに視線を測る技術が2000年代半ばに広まり始めていた。アイトラッカーと英語で呼ばれる，モニター一体型の視線検出センサーを備えた装置を販売する大手の会社の日本支社が2008年に設立されたところだった。

　あとになって知ったことだが，霊長類研究所で当時大学院生だった狩野文浩さんもこのときにアイトラッカーの導入をおこなっていた。当時はお互いにそのことを知らず，独立にアイトラッカー研究を立ち上げた。狩野さんのやり方とは少し違うやり方で，私のほうでもチンパンジーの視線計測に成功した。研究者とチンパンジーの親密な関係を活かして，チンパンジーがいる部屋に研究者が入り，そこにアイトラッカーの機械を持ち込んで視線を測るやり方である（図4）。

　手始めに，チンパンジーの顔写真をモニター画面に映して，それを見ているチンパンジーの視線を測定してみた[12]。その結果，顔の中でも目や鼻や口をよく見ることがわかった。顔写真を上下さかさまにしてみると，目を見る割合が少し減った。倒立効果と呼ばれる，顔に特別の全体的な認識メカニズムが関わっているのではないかと考えられる。

　続いて，動画を使ってみた。モデルになる人やチンパンジーが手に何かを持って操作する動画をモニター画面に映し，それを見ている間のチンパンジーの視線を調べた。ヒトの赤ちゃんや大人でも同じ研究をおこなって，チンパンジーとヒトで

図4—**アイトラッカーによる視線計測**。モニター下部にあるセンサーでチンパンジーの視線の向きを正確にとらえることができる。

比較してみた。その結果，チンパンジーは物ばかり見る，ヒトは物とモデル人物の顔とを見比べるという違いがあることがわかった[13]。チンパンジーでも静止画の全身像であれば顔の部分をよく見る。それが，動画として物が動くと，物ばかり見て，その物を持つ人物やチンパンジーの顔には注目しなくなる。ヒトでは大人も赤ちゃんも，物を見たり，人物やチンパンジーの顔を見たり，双方に視線が行く。相手と物の双方を視野に入れて「私―あなた―物」という3項関係を築く能力がヒトに比べてチンパンジーで限られているからかもしれない。

　アイトラッカーの研究は，その後，熊本サンクチュアリに場所を移して，狩野文浩さんと共同研究に着手した[14,15]。あとの6「映画監督，模型職人，大工に加えて研究者」でも少し触れられているので，ぜひそちらも参照していただきたい。

感情の変化を捉える

　研究を続けるにつれて，チンパンジーの認知的，理性的側面だけではなく，感情にも興味がわいてきた。ヒト以外の動物の感情を調べると言うと，一昔前は煙たがられ敬遠されていた。それが，時代とともに少しずつ変わってきた。測定技術の進歩が大きな要因だろう。

　赤外線サーモグラフィも，そうした測定技術のひとつである。熱を持った物体が発する赤外線放

射をとらえて温度を測定するものだ。感情の変化があると体の表面温度が変わることがあり，それを赤外線サーモカメラで測定する。

2012年，赤外線サーモカメラを導入して，チンパンジーで試してみることにした。まずは林原類人猿研究センターでおこなった。研究者がチンパンジーのいる部屋に入り，赤外線サーモカメラを持ち込んで，体の表面温度を見てみた。確かに測ることができる。ただ，機械の調整の問題などで，本格的に始めるまでに少し時間がかかった。

そうこうしている間に，私が研究の場を熊本サンクチュアリに完全に移した。狩野文浩さんが合流して，狩野さん主導で一緒に研究することになった。チンパンジーの感情を喚起する場面として，別のチンパンジーが大喧嘩をしているビデオ映像を見せることにした[16]。人間でも，テレビで乱闘シーンを見て思わず観ている側も盛り上がる，ということがあるだろう。それと同じようなことがあるのか，確かめてみることにした。

赤外線サーモカメラで記録してみると，予想通り，ケンカの映像を見ているチンパンジーの顔の温度が変わるのがわかった。顕著なのは，鼻の温度の低下である。感情喚起と密接に関係する自律神経系の働きによって，鼻近辺の血の流れが少なくなり，それにともなって温度が低下すると考えられる。チンパンジーの感情の変化を，赤外線サーモグラフィによってとらえることに成功したことになる。

チンパンジーのミズキでは，赤外線サーモグラフィに加えて，電極を体に付けて心拍も測定した。ケンカの映像を見ているときに心拍も顕著に変動していることが確かめられた。顔の表面温度と心拍という指標によってチンパンジーの感情に迫ることができることを示した成果と言えるだろう。

その後，赤外線サーモグラフィ研究は，大学院生の佐藤侑太郎さんに引き継がれている[17]。あとの11「顔の温度で調べるチンパンジーの感情」に最新の状況が書かれているので，ご覧になっていただければと思う。

先端テクノロジーを活かして

チンパンジーのあざむきや協力をローテクの方法で調べる研究に始まり，エコー・脳波・アイトラッカー・赤外線サーモグラフィなどハイテクの先端テクノロジーの導入をおこなってきた。その結果，これまでわかっていなかったチンパンジーの心に迫ることができたと思う。心はそもそも目に見えないものであり，それを目に見える形の行動として調べるのが従来の方法だった。先端テクノロジーを使うと，行動としては見えない，あるいは見えにくいことも見えてくる。脳波しかり，目線しかり，体温しかりだ。目に見えない心の，目に見えない表れをとらえる。目に見えない表れが先端技術で浮き上がることで，目に見えない心がチンパンジーにあることがさらに確かに感じられる。

本稿で紹介した先端テクノロジーを用いた研究は，いずれもこの10年前後のものである。技術の世界は引き続き日進月歩だ。次の10年でどのような技術が現れ，それがどのように比較認知研究に活かされるのか。楽しみであると同時に，新たな道を切り開く努力を続けたいと思う。

文献

1—S. Hirata & T. Matsuzawa: Animal Cognition, **4**, 285 (2001)
2—S. Hirata & K. Fuwa: Primates, **48**, 13 (2007)
3—平田聡: 霊長類研究, **25**, 55 (2009)
4—H. Takeshita et al.: Interaction Studies, **10**, 252 (2009)
5—T. Sakai et al.: Current Biology, **22**, 791 (2012)
6—平田聡: 心理学評論, **53**, 336 (2010)
7—A. Ueno et al.: PLoS ONE, **3**, e1442 (2008)
8—A. Ueno et al.: Biology Letters, **6**, 311 (2010)
9—H. Fukushima et al.: PLoS ONE, **5**, e13366 (2010)
10—S. Hirata et al.: Scientific Reports, **3**, 1342 (2013)
11—H. Fukushima et al.: PeerJ, e223 (2013)
12—S. Hirata et al.: Animal Cognition, **13**, 679 (2010)
13—M. Myowa-Yamakoshi et al.: Nature Communications, **3**, 693 (2012)
14—F. Kano & S. Hirata: Current Biology, **25**, 2513 (2015)
15—C. Krupenye et al.: Science, **354**, 6308 (2016)
16—F. Kano et al: Physiology and Behavior, **155**, 83 (2016)
17—佐藤侑太郎他: 動物心理学研究, **68**, 1 (2018)

4 チンパンジー・ボノボから見る戦争と協力の進化

山本真也

戦争と協力。この両極端ともいえる性質をヒトはもっている。どちらもヒトの専売特許であるかのように考えられてきた。これこそが，ヒトを「人」たらしめていると。このような性質はどのように進化してきたのだろうか。進化の隣人であるチンパンジー・ボノボを通して考えてみたい。

「ヒトらしさ」を求めて

チンパンジーとボノボは，パン属と呼ばれる分類群に属している。ヒトとパン属の共通祖先は約700万年前に分かれ，それぞれの道を歩み始めた。チンパンジーとボノボが分かれたのは進化史的にはごく最近，100万年ほど前だと考えられている。チンパンジー・ボノボとヒトの遺伝的な差異は，ウマとシマウマとの差よりも小さい。もちろん，同じパン属であるチンパンジーとボノボの違いは，それよりももっと小さい。そんな進化の隣人を通して，「ヒトらしさ」を探る研究を続けている。

進化的には非常に近縁なチンパンジーとボノボだが，行動や社会にさまざまな違いがみられている。表1にあげたのは，かつてヒトの特徴だと考えられてきた性質である。ヒト・チンパンジー・ボノボで比較してみると，おもしろいことに，ヒトとチンパンジーに共通していてボノボだけが違う，あるいはヒト・ボノボが共有していてチンパンジーにはみられないといった性質がかなりあることがわかってきた。チンパンジーとの比較をもとにこれまで考えられてきたヒトの特徴として，繁殖に結びつかない性行動やおとなの遊び好き，所属集団の異なる個体との協力行動などが挙げられるが，チンパンジーにはみられない。しかし，これらの行動がボノボにはみられることが明らかになってきた。逆に，野生での道具使用や集団間の戦争など，チンパンジーにみられてボノボにみられない「ヒトらしさ」も存在する。最近，ボノボにかんする2冊の書物（図1）[1,2]を刊行したが，ここに寄せられた最先端の研究論文はすべて，行動と認知の側面から「ヒトらしさ」の再検討を促している。

比較的遅れていたボノボの研究が進むにつれ，ヒト科3種の関係性が明らかになってきた。同時に，謎もますます深まるばかりだ。なぜボノボとチンパンジーはこれほどまでに違うのか？　なぜヒトはそれぞれの特徴を両方もちあわせているのか？　これらの問いに答えるのが，これからの研究の大きな課題だ。

本稿のテーマである戦争と協力にかんしても，ヒト・チンパンジー・ボノボの比較は，重要な知見を与えてくれると同時に，さまざまな謎も投げかけてくる。これまで，チンパンジー社会とボノボ社会の違いを，「ケンカっ早いチンパンジー，平和なボノボ」と一言にまとめることが多かった。たしかに，チンパンジーの男性は順位関係に厳しく，女性に対してハラスメントともとれる高圧的な態度をみせ，子殺しさえ観察されている。集団と集団が出会うと，殺し合いのケンカになることもある。それに対して，ボノボは，女性を中心とした社会を築き，よく果実を分け合い，違う群れの個体とさえ仲良くしたりもする。戦争の起源をチンパンジー社会に見出し，協力共存社会のお手本をボノボ社会に求める人も多い。しかし，チンパンジーも協力すれば，ボノボもケンカする。状

表1―ヒト・チンパンジー・ボノボの比較。

	ボノボ	チンパンジー	ヒト
道具を用いた採食	△（飼育下のみ）	○	○
繁殖に結びつかない性行動	○	×	○
集団間の致死的攻撃交渉	×	○	○
成熟個体に対する母の影響力	高	低	高
子殺し	×	○	○
成熟個体の遊び頻度	高	低	高
協力的狩猟	×	○	○
外集団個体との食物分配	○	×	○
男性間の同盟	×	○	○
女性同士の集合性	高	低	高

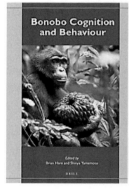
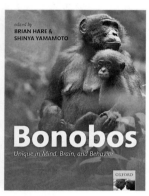

図1―ボノボにかんする2冊の書籍を刊行した。

況や文脈によって異なる，というのが本稿でわたしが主張したいポイントのひとつである．もう少し丹念に彼らの行動・社会をみていく必要がある．

チンパンジーとボノボ，
野外観察と実験研究

そこで，わたしたちは，2×2の研究パラダイムを構築した．チンパンジーとボノボを，飼育下と野生の両方で研究するというスタイルである．なぜ飼育下と野生の両方で研究するかというと，それぞれにメリットがあるからだ．飼育下では，実験心理学的手法を用い，焦点を定めた行動を統制のとれた環境で詳細に観察・分析することができる．二者間の協力行動は，このような綿密に練られた実験場面で再現され，その認知機能が検討されてきた．それに対して野生下では，彼ら本来の社会・環境での行動を観察することができる．

集団全体での協力行動を観察したり，社会や環境と関連付けたより大きなスケールで行動の意味を考察したりするのに適している．もちろん，各々が双方の視点を持ち合わせることで，より生態学的に妥当な認知実験を考案することができ，認知メカニズムの視点から彼らの社会ダイナミクスを見つめなおすことにもつながる．個体レベルから社会・環境レベルまで，複層的な視点でチンパンジー・ボノボの行動を比較しようというのが，この2×2の研究パラダイムの特徴である．

この2×2の研究をおこなえるのが，わたしたち日本の研究チームの強みである．野生ボノボの調査地であるコンゴ民主共和国のワンバ村は，1973年に見出されて以来，世界で最も歴史のあるボノボの調査地として知られている．同様に，野生チンパンジーの調査をおこなっているギニア共和国のボッソウも，世界的な長期継続調査地のひとつである．1976年以来，日々の行動観察が連綿と続けられ，データが蓄積されている．飼育下の研究は，主に京都大学霊長類研究所と京都大学熊本サンクチュアリでおこなわれてきた．霊長類研究所でのチンパンジー認知研究は1978年に開始されて以来40年の歴史を誇る．熊本サンクチュアリには，現在55人のチンパンジーと6人のボノボが暮らしている．日本最大のチンパンジー社会と日本で唯一のボノボ社会である．チンパンジーとボノボを同じ条件で比較できる環境が整っている．

このような恵まれた環境でおこなってきた2×2の研究から，チンパンジーとボノボの協力行動の特徴を明らかにしてみたい。

チンパンジーの協力行動

　まず，チンパンジーの二者間での協力行動を調べた研究を紹介しよう。野生のチンパンジーは，食べ物を分配することが知られている。多くは，狩りによって得た小動物の肉や，少数の勇敢な個体が村の畑から取ってきたパパイヤなどの大きく貴重な果物である。どちらの場合も，たいていは強い男性から他の集団メンバーへと食べ物の一部が渡っていく。ただし，分配と呼ばれてはいるが，ヒトのように分け「与える」ということはまずしない。所有者が積極的に渡すのではなく，もらい手がときにはキャーキャーと騒ぎながら手を差し出し，所有者の手や口から食べ物の一部をもらっていくのだ。ヒトでみられる食物分配に比べると非常に消極的な分配だといえる。複数のもらい手に取り囲まれ，所有者はしかたなしに一部を放棄しているのだと考える研究者もいる。ヒトのように，他者のためという利他性にもとづいた分配がみられるかというと疑問が残る。また，食物分配がみられる文脈も限られている。肉やパパイヤなど，一部の個体が手にした貴重な食べ物でしか分配はみられない。さまざまな食べ物を日常的にやり取りするヒトの食物分配とは性質が異なるようだ。

　チンパンジーに利他性がないというわけではない。しかし，積極性には欠けると言わざるをえない。わたしたちがおこなった実験では，確かにチンパンジーも他者のことを気にかけていることが示された。ジュースを飲むためにステッキやストローといった道具を相手が必要としている。ただし，その道具は自分の手元にある。そのような場面に置かれると，チンパンジーはちゃんと道具を手渡してあげる(図2)[3]。チンパンジーも利他的に手助けすることが証明された。しかし，この場合も積極的には助けない。相手が明示的な要求行動を示さない限り，自発的には道具を渡さない。興

図2―チンパンジーの要求に応じた手助け。

味深いことに，相手が何を必要としているか自体はチンパンジーにはわかっているようだ[4]。相手がステッキを必要としているときにはステッキを，ストローを必要としているときにはストローをちゃんと選んで手渡す。これは，相手の要求行動から理解しているというわけではなく，相手の置かれた場面を見て理解していることがわかっている。つまり，チンパンジーは，相手の状況を見て相手が何を必要としているかは理解できる。しかし，自発的には手助けしない。このように，二者間の協力場面でみると，文脈の多様性や積極性という点でチンパンジーとヒトの協力行動には隔たりがあると言えるだろう。

　しかし，二者間から集団全体の協力行動に目を移すと，少し違った様相がみられる。ボッソウのチンパンジーは，危険な状況に置かれたとき，洗練された集団での協力行動をみせることが知られている(図3)。ボッソウの森には，そのほぼ中央を横切って村道が走っている。チンパンジーはこの道を渡って，分断されたふたつの森を行き来し

3　分かちあう心の進化　　235

図3—道渡り時のチンパンジーの集団協力。

図4—ボリンゴの果実を分け合う野生ボノボ。

ている。村人やバイク，ときには自動車やトラックも通る道なので，チンパンジーにとっては危険な道渡りなのだろう。渡る前には道路脇の藪でしばらく待機したり，木に登って様子をうかがってから渡ったりすることもあった。ある日，最初に道路に姿を見せたのは，おとなの男性であるフォアフとペレイだった。このように，まず様子を窺いに出てくるのは，たいていおとなの男性だ。この男性たちは，途中で立ち止まり，他のメンバーが出てくるのを路上でふり返って待つことが多い。危険な道渡りにもかかわらず，さっさと渡って安全な森に逃げ込むのではなく，道路上で見張り役を買って出ている。このように男性が周りを警戒している間に，女性や若者が渡っていく。年老いた女性であるジレが渡るとき，フォアフがエスコートするかのように手を添える行動もみられた。そして，しんがりを務めるのも，元気なおとなの男性であることが多い。集団の前後を屈強なおとなの男性が固め，他のメンバーの安全を確保している。男性の役割分担によって実現される連携のとれたこの集団行動は，特定の個体への協力というより，集団全体を守る協力行動だと言える。

「平和」なボノボはより協力するか？

チンパンジーに比べるとより「平和」な社会を築くと言われているボノボはどうだろうか？ 直感的には，平和な種ほど協力するように思われる。たしかに，二者間の協力行動でみると，この直感は正しいようだ。食物分配でみると，野生のボノボは日常的に頻繁に果実を分配しあう（図4）[5]。なかなか手に入らない貴重な肉と違い，果物は自力で見つけて食べることのできる食べ物である。それにもかかわらず分配する。おもしろいことに，手近に同種の果物があるにもかかわらず，あえて他者から分けてもらうという場面も観察されている。ボノボの食物分配は，高栄養で貴重な食べ物を手に入れるという栄養面での機能以外にも，食べ物を介して他者と交流するという社会的な側面も持ち合わせているようだ。これは，ヒトの「おすそ分け」にも通じるものがある。お隣さんが飢えて困っているわけではない。食べ物を贈り・贈られることで，近所付き合いを円滑にしている。このように，協力行動を通して平和な社会を営むという点で，ボノボとヒトは共通しているようだ[6]。

しかし，集団での協力となると，上の予測が当てはまらない。ボノボでは，チンパンジーのように集団でまとまって協力するという行動があまりみられない。野生ボノボの住むワンバの森にも，ボッソウ同様，村道が森を貫くように走っている。ボノボもこの道を渡って森を行き来しているが，チンパンジーがみせたような組織的な協力行動がみられていない。子どもをお腹に抱いた女性が先陣を切ることもあれば，おとなの男性がそそくさと走って渡ることもある。そもそも，ボノボでは他の集団メンバーを待つということが少ない。待つことがあるのは，せいぜい母親が自分の子どもを待つくらいである。集団を守るという行動はほとんどみられなかった。

集団での協力行動というと，ほかに，集団での狩猟行動やテリトリーの防衛パトロールがチンパンジーで知られているが，これらもボノボではみられない。ボノボも狩猟をするにはするが，近くにいる小動物をたまたま見つけた個体が追いかけ，運がよければ捕まえられるといった方略である。チンパンジーのように，獲物を集団で追いかけまわしたり，追い立てる勢子と先回りするからめ手のような役割分担がみられたりといった協力的な集団行動はボノボでは観察されていない。テリトリーの防衛パトロールにいたっては，そもそもボノボにはその必要性がないのかもしれない。他の集団と出会っても一緒に行動し，異なる群れの個体同士グルーミングや食物分配さえしてしまうボノボである。平和であるがゆえの，集団協力行動の欠如と言えるかもしれない。

協力と戦争

平和な種ほど協力的だとは必ずしも言えないようだ。二者間の協力と集団での協力で様相が違う。二者間協力行動と集団協力行動は，それぞれ異なるプロセスを経て進化してきたのではないだろうか。わたしの仮説は，豊かな環境が二者間の協力を育み，厳しい環境が集団での協力行動を促進したというものだ[7]。環境が豊かだと，食べ物をめぐって争う必要がない。個体間の寛容性が上がり，二者間での協力が容易になる。衣食足りて礼節を知る，ということなのだろう。それに対し，集団での協力行動は，厳しい環境への応答ではないだろうか。少ない資源をめぐる集団間の競合に勝つため，また，なかなか手に入れることのできない獲物を捕まえるためには，集団でまとまって行動を起こす必要がある。大型捕食動物から身を守るためにも，集団でまとまる必要があるだろう。

二者間での協力行動はボノボのほうが優れていると言えそうだが，集団としての協力行動は，積極性という点でも文脈の多様性という点でもチンパンジーがボノボを上回っている。ボノボの平和な社会は，豊かな熱帯雨林で，個体間の寛容で協力的なネットワークに支えられているのかもしれない。それに対し，チンパンジーは競合的な社会を築いている。とくに隣接群とは熾烈な敵対関係にあり，ときには集団間で殺し合いの戦争に発展することもある。このようなチンパンジーにとって，集団外の脅威に立ち向かうために集団で団結して協力する能力が必須だったのではないだろうか。

この仮説が正しいとすると，ヒトで顕著にみられる「協力」と「戦争」という2つの側面が簡単には正と負に切り分けられないことを示している。

戦争を正当化するわけではない。集団協力を促進する要因としては，他集団との競合以外にも，自然災害への対処なども考えられる。近年，未曽有の自然災害が世界各地を襲っているが，このような自然災害は，悲惨な混乱を引き起こすと同時に，その中でたくましく助け合って生きる人々の美しさも際立たせる。ヒトは，ほかの動物にくらべて特異的に集団協力行動を発達させてきた種である。集団を守り，助け合うという素晴らしい性質を持ち合わせていることは間違いない。ただし，この素晴らしい一面も，一歩間違えば他集団への攻撃性へと変貌しかねない。戦争を引き起こす危険性をはらんでいるということを心に留めておく必要があるだろう。

文献

1—B. Hare & S. Yamamoto eds.: Bonobo Cognition and Behaviour, Brill（2015）
2—B. Hare & S. Yamamoto eds.: Bonobos: Unique in Mind, Brain, and Behaviour, Oxford University Press（2017）
3—S. Yamamoto et al.: PLoS ONE, **4**（10）, e7416（2009）
4—S. Yamamoto et al.: Proceedings of the National Academy of Sciences, USA, **109**（9）, 3588（2012）
5—S. Yamamoto: Behaviour, **152**, 335（2015）
6—山本真也: 動物心理学研究, **67**（2）, 63（2017）
7—S. Yamamoto: Chimpanzees in Context, L. Hopper & S. Ross eds., The University of Chicago Press（in press）

5 大型類人猿における物にかかわる知性の発達

林 美里

チンパンジーの「物の操作」にみる知性の発達

　チンパンジーは、ヒトにもっとも近い生物として、いろいろな研究がおこなわれてきた。森のなかで野生チンパンジーの個体識別をして彼らの行動を観察し、初の野外調査研究をおこなったジェーン・グドールの第一号の論文は、道具使用にかんするものだった。ヒト以外の動物が、日常生活のなかで道具を使う「知性」を発揮しているという画期的な発見だった。ギニア共和国・ボッソウの野生チンパンジーは、台石の上にアブラヤシの種を置き、ハンマー石で叩き割って食べる（図1）。ヒト以外の生物が、石器などの道具を使い、子どもは社会的学習を通じてそれらの技術を獲得していく。

　筆者自身は、道具使用の基盤となる物の操作の発達過程に注目して、チンパンジーとヒトの子どもの比較をおこなってきた。ヒトを含む霊長類は、樹上生活への適応として、手で物をつかんで、自由に操作することができる。発達の過程であらわれる、物の操作の複雑さを調べることで、霊長類全般を比較する知的な発達の共通尺度として用いることができる。道具使用の前提となるのは、とくに「定位操作」と呼ばれる物の操作のしかたで、自分が持った物を他の物に関連づける操作だ。ヒトの子どもでは、自分が持った物を他の物にあてるという定位操作が、生後10カ月頃に出現する。

　2000年に霊長類研究所で誕生した、母親に育てられたチンパンジーの子ども3人を対象として定位操作の発達過程を調べた。野生チンパンジーの子どもが道具使用を学ぶのと同様に、母親が定位操作をおこなう場面を設定して、子どもたちが物の操作をどのように学ぶのかを調べた。ヒトの発達検査と同じで、母親と子どもに対面場面で物の操作課題を実施する参与観察の手法をとった。子どもたちは、母親がおこなう定位操作をよく観察し、自分でも物を操作してみるようになり、生後8〜11カ月というヒトと同じくらい早い時期から定位操作をはじめた。それまで、おもに人工哺育で育てられたチンパンジーの研究では、チンパンジーではヒトより定位操作の発達が遅いとされていたので、少し意外な結果だった。

積木をつむ

　定位操作が初出する時期は、母親に育てられたチンパンジーとヒトがほとんど同じだった。しかし、4種類おこなった課題のなかで、ちがいもみられた。棒を箱の表面にあてたり、箱にあいた穴に棒を入れたりする定位操作は、早い時期から頻繁にみられた。1歳半をすぎて定位操作の頻度が急増した時期には、円形のカップを組み合わせるという定位操作もよくみられるようになった。ところが、積木をつむという定位操作だけは出てこない。

　チンパンジーの子ども3人のうち、パルだけが2歳7カ月のときに、母親をお手本として積木をつみはじめた（図2）。ヒトの子どもでは、1歳前後で積木をつむようになったあと、半年ほどの時間をかけて、徐々に高く積木をつめるようになる。パルのばあいは、積木をつむようになった直後の、2歳7カ月のうちに7個の高さまで積木

図1—母親が石を道具として使ってナッツを割る様子を観察する1歳3カ月のチンパンジー・ジョヤ。撮影: 野上悦子。

図2—母親が積木をつむ課題をするそばで，自分も積木をつむ2歳9カ月のチンパンジー・パル。

をつむのに成功した。ヒトの子どもでは，手の動きを細かく制御する能力が未発達なうちから，積木をつもうとするのだろう。チンパンジーの子どもでは，手の動きを制御する能力がじゅうぶんに発達したあとで，積木をつむための知的な能力が発達するので，つみはじめるとすぐに高くつめるようになると考えられる。

ほか2人のチンパンジーの子どもたちは3歳まで待ったが，積木をつみはじめる様子はない。楽しそうに積木をつむ遊びをしていたパルも，数カ月のうちに積木をつむ頻度が少なくなった。ヒトの母親とちがって，チンパンジーの母親は子どもが積木をつんでも，ほめることはしない。母親から学ぶということを大事にするため，同室して課題を実施している人間も，子どもが積木をつんだことをほめたり食べ物をごほうびとしてあげたりすることはなかった。積木をつんでも得をしな

い状況で，パルは積木をつむことにあきてしまったようだ。そこで，3歳1カ月からは，同室している人間が，チンパンジーの子どもに積極的に積木をつむことを促して，積木をつんだら食べ物がもらえるという練習場面を設定することにした。すると，チンパンジーの子どもは3人とも積木をつむようになり，パルは最大13個の高さの積木をつむのに成功した。

積木をつめるようになったので，少し問題をむずかしくして，積木の形を変えてみることにした。今まで使っていた立方体の積木2個と，円柱形の積木を2個，合計4個の積木をつむ課題だ。円柱形の積木のほうは，縦向きだとつめるが，横向きだとつむのがむずかしく，さらにその上に積木をつむのは不可能だ。つむのに適した向きを選んで，そうでないものは積極的に操作して向きを変えてつむことが必要になる。立方体の積木を自発的につみはじめたパルは，はじめから円柱形の積木の向きを変えて，つむのに適した向きでつんでいた。ほかの2人では，はじめのうちは横向きでつもうとしていたが，やがてつむのに適した向きに変えてつむようになった。ほかの形でも基本的には同じで，はじめはできなくても，失敗をくりかえして徐々にうまくつめるようになっていった。2〜3歳のヒトの子どもでも，チンパンジーと同じような行動がみられた。

入れ子のカップの組み合わせ

ヒトとチンパンジーが似ている課題は，ほかにもあった。チンパンジーの子どもの初期発達研究でも使った，入れ子のカップとよばれる課題だ[1]。直径のことなる円形のカップを入れ子状に組み合わせる課題だ。複数の物を階層的な構造をもつ組み合わせにすることが必要なため，物の操作という行為にひそむ文法的な規則性を明らかにする方法として，ヒトの子どもの発達研究で古くから用いられてきた。組み合わせるカップの大きさによって，入るか入らないかという明確なフィードバックがあるので，低年齢の子どもでも実施できる。ヒトの子どもで3歳頃から増加する，もっとも

3　分かちあう心の進化　239

効率的な組み合わせの方略は「部品集積型」とよばれ，複数のカップを組み合わせたものを一つのまとまりとして操作する組み合わせの方略だ。チンパンジーでもこの部品集積型の組み合わせ方略が出現する。より詳しく文法的な規則性を明らかにするために，新たな物の操作の記述法を考案し，カップを組み合わせる操作の効率性を調べてみた。すると，3歳までのヒトの子どもと，チンパンジーでは同じように試行錯誤によってカップの組み合わせを作りかえ，徐々にカップとそのまとまりの数を減らしてゴールにたどりつこうとしていることがわかった。

つめる・つめない，入る・入らない，という物理的なフィードバックにしたがって物を操作する能力とその発達過程においては，ヒト幼児とチンパンジーに大きな差はなかった。ただし，積木をつむ行動の出現する時期など，細かな点では両種のちがいがあった。

大型類人猿4種の観察

チンパンジーは大型類人猿に分類される。ヒトと，チンパンジー・ボノボ・ゴリラ・オランウータンという大型類人猿4種が，同じヒト科に分類されている。しかし，チンパンジー以外の大型類人猿では，とくに発達という視点からおこなわれた研究が非常に少ないのが現状だ。ヒトとチンパンジーの比較からみえてくることは多いが，さらにその結果をチンパンジー以外の大型類人猿と比較することで，より深くヒトの知性の発達と進化の過程を理解することができるだろう。

大型類人猿は，種ごとに大きくことなる生活パターンをもつ。チンパンジーやボノボはアフリカの森林にすみ，おもに果物を主食として，森の中で実がついている木を渡り歩いてくらしている。チンパンジーと同じくアフリカにすむゴリラは，草本性の植物をよく食べるので，主食の地理的・時期的な分布の変動が比較的少ない。東南アジアにすむオランウータンは，果実の量が極端に増える周期が数年ごとにやってくるが，それ以外の時期には果実が少ないので，好んで食べる物の得られやすさが時期によって大きく変動する。

大型類人猿は，社会集団のしくみも種ごとに大きくちがっている。チンパンジーは複数のおとなの男性と複数のおとなの女性が一つの集団を形成し，さらに小さなパーティーとよばれる集団に分かれて離合集散をくりかえしている。隣接する集団同士の関係は敵対的で，男性優位の社会だ。ボノボは，チンパンジーと同じく複数のおとなの男性と女性が集団を形成し，集団全体のまとまりを維持しながらくらす。隣接する集団と出会っても激しい闘争にはならずに混ざり合い，女性が優位で比較的平和な社会だ。ゴリラは大きなシルバーバックの男性を中心に，複数のおとなの女性が集団で生活する。オランウータンは，ゆるやかな社会関係はあるものの，ほかの大型類人猿に比べると単独性が強く，基本的に長期間生活をともにするのは母子だけだ。

筆者は，大型類人猿4種すべてを飼育下でも野生でも直接観察する機会を得た。とくに野生での彼らのくらしをみていると，それぞれの種に独特の行動パターンがみえてきて，とても面白く感じた。なかでも，ボノボは外見上チンパンジーと似ているので，余計にチンパンジーとのちがいが際立ってみえる。野生ボノボの行動観察をしていたある日，ボノボたちが罠にかかったダイカーという小型の偶蹄動物を発見した。逃げることができずにもがいているダイカーのまわりをボノボたちが取り囲んだ。チンパンジーが同様の場面におかれたら，おそらく男性が先頭に立って，ダイカーを攻撃して殺してしまうだろう。ダイカーの様子を探ったり，攻撃したりするために，棒などを道具として使うこともあるだろう。ボノボの実際の行動は，予想と大きくちがった。子どもを抱いた女性が最前列に出ていることもあった。罠のワイヤーがつながった枝を上からゆすることはあるが，木の枝などを折り取って道具として使う行動はいちども観察されなかった。何より，攻撃的な行動がほぼ皆無で，ボノボたちはダイカーを殺すことなくその場を去っていった。近縁種であるにもかかわらず，どうしてこんなに行動がちがうの

か不思議に思った。

大型類人猿の発達過程を比較する

　飼育下の大型類人猿の発達研究として，筆者はチンパンジーと同様に物の操作を比較の尺度とすることにした。ヒトとチンパンジーでは，いろいろな種類の課題を個別の場面で，縦断的におこなって，発達の過程をていねいに調べることができた。チンパンジー以外の大型類人猿では，研究できる場所も時間も限られるため，ピンポイントで複数の子どもたちがすごす集団場面に物を入れて，課題を実施した。比較的簡便に実施できる，入れ子のカップと積木つみの2種類の課題を実施することにした。ドイツのヴィルヘルマ動物園にくらすボノボ2人（3歳8カ月と4歳9カ月の男児，図3），ゴリラ3人（2歳6カ月の女児，2歳8カ月の男児，3歳7カ月の女児），マレー半島にあるブキットメラ・オランウータン島にくらすオランウータン（1歳5カ月〜2歳9カ月の女児3人，男児1人）を研究の対象とした。

　ボノボでは，チンパンジーと似ていて，大きいカップのなかに小さいカップを入れるという定位操作が先に3歳8カ月齢で出現し，積木をつむという定位操作のほうがあとから4歳9カ月齢で出現した。ゴリラでは，積木をつむ定位操作のほうが先で2歳6カ月齢に，カップを入れる操作のほうがあとから3歳7カ月齢で出現した（図4）。オランウータンでは，入れるとつむという2種類の定位操作が同じ2歳9カ月齢に出現した

図3―入れ子のカップをかさねて口にくわえる4歳9カ月のボノボ・リンブコ。

図4―積木をつむ3歳7カ月のゴリラ・ルエナ。

図5―入れ子のカップをかさねた2歳9カ月のオランウータン・ディーパ。

（図5）。

操作能力の共通性とちがい

　ヒトとチンパンジーの結果もかさねあわせると，興味深いことがみえてきた。大型類人猿において定位操作が出現する時期として一般的なのは，チンパンジーで積木をつむ行動が出現した2歳半以降の時期だった。逆に，チンパンジーで入れるという定位操作が出現した1歳前の時期というのは，大型類人猿の発達パターンからは大きく外れ，ヒトの子どもに近い発達過程を示していることがわかった。

　ほかの大型類人猿にくらべて，チンパンジーで定位操作の出現時期が早かったということは，チンパンジーがヒト以外の生物のなかで，もっとも多様な道具使用行動をおこなうという事実とよく符合する。発達過程のなかで早くあらわれる定位

3　分かちあう心の進化　241

操作が，チンパンジーのその後の道具使用行動の発達を支える原動力となっているようだ。しかし，発達する時期のちがいがあっても，飼育下の大型類人猿ではすべての種で，入れるとつむという2種類の定位操作をおこなうようになることがわかった。道具使用の基盤となる知的な能力は，大型類人猿すべてに共有されているようだ。

環境・資源・操作

おそらく，野生の大型類人猿では，くらしている地域の環境や，社会集団の特性によって，道具使用行動のあらわれやすさにちがいがあるのだろう。チンパンジーでは，果物の少ない時期に石器を道具として使って硬いナッツを割って食べるなどして食べ物不足をおぎない，子どもは同じ集団内のおとなを観察して道具使用の技術を学習する。チンパンジーでは，道具が使われる文脈の多くは，道具を使わなければ得られない食べ物を手に入れるためだ。ボノボは比較的果物が豊富な森林にすみ，果物が少ないときはゴリラと同じように草本性の植物を手に入れているのだろう。オランウータンでは，果物が少ない時期には樹皮をよく食べているようだ。困難な状況にどう立ち向かうか，種がちがえば解決の方法もちがう。チンパンジーとヒトは，多様な道具を駆使して生活を豊かにしようとしてきた。ヒトではさらにコミュニケーションを密にすることで，集団の中で協力してより多くの資源を集め，それを再分配するという社会的な仕組みが作られていったのだろう。

もう一つ，チンパンジーで入れるという定位操作がとても早い時期から出現したことも興味深い。チンパンジーの行動には，すんでいる地域によって「文化差」があることが知られている。たとえば，石器を使ってナッツを割るという道具使用は，西アフリカのチンパンジーでしか観察されておらず，東アフリカのチンパンジーはナッツや石があ

図6―ブドンゴでイチジクの実を食べるチンパンジーたち。

る環境でもナッツ割りをしない。チンパンジーの行動の文化差を示すリストから，道具使用にかかわる動作を抜き出して分析してみた。すると，入れるという定位操作を含む道具使用は，7つの長期調査地のうち，東アフリカのブドンゴをのぞく6調査地で確認された。ブドンゴ森林のチンパンジーは，ほかの地域のチンパンジーでは頻繁に観察される，棒を道具として使う行動をまったくおこなわない。実際にブドンゴを訪問したとき，調査基地のすぐ脇にある大木でたわわに実るイチジクを食べるチンパンジーの姿を目撃した(図6)。ブドンゴでは，果物が極端に少ない時期がないという報告もある。裏を返せば，野生チンパンジーは特殊な環境下以外では，入れるという定位操作を前提とする道具使用を，どの地域でも頻繁におこなう。チンパンジーに普遍的な入れるという操作パターンが，飼育下の発達過程にも反映されていたと考えられる。

物の操作という日常生活のなかで発揮される知性と，その発達過程を調べることで，大型類人猿とヒトを一つのものさしの上で直接比較することができる。これからは，さらに多様な霊長類を対象として，物の操作にかんする研究を展開していきたい。

1―松沢哲郎編：人間とは何か，岩波書店(2010)pp. 84～85

6 映画監督，模型職人，大工に加えて研究者

狩野文浩

趣味のような研究というと，ふまじめな気がして若干後ろめたい。しかし，まじめに独創的な研究を目指していると，結局そういう形になってくる。

映画監督
──類人猿のための動画作り

小さいころから映画を見るのが好きだった。見ているうちに「自分ならこう作るのに」と不満をもったり，いい映画に出会うと感激して「生まれ変わって映画監督になれるならこんな作品をつくってみたい」と思ったりする。

そういう趣味が研究にも影響を及ぼし始めた。「類人猿における他者の誤信念理解」という研究をしていたときのことだ。はじめは，ヒトの子どもをテストするためにつくられた動画をほぼそのまま利用し，類人猿に見せていたが，類人猿がそうした動画にどうしても興味をもってくれない。研究は長らく頓挫していた。あるとき，独特のユーモアセンスで定評のある平田聡博士と話をしているとき，類人猿が興味をもってくれないなら，類人猿のためだけに特別おもしろい動画を作ってみよう，という着想を得た。自らの映画趣味がむくむくと頭をもたげてきた。自らが類人猿とつきあってきた経験にもとづいて，いわば類人猿を観客として想定したときに，もっともおもしろいと思われる傑作を作ってやろうではないか。

科学というより感覚を総動員して動画づくりに取り組んだ。自分が十年来類人猿とつき合ってきた中で，「これなら興味をもってくれるはず」と思われる要素をふんだんに盛り込むのである。見慣れた背景(セット)に見慣れた人(役者)が登場し，類人猿風コスチュームを着た人(悪役)ともみ合いのけんかになる(アクション)。そのやり取りの中で，役者が現実とは異なる誤った状況を信じ込む(「誤信念」)。クリティカルな実験操作では，この役者が次の行動をとろうとするとき，類人猿が，役者の「誤信念」にもとづいて次の行動を予測できるか調べた。

作った動画を見せると，類人猿は実際に大変興味を示してくれた。類人猿は誤信念理解にもとづき，他者の行為を予測できるという，これまでの研究の知見を覆すような大変興味深い結果も得られた[1]。

模型職人
──ハトの視線研究のための手芸と電子工作

細かい模型を作るのが好きで，昔から暇さえあれば模型工作をしている。最近のお気に入りは映画中の建物をミニチュアに再現したペーパークラフトだ。論文執筆の合間にちまちま作っている。

これを研究に生かせばどうだろう。趣味と実益を兼ねるとはまさにこのことではないか。注目したのが，最近の動物行動研究で使われるようになった小型センサーである。最近は，空を飛ぶ鳥にも載せられるほど超小型・軽量のGPS(全地球方位システム)や，加速度計，高度計などのセンサーなどが市場に出回り始めている。私も以前から学会や論文などでそうしたセンサーを目にする機会があり，作ってみたい，使ってみたい，と胸を焦がしていた。

私の専門の一つは「視線」──ヒトとそれ以外

3 分かちあう心の進化

図1―自作センサーをつけて飛ぶハト。

図2―自作のカラス小屋。

の動物が何をどのように見ているか――である。現代の小型センサーを駆使すれば，もしかしたら，空を飛ぶ鳥の視線すら記録できるのではないか。しばらくネットでマイコン工作について勉強したり，部品を試し買いしたりしているうちに，なんとなくそれらしいものができあがった。小型の慣性記録装置（加速度計とジャイロ，方位計などのセンサー群）とGPSを組み合わせた，ハトの飛行の軌跡と頭の動き（鳥では視線の近似になる）を同時記録するセンサーである。素人の割によいできばえに勇気を得て，イギリス・オックスフォード大学のドラ・ビロ博士のところで，「レース鳩のナビゲーションと集団行動における視線の役割」というテーマで研究させてもらうことにした。

しかし現地に行って思いがけず手間取ったのは，ハトの頭につけるヘルメットだ。すでにプロトタイプは，現地で研究をされていた佐々木崇夫博士がつくっていたが，うまくフィットするようなヘルメットにするにはまだくふうが必要だった。毎日地元のホビー・ショップとハト小屋に通って，3カ月もかかったがなんとか作り上げることができた（図1）。空飛ぶハトの視線を，しかも群れの全個体の視線を同時記録することに成功した[2]。もとより趣味の延長のつもりだったから，少しも苦労を感じなかった。

大工
―― カラスの研究を目指して小屋づくり

帰国して，今度は建築欲が出てきた。ちょうど，ハトの視線研究を発展させる形で，鳥の中でも特に知能の高いカラスを対象に研究したいと思っていた。それもできればカラスを手元に飼育しつつ研究をすすめたいと考えていたから，カラスの飼育小屋が必要だった。自分で建ててみようか。もし自分で建てれば，研究費の節約にもなる。

今年（2018年）の猛暑の中，まず基礎のコンクリートブロックを入れるための溝をスコップで掘り，ブロックをセメントで固めた。ブロックの水平をあわせるのがやたらと難しい。発電機と電動工具を買い，木材を加工し，組み上げ，網を張り，初めてにしては立派な小屋ができあがった（図2）。普段あまり体を動かさないから，1日の作業の後体中が痛くなった。しかし，充実感は抜群。人間，たまには文字通り汗水たらして労働しなくてはいけない。カラスは今年の冬に入れるつもりである。

文献
1―C. Krupenye*, F. Kano* et al.: Science, **354**, 110(2016) (* co-first, co-correspondence)
2―F. Kano et al.: The Journal of Experimental Biology, **221**(17), jeb183475(2018)

7 スローロリスから見た世界

山梨裕美

　真っ暗闇の中で,かすかな光にも反射する眼がキラリとしている。見慣れたチンパンジーとは違い,彼らは夜の世界の住人だ。スローロリス（図1）は曲鼻猿類という,霊長類の中ではわたしたちと系統的には一番離れているグループに所属している。他にはガラゴやキツネザルの仲間などがそのグループに含まれる。スローロリスは主に東南アジアに暮らしていて,独特なゆっくりとした動きで,静かな暮らしをしながら,霊長類の中で唯一毒をもつという不思議な特性をもつ。遠い昔にわたしたちとは異なる進化の道を歩き始めたスローロリスたち。彼らのことを知ることは,わたしたちの遠い祖先である初期の霊長類たちがどんな暮らしをしていたのかを知ることにもつながると考えられる。

スローロリス保全センターの設立

　わたしたちヒトとの進化的なかかわりに加えて,スローロリスたちと日本人は大きなかかわりがある。残念なことに,それは良い関係とは言えない。スローロリスたちは国際自然保護連合（IUCN）のレッドリストでは,5種すべてが絶滅のおそれのある動物として分類されている。また,2007年からは「絶滅のおそれのある野生動植物の種の国際取引に関する条約（通称ワシントン条約）」の付属書でIA類に分類されており,スローロリス類の商業目的の取引は禁止されている。それにもかかわらず,ペット目的や伝統的な薬として利用するための密猟は続いている。そして,日本はペット目的の違法取引のために悪名高い国となってしまっている。

　そうした背景の中,公益財団法人日本モンキーセンターでスローロリス保全センターが設立された。保全センター設立の計画を立てていた2014年当時では,飼育していたレッサー（ピグミー）スローロリス25個体のうち22個体が違法取引のために空港で摘発された個体だった。彼らの飼育下での暮らしを少しでも快適なものとし,研究や教育活動を通してスローロリスの保全に貢献することを第一の目的に,飼育担当者や研究者が協力して,当時使われていなかった施設を手作りで改築して,保全センターができあがった。スローロリスたちの福祉や保全のことを最優先にしたこの施設は普段は非公開だが,時折特別ツアーの形で公開されている。

仲間とのかかわり

　こうした取組にかかわる中で,スローロリスたちの示す社会性に大きな興味をもった。大きな群れで暮らすチンパンジーと違って,スローロリスたちは野生では単独で活動することが多いと言われている。また,野生調査の結果からは,同性同士のおとなはほとんどかかわらないという報告が多い。前述したスローロリスの毒は種内競合に関係しているという仮説すらある。しかし近年いくつかの野生生息地から,スローロリスたちは過去に思われてきたよりも社交的であるという報告が出てきており,飼育下では複数の個体を一緒に飼育している例がいくつかあった。このように種や生息地によって報告はばらばらで,夜行性である彼らの社会性の詳細はわかっていないことだらけだ。

図1―レッサースローロリス。撮影:江藤彩子。

図2―毛づくろいをしあうメスたち。撮影:根本慧。

わたしたちは新しくできたスローロリス保全センターにおいて,オス・メスそれぞれ同性のみの組合せで2〜4個体のグループ形成を試みた。オスでは出会った直後からケンカに発展することもあったため,そうしたペアはすぐに解消するなど,スローロリスたちの相性を見ながら慎重に進めていった。すると,同性であっても共存できる組合せが複数あることがわかった。そしてさらに仲良くなった個体同士は頻繁に毛づくろいしあったり(図2),複数の巣箱があるにもかかわらず眠るときには同じ巣箱の中で眠るような密な関係を築いていった。野生での生態からスローロリスたちがある程度距離をとって共存することを予測していたため,彼らの築く関係性は驚きだった。

スローロリスらしさ,霊長類らしさ

この現象はどう説明できるのだろう。一般的に群れのサイズは,捕食圧や食べ物などの資源の量,繁殖に関する競合度合によって変わる。たとえば,たくさんの仲間たちと暮らすと,捕食者から身を守ることに役に立つが,食べ物の量が十分でないと群れの中でけんかになってしまう。野生のスローロリスたちは昆虫や樹液,花蜜などを食べて暮らしている。これらの食べ物はまとまって存在しているわけではないので,仲間と密にかかわりあうことが難しい環境なのかもしれない。一方動物園の環境は,食べ物や捕食者の心配はない。こうした環境下では仲間とかかわりあうことのメリットが大きくなると考えられる。しかしすべての動物種がここまでの柔軟性をもつわけではないため,ここにはスローロリスらしさ,はたまた霊長類らしさが隠れていると考えている。では彼らの野生や飼育下の暮らしに,こうした柔軟性はどのような役割を果たしているのだろうか。しばらく見つめてみたい。

謝辞:公益財団法人日本モンキーセンターの活動は,根本慧さん,綿貫宏史朗さん,ホスエ・アレハンドロ・パストラーナさんはじめ多くの方との共同作業で成り立っています。

8 樹の上で進化した味覚
——北半球の霊長類，南半球のコアラ

早川卓志

チンパンジーの食物選択と味覚

チンパンジーは雑食だ。主に植物を食べ，特に熟した果実を好む。アフリカの熱帯林には500種を超える植物があり，200種程度を選んで食べている。食物選択において重要な役割を担うのが味覚だ。舌にある味覚受容体というタンパク質によってもたらされる（図1）[1]。栄養となる糖や，毒となるアルカロイドなどの味分子と結合することで脳に信号が送られ，摂食の判断につながる。甘味や旨味の受容体は*TAS1R*，苦味受容体は*TAS2R*という遺伝子から作られる。

2010年，大学院生になったばかりのとき，チンパンジーの調査地であるタンザニアのマハレ山塊国立公園でフィールドワークにのぞんだ。採食行動を観察し，遺伝子試料を収集した。そうして，チンパンジーの食物選択には*TAS2R*の地域差が関係しているらしいということを発見できた[2,3]。

1日の大半を樹上で過ごすチンパンジーを見上げながら，藪をかき分けて追跡するのは大変だった（図2）。しかし，これこそが霊長類の本質だ。果実や葉は樹の上にある。主食にできるのは樹に登れるからだ。霊長類が他の哺乳類と一線を画するのは，両眼立体視，枝を把握できる四肢の拇指対向性，滑らないための指掌紋といった，高度な樹上適応にある。

メガネザルなどの小型の霊長類の主食は虫だ。果実や葉を主食とするのは中型のサルや類人猿に限られる。小さな虫だけでは大きな身体を維持できないためだ。消化能力を発達させることで，植物から栄養を得るように進化した。

霊長類全体での苦味受容体遺伝子*TAS2R*の進化を調べたところ，狭鼻猿類（ヒト，類人猿，旧世界ザル）はおおむね25個以上の*TAS2R*をもっていたが，その外側では少ない種が目立った[4]。*TAS2R*を増やすことで，より多様な毒を受容するという進化が，植物食傾向が強くなった狭鼻猿類の祖先で起きた。植物は被食防御のために毒を作る。毒の少ない植物を選べるよう，苦味感覚が共進化した。人間は樹上生活をやめた特殊な霊長類だが，彩りのある野菜を享受できるのは，かつて樹上で味覚が進化したおかげなのだ。

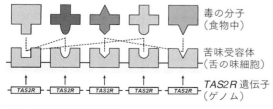

図1—苦味を感じる仕組み。

図2—樹上でミリアントゥス（*Myrianthus arboreus*）の実を食べるチンパンジー。撮影：早川卓志（マハレ山塊国立公園にて）。

3 分かちあう心の進化

霊長類のいないオーストラリアへ

ヒトやチンパンジーから進化的に外側にいるグループ（外群）へ視点を向けたことで、霊長類の味覚の進化を明らかにできた。では霊長類とは何か。母親が新生児に乳を与えて育てる哺乳類だ。哺乳の進化は段階的だ。霊長類が属する有胎盤類の外群である有袋類（コアラやカンガルーなど）は胎盤をもたない。新生児は未熟で、1, 2 cmしかない。母親の育児嚢の中で乳首をくわえて離さず、成長する。さらに外群の単孔類（カモノハシやハリモグラ）にいたっては卵から生まれ、母親に乳首はない。腹から汗のように染み出る乳が栄養だ。

哺乳類が生まれてはじめて出会う味が母乳だ。哺乳類の味覚の起源を探るには、原始的な哺乳様式をもつ有袋類や単孔類の研究が不可欠だ。そう考え、主要な生息地であるオーストラリアで調査をはじめた。ここに野生の霊長類は生息していない。中生代のころ、大陸移動によって隔離され、霊長類は北半球側、有袋類は南半球側で進化したため、両者がオーストラリアで出会うことはなかった。

オーストラリアの樹上適応者コアラ

オーストラリア南部に優占する植生はユーカリだ。ユーカリ林を散策すると、林床にはワラビーやハリモグラ、樹間には美しい鳥を観察できる。印象的だったのは樹冠を見上げたときだ。灰色のかたまりを枝の隙間に見つけた。コアラだ。緩慢な動きで枝を握り、たぐり寄せ、ユーカリの葉を食べていた（図3）。既視感があった。アフリカの森で、樹冠を見上げてチンパンジーを観察したときのことが思い出された。

コアラと霊長類には共通点がある。把握性の四肢と掌紋を持つ。数百種あるユーカリから数十種を選んで食べる。ユーカリの葉は毒性が非常に強い。いったいコアラはどんな苦味感覚をもっているのだろうか。調査の途中でたずねたシドニー大学のキャサリン・ベロフ教授とオーストラリア博物館研究所のレベッカ・ジョンソン所長がちょう

図3—ユーカリの樹上で暮らす野生のコアラ。撮影：早川卓志（ビクトリア州にて）。

どコアラゲノムプロジェクトを進めていた。味覚受容体遺伝子の共同研究を申し出た。

コアラゲノムを解析した結果、少なくとも24個のTAS2Rがあることを発見した[5]。ほかのオーストラリアの有袋類に比して多かった。とりわけユーカリに含まれる青酸毒を受容するグループのTAS2Rが増えており、ユーカリ毒の識別に役立てていると考えられた。樹上にニッチを獲得し、把握性の四肢を使い、植物食傾向を高め、苦味感覚が発達したという、北半球で進化した植物食霊長類とまったく同じ出来事が、南半球のコアラでも起きていたのだ。

異なる生物群が、似たようなニッチで類似した形質を得ることを収斂進化という。収斂進化がゲノムレベルで確認された事例は少ない。野生コアラとの出会いは幸運だった。フィールドで着想を得て、ゲノムレベルで検証するという研究スタイルを、これからも大切にしていきたい。

文献

1—J. Chandrashekar et al.: Nature, **444**, 288 (2006)
2—T. Hayakawa et al.: PLoS ONE, **7**, e43277 (2012)
3—T. Hayakawa: Mahale Chimpanzees: 50 Years of Research, M. Nakamura et al. eds., Cambridge University Press (2015) pp. 246～258
4—T. Hayakawa et al.: Molecular Biology and Evolution, **31**, 2018 (2014)
5—R. N. Johnson et al.: Nature Genetics, **50**, 1102 (2018)

9 ウマと人間

リングホーファー萌奈美

ウマという動物

力強くもしなやかな体，優しくも寂し気な目，忍耐強くも繊細な心。ウマは，さまざまな側面をもつ動物だ。3歳頃初めて触れたとき，その姿になぜか，とても魅力と親しみを感じた。それからずっと，ウマはわたしの中で特別な存在だ。しかしそれはわたしだけではないだろう。人間の歴史を振り返ると，ウマの存在がいかに大きかったかがわかる。約6000年前に家畜化された後，運搬用，農耕用，乗用，ときには伴侶として，人間社会で重要な役割を担ってきた。文明の発展や大国家の成立なども，ウマがいなければ実現しなかっただろう。

このような背景には，ウマがもつ社会的特性や認知能力が関連していると考えられる。「ウマは人の心を読む」や「人馬一体」と表されるほど，人間の細かな動きや変化を読み取り，与えられた指示には機敏かつ忠実に反応する。しかし，なぜこのようなことができるのか，その基盤にある社会的特性や認知能力はあまり明らかになっていない。ウマが他者に対して敏感なこと，そこに焦点をあてた研究をしてきた。

飼育下で人間の心的状態に対する敏感さを探る

ウマがどれくらい人間に敏感なのかを探るため，まず「人間の心的状態への理解」にかんする認知能力を調べることにした。動物にとって，他個体の状態を理解して餌場や捕食者の情報を得ることは，自身が生存するために有益だ。このような他者への理解能力は，人間以外ではチンパンジーが特にたけているといわれる。同種の他個体の注意状態（「見ている」・「見ていない」）を理解して，注意状態から知識状態（「知っている」・「知らない」）を理解できるとされる。そこで，ウマには解決できないが人間のみが解決可能な課題を用意して，ウマから人間へのコミュニケーションの発現を促し，これを指標に人間の知識状態に対する理解を調べようと試みた。

まず，放牧場にいるウマが届かない場所においたバケツに餌であるニンジンを隠す。その後，この状況を知らない飼育担当者が近寄ったとき，ウマがどのような行動をするかを観察した。その結果，担当者を見たり，触ったり，押したり，という要求行動をすることがわかった。つまりウマは人間に視覚的・触覚的シグナルを送る。次に，「隠された餌の存在を担当者が知っているか否か」という相手の知識に応じて，ウマの要求行動がどう変わるかを調べた。その結果，餌を隠す過程を担当者が見ていなかったときには，見ていたときよりも長くシグナルを送った（図1）。このことから，餌の存在に関する担当者の知識に応じて，ウマが要求行動を変えられることも明らかとなった。これまで，ウマが人間の注意状態を理解できることはわかっていた。この研究によって，人間の知識状態も理解できるという，さらに高い認知能力をもつことが示された。

野生下でウマ同士のコミュニケーションを探る

ウマは人間とのコミュニケーションで，高い認

3 分かちあう心の進化 249

図1―餌を隠す過程を飼育担当者(人間)が「見た・見なかった(つまり知識あり・なし)条件」におけるウマの要求行動の変化。

図2―ポルトガル北部のアルガ山におけるハーレム群。一番左にいるのがオス，その他は複数のメスとその子どもたち。

知能力をもつことがわかった。ではこれは，ウマ同士のコミュニケーションでも同じなのだろうか。ウマと同様に人間と社会的に密接な関係にある犬では，家畜化の過程で，人間に対する認知能力がとりわけ高くなった。ウマが人間に示した高い認知能力も，家畜化の過程で身につけたものかもしれない。そこで，家畜化以前の姿を知るために，ポルトガル北部のアルガ山で，野生下のウマの社会行動も観察し始めた(図2)。

主に1頭のオスと複数のメス，その子どもで群をつくり，社会関係を長く維持する。なわばりはもたず，同じ生活域に複数の他の群と共存している。これまで計37群約200頭以上のウマを識別し観察してきたが，その群内・外におけるやり取りは，実に豊富で繊細だ。たとえば，オスのハーディングだ。これは牧羊犬が羊にするように，オスが自分の群を追う行動だ。オスは常に周りに目を配り，危険を察知すると，首を下げた特有の姿勢でメスに近づく。するとメスたちは，オスの意図を察知するかのようにすぐに動き始め，その後は近くにいる他のメスの動きを感じ取りながら動き，結果としてまとまっていく。このハーディングをはじめとした多様な社会行動は，飼育下では観察できない。初めて野生下のウマを観察したときは，飼育下と違う「本来のウマの姿」を目の当たりにして驚いた。ウマの心理や行動を正確に測るためには，飼育下での実験と同時に野生下での観察もする，その双方が重要だと納得した。

ウマは，人間と社会的に密接な関係にある動物種だ。一方，霊長類は，人間と進化的に近縁な動物種だ。その両者の比較をすることで，社会的特性や認知能力における類似点と相違点を明らかにしたい。それは，伴侶動物におけるコミュニケーションの特性やその発達・進化過程を探ることにもつながるだろう。また現在のウマは，趣味や使役として乗用に使われるのが主だが，近年は心身治療への活用が注目されている。一方で，飼育や訓練の手法においてウマの福祉面での課題も多い。ウマと人間の関係をより良いものにするよう，繊細なウマたちの心の内を解き明かして，より多くの人々にその魅力を伝えていきたい。

参考文献

M. Ringhofer & S. Yamamoto: Animal Cognition, **20**, 397 (2017)
M. Ringhofer et al.: Primates, **58**, 479 (2017)

10 他者をおもいやる心の進化

足立幾磨／レナータ・メンドンサ／松沢哲郎

他者をおもいやる心

　心の研究はおもしろい。日々の中にたくさんの題材が転がっている。子どもたちがまだ小さい時のことである。幼稚園に入ったばかりの下の子が，3歳上の長男にかいがいしく手伝いを申し出ていた。自分のこともまだ十分にできないにもかかわらず，である。性善説というような大それたことを言うつもりはないが，ヒトには幼いころから，他者を助けたいという動機があるのだと実感した。これまでの研究では，ヒトは生後10カ月ごろまでには，他者に「共感」する心の萌芽を備えていることがわかっている。また，2歳ごろには，子どもたちは他者に教える，助ける，ということに喜びを感じるようになることも報告されている。やはり，この他者をおもいやり，助けたいという感情は，文化・教育の影響を超えたもっとヒトのこころの根底にながれる強い動機付けによるもののようだ。

向社会行動と利他行動の比較認知科学

　それでは他者をおもいやる心は，進化的にどのように獲得されてきたのであろうか。今回はわれわれの進化の隣人であるチンパンジーが他者をおもんばかるか，を分析した研究を紹介したい。
　他者をおもいやる心を研究するうえで，「向社会行動」と「利他行動」というキーワードがある。向社会行動とは，他者に利益をもたらす行動一般をさす。一方，利他行動は，自分には即時的な利益がなく，相手にのみ利益となるような行動をさし，さらに自分にコストがかかる場合に限定してもちいられる。すなわち，向社会行動は利他行動を包含する概念だ。
　ヒト以外の霊長類における向社会行動や利他行動については，野外観察研究から多くの示唆が得られている。これらは，動物の野生本来の姿・行動を知る上で非常に貴重で興味深い。しかし，観察研究では場面や条件の統制がとりづらく，利益やコストの評価が難しい。そのため，向社会行動の特性を詳細に分析することはかなわない。ここに実験的なアプローチをおこなう意義がある。条件の統制をおこない，繰り返し状況を再現しながら客観的・定量的にデータをとることができるためだ。そこで私たちは，タッチパネルをもちいた実験パラダイムを構築し，チンパンジーの向社会行動を実験的に分析することにした。

チンパンジーは利他行動をとるのか

　本研究では，3組のチンパンジーの母子を実験対象とした。図1のように，親子のチンパンジーに同時に実験室にきてもらい，それぞれタッチパネルの前に座ってもらう。実験がはじまると，図1右手のチンパンジー(行為者)の前にあるモニター上に選択肢が呈示される(図2)。選択肢は，グレースケールで描かれた(1)円柱，(2)直方体，(3)球，の3種類のコンピュータグラフィックスであった。行為者の選択によって，それぞれ(1)行為者とパートナー，(2)行為者のみ，(3)パートナーのみ，にリンゴ片が与えられた。すなわち，(1)は向社会的選択肢，(2)は利己的選択肢，(3)は利他的選択肢，ということになる。この仕組みをもちいて，彼らがどの程度パートナーに対し向

図1—同じ実験室で実験に参加している**チンパンジーの親子**（**パンとパル**）。右側が行為者（パン），左側がパートナー（パル）の役割。

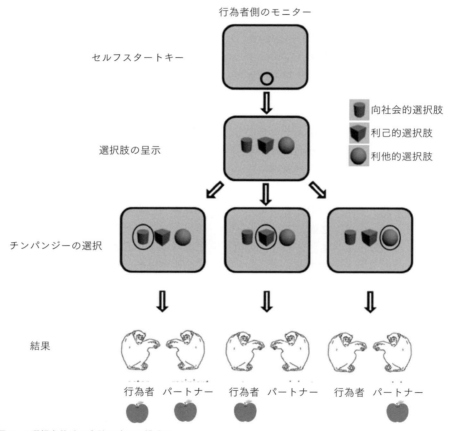

図2—3 選択条件時の実験の流れの模式図。

社会的・利他的にふるまうのか，を定量的に分析した。

　最初に，3つの選択肢すべてを呈示する3選択条件で実験をおこなったところ，テストした6個体のうち5個体は約90％の割合で向社会的選択肢を，約8％で利己的選択肢を選ぶことがわかった。パンという個体だけは70％の割合で利己的選択肢を選び，向社会的選択肢を選んだ割合は29％であった。

　つづいて，3つの選択肢のうち2種類だけが呈示される2選択条件をおこなった。このときもっとも興味深いのは，利己的選択肢と利他的選択肢が組み合わされた場合である。自分自身への餌を確保しながらパートナーにも餌をあたえる，向

252

社会的選択肢がないため，自分だけか相手だけか，という選択を迫られることになる。この究極の選択場面においては，利己的選択肢の選択率は，パンをのぞく5個体のチンパンジーにおいては約76%にとどまり，実に24%もの割合で自身は報酬を得られない利他的選択肢を選ぶことがわかった。一方で，3選択条件において利己的選択肢を好んだパンは，この条件においては100%利己的選択肢を選んだ。

これらの結果をまとめると，チンパンジーは全般的には向社会的行動をとる傾向が強いこと，また，利己的か利他的か究極の選択が迫られた場合には，利他的選択肢の選択率が増加することがわかった。また，特にパートナーから要求行動が生じることは確認できなかったため，行為者は状況に応じ自発的に利他的行動の頻度を増加させたと考えられる。さらに，結果には個体差があり，常に利己的行動を好む個体もいることがわかった。

今後，(1)行為者のコストを増加させる，(2)パートナーにもコストをかける(たとえば協働課題の導入)，(3)さまざまな個体の組み合わせにする，という実験的操作をおこなった場合に，この選択率がどのように変化するかを分析することで，この利他行動が引き出される要因をより詳細に調べていきたい。

参考文献
R. S. Mendonça et al.: PeerJ, **6**, e5315(2018), doi:10.7717/peerj.5315

11 顔の温度で調べるチンパンジーの感情

佐藤侑太郎／狩野文浩／平田 聡

チンパンジーの感情

わたしたちは，喜びや恐怖，驚きなど，さまざまな感情を日々経験する。感情が生じたときには，顔の表情や仕草にそれが表れることもある。そのようなようすから，わたしたちは他者の感情を推測することができる。チンパンジーも，仲間と遊んでいるときや高順位の個体に怒られたときなど，さまざまな場面で特徴的な表情や声，動作を見せる（図1）。チンパンジーもわたしたちと同じように，いろいろな感情をもっているのかもしれない。行動に注目することで，彼らの感情の変化についてある程度推測することができる。しかし，目に見える行動には表れない微妙な感情の変化もある。

このような心の機微を調べる一つの手段として，心理学では身体の生理的状態の変化に注目する。たとえば，発汗，心拍，呼吸，体温などがあげられる。感情変化の一環として生じる生理反応を測定するために，ヒトを対象とした研究ではいくつかの手法が確立されてきた。実社会においては，たとえば警察のポリグラフ検査にも応用されている。感情変化にともなう生理反応を計測することで，チンパンジーの心の機微を調べることができるだろうか。

温度を測るカメラ

感情の変化にともなって，ある特定の身体部位の体温が変わることがある。サーモグラフィで撮影することで，その体温変化を測ることができる。サーモグラフィとは，ときどきテレビにも登場する，温度の違いが色の違いによって目に見えるようになる技術である（図2）。ヒトの感情はもちろん，最近ではたとえばイヌやウマ，サルや小鳥など，さまざまな動物の心を調べるために使われている。体温を測るときにわたしたちが日常的に使う体温計は，器具を体に直接当てる必要がある。しかしヒト以外の動物は器具を当てられるのを嫌がるかもしれない。対象に触れずに体温を測定できるサーモグラフィは，ヒト以外の動物の感情を調べるのにうってつけだ。以下では一例として，わたしたちが現在取り組んでいる研究を紹介したい。

チンパンジーにとって他者の痛みとは？

たとえばあなたが見ている前で，誰かが本棚の角に足の小指を強くぶつけたとする。その光景を見ていたあなたにも，痛みにも似たネガティブな感情が生じるのではないだろうか。このような現象は，「共感性」という心のはたらきによると考えられる。相手の痛みに共感することで，相手の状況をスムーズに理解でき，その相手を助ける，差し迫った危険に対処するなどといった行動が促される。サーモグラフィを用いた実験によって，ヒトでは他者の痛みに共感することで鼻の温度が下がることが報告されている。

チンパンジーは他者の痛みに感情的に反応するのだろうか。わたしたちは，サーモグラフィを用いて鼻の温度を測ることでこの問いに挑んでいる。チンパンジーが痛みを経験している（かもしれない）状況の中で，もっとも彼らにとって日常的なのは，怪我をしたときであろう。チンパンジーは怪我をした他者をどのように見ているのだろう。チンパ

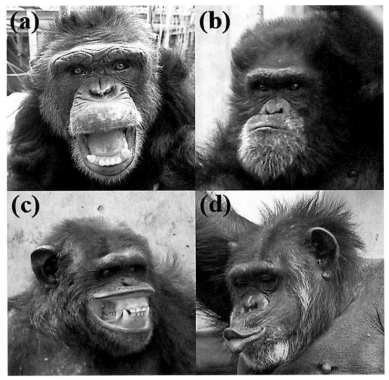

図1―(a)遊んでいるときなど楽しいときに見せる表情，(b)威嚇の表情，(c)他個体に威嚇されたときなど，怖いときに見せる表情，(d)不満があるときに見せる表情。写真提供：熊本サンクチュアリ，鵜殿俊史・野上悦子。

ンジーに他者の怪我を見せ，そのときの反応を見たい。しかし，そう都合よく彼らは怪我をしてくれないし，写真だとリアリティに欠ける。そこでわたしたちは，実物の人間にメイクで怪我を再現することにした。ハロウィンの仮装で，思わずぎょっとしてしまうようなリアルな傷のメイクをする人がいるが，あんな具合である。ヒト実験者の手にワックスやアイシャドウで怪我メイクを施し，さらに血のりが流れる細工も加えた。

このような場面を6個体のチンパンジーに見せ，そのときの鼻の温度をサーモグラフィで測った。感情的な変化があるとすれば，鼻の温度は下がるのではないかと予想した。すると，3個体の鼻の温度が下がり，他の3個体は反応しなかった。チンパンジーも他者の怪我に対して感情的に反応する可能性があることがわかった。なお，鼻の温度が下がった個体は怪我メイクを凝視していたが，感情を表情に出したり悲鳴をあげたりすることは

図2―赤外線サーモグラフィで撮影したチンパンジーの顔。カラーの画像を白黒にした。色の違いが温度の違いを表す。

なかった。サーモグラフィを使うことで，目に見えない感情の変化をとらえることができた。

ヒトでも他者の痛みに敏感な人と無頓着な人がいるように，チンパンジーでも反応に個体差が見られたのは興味深い。今回反応したのはいずれも「オトナ」の「メス」であり，オトナオス1個体と若メス2個体は反応を示さなかった。年齢や性別の違いだろうか。あるいは，これまで自分自身が痛い思いをしてきた経験やヒトの怪我を見た経験の違いによるのかもしれない。

この実験から，チンパンジーも他者の怪我を見て感情的な反応を見せることがわかった。しかし，他者の痛みに対しどのような感情の変化が起きているのかについてはまだわからないことが多い。血を見るのが単純に怖かった，など他の解釈の余地が残されている。サーモグラフィを駆使していろいろな状況でチンパンジーの感情的な反応を調べることで，今後さらにこの問いを追及していきたい。

参考文献
Y. Sato et al.: Japanese Journal of Animal Psychology, **68**, 1 (2018)

12 社会性と音楽の進化

服部裕子

社会性とともに進化したコミュニケーション

わたしたちはおおぜいの仲間と協力しながら生活をしている。血縁関係を超えて，定期的にあいさつをしたり，つながりを確認したりする相手は，一人あたりおよそ150人程度だといわれている。これは霊長類のなかでもとびぬけて多い。仲間の数が増えれば，それだけつながりを確認する時間をたくさんとらなければならないし，仲間どうしの関係も複雑になるからだ。そこでヒトは，集団を維持しつつ，生活に必要な他の時間も確保するために，大勢の仲間と一度につながることができるコミュニケーションを発達させてきたといわれている。合唱やダンスといった音楽は，声や動きをあわせることで，そうした大勢の仲間とつながりを強めるヒトに普遍的なコミュニケーションだといわれている。声や動きをあわせることで，相手により親しみを感じるだけでなく，気分が高揚し気持ちよくなるといった快情動を経験する。お互いに距離をとりながらも集団で同時に経験するこうした快情動が，血縁や繁殖を超えた大勢の仲間とのつながりを維持していると考えられている。

しかしながら，進化の過程でどのような基盤をもとにこうしたユニークなコミュニケーションが獲得されてきたのかは，実はあまりよくわかっていない。ヒトの祖先が，どんなダンスや歌を歌っていたのか。化石からその痕跡をさぐるのは難しいからだ。そこで，京都大学霊長類研究所のチンパンジーを対象に，音楽の基盤について研究をおこなった。

チンパンジーにみるリズム感と音楽の基盤

音楽は，わたしたちの感情だけでなく，動きにもつよく働きかけることが知られている。静かにすわっていても，ノリの良い音楽をきくとリズムにあわせて体を動かしたい衝動にかられるが，それは実際に，音楽が脳の運動野にも強く働きかけるためである。チンパンジーも，野外で雨音や滝の音とともに，リズミカルなディスプレイをすると言われている。「レインダンス」とよばれるそうしたディスプレイは，地域によって異なるといった文化差もあるそうだ。

では，音のリズムに対して「自然に動きをあわせてしまう」傾向はチンパンジーにもあるのだろうか。実験をおこなった。電子キーボードをタッピングするよう訓練した後に(図1)，タッピング中にメトロノームのようなリズム音を聞かせた。すると，特にリズム音に注意をはらう必要がないにもかかわらず，チンパンジーも自然にタッピングの動きをリズム音にあわせる様子が観察されたのだ。ただし，どのリズムに対してもあわせるというのではなく，自分の自然なタッピングの速さに近いものだけに限っていた。せっかちなヒトははやく歩き，おっとりしたヒトは歩調もゆっくりしている。チンパンジーもそれぞれ固有のリズムをもっており，聞こえてくる音が近いリズムをもっていると，自然につられてしまうのだ。こうした傾向から，チンパンジーも聴覚が強く動きに働きかけるということが示された。興味深いことに，サルではこのような自発的な同調傾向は報告され

3 分かちあう心の進化

図1—電子キーボードをタッピングするアユム。　　図2—タッピング課題中に声をだすアユム。

ていない。むしろ，光の点滅や振り子のような視覚的なリズムに対して敏感に反応する。わたしたちの動きは，視覚リズムから聴覚リズムに対してより敏感になるように進化してきたようだ。

社会性と音楽の進化

チンパンジーのタッピング課題を観察していて一つ面白かったのは，アユムがタッピングの最中によく声をだすことだった。聞こえてくる刺激音に合わせて「フーホーフーホー……」とパントフートのような声をよく出していた(図2)。リズム音に対する同調傾向は男性女性問わずみられたが，刺激音と共に声を出していたのは，男性であるアユムだけだった。また，アユムは母親のアイがタッピングしていても，そばにやってきて足ぶみをしたり声を合わせたりもしていた。キーボードの2つのドのキーをド・ド・ド・ド…とアイがひく。するとアユムも，「フーホーフーホー」と声を合わせる。アイがタッピングをやめると，アユムも声を出すのをやめる。そうした行動が観察された。

チンパンジーも，合唱やドラミングなど仲間と音でコミュニケーションすることが知られている。しかしながら，報告されているのはほとんどの場合が男性だ。これは，父系社会というチンパンジーのもつ社会性に関係があるのかもしれない。男性が群れに残り，女性は別の集団へと移籍する。そのため，縄張りを守ったり狩りをするなど，男性どうしの協力が必然的に多くなる。そうした社会のなかで，男性が音を使ったコミュニケーションを発達させていった可能性も考えられる。ヒトでは音楽的な能力について性差はあまり報告されていないが，異なる社会をもつチンパンジーでは男性のほうが音への感受性は高いのかもしれない。

参考文献
Y. Hattori et al.: PLoS ONE, **10**(7), e0130682(2015)

13 チンパンジーから見た質感の世界

伊村知子

多様な質感

わたしたちを取り巻くすべてのものは，独特の質感をもっている。たとえば，金属，ガラス，石，木，布，毛など，それぞれの素材から受ける感じはまったく違う。また，素材の表面の光沢感，透明感の違いによっても感じ方は変わる。潤んだ瞳，艶やかな唇，透きとおるような肌のように，顔や身体の微妙な状態の違いも，わたしたちは瞬時に感じ取ることができる。このように質感には，美しさや魅力などの感性的な評価だけでなく，他者の健康状態や年齢，情動の情報も含まれている。

一方で，人間だけでなくコウモリやオマキザルなどの動物も，エコロケーションや視覚を利用して，水面や地面などのさまざまな素材の違いを識別する。また，マカクザルの脳には，光沢のみに反応する神経細胞が見つかっている。では，人間以外の動物は，素材の光沢感や透明感のような質感の違いにも気づいているのだろうか。また，質感の違いに対して，何らかの情動や快・不快のような感性的な評価をしているのだろうか。このような問いの答えは，まだ明らかになっていない。そこで，京都大学霊長類研究所のチンパンジーを対象に，彼らが毎日食べているキャベツの葉の鮮度を見分ける能力を調べた。生存に不可欠な食物選択に関わる質感認知を人間とチンパンジーを比較することで，質感認知の進化的起源に迫った。

人間はどのように新鮮さを見分けるのか？

人間が葉物の野菜の鮮度を判断する際には，葉の色だけでなく明るさの分布のパタンを手がかりとしている。図1の2つの写真は，購入して1時間後のキャベツの葉の表面(左)と32時間後の同じキャベツの葉の表面(右)を撮影したものだ。新鮮なキャベツの葉は，みずみずしく，ツヤやハリがあり，表面の凹凸がはっきりしている。一方，古いキャベツの葉は，しなびていて，シワがある。それぞれの画像の輝度(明るさ)の分布をヒストグラムに表すと，新鮮なキャベツの葉は明るいほうになだらかに広がった分布となるのに対して，古いキャベツの葉は，左右対称に近い尖った山型の分布となる。人間は，このような明るさの分布の違いから，キャベツの表面の光沢の有無を見分けている。物体の光沢の有無を見分ける能力自体は，生後7カ月頃から発達する。生後5カ月の乳児では，明るさのパタンの変化は読み取れるが，それを光沢の違いとして区別できないという。光沢の違いを感じるという一見当たり前の能力は，人間にとってさえ，生まれもった能力ではないのかもしれない。

チンパンジーも新鮮さを見分けるのか？

チンパンジーを対象に，見た目のみから食物の新鮮さを識別する実験をおこなった[1]。新鮮さの異なる2枚のキャベツの写真が，画面の左右に呈示され，2枚のうち新鮮なほうを選べば正解とした(図2)。キャベツの葉が劣化していく様子を，購入して1時間後から32時間後まで，1時間ごとに撮影し，その中から10枚を選んで使用した。キャベツの葉は時間がたつと縮んで変形するので，

3 分かちあう心の進化 259

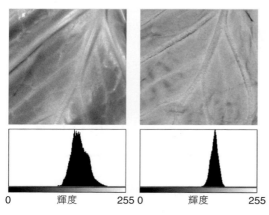

図1―購入して1時間後のキャベツの葉(左)と32時間後の同じキャベツの葉(右)の表面の写真とそれぞれの画像の輝度分布。

図2―2枚のキャベツの写真を見比べ、より新鮮なほうを選択するチンパンジー、アイ。

輪郭が手がかりにならないよう四角く切り抜いた。まず、チンパンジーに新鮮なほうを選べば正解であることを教えるため、一番新鮮な写真と一番新鮮でない写真の組み合わせから始めて、鮮度の違いの小さな写真の組み合わせを用いて訓練した。その後、これまで一度も訓練していない新しい組み合わせでも新鮮なキャベツの葉を選択できるかテストした。その結果、チンパンジーは高い確率で新鮮なほうを答えることができた。また、チンパンジーは、色が手がかりとならないようモノクロに変換した写真からも、キャベツの新鮮さを見分けることができた。つまり、人間と同じように、色に頼ることなく、明るさの分布のパタンを手がかりにしてキャベツの鮮度を識別できたのだ。さらに、キャベツ以外にも小松菜やイチゴの写真でも同じような結果が得られたことから、チンパンジーも人間と同様に、食物の鮮度を視覚的に識別できることが示された。

一連の実験から、チンパンジーは人間と同じような視覚情報をたくみに利用して、野菜や果物の新鮮さの質感を見分けることが明らかになった。今後、研究が進めば、人間だけでなくそれ以外の動物も、鮮度以外にも豊かな質感を感じ取っていることがわかってくるかもしれない。一方で、最近の実験によると、チンパンジーにとって馴染みのない物体では、光沢の有無を見分けることがむずかしいとの結果も得られている。人間においても、物体の光沢の強さの違いを見分ける能力は児童期にかけてゆっくりと上昇し、大人に近づいていく。やはり、人間が持つ微妙な質感の違いに対する感受性や嗜好には、社会的、文化的な経験が影響しているのだろう。

文献
1―T. Imura et al.: Scientific Reports, **6**, 34685(2016)

14 インドネシアのワウワウテナガザルをたずねて

打越万喜子

　テナガザルは類人猿の仲間で，東南アジア・南アジア・中国南部の森の中に暮らしている。現在，20種が認識され，染色体の本数の違いにもとづいて4属に分けられる。

　テナガザルの全体像を理解することを大きな目標として，また，彼らの生息地の現実を知るために，これまでに半島マレーシアのウルムダ森林保護区・ペルリス国立公園・フレイザーズヒル，インドネシアのスマトラ島グヌンレウセル国立公園，中国雲南省の無量山(ウーリャンシャン)国立公園，ベトナムのカッティエン国立公園，バングラデシュのラワチャラ国立公園を訪れた。飼育下もあわせると計14種の経験で，まだ道半ばだ(第2部42「雲南省無量山のクロカンムリテナガザル」参照)。飼育下では京都大学霊長類研究所で生まれたテナガザルを対象とした発達研究[1]，および日本モンキーセンターのフクロテナガザルなどを対象とした福祉向上のための実践的活動(第2部68「フクロテナガザルの人工哺育児を親元に戻す」参照)をしてきた。

　今日でも分類学上の新発見や議論が続いている。2017年1月に中国の雲南省高黎貢山(ガオリーゴンシャン)のテナガザルが新種スカイウォーカー・フーロックテナガザルとして記載された。2018年6月には，中国の西安市の始皇帝祖母の墓で発掘された頭蓋骨は形態学的分析から，すでに絶滅したテナガザルの新しい属だと報告された。これらは記憶に新しい。

多様性を理解したい

　テナガザルの進化と多様性への理解をふかめるには，比較研究がかかせない。同時に，全種に絶滅の恐れがある。数が少ないものから順に，ハイナンカンムリテナガザル(残り26個体)，カオビットカンムリテナガザル(130個体以下)，スカイウォーカー・フーロックテナガザル(200個体以下)で，これら中国の3種はとりわけ厳しい状況におかれている。各地域によってさまざまな事情があるので，ひとくくりにすることはできないが，生息する森の減少とその劣化，ペットや伝統薬をつくる目的での違法な取引，などが彼らの生存を脅かしている。日本人の消費生活は東南アジアのプランテーションに大きく依存しているので，他人ごとではない。また，分布状況の調査が不十分な種も多く残っている。半島マレーシアのシロテテナガザル・アジルテナガザル・フクロテナガザルについては個体群センサスが始まろうとしている。基本的に人間をこわがって逃げるので，彼らの自然な行動をじっくりと観察できる調査地は貴重だ。このような場所の1つ，ジャワ島のワウワウテナガザルの調査地に2018年3月に訪れた。

デュエットしないテナガザル

　グヌンハリムン国立公園内のチタラハブ村の研究ステーションは韓国のチームが2007年から維持している。主都ジャカルタから高速バスと車を乗りつぎ，半日ほどで着く。ワウワウテナガザルの生態や社会行動について理解するために，長期研究がおこなわれている重要な拠点だ。

　ワウワウテナガザルはインドネシアのジャワ島に固有の種で，島の西部と中部に推定4000～5000個体が残る。テナガザルのなかでは最も南に分布する。きれいな銀色の体毛に覆われる。顕著な特徴は「ペアがデュエットしない」というこ

3　分かちあう心の進化　261

図1—ワウワウテナガザルのB群の母子。左から，コメン君，母ケティさんとおなかにケンダン君。

図2—グヌンハリムン国立公園。

の行動とグループ間交渉や気象について，ていねいに記録をつけていた（図1，図2）。調査地の維持は容易ではなさそうだが，ワウワウテナガザルの生活史データが彼らによって蓄積されるだろう。今後も目が離せない。一次林の広がる美しい森は国立公園として保護されているが，観察の途中では，地面にたくさん散らばる薬きょうがみられた。最近，グヌンハリムン国立公園が軍隊の演習で使用されるようになった。違法な金の採掘もされており，ここでも人間活動からの影響はさけられない。

国際テナガザルDAY

10月24日は「国際テナガザルDAY（International Gibbon Day）」だ。世界のいろいろな場所で，テナガザルのために声をあげ，テナガザルのことをもっと知ってもらうことをねらいにしている。国際自然保護連合（IUCN）の霊長類専門家グループ・テナガザル部門によって2015年につくられた。テナガザルが生息している国々と，それ以外の国々で，イベントなどのさまざまな教育普及活動がおこなわれる。植樹・講演会・写真展・クイズなどのゲーム大会・演劇，などだ。ソーシャルメディアも活用される。テナガザルは絶滅の危険性が高いが，一般の方がそのことに気づかれておらず，気にされていないことが大きな問題だといえる。多くの方の注意をひき，多くの方を巻き込んでいくことが研究と保全の双方にかかせない一歩だと考えている。

とだ。テナガザル全種で，歌と称される音声コミュニケーションがみられる。ワウワウテナガザルとクロステナガザルを除いた18種では，大人の雌雄が声をなき交わしてデュエットをするので，共通祖先から分岐した後にデュエットを失ったと考えられている。

インドネシア人のスタッフ5人が，毎日，テナガザルの採食品目・遊動域・グループの各個体

謝辞：チタラハブ村への訪問は，Rahayu Oktavianiさん，Yena Kimさんをはじめとする韓国・梨花女子大学の関係者の皆様のお力添えを頂き実現したものです。日本モンキーセンターと京都大学霊長類研究所の皆様からもご支援を頂きました。記して深く御礼申し上げます。

文献
1—松沢哲郎編：人間とは何か，岩波書店（2010）pp. 130〜131

15 森を再生する試みから見た人間とチンパンジー

森村成樹

緑の回廊のはじまり

　1996年，国際自然保護連合(IUCN)はチンパンジーを絶滅危惧種に指定した。密猟，感染症，人間活動の拡大にともなう生息地の減少によってアフリカ全体で個体群が大幅に減少している。その翌1997年1月に，ギニア共和国ボッソウ村で，チンパンジーを保護するための植林活動「緑の回廊」プロジェクトが松沢哲郎さんらによって開始された。その活動を紹介したい。

　ボッソウの野外研究は，1976年に杉山幸丸さん(京都大学名誉教授)が開始してから42年間続いている。いつ生まれたのか死んだのか失踪したのか，すべて記録が残っている。チンパンジーは父系社会で，男性が出自の集団に残り，女性は思春期になるころに隣接集団へと移籍する。ところがボッソウでは女性が移籍してきたことがない。外にでるばかりで，外からやってこない。東と南には数km離れた森に別の集団がいるが，サバンナや畑に囲まれて森は分断されている。調査開始からずっと20人前後で推移した集団は，2003年に人間由来と疑われる呼吸器系感染症で5人が死亡し，それ以降ずっと減り続けている。2018年9月現在で7人になってしまった。

　チンパンジーを保護するために，分断された生息地を植林によってつなぐ。それが緑の回廊の目的だ。森がつながれば，チンパンジーの往来によって地域集団の絶滅を防ぐことができる。ボッソウの東10kmほどのところに世界自然遺産のニンバ山がある。約300個体と推定される多数のチンパンジーが生息している。2つの森を分断するサバンナは最短の場所で長さ約4kmだ。このサバンナに植林する活動が20年以上続いている(図1)。

持続可能な植林

　20年間コツコツと植林を続ければ，たかだか4kmのサバンナを緑化するには十分な時間に思えるかもしれない。チンパンジーは森で生活し，湿潤な環境を好む植物の果実を主に食べている。こうした樹木を，サバンナで育てるのはじつはかなり難しい。サバンナに"チンパンジーの森"を作るには，苗木を健やかに育てるための新しい技術が必要だった。

　2005年，ヘキサチューブ(ハイトカルチャ製)という日本では定評のある新しい植林技術を取り入れた。六角形の細長いチューブで苗木ひとつひとつを囲うことで，苗木を激しい乾燥や日光，ネズミや羊などの食害から守ってくれる。ヘキサチューブは，苗木がある程度大きくなったら撤去して，何度でも再利用できる。しかしボッソウの村人はこの新素材の作業になじめなかった。放置されたヘキサチューブは枝葉の展開を阻害し，野火に襲われると中の木もろともにたやすく燃えた。

　同僚の大橋岳さん(中部大学講師)と一緒に試行錯誤を重ね，10年間を費やしてようやくたどり着いたのは，村人が昔から続けてきた苗床作りの技術を植林に転用した「東屋方式」だ。竹とヤシとで骨組みをつくり，ヤシの葉で屋根を葺く。縦5m，横10mの大きさで，ウアパカなどの苗100～200株ほどを植える。屋根が強い日差しから苗木を守ってくれる。1年もすると屋根は朽ちて落

3　分かちあう心の進化　263

図1—東屋にウアパカの苗を植える現地スタッフ。撮影: Boniface Zogbila.

図2—強風にあおられて植林地に侵入する野火。

ちる。そうなると多くの光が葉に当たり，生育を促す。5年もすれば東屋は跡形もなく消えて小さな林だけが残った。7年すれば開花結実が始まる。サバンナでの植林技術としても優れている東屋方式をコツコツと続ければよいとわかった。

空から森を守る

今，取り組むべき課題は野火管理だ。およそ3〜4年に一度，乾季に野火が緑の回廊の植林地を襲う。今年（2018年）の2月にも野火で大規模に植林が焼けた。野火さえなければ，植林の森はゆっくりでも確実に広がっていく。

2017年に植林地の管理にドローンを導入した。ボッソウからニンバ山まで緑の回廊の活動地域を一望できるようになった。森林の面積や体積を測定できる。野火による被害面積の算出や侵入経路の特定ができる。野火は人為的なものと考えられている。焼き畑や家畜に新芽を食べさせるなどの目的で，乾季にサバンナに火入れをするからだ。これが強風にあおられて植林地に侵入している。ドローンの調査範囲はまだ3km程度だが，数年で10km以上となるだろう。野火の原因特定と監視体制ができれば対処は可能だ。ドローンによる広域森林管理は，保全の要となる技術と期待されている（図2）。

ボッソウのチンパンジーは石器を使う固有の文化をもつことでよく知られている。ボッソウ村ではチンパンジーをトーテムとしており，殺したり食べたりすることを禁じる伝統がある。孤立したチンパンジー集団が40年以上も守られてきた。チンパンジーが消えれば，そして森が消えれば，ボッソウ村の伝統と歴史はそこで途切れてしまう。

緑の回廊プロジェクトは，チンパンジーを守るために"チンパンジー好み"の森を作っている。同時に，森を基盤に文化を発展させてきたマノン族にとっては，その伝統や歴史を守る活動と重なる。地球規模で森林破壊が進む現在，ギニア森林地方で同じ問題を抱えた村が多数ある。森を守ることでギニアの文化的多様性を守る。緑の回廊は，そうした試みのひとつといえるだろう。

出典一覧

第2部には，雑誌『科学』で2010年5月号〜2018年8月号にかけて掲載された連載「ちびっこチンパンジーと仲間たち」の第101〜200回を収録した。

第3部には，雑誌『科学』の2018年11月号で組まれた特集「分かちあう心の進化——比較認知科学から見た人間」で掲載されたものを収録した。

松沢哲郎

1950年愛媛県松山市生まれ。1974年京都大学文学部哲学科卒業，理学博士。1977年11月から「アイ・プロジェクト」とよばれるチンパンジーの心の研究を始め，野生チンパンジーの生態調査も行う。チンパンジーの研究を通じて人間の心や行動の進化的起源を探り，「比較認知科学」とよばれる新しい研究領域を開拓した。2016年3月に京都大学霊長類研究所を退職，同年4月京都大学高等研究院副院長・特別教授に就任。現在，霊長類研究所兼任教授，中部大学創発学術院特別招聘教授，日本モンキーセンター所長などを兼任している。

著書に『想像するちから』(岩波書店，第65回毎日出版文化賞，科学ジャーナリスト賞2011)，『分かちあう心の進化』(岩波書店)など多数。

2004年紫綬褒章，2013年文化功労者。

心の進化を語ろう――比較認知科学からの人間探究

2019年12月17日　第1刷発行

編　者　松沢哲郎
発行者　岡本　厚
発行所　株式会社 岩波書店
　　　　〒101-8002 東京都千代田区一ツ橋2-5-5
　　　　電話案内 03-5210-4000
　　　　https://www.iwanami.co.jp/

印刷・三秀舎　製本・松岳社

Ⓒ Tetsuro Matsuzawa 2019
ISBN 978-4-00-006336-4　　Printed in Japan

〈岩波科学ライブラリー〉

分かちあう心の進化	松沢哲郎	B6判 220頁 本体 1800円
ヒトはなぜ絵を描くのか ──芸術認知科学への招待	齋藤亜矢	B6判 118頁 本体 1400円
仲間とかかわる心の進化 ──チンパンジーの社会的知性	平田聡	B6判 126頁 本体 1200円
愛は脳を活性化する	松本元	B6判 128頁 本体 1300円

──岩波書店刊──

定価は表示価格に消費税が加算されます
2019年12月現在

ぼくたちはこうして学者になった——脳・チンパンジー・人間	松本　元 松沢哲郎	岩波現代文庫 本体 1080 円
生物から見た世界	ユクスキュル クリサート 日高敏隆 訳 羽田節子	岩波文庫 本体　720 円
ルビンのツボ——芸術する体と心	齋藤亜矢	四六判 158 頁 本体 1600 円
想像するちから——チンパンジーが教えてくれた人間の心	松沢哲郎	四六判 208 頁 本体 2000 円
〈こころ〉はどこから来て，どこへ行くのか	河合俊雄 中沢新一 広井良典 下條信輔 山極寿一	四六判 230 頁 本体 2100 円
切っても切ってもプラナリア　新装版	阿形清和 文 土橋とし子 絵	B5 変判 44 頁 本体 1900 円

——— 岩波書店刊 ———

定価は表示価格に消費税が加算されます
2019 年 12 月現在